한국적 지역공동체 사례연구
복내이리송계(福內二里松契)

배수호 (裵壽鎬)

미국 University of North Carolina(Chapel Hill)에서 정책학 박사를 취득하였고, 현재 성균관 대학교 행정학과 및 국정전문대학원 교수로 재직하고 있다. 최근 저서로는『산림공유 자원관리로서 금송계 연구: 公有와 私有를 넘어서 共有의 지혜로』(2인 공저, 집문당, 2018) 등이 있으며, 동양행정철학, 지역공동체, 환경정책, 지방재정 등의 분야에 관심을 가지고 연구하고 있다.

한국적 지역공동체 사례연구
복내이리송계(福內二里松契)

초판 1쇄 발행 2019년 11월 11일
저　자 배수호
펴낸이 지현구　**펴낸곳** 태학사　**등록** 제406-2006-00008호
주소 경기도 파주시 광인사길 223
전화 마케팅부 (031) 955-7580　**전송** (031) 955-0910
홈페이지 www.thaehaksa.com　**전자우편** thaehaksa@naver.com

ISBN 979-11-6395-077-6　93350

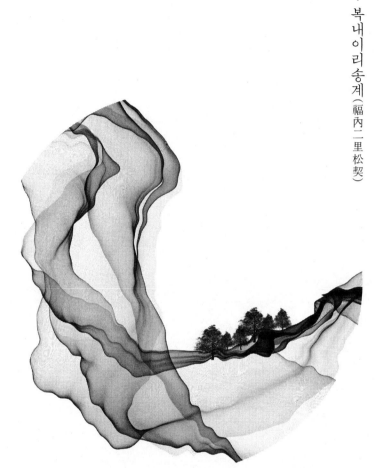

한국적 지역공동체 사례연구

—— 복내이리송계(福內二里松契)

배수호

태학사

머리말

오늘날 우리 사회는 공동체 정신의 실종과 공동체의 소멸 현상이 심각한 수준에 도달했으며, 개인은 공동체 속에서 친밀감과 정서적 안정감을 느끼지 못하고 있습니다. 공동체는 깨지고 개인은 파편화되어 흩어져 있는 실정입니다. 짧은 기간 동안 급속한 경제성장으로 개개인의 소득수준은 빠르게 증가하였으나, 소득의 불평등과 양극화 현상 속에서 개인은 더더욱 불행해지고 있습니다. 공동체성을 되살리고 공동체를 복원하는 것은 그래서 시급한 사안인 것입니다.

저자는 이 책에서 한 지역공동체에 주목하였습니다. 이 공동체는 오랜 기간 동안 구성원들에게 친밀한 정서적 안정감과 실질적인 혜택을 제공하였고, 산업화와 도시화로 촉발된 이농 현상에서도 지역사회의 구심점 역할을 하여 왔습니다. 바로 '복내이리송계(福內二里松契)'입니다.

이리송계는 전라남도 보성군 복내면(福內面) 이리(二里)에서 1803년(계해, 순조 3)에 결성되어 현재까지 운영되고 있는 지역기반 공동체 조직입니다. 이리송계는 220년 가까이 지역사회와 구성원들을 실질적으로 이끌어오고 있습니다. 이리송계는 세도정치, 서세동점의 구한말 혼란기, 경술국치와 일제강점기, 해방과 전쟁, 급속히 진행된 산업화와 도시화 등 역사의 격랑 속에서도 지역공동체의 정체성을 꾸준하게 지켜오고 있습니다.

이리송계는 지역공동체로서의 특성을 잘 간직하고 있습니다. 이리 지역의 자연마을들은 복내천(福內川) 골짜기를 따라 옹기종기 모여 있는 특수한 지역성과 장소성을 지니고 있습니다. 공동체 구성원들은 오랫동안 형성·강화되어온 지역적, 혈연적, 학문적 유대를 기반으로 강한 동질성과 공동체정신을 공유하고 있습니다. 과거부터 이리 지역사회에서 공동체의 정체성 유지와 구성원 간 유대 강화, 후속세대의 사회화, 상호 부조와 협력, 상호 규검(相互 規檢) 등 공동의 생존과 이익을 위한 노력을 이리송계 차원에서 적극적으로 추진하여 왔습니다. 이리송계는 자체적으로 조직 구성, 의사결정 구조, 재정관리 등에 체계를 갖추고 지역공동체의 현안을 해결하며 공동체 유대를 강화해 왔습니다. 또한 이리송계는 구성원들에게 일정한 강제성과 규제를 가할 수 있도록 과거 전통에서 전래되어온 불문율과 관습뿐만 아니라, 명문 규정과 규약을 마련하여 시행해 왔습니다. 이리송계는 탄탄한 재정적 기반과 재산 증식을 바탕으로 시대 변화에 따른 지역사회의 현안과 문제들을 공동으로 대처하고 상부 상조할 수 있었습니다.

이 책은 이리송계에 대한 심층적 사례연구의 결과물입니다. 저자는 보성군 복내면 이리 지역을 네 차례 현장 방문하였고 이리송계를 이끌고 있는 임원들을 대상으로 심층면접을 실시하였습니다. 또한 송계책 총 15권, 복내 향약안(福內 鄕約案), 회의록(1984~2015년), 출납장부 총 3책(1908~1915년, 1916~1934년, 1972~2014년), 결산보고 관련 자료(1985~2014년) 등 각종 1차 사료들을 발굴·수집하여 연구를 진행하였습니다.

이 책에서 이리송계가 장기적으로 지속가능할 수 있었던 요인들이 무엇인지 역사적 관점에서 분석과 논의를 전개하였습니다. 무엇보다도 이리송계의 제도와 규약 내용, 조직 구성과 운영 방식, 임원의 구성 및 선출, 송계원 구성, 의사결정 체계 및 과정, 재정의 운영과 관리 등에 관한 체계적이고 종합적인 분석을 실시하였습니다. 이 책에서 도출된 연구 결과물은 오늘날 우리 사회에서 지역공동체의

6

중요성과 의미를 다시 생각하는 계기를 제공할 수 있으리라 기대합니다. 특히 사회적경제, 협동조합, 마을기업 등 지역기반 공동체 조직을 활성화하려는 정책적 노력이 적극 추진되고 있는 현실에서, 이 책은 시의적절하고 실질적인 함의와 방향을 제공할 것입니다. 또한 공동체정신을 함양하고 지역공동체를 복원하는 데 문제의식과 고려 사항, 시사점과 교훈은 무엇인지를 되돌아보고 혜안을 제시하는 마중물이 되었으면 하는 바람입니다.

앞서 저자는 아산사회복지재단의 재정 지원에 힘입어 「산림공유자원관리로서 금송계 연구: 公有와 私有를 넘어서 共有의 지혜로」(배수호·이명석, 집문당, 2018)를 출간하였습니다. 송계(松契), 솔계, 소나무계, 금양계(禁養契), 목계(木契), 산림계(山林契) 등으로 다양하게 불렸던 금송계(禁松契)는 전통농경사회에서 퇴비, 땔감, 목재, 식량 등을 안정적으로 확보하기 위한 산림공유자원의 자율적·자치적·체계적인 관리방식이자 조직입니다. 저자는 금송계 연구를 진행하면서, 지역공동체 조직의 작동, 운영 및 관리에 대한 이해가 필요하다는 것을 깨달았습니다. 이리송계 사례연구도 그 연장선상에서 시작되었습니다.

이 책을 완성하는 데 많은 분들의 지원과 응원이 있었습니다. 우선 故 박종채 교수님께 무량한 감사를 드리며 이 책을 헌정코자 합니다. 조선 후기 금송계 연구를 선구적으로 개척한 故 박종채 교수님께서는 현장조사 경험이 일천한 저자가 복내면 이리 지역을 현장 방문할 때 동행하였고 그 곳에서 사료 발굴과 수집, 심층 면접 등에 큰 도움을 주셨습니다. 그리고 이리송계에 대한 연구와 분석을 진행하는 데 실질적인 연구 방향과 조언을 제공하여 주셨습니다. 현장 방문 당시 이리송계 염태환 계장님, 손육근 총무님, 안규홍 이장님께서는 이리송계에 관한 귀중한 사료의 제공과 함께 심층 면접에 흔쾌히 응해 주셨습니다. 세 분께 큰 감사를 드립니다.

성균관대학교 국정전문대학원 정도효 조교, 김창진 조교, 노은경 조교, 이영규 조교는 현장 방문, 각종 자료 발굴과 수집, 심층 면접 등에 동참하였고 많은 고서 및 자료를 복사·분류·정리하였습니다. 정회원 조교는 이 책에 수록된 한자를 고문서 원문과 꼼꼼하게 대조하여 사료의 정확성을 높여 주었습니다. 홍성우 교수, 김재영 박사, 최정우 박사는 이 책의 완성도를 높일 수 있도록 책의 구성, 내용, 분석, 논점 등에 대한 적실한 의견을 주었습니다. 진심으로 감사드립니다.

대중성과 시장성이 크지 않은 저서임에도 기꺼이 출간을 도와주신 태학사 지현구 대표이사와 치밀한 편집과 교열을 해주신 최형필 편집이사께 깊은 감사를 드립니다. 그리고 늘 아낌없는 응원과 후원을 해주시는 성균관대학교 행정학과 및 국정전문대학원 동료 교수들께도 감사드립니다.

우리나라 지역 곳곳에는 수많은 지역공동체 조직들이 오랜 역사와 전통을 지니고 오늘날까지 전승·유지·발전되어 오고 있습니다. 현재 저자는 이리송계와 같은 지역공동체 조직들을 발굴하고, 현장 조사, 사료 수집, 해석과 분석 등을 진행하고 있습니다. 앞으로 분석과 연구의 산출물들을 지속적으로 출간할 예정입니다. 저자의 상당한 노력과 열정에도 불구하고 여전히 미흡한 부분들이 많습니다. 자료 수집의 한계이기도 하지만 대부분은 저자의 역량 부족 때문입니다. 아무쪼록 독자 여러분의 따뜻하고 엄한 질정을 부탁드립니다.

2019년 초여름
우거(寓居)에서 저자 드립니다.

차례

부록

제1장 들어가며

제1절 왜 이리송계인가

고대 동양의 위대한 성인 노자(老子)는 『도덕경(道德經)』에서 "큰
도가 사라지니 사랑[仁]과 정의[義]가 강조되고, 지혜가 발달하니 큰
거짓[大僞]이 나타나게 되었다. 집안이 화목하지 못하니 효도[孝]와
자애[慈]가 강조되고, 국가가 혼란스러우니 충신(忠臣)이 나타나게
되었다"고 갈파하였다.[1] 우리 사회에서 인, 의, 효, 자애로움, 충 등을
중요한 덕목으로 강조하는 것 자체가 이미 우리 사회에 이런 덕목들
이 실종되었거나 희박해지기 때문이라는 무서운 통찰을 보여준다.
같은 맥락에서 오늘날 우리 주변에 공동체, 공동체의식, 공동체 복
원, 신뢰, 협동조합, 사회적경제와 같은 말들이 널리 회자되고 있는
현실 그 자체가 역설적이게도 우리 사회에서 공동체가 실종되고 공
동체의식과 공동체정신이 말라버렸음을 입증하는 것이다.
　이제 공동체는 일상생활에서 우리에게 생소한 현실이 되어버렸다.

---

1 『道德經』〈第18章〉. 大道廢 有仁義 智慧出 有大僞 六親不和 有孝慈 國家昏亂 有
忠臣.

모래알마냥 각자 고립되고 단절된 채 살아가는 개인은 공동체에 대해 무척 낯설어 한다. 아파트 승강기에서 이웃에게 인사하는 것 자체가 낯설고 때로는 이상스레 비쳐지기까지 한다. 왜 저 사람은 내게 인사하지, 혹시 내게서 뭔가를 뺏어가려는 것은 아닐까. 늦은 밤 골목길에서 마주치는 사람은 안면이 있더라도 무섭고 두렵다. 나와 남이 긴밀히 연계되어 있음을 알지 못하고, 이해관계가 있지 않는 이상 서로 엮이는 것에 대해 불편해한다. 오늘날 우리는 이렇게 살고 있다.

최근 우리 사회에서 여러 위기와 증후 현상이 심각하게 나타나고 있다. 송파 모녀 사망[2], 증평 모녀 사망[3], 구미 부자 사망[4], 중랑 모녀 사망[5] 등 일련의 슬픈 사건에 대해 우리는 '복지사각지대' 문제로 취

---

[2] 2014년 2월 서울시 송파구 반지하방에 세를 들어 살던 세 모녀가 생활고에 시달려 자살하였다. 12년 전에 남편이자 아버지를 방광암으로 잃었고 큰딸은 당뇨와 고혈압으로 만성질환을 앓고 있었다. 어머니는 넘어져 오른팔을 다치면서 식당일을 나가지 못하였고 오랫동안 실직 상태에 있었다. 사망 당시 세 모녀는 정부로부터 아무런 복지 혜택을 받지 못하고 있었다(한겨레신문, 2014/02/17).

[3] 2018년 4월 충북 증평군에서 40대 초반 여성과 네 살짜리 여아가 사망하였다. 지난해 9월 남편이 스스로 목숨을 끊은 후 생활고와 빚 독촉에 시달리다가 두 모녀는 극단적인 선택을 하였던 것이다. 사망 당시 이들은 1억5,000만원 부채를 안고 있었으며, 생활비로는 딸에게 매달 지급되던 가정양육수당 10만원뿐이었다. 수개월째 가스비와 아파트 관리비도 내지 못하고 있었다. 이들은 보증금 1억2,500만원인 임대아파트에 거주하고 있다는 이유로 가정양육수당 이외에는 정부로부터 아무런 복지 혜택을 받지 못하고 있었다(한국경제, 2018/04/10; 아시아경제, 2018/05/10).

[4] 2018년 5월 경북 구미시 봉곡동 한 원룸에서 20대 후반 남성과 생후 16개월 남아가 숨진 채 발견되었다. 사실혼 관계였던 아내와 수개월 전에 헤어진 후 남성 혼자서 아이를 키우고 있었다. 사망 당시 남성은 뚜렷한 직업이 없었고 기초생활 수급과 의료비 지원 등 정부로부터 복지 혜택을 받지 못하고 있었다(경향신문, 2018/05/08; 아시아경제, 2018/05/10).

[5] 2019년 1월 3일 서울시 중랑구 망우동 반지하 월세방에서 치매에 걸린 80대 노모와 50대 후반 딸이 가난에 시달리다가 자살이라는 극단적인 선택을 하였다. 사망 당시 노모가 받던 기초노령연금 25만원이 전부였고 월세를 내지 못해 보증금에서 월세를 차감하고 있었을 정도로 어려운 형편에 있었다. 두 모녀는 지방자치단체에 금융·신용·보험정보제공 동의서 등을 제출하지 않아 기초수급자로도 선정되지 않았

16

급하고 진지하게 거론하고 있다. 우리나라 복지체계가 이런 비극을 미연에 방지하지 못하였다는 문제인식과 반성이 여기에 자리 잡고 있다. 하지만 비극의 근본적인 원인은 공동체가 더 이상 존재하지 않거나 제대로 작동되지 않는다는 데 있다. 우리 이웃에 어떤 사람이 살고 있는지에 대해 알고자 하지 않는다. 이런 슬픈 사건들은 파편화되고 원자화된 개인들의 단순한 합인 한국사회의 민낯을 그대로 보여 주고 있는 것이다(경향신문, 2019/01/23).

우리 사회는 공동체정신의 실종과 공동체의 소멸 현상이 심각한 수준에 도달해 있다. 오늘날 개인은 공동체 속에서 정서적 친밀감과 안정감을 느끼지 못한다. 공동체는 깨졌으며, 개인은 파편화되어 흩어져 있다. 짧은 기간 동안 고도의 경제성장으로 개개인의 소득수준은 빠르게 증가하였으나, 소득의 불평등과 양극화 현상 속에서 개인은 더욱 더 불행해지고 있다. 공동체성을 되살리고 공동체를 복원하는 것은 그래서 시급한 사안이다.

저자는 이 책에서 한 지역공동체 조직에 주목하였다. 이 공동체 조직은 오랜 기간 동안 지역사회 구성원에게 친밀한 정서적 소속감·안정감과 함께 실질적인 혜택을 제공하여 왔다. 해방 이후 산업화와 도시화로 촉발된 이농 현상에서도 지역사회의 구심점으로서 자신의 역할과 기능을 지속적으로 수행하여 왔다. 바로 '복내이리송계(福內二里松契)'(이후 이리송계)이다.

이리송계는 전라남도 보성군 복내면(福內面) 이리(二里) 지역에서 1803년(계해, 순조 3)에 결성되어 현재까지 운영되고 있는 지역사회 기반 공동체 조직이다. 이리송계는 220년 가까이 지역사회와 구성원들을 실질적으로 이끌어오고 있다. 조선 후기 세도정치, 서세동점의

으며 추가 복지 혜택은 받지 못하고 있었다(경기일보, 2019/01/23; 경향신문, 2019/01/23).

구한말 혼란기, 경술국치와 일제강점기, 민족해방과 한국전쟁, 급속히 진행된 산업화와 도시화 등 역사의 격랑 속에서도 이리송계와 이리 지역사회는 자신의 정체성을 꾸준하게 지켜오고 있다.

이리송계는 지역공동체 조직으로서의 특성을 잘 간직하고 있다. 이리 지역의 자연마을들은 복내천(福內川) 골짜기를 따라 옹기종기 모여 있는 특수한 지역성(locality)과 장소성(place)을 지니고 있다. 공동체 구성원들은 오랜 세월 동안 형성·강화되어온 지역적·혈연적 유대를 바탕으로 한 강한 동질성과 공동체정신을 공유하고 있다. 이리송계는 지역공동체의 정체성 유지, 구성원 간의 유대 강화, 후속세대의 사회화, 상호 부조와 협력, 상호 규검(相互 規檢) 등 공동의 생존과 이익을 위한 노력을 적극적으로 추진하여 왔다. 이리송계에서는 조직 구조와 체계, 의사결정 구조, 재정 관리 체계 등을 자체적으로 갖추고서 지역공동체의 현안을 구성원들이 함께 대처하고 해결해 왔다. 또한 이리송계는 구성원들에게 일정한 강제성과 규제를 가할 수 있도록 오랫동안 전래되어온 불문율, 관습 및 관행뿐만 아니라, 명문 규약과 규정을 마련하여 시행하고 있다. 이리송계는 탄탄한 재정적 기반과 재산 증식을 바탕으로 시대적 변화와 요청에 따른 지역사회의 현안과 문제를 공동으로 대처하고 상부 상조해오고 있다.

이 책은 이리송계에 대한 심층 사례연구의 결과물이다. 사례분석에 필요한 자료와 정보를 수집하기 위해, 저자는 보성군 복내면 이리 지역을 네 차례 현장 방문하였고, 이리송계 임원에 대한 심층 면접을 실시하였다. 또한 송계책 총 15권, 복내 향약안(福內 鄕約案), 회의록 (1984~2015년), 출납장부 총 3책(1908~1915년, 1916~1934년, 1972~2014 년), 결산보고 관련 자료(1985~2014년) 등 각종 사료를 발굴·수집하였다.

이 책에서 저자는 역사적 관점에서 이리송계가 장기적으로 지속가능할 수 있었던 요인이 무엇인지를 기술하고 분석과 논의를 전개하고자 하였다. 무엇보다도 이리송계의 제도와 규약, 조직 구조와 방식, 임원 구성과 선출, 송계원 자격과 구성, 의사결정 체계와 과정, 재정 운영과 관리 등에 관한 체계적이고 종합적인 기술과 분석을 시도하였다.

이 책의 연구 결과물은 오늘날 우리 사회에서 지역공동체의 중요성과 의미를 다시 생각하는 계기를 제공할 수 있으리라 기대한다. 특히 사회적기업, 협동조합, 마을기업 등 지역기반 공동체 조직을 활성화하려는 높은 정책적 관심과 적극적인 노력을 기울이고 있는 시점에서 이 책은 시의적절하고 실질적인 함의와 정책 방향을 제공할 수 있으리라 생각한다. 그리고 공동체정신을 함양하고 지역공동체를 복원하는 데 문제의식과 고려사항은 무엇이어야 하는지, 시사점과 교훈은 무엇인지 등을 되짚어보고 혜안을 제시할 수 있기를 바란다. 이는 한국적 지역공동체 사례연구들이 축적될수록 서구사회의 특수한 현실과 맥락에서 배태한 이론들을 단순하게 답습하고 모방하는 차원을 넘어 이론의 "한국화"에 기여할 수 있으리라 본다(김현구, 2018).[6] 따라서 한국적 지역공동체로서 이리송계에 대한 연구는 한국사회의 특수한 현실과 맥락에 대한 설명력과 예측력을 높일 수 있는 가설과 이론의 개발로 나아가는 학문 여정에 작은 밑거름이 될 것으로 기대한다.

---

6 김현구(2018)는 우리 학계가 서구보편주의(European universalism)를 극복하고 다원보편주의(plural universalism) 방향으로 나아갈 수 있도록 학문적 연구가 이뤄질 것을 제안한다. 이론의 한국화에서 그 본질은 "한국현실의 보편적 이론화"이어야 하며 "한국적 특수의 이론적 보편화"에 그 정향점을 두어야 한다(김현구, 2018: 205). 이러한 노력만이 학문의 서구 의존성에서 벗어나 한국사회 연구에서 자아준거성을 높일 수 있다.

제2절 지역공동체 개념

오늘날 우리 사회에서 공동체, 마을 만들기는 중요한 화두로 등장하고 있고 중앙정부와 지방정부 차원에서 공동체 형성과 회복을 위한 정책적 투자와 노력에 혼혈을 기울이고 있다. 학계와 시민사회에서도 공동체 및 지역공동체에 대한 논의가 활발하게 진행되고 있다. 하지만 공동체 및 지역공동체의 개념, 유형, 구성 등에 대한 다양한 논의가 진행되고 있으나 다소 혼잡스럽게 느껴지기도 한다.

퇴니스(Tönnies)는 게마인샤프트(Gemeinschaft, community)와 게젤샤프트(Gesellschaft, society)를 구분하는데, 게마인샤프트는 '공동체', 게젤샤프트는 '사회'로 번역된다. 공동체(community)는 "'본질의지'의 산물로서 땅의 점유에 기초를 두고 있는 유대형태"이며, 사회(society)는 "'사회-합리적 의지'의 산물로서 화폐와 계약법에 기초를 두고 있는 또 다른 유대형태"라는 것이다(이선미, 2007: 14). 전통적 의미의 공동체에서는 구성원이 일정 지역과 공간을 함께 점유·공유하고 이용하는 반면, 사회는 탈지역적이라고 할 수 있다. 공동체의 가입과 참여에서도 전통적 의미의 공동체에서는 비자발적이고 강제성을 띠는 반면, 사회는 합리적 계약 행위에 기초하기 때문에 가입과 참여가 자발적이다. 또한 전통적 의미의 공동체에서는 구성원이 동일한 전통 가치와 규범을 공유하고 주관적인 소속감을 가지는 공동체성과 공동체의식을 지니며, 구성원 간의 일치(unity)와 높은 수준의 통일성을 유지한다(이선미, 2007: 13-21).

지역공동체는 공동체 유형의 하나이지만 인류의 역사에서 가장 오래된 공동체에 해당하며, 지역공동체와 공동체는 종종 구분 없이 쓰이기도 한다(황익주, 2016: 34-35). 황익주(2016: 19-25)는 지역공동체의 핵심 구성요소로 ① 지역주민 간의 인간관계 및 사회적 교류, ② 사회적 약자에 대한 지역사회 차원의 돌봄과 복지체계, ③ 지역주민의 지역정체성(local identity), ④ 지역주민의 적극적이고 주체적인 의지·참여·실천, ⑤ 지역사회에서 지리적·공간적 특성 및 디자인 등을 들고 있다.[7] 우선 지역공동체의 형성과 유지를 위해서는 무엇보다도 지역주민 간에 친밀한 인간관계와 활발한 사회적 교류가 전제되어야 한다. 즉, 형식적 차원의 인간관계와 사회적 교류를 뛰어넘어 질적 차원의 인간관계와 사회적 교류까지 이뤄질 수 있어야 한다.

지역사회 차원에서 가난한 사람, 환자, 노약자 등 사회적 약자를 배려하고 보살필 수 있는 나름대로의 사회복지체계를 갖추고 운영해야 한다. 지역주민들은 자신이 속한 지역사회에 대해 자신의 정체성을 확립하고 일정 정도 이상의 소속감과 애착심을 가지고 있어야 한다. 지역사회가 당면하고 있는 현안과 문제 상황을 개선 혹은 해결하는 데 지역주민들이 적극적으로 참여하고 실천하여야 한다. 지역사회의 지리적·공간적 특성도 중요하다. 때로는 공간적 디자인과 설계를 통해 지역주민 간의 교류와 지역주민의 정체성을 강화하려는 노력이 함께 요구된다.

지역공동체와 관련하여, 제임스 스콧(James C. Scott)이 제안한 '메티스(metis)' 개념에 주목할 필요가 있다. 기술적 지식(technical knowledge)을 의미하는 '테크네(techne)'와 달리, 메티스는 실용적 지식(practical knowledge)으로 "끊임없이 변하는 자연환경과 인간사회 환경에 대응하고 적응하면서 체득하는 다양한 실용 기술과 지식"을 의미한다. 즉, 메티스는 지역주민이 오랜 시간 동안 한 지역의 지리적 환경, 문화, 역사적 맥락에 기반을 두고 적응하면서 획득하는 기술, 지식, 지혜 등을 포괄하는 개념으로 '생활지식', '경험기술', '민속

---

7 사실 황익주(2016: 19-25)는 도시라는 '건조된 환경(built environment)'에서 지역공동체의 형성과 유지를 위한 핵심 구성요소들을 논의하고 있다. 그럼에도 다섯 가지 핵심 구성요소들은 여러 유형의 지역공동체에 보다 포괄적이고 광범위하게 적용될 수 있으리라 생각한다.

지식' 등으로 정의될 수 있다(권봉관, 2014: 143).[8]

　공동체 및 지역공동체에 관한 논의를 바탕으로 이 책의 연구목적에 맞게끔 여섯 가지 측면에서 지역공동체 개념에 대한 정의를 내리고자 한다. 첫째, 지역공동체는 일정한 지역을 대상으로 지역성(locality)과 장소성(place)을 가진다는 점이다. 지역공동체는 한 지역이 가지는 특수한 맥락과 장소성을 지니고 있다. 따라서 지역공동체는 결코 획일적이거나 일률적인 모습을 띠지 않는다. 한 지역에서 구성원의 특성, 역사적 맥락, 사회경제적 상황, 환경적·지리적 특수성 등에 따라 지역공동체는 특수적이며 다양한 모습과 특성을 지니기 마련이다.

　둘째, 지역공동체에서 구성원들은 나름대로 동질성과 더불어 지역 정체성(local identity)을 지니고 있다. 구성원 사이에는 일정 정도의 공동체성과 공동체정신을 공유하고 있다. 같은 공동체에 속한다는 귀속의식은 구성원 간의 유대감과 동질성을 높여준다. 공동체적 유대감과 정체성을 강하게 띠는 지역일수록 구성원들이 지역사회의 현안과 문제를 함께 대처하고 극복하려는 유인을 강화시킨다. 또한 한 지역에서 형성·강화된 공동체적 유대감과 정체성은 어려움과 역경에 처한 구성원이 있을 때 모든 구성원들이 함께 발 벗고 나서서 도와주려는 동인으로 작동하게 된다.

---

　8 메티스와 민속지식은 "경험지식이자 일상생활에서 쓰임새에 따라 전승력과 효용성을 발휘하게 되는 지식"이라는 측면에서 서로 비슷하다. 반면, "민속지식이 공동체에 의해 전승되며 집단적 검증을 통한 시간적 지속성(전통)을 중시한다면, 메티스는 개인 또는 공동체가 처한 문제적 상황에 대한 적응적 생성성을 중시한다"는 점에서 양자 간에 차이가 있다(권봉관, 2014: 144). 하지만 이 책에서는 굳이 메티스와 민속지식을 구별하지 않는다. 왜냐하면, 한 지역공동체에서 오랜 시간 동안 형성되고 전승되어온 민속지식이더라도 시대적 상황, 지리·자연 환경의 변화, 인적 구성의 변화 등에 새롭게 적응하는 데 민속지식은 변형될 수 밖에 없기 때문이다. 단지 민속지식은 좀 더 장기적 지속성에 초점을 두는 반면, 메티스는 상대적으로 짧은 기간과 현재 시점에서 지식의 유용성과 적용성에 관심을 두고 있을 뿐이다.

셋째, 지역공동체에서 구성원들은 상당한 기간 동안 동일한 역사와 경험을 공유한다. 지역공동체 구성원은 경제학에서 가정하는 자유시장경제 하에서 일시적(temporary)이고 일회성 거래와 인간관계를 상정하지 않는다. 구성원들은 장기간 동안 관계를 맺어왔으며 역사성을 공유한다. 이것은 앞서 말한 지역정체성과 공동체성을 형성하는 데 기여한다.

넷째, 지역공동체는 일정한 목적성을 띠며 공동이익을 추구한다. 공동이익에는 공동체 정체성의 유지와 강화, 후속세대의 사회화, 경제 번영, 상호 부조와 협력 등을 포함한다. 지역공동체는 공동체의 생존 및 번영과 같은 일반목적성을 가지기도 하고, 경제적 이익 추구와 같은 구체적이고 특수한 목적성을 띠기도 한다. 여기서 중요한 점은 지역공동체에서는 공동체 내 한 개인, 몇몇 소수, 혹은 특정 집단의 이익과 이해관계를 초월해야 한다는 것이다. 이렇게 지역공동체는 소수나 특정 집단의 편협한 이해관계에 갇히지 않고 구성원 전체의 이익을 모색하고 추구한다.

다섯째, 지역공동체는 자신의 정체성을 유지하고 공동체 번영을 추구하는 데, 일정한 강제성과 규제를 구성원들에게 가하게 된다. 또한 지역공동체는 구성원에게 도덕적 규범을 강요하고, 구성원의 일탈과 위반 행위에 대한 규제와 제재를 행사하기도 한다. 공동체에 해가 되는 행위를 한 구성원에 대해 도덕적 힐난과 비난뿐만 아니라 실질적인 제재를 가할 수 있는 장치를 마련해 두고 있다. 이를 위해 지역공동체는 자체 규정을 명문화하고 있거나 불문율과 관습에 근거하여 규제와 제재를 행사한다.

여섯째, 지역공동체는 공식적이든 비공식적이든 일정한 조직체계와 운영방식을 갖춘다. 지역공동체는 조직 구조, 조직 운영 책임자의 선정과 해임, 의사결정 절차와 방식, 재정 운영과 관리 방식 등을 구비하여 지역공동체 조직을 운영한다. 때로 중대하거나 긴급히 해결을 요하는 공동체 현안들에 대해 임의적·한시적인 조직을 구성하고 책임자를 선정하기도 한다. 안정적인 재정 기반을 갖춘 지역공동체는 자신의 정체성 유지와 번영을 담보하는 데 유리하게 작용할 수 있다. 따라서 지역공동체는 구성원으로부터의 회비나 기부뿐만 아니라 자체적으로 수익을 창출하는 사업을 추진하기도 한다. 재정 기반이 없거나 탄탄하지 못한 지역공동체는 공동체의 현안과 위기를 적극 대처하는 데 많은 어려움을 겪을 수 있다. 지역공동체는 중장기적으로 공동 재산을 체계적이고 투명하게 운영·관리하기 위해 재정 관리 책임자 선정, 수입 및 지출 기록, 회계 감사 등 재정 관리의 전문성, 책임성 및 투명성을 확보하기 위해 나름대로 재정 관리의 방식과 체계를 갖추기도 한다.

앞서 언급하였듯이, 이 책은 보성군 복내면 이리송계를 지역공동체 사례 분석대상으로 삼는다. 이리송계는 '이리'라는 한 지역의 특수성, 지역주민의 강한 소속감, 나아가 공동체성과 지역정체성을 특징으로 한다. 이리 지역은 전통적 의미에서 지역공동체의 전형을 보여준다. 이리송계는 지역사회 구성원의 결사체 조직인 '계(契)'의 특성을 함께 담고 있다.[9] 즉, 이리송계는 퇴니스(Tönnies)의 단순한 이

---

9 우리 사회에서 계, 이웃모임, 동호회, 친목회, 향우회와 같은 결사체 조직과 활동이 지역 시민공동체의 발전과 사회적자본(social capital)의 형성과 강화에 미치는 영향에 대해 학계에서는 의견이 분분하다. 한편에서는 결사체 조직과 활동이 폐쇄적이고 연고적 관계를 바탕으로 하기 때문에 '결속형 사회적 자본(bonding social capital)'을 고착시키고 강화하게 되어 지역 시민공동체에 부정적으로 작용한다고 본다. 다른 한편 토크빌(Tocqueville)의 시민사회론과 퍼트넘(Putnam)의 사회적자본론 관점에 따르면, 지역사회에 많은 결사체가 조직되고 활동하면 자연스레 지역 현안에의 관심과 참여를 촉발하게 되면서 지역 시민공동체의 형성과 강화에 기여한다는 것이다. 지역사회에서 결사체 조직 간의 연계와 연대 활동은 '연계형 사회적자본(bridging social capital)'을 강화하므로 결국 지역 시민공동체의 형성과 강화에 기여할 수 있다는 것이다(한도현, 2007: 45-50). 이리송계 사례를 다루는 이 책에서 저자는 결사체 조직화와 활동이 지역 시민공동체의 발전, 사회적자본의 형성과 강화에 긍정적으로 작동할 수 있다는 입장에 서있다.

분법적 분류인 게마인샤프트(Gemeinschaft, community)와 게젤샤프트(Gesellschaft, society)를 뛰어넘어 양자의 경계를 가로지른다. 따라서 이리송계 사례연구는 단순히 과거 전통농경사회의 유산을 연구하고 기록하는 수준을 넘어서 오늘을 살아가는 우리에게 공동체의 의미는 진정 무엇인지, 공동체의 창출 및 복원을 위한 노력과 방향은 무엇이어야 하는지 등에 대한 실제적인 교훈과 함의를 제공할 수 있을 것이다.

제3절 연구방법

1. 사례연구

이 책은 이리송계를 분석대상으로 심층 사례연구를 수행한다. 사례연구는 특정 사례에 대한 구체적인 맥락, 역사, 과정, 결과 등에 관한 풍부한 지식과 정보를 제공하며, 특수한 현상에 대한 원인과 결과 간의 연계를 깊이 있게 이해하도록 한다. 또한 사례연구는 사례 분석을 통해 가설의 형성과 검증에 기여하며, 칼 포퍼(Karl Popper)가 말하는 '반증가능성(falsifiability)'을 활용하는 이상적인 방법으로 이론의 일반화와 발전에 기여할 수 있다. 일반적인 오해와는 달리, 사례연구는 연구자의 선입관을 검증하는 편향성을 지니기 보다는 오히려 선입관을 반증하는 편향성을 보이며, 특정 사례에 대한 연구들이 축적되면서 일반적인 명제와 이론의 도출에 기여할 수 있다(Flyvbjerg, 2011, 이명석 옮김, 2014).

사례연구는 분석대상인 사례의 복수 여부에 따라 단일사례연구(single case study)와 다중사례연구(multiple case study)로 구분한다. 보통 단일사례연구는 이미 알려진 이론을 검증하는 경우, 특이한 사례를 연구하는 경우, 많은 사례들에 대해 대표성이 높고 전형적인 사례에 해당하는 경우, 과거에는 불가능하거나 제한적이었던 과학적 조사와 관찰이 가능한 사례인 경우, 특정 사례가 두 시점 이상 장기적으로 연구가 가능한 종단적(longitudinal) 사례인 경우 등에서 널리 활용된다(Berg, 2009: 317-337; Yin, 2009, 신경식·서아영 옮김, 2011: 90-101). 사례연구에서 분석단위가 사례 자체일 필요는 없다. 사례 자체가 분석단위일 수 있지만, 동시에 하위 분석단위를 포함할 수도 있다. 연구주제와 연구문제가 무엇이냐에 따라 분석단위는 다를 수 있기 때문이다.

사례연구는 연구목적에 따라 탐색적(exploratory), 기술적(descriptive), 설명적(explanatory) 연구로 구분된다. 탐색적 사례연구는 연구주제가 새롭거나 별로 알려진 바가 없는 경우 특정 사례에 대한 탐색적 접근과 이해에 목적을 둔다. 기술적 사례연구는 특정 사례에 대한 체계적이고 상세하며 풍부한 기술을 목적으로 수행한다. 탐색적 사례연구와 기술적 사례연구는 잠재적 가설과 이론의 도출에 기여할 수 있다. 설명적 사례연구에서는 특정 사례에 대한 분석을 통해 변수 간의 인과관계를 찾고 기존의 이론과 가설을 검증하는 데 목적을 둔다(Berg, 2009: 317-337; Yin, 2009, 신경식·서아영 옮김, 2011: 23-27).

이리송계는 단일사례연구에 해당하며, 1803년 창계 이후 오늘날까지 200년 넘는 역사를 지닌 이리송계에 대한 분석을 시도한다는 점에서 종단적 사례연구라 할 수 있다. 특히 조선 후기, 일제강점기, 해방이후 등 각 시기에서 이리송계의 형성, 제도와 규약, 조직 구조와 방식, 인사 체계와 관리, 인적 구성, 의사결정 체계와 방식, 재정 운영과 관리 등에 대한 심층 분석을 통해 지역공동체 조직으로서 이리송계에 대한 이해의 폭과 깊이를 확보하고자 한다.

이 책은 이리송계 사례에 대한 체계적이고 상세하며 풍부한 기술을 주된 목적으로 하기 때문에 일차적으로 기술적 사례연구(descriptive case study)에 해당한다. 그렇지만 마지막 8장(章)에서 지역공동체의 지속가능성에 관한 잠재적 가설을 제안하고 있으므로 탐색적 사례연구의 특성도 지닌다. 이 책에서 이리송계 자체가 분석단위일 뿐만 아니라 송계원과 임원을 포함한 개인, 송계 조직, 의사결정 체계와 방식, 재정 운영과 관리 체계 등 여러 하위 분석단위를 포함한다. 이로써 이리송계 단일사례에 대한 분석과 해석을 보다 풍성하게 하고 단일사례에 대한 통찰력을 높일 수 있다(Yin, 2009, 신경식·서아영 옮김, 2011: 100).

2. 자료수집과 활용

이리송계 사례연구를 수행하는 데 필요한 자료와 정보는 다양한 경로와 출처를 통해 확보할 수 있었다. 저자는 보성군 복내면 이리 지역을 네 차례(2015년 7월 21일, 7월 27일, 7월 30일, 2018년 2월 24일) 직접 방문하여 현장조사를 실시하였다. 첫 번째 현장조사에서 당시 이리송계 임원이던 계장, 총무, 이장 등 3명에 대한 심층면접을 실시하였다. 두 번째와 세 번째 현장방문에서 이리송계가 보관중인 1차 사료들을 발굴·수집할 수 있었다. 이때 확보한 사료, 고문서 및 자료 내역은 다음과 같다.

- 송계책 2권~16권 (총 15권) (송계책 1권은 분실로 소재 파악이 되지 않음)
- 「복내 향약안(福內 鄕約案)」
- 「이리송계회의록(二里松契會議錄)」(1984~2015년)
- 「이리송계출납장부(二里松契出納帳簿)」 (1책) (1908~1915년)
- 「이리송계출납장부(二里松契出納帳簿)」 (2책) (1916~1934년)
- 「이리송계출납장부(二里松契出納帳簿)」(1980~2007년)
- 「이리송계결산보고관련서류철」(1985~2014년)

이와 별도로 보성군, 복내면, 그리고 이리송계에 관한 2차 문헌을 수집하였는데, 주요 문헌을 제시하면 다음과 같다.

- 보성군복내면향토지편찬위원회. (1995).「福內面鄉土誌」. 광주: 성문당. (이후 향토지편찬위)
- 보성군. (2014).「군정백서」(2010~2014년). 전남 보성군청.
- 박종채. (2000).「朝鮮後期 禁松契 硏究」. 중앙대학교 박사학위 논문.
- 김경옥. (2006). 18~19세기 西南海 島嶼·沿岸地域 松契의 조직 과 기능.「역사학연구」, 26: 1-55.

제4절 책의 구성

이 책은 총 8장으로 구성되어 있다. 제2장에서는 이리송계 관련 내용을 개괄적으로 소개하였다. 보성군과 복내면의 자연환경, 역사, 면적, 인구, 산업구조 등을 전반적으로 소개하였다. 또한 이리송계의 창계 배경, 역사와 변천, 유형과 특성, 현황 등에 대해 구체적으로 기술하였다.

제3장에서는 이리송계의 역사를 창계 이후부터 경술국치(1910.08. 29.)까지, 일제강점기, 해방 이후 현재까지 등 세 시기로 구분하여 이리송계의 제도와 규약을 상세하게 살펴보았다. 일제강점기 이리송계 관련 자료는 전후 시대에 비해 많지 않지만, 이런 시대적 구분은 이리송계에서 제도와 규약의 특성 및 변천을 살펴보는 데 유익할 것으로 판단된다. 구체적으로, 이리송계 차원에서 제정한 제도와 규약의 내용은 무엇인지, 어떠한 특성을 담고 있는지, 어떻게 변천을 겪어왔는지를 시기별로 나누어 살펴보았다. 제4장에서는 이리송계 조직의 구조와 방식, 송계 임원의 구성과 선출 방식, 송계원의 자격과 구

성 등을 시기별로 구분하고 시기별 변천 과정을 상세하게 추적하였다. 제5장에서는 이리송계 차원에서 지역 현안을 논의하고 결정하기 위한 의사결정의 구조, 체계 및 방식을 각 시기별로 구체적으로 기술하였다. 특히 해방 이후 이리송계의 주요 현안이던 계당산 매각, 이리송계 사력비 건립, 이리송계영농조합법인 설립 및 운영, 송계책 단행본 출간 등 네 가지 사례에 대한 심층적인 분석과 기술을 통해 지역공동체의 현안을 논의하고 결정하는 의사결정의 구조, 체계 및 방식에 대한 이해를 돕고자 하였다.

제6장에서는 조직의 장기 지속성을 담보하는 데 필수요건인 재정의 운영과 관리를 시기별로 나누어 살펴보았다. 특히 재정 운영과 관리 방식, 수입 내역, 지출 내역, 송계 재산과 기금 관리 등을 상세하게 다루었다. 제7장은 이리송계 차원에서 시기별로 공동체성 함양, 미풍양속, 상호 규검, 상부 상조, 지역사회 현안의 공동 대처 등에 어떻게 성공적으로 대응하여 왔는지를 들여다보았다. 제8장에서는 이제까지 내용들을 토대로 이리송계의 지속가능 요인에 대한 탐색적 가설을 제시하였다. 이리송계가 200년 넘는 오랜 기간 동안 복내면 이리 지역사회에서 실질적 구심점으로 지속가능하게 유지·발전해온 요인은 무엇인지, 앞으로 직면한 도전과 난관은 무엇인지 등을 중심으로 논의하였다. 또한 지역공동체를 복원하고 지역사회에서 사회적경제를 활성화하는 데 이리송계 사례연구는 우리에게 어떤 함의와 시사점을 제공하고 어떤 도전과 질문을 던져주는지를 살펴보았다. 그리고 이 연구의 한계와 장래 연구방향에 대해 논의하는 것으로 끝맺음하였다.

제2장 이리송계의 개괄적 소개

제1절 보성군 복내면의 지리와 역사

1. 보성군의 역사와 현황

보성군은 전라남도 서북부에 위치하고 있으며, 면적은 663.59㎢로 전라남도의 약 5.5%를 차지한다. 보성군은 화순군, 장흥군, 고흥군, 순천시와 인접해 있으며, 해안 도서지역과 내륙지역을 연계하는 지리적 특성을 지니고 있다(보성군, 2014: 47). 보성군은 유구한 역사를 자랑한다. 보성군은 삼한시대 마한지역에 속하다가 백제 근초고왕 시기에 백제의 일부 영토로 편입되면서 복홀군(伏忽郡)으로 불렸다. 통일신라 경덕왕 16년(757년)에 보성군으로 개칭되었다가 고려 성종 14년(995년)에 군의 명칭이 패주(貝州)로 변경되고 이때 별칭으로 산양(山陽)으로 불렸다. 그 후 고려 현종 9년(1018년)에 보성군으로 다시 불리면서 오늘에 이르고 있다(보성군, 2014: 45).

〈표 2-1〉에서 보는 바와 같이, 「여지도서(輿地圖書)」(1759년)와 「호구총수(戶口總數)」(1789년)에서 18세기 중후반 보성군 관내 가구수, 인구수, 인구 구성, 리수 등에 관한 정보를 확인할 수 있다(향토지편

찬위, 1995: 참고 1표, 참고 2표). 「여지도서」에는 4,527가구 20,934명이, 「호구총수」에는 4,651가구 22,274명이 보성군 관내에 거주한 것으로 기록되어 있다. 이로써 30년 동안 가구수와 인구수가 다소 증가하였음을 알 수 있다. 당시 보성군 관내에 가구당 인구는 각각 4.6명, 4.8명으로 5명에 조금 못 미쳤다. 「여지도서」에는 당시 복내면 관내에 359가구 1,797명이, 「호구총수」에는 393가구 1,971명이 거주한 것으로 기록되어 있는데, 역시 가구수와 인구수에서 다소 증가하였음을 알 수 있다. 당시 가구당 인구는 약 5명이었다.

〈표 2-1〉 18세기 보성군 인구 현황

	「여지도서(興地圖書)」				「호구총수(戶口總數)」				리수 (里數)	비고
	가구수	인구수(명)			가구수	인구수(명)				
		계	남	여		계	남	여		
용문면 (龍門面)	509	2,058	919	1,139	472	1,583	822	761	21	현 보성읍
미력면 (彌力面)	301	1,491	622	869	281	1,432	585	847	22	
정곡면 (井谷面)	187	1,004	326	678	196	1,118	338	780	13	현 겸백면
율어면 (栗扵面)	349	1,747	846	901	327	1,746	730	1,016	14	
겸어면 (兼扵面)	221	1,063	585	478	240	1,146	532	614	7	현 겸백면
대곡면 (大谷面)	333	1,624	728	896	350	1,825	889	936	18	현 조성면
도촌면 (道村面)	546	2,182	870	1,312	560	2,425	1,050	1,375	21	현 득량면
송곡면 (松谷面)	285	1,240	657	583	303	1,313	667	646	7	현 득량면
조내면 (兆內面)	265	1,336	595	741	283	1,526	694	832	14	현 조성면
노동면 (蘆洞面)	397	1,693	663	1,030	411	2,019	901	1,118	13	

	「여지도서(輿地圖書)」				「호구총수(戶口總數)」				리수	비고
	가구수	인구수(명)			가구수	인구수(명)			(里數)	
		계	남	여		계	남	여		
옥암면 (玉岩面)	323	1,559	723	836	355	1,750	791	959	20	현 보성읍, 웅치면
복내면 (福內面)	359	1,797	812	985	393	1,971	929	1,042	21	
문전면 (文田面)	231	951	371	580	241	1,110	421	689	12	현 문덕면
대여면 (垈如面)	221	1,189	569	620	239	1,310	599	711	5	현 율어면
총계	4,527	20,934	9,286	11,648	4,651	22,274	9,948	12,326	208	

* 출처: 향토지편찬위. (1995). 「福內面鄕土誌」. 참고 1표 및 참고 2표.

〈표 2-2〉는 오늘날 보성군의 읍면별 인구 현황을 보여준다. 보성군은 2개 읍과 10개 면으로 구성되어 있다. 2018년 5월 현재 보성군에는 22,531가구 43,624명이, 그중 복내면에는 996가구 1,842명이 각각 거주하고 있다. 가구당 인구는 각각 약 1.9명, 1.8명으로 핵가족화에 따른 현상을 보인다.

〈표 2-2〉 오늘날 보성군 인구 현황

(2018년 5월 현재)

읍면별	가구수	인구수(명)		
		계	남	여
보성읍	4,377	9,625	4,677	4,948
벌교읍	6,731	13,075	6,385	6,690
노동면	676	1,190	556	634
미력면	795	1,513	750	763
겸백면	710	1,260	607	653
율어면	707	1,313	631	682
복내면	996	1,842	882	960
문덕면	600	9,65	489	476
조성면	2,215	4,027	1,919	2,108

득량면	2,379	430	2,123	2,307
회천면	1,697	3,221	1,570	1,651
웅치면	648	1,163	556	607
계	22,531	43,624	21,145	22,479

* 출처: 보성군청 홈페이지. (http://www.boseong.go.kr) (자료 접근: 2018.06.11.).

2. 복내면의 역사와 현황

복내면은 보성군의 북부에 위치하고 있는데, 북부 4개 면(복내, 겸백, 율어, 문덕)의 중심에 자리 잡고 있다. 이런 지리적 특성으로 복내 지역은 예로부터 교통, 문화, 상거래, 교육 등 모든 분야에서 핵심적이고 주도적인 역할을 수행하여 왔다(향토지편찬위, 1995: 35). 구체적으로, 복내면은 동쪽으로 율어면과 문덕면, 서쪽으로 노동면과 화순군 이양면, 북쪽으로 화순군 남면과 한천면, 남쪽으로 미력면과 겸백면에 이웃하고 있다(향토지편찬위, 1995: 39). 예로부터 보성군에서는 "생거복내 사거노동(生居福內 死居蘆洞)"이라는 말이 회자되었는데, 이는 복내 지역이 산수가 수려하고 기후가 온화하여 사람 살기에 좋은 곳임을 말해준다(향토지편찬위, 1995: 35).

복내면은 천봉산(千鳳山), 말봉산(末峰山), 계당산(桂棠山)에서 각각 발원하는 3개의 하천인 일봉천(日鳳川), 복내천(福內川), 삼리천(三里川)을 따라 농사지을 들이 형성되고, 각 하천을 중심으로 골짜기에는 자연마을들이 들어서 있다. 예로부터 복내 지역은 '삼리골'로 불렸다. 일봉천은 천봉산에서 발원하여 '일리(一里)골'을 형성하는데, 여기에는 봉천리(鳳川里), 일봉리(日鳳里), 시천리(詩川里) 마을들이 들어서 있다. 복내천은 말봉산에서 발원하여 '이리(二里)골'을 형성하는데, 여기에는 복내리(福內里), 반석리(盤石里), 용동리(龍洞里), 진봉리(眞鳳里) 마을들이 들어서 있다. 삼리천은 계당산에서 발원하여 '삼리(三里)골'을 형성하는데, 여기에는 동교리(東橋里)¹, 용전리(龍田里), 유정리(楡亭里), 계산리(桂山里), 장천리(獐川里) 마을들이 들어서 있다(향토지편찬위, 1995: 39-40).

〈그림 2-1〉 보성군 복내면 지도

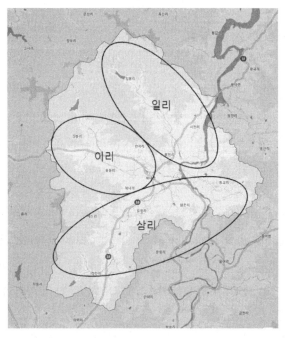

* 출처: 보성군 복내면 Google 지도 검색. (자료 접근: 2019.03.08.).

복내면의 역사를 대략 살펴보면, 복내면 일대는 삼한시대에는 마한 54개 부족국가 중 벽비리국(辟卑離國)의 일부였으며, 백제시대에는 파부리현(波夫里縣)에 속하였다. 통일신라 경덕왕 16년(757년)에 전국의 군현 명칭을 모두 중국식으로 개칭하면서 복내면 일대는 조

---

1 동교리는 1973년 7월 1일 문덕면에서 복내면으로 편입되었다. 출처: 보성군청 홈페이지(http://www.boseong.go.kr) (자료 접근: 2018.06.11.).

부리현(朝富里縣)으로 능성군(綾城郡)에 속했다. 고려 태조 23년(940년)에 조부리현이 복성현(福城縣)²으로 개칭될 때에도 여전히 능성군에 속하였으나, 고려 현종 9년(1018년)부터 복성현은 보성군에 속하게 되었다. 조선 고종 31년(1894년)에 큰 규모의 행정개편이 단행되면서 복성현이 복내면으로 개칭되었는데, '복성현의 안쪽에 위치한다' 하여 '복내면(福內面)'이라는 명칭이 붙여졌다고 한다(보성군, 2014: 45-46; 향토지편찬위, 1995: 45-51).

예로부터 복내 지역은 교통, 상업 및 교육의 중심지로서 위상을 지켜왔다. 순조 4년(1804년) 6월에 지역민의 여론에 따라 마을 대표 18인의 명의로 시장 개설을 청원하는 상소문을 올려 복내 시장이 비로소 개설되었다고 한다. 복내 시장은 보성군 북부 4개 면과 미력면, 화순군 남면과 이양면에 인접하여 농산물의 집산지이며 경제와 상거래의 중심지이었다. 특히 우(牛)시장은 보성읍 우막시장과 함께, 전국적으로 소문이 자자하던 소 거래 시장이었으며, 복내 시장에서 거래되던 마포(삼베)는 한때 전국 최대 규모였다고 한다(향토지편찬위, 1995: 71).

〈표 2-3〉은 복내면 면적 현황을 보여준다. 복내면은 총 67㎢로 보성군 전체 면적의 약 10%를 차지한다. 경지 9.6㎢, 임야 49.2㎢로 복내면 전체 면적에 각각 약 14.3%, 73.4%를 차지한다.

---

2 고려 태조 23년(940년)의 군현 정비 이후부터 큰 규모의 행정구역 개편이 이뤄진 조선 고종 31년(1894년)까지 950년이 넘는 기간 동안, 복성현은 능성군의 일부와 보성군의 북부 4개 면(복내, 겸백, 율어, 문덕)을 관할하였으며, 복내면은 그 중심에 있었다(아시아경제, 2014.09.18.).

〈표 2-3〉 복내면 면적 현황

구분	경지			임야	기타	합계
	전체	전	답			
면적(㎢)	9.6	3.2	6.4	49.2	8.2	67
비율(%)	14.3%	4.8%	9.6%	73.4%	12.2%	100%

* 출처: 보성군청 홈페이지. (http://www.boseong.go.kr) (자료 접근: 2018.06.11.).

〈표 2-4〉는 2017년 1월 1일 현재 복내면 관내에 거주하는 가구와 인구 현황을 보여준다. 전체 1,004호에서 농가는 681호로 약 68%를 차지하며, 여성이 약 52%로 남성보다 다소 많은 편이다. 이로써 복내면은 농업을 주업으로 하는 전형적인 농촌 지역사회라는 것을 알 수 있다. 또한 급속한 산업화와 도시화에 따른 젊은 층의 이농 현상으로 거주민의 고령화가 빠르게 진행되고 있다. 대표적인 지역 특산물로는 고추, 녹차, 표고버섯, 대마 등이 있다.

〈표 2-4〉 복내면 가구와 인구 현황

(2017년 1월 1일 현재)

구분	가구수			인구수(명)		
	농가	비농가	합계	남	여	합계
가구/명	681	323	1,004	920	991	1,911
비율(%)	68	32	100	48	52	100

* 출처: 보성군청 홈페이지. (http://www.boseong.go.kr) (자료 접근: 2018.06.11.).

〈표 2-5〉에 따르면, 복내면 관내에는 22개 리 45개 자연마을로 구성되어 있는데, 일리에는 5개 리 12개 자연마을, 이리에는 8개 리 12개 자연마을, 삼리에는 9개 리 21개 자연마을이 있다.

〈표 2-5〉 복내면 관내 리와 마을 현황

리명	마을명	비고
복내1리	원봉(圓峰), 도화(桃花)	이리
복내2리	시장(市場)	"
반석1리	입석(立石, 선돌)	"
반석2리	반곡(盤谷, 서리실), 점촌(店村)[3]	"
용동1리	풍치(風峙, 바람재), 장전(長田)	"
용동2리	내동(內洞)	"
진봉1리	진척(眞尺, 진대실), 서봉(棲鳳)	"
진봉2리	화령(花嶺)	"
봉천리	당촌(堂村), 탑동(塔洞), 유동(柳洞, 버드골), 평촌(坪村, 들몰)	일리
일봉1리	일와(逸臥)	"
일봉2리	봉계(鳳溪, 벵계촌), 묵석(墨石)	"
시천1리	살치[矢峙]	"
시천2리	내시(內詩, 안시래), 외시(外詩, 밧시래), 다락(多樂)[4], 방축(防築, 방죽골)	"
동교1리	외판(外板, 밧너더리), 축치(柚峙), 새터[新基]	삼리
동교2리	내판(內板, 안너더리), 신촌(新村), 대치(大峙, 한치)	"
용전1리	용반(龍盤, 창고개)	"
용전2리	신기(新基, 새터), 사평(沙坪)[5]	"
유정리	옥평(玉坪), 내기(內基, 안터), 덕촌(德村, 덜말), 괴정(槐亭, 방죽골)	"
계산1리	웅동(雄洞, 숫골)	"
계산2리	산수(山水, 산막실), 계동(桂洞)[6]	"
장천1리	평주(平舟), 죽동(竹洞)	"
장천2리	상진(上津), 하진(下津), 회룡(回龍)	"

* 출처: 향토지편찬위. (1995). 「福內面鄕土誌」를 참고하여 저자 작성.

---

3 옹기그릇을 제작하던 마을이어서 예로부터 점촌(店村)으로 불렸다. 한편 소나무가 울창하여서 송화촌(松花村)으로도 널리 불렸다고 한다(향토지편찬위, 1995: 254-255). 현재 점촌에는 거주자가 없다.

4 주암댐 건설로 마을이 철거되어 현재 거주자는 없다(향토지편찬위, 1995: 284).

5 사평은 산유월(山留月)로도 불린다(향토지편찬위, 1995: 298).

6 계동은 월평(月坪)으로도 불린다(향토지편찬위, 1995: 309).

제2절 이리송계의 역사[7]

1. 이리송계의 창계 배경

1803년(계해, 순조 3) 음력 10월에 당시 동수(洞首)였던 채경윤(蔡
慶潤)을 비롯한 손석초(孫錫楚)[8], 소성동(蘇聖東), 염상철(廉相哲) 등
이 이리골 마을인 복내리(福內里), 반석리(盤石里), 용동리(龍洞里),
진봉리(眞鳳里)를 대표하여 이리송계(二里松契)의 창계를 주도하였
다. 창계 당시 314가구 383명이 입계(入契)했다고 한다.[9] 창계 처음
부터 '이리송계'로 불렸던 것은 아닌 듯하다. 창계 당시에는 '이리통
조계(二里統租禊)'로 명명되었다가 송계책 3권이 만들어진 1820년(경
진, 순조 20)에 비로소 '이리송계'로 개칭되었다고 한다.[10]

복내면에서 송계는 '솔계'라고도 불린다(향토지편찬위, 1995: 91-
92). 이리송계의 창계 목적은 당시 이리 지역사회의 주요 현안이던
통호조(統戶租)[11], 예죽조(刈竹租)[12], 구마조(驅馬租)[13] 등 공동 요역과

---

7 「산림공유자원관리로서 금송계 연구: 公有와 私有를 넘어서 共有의 지혜로」(배
수호·이명석 공저, 집문당, 2018)의 제5장 2절에 실린 내용을 추가 보완하였다.

8 손석초(孫錫楚, 1767~1837)는 밀양인으로 자는 무형(懋荊), 호는 시은(市隱)이다.
향리에 효성으로 자자하였다(향토지편찬위, 1995: 366).

9 하지만 이리송계의 창계에 참여한 가구수가 314호였는지에 대해 확인이 필요하
다. 이리송계의 창계보다 약간 앞선 시기에 작성된 조선정부 자료책인 「여지도서(興
地圖書)」(1759년)와 「호구총서(戶口總數)」(1789년)에는 복내면 관내의 전체 가구수가
각각 359호, 393호로 기록되어 있기 때문이다. 복내면에는 일리, 이리, 삼리 등 세 개
의 리가 있으므로 이리송계의 창계에 314호가 참여했다는 기록에는 다소 의구심이
든다.

10 1987년도 이리송계 정기총회(1988.02.02.)에서 당시 채○○ 송계장이 개회사에
서 언급한 내용이다. 출처: 「이리송계회의록」(1984~2015년).

11 통호조(統戶租)는 조선 후기에 지방관청에서 각 가구에 부과하던 지방세로 오
늘날 주민세와 비슷하였던 것으로 보인다.

12 예죽조(刈竹租)는 지방관청에서 '대나무를 베는 요역'에 부과하던 지방세로 보인다.

13 구마조(驅馬租)는 지방관청에서 '말을 몰이하는 요역'에 부과하던 지방세로 보인다.

부세를 지역공동체 차원에서 함께 해결하고자 함이었다. 이로써 판단컨대, 이리송계는 지역공동체 구성원을 위한 전형적인 보역(補役)·보민(補民)을 위한 계(契)의 성격을 띠고 있었다. 또한 광활한 송계산 구역 내에서 소나무, 참나무, 풀, 잡목, 화전 개간 등 산림자원을 공동으로 이용·보호·관리하여 당시 공동체의 주요 현안들을 적극 대처해나가기 위함이었다.

이리송계는 방동산(方洞山), 가야산(伽倻山), 원봉산(圓峯山), 압곡산(鴨谷山) 등 4개의 산을 관리 대상인 송계산으로 삼아 관(官)으로부터 입안(立案)을 받아 창계되었다. 이런 사실은 이리송계 관련 책, 문서, 소장(訴狀) 등 여러 곳에서 확인된다. 송계책 10권 〈송계안내장축표(松稧案內狀軸表)〉(1869년, 고종 6)에는 복내면 이리 향촌 사회 차원에서 지방관청에 제출한 소장 7건에 관한 내역이 간략하게 실려 있다. 〈송계안내장축표〉에는 1785년(을사, 정조 9) 음력 2월 16일 관청에 제출한 소장 1건을 시작으로 1786년(병오, 정조 10) 1건, 1803년(계해, 순조 3) 이리송계가 창계된 해에 1건, 1804년(갑자, 순조 4) 음력 4월과 7월에 4건 등 총 7건에 관한 내역을 언급한 다음, "우장축칠도 복내면제이리 송계산 방동 가야 원봉 압곡 입안금양빙고건야(右狀軸七度 福內面第二里 松稧山 方洞 伽倻 圓峯 鴨谷 立案 禁養憑考件也)"라고 기록하고 있다. 즉, "7건의 두루마리 문서는 방동산, 가야산, 원봉산 및 압곡산을 관청으로부터 이리송계의 송계산으로 입안받아 금양하는 것에 대해서이다"라고 명시하고 있다.

이리송계는 1920년(경신)에 송계 조직을 대대적으로 확대 개편하고 송계안과 송계규약을 크게 정비하였다. 당시 주도인사였던 안극(安極)[14]이 작성한 〈복내면제이리송계서(福內面第二里松契序)〉에서

---

14 안극(安極, 1864~1945)은 죽산인으로 자는 처중(處中), 호는 회은(晦隱)이다. 숙릉참봉에 제수되었으나 나아가지 않았다(향토지편찬위, 1995: 331).

"방동가야원봉압곡지산 입안금양 균피유택(房洞伽倻圓峰鴨谷之山 立案禁養 均被遺澤)"이라는 구절에서도 확인할 수 있다. 즉, 방동산, 가야산, 원봉산, 압곡산을 관청으로부터 입안받아 이리송계를 창계하였으며 그 혜택이 마을 주민들에게 고루 미치게 되었다는 것이다.

과거 복내 지역에는 이리뿐만 아니라 일리와 삼리에서도 각각 송계를 조직하고 운영하였다고 한다. 이리송계가 창계될 무렵에 일리송계(一里松契)도 창계되었다고 한다(향토지편찬위, 1995: 91-92). 그리고 1899년(기해, 광무 3)에 안봉환(安鳳換)이 작성한 〈복내면향약계중수서(福內面鄉約契重修序)〉에 보면, "지금 우리 면에는 송계가 이미 세 개로 나뉘어져 있는데, 지금 비록 향약계를 새로 만든다고 하더라도 각 리의 송계 재곡(財穀)과 송계산은 (세 송계에) 나누어진 바에 따라 구분해두기로 한다"[15]라고 명시되어 있다. 이로써 복내면에 향약계가 처음 결성된 1858년(무오, 철종 9)에 세 개의 리에서 이미 송계가 조직·운영되고 있었음을 분명하게 알 수 있다.

이리송계가 창계되던 비슷한 시기에 일리송계 또한 관청으로부터 입안받아 창계됐던 것으로 보인다. 그렇다면, 비슷한 시기에 삼리송계(三里松契)도 관청으로부터 송계산의 입안을 통해 창계되었을 것으로 추정된다. 이로써 추측컨대, 보다 이른 시기에 결성·운영돼 오던 복내면 세 개의 송계가 복내향약계를 조직하고 운영하는 데 상당한 역할과 기여를 하였을 것으로 짐작된다.

하지만 일리송계와 삼리송계가 정확히 언제 어떤 계기로 창계되고 운영·관리되었는지를 현재로서는 알기 어렵다. 과거 어느 시점부터 일리송계의 운영이 유명무실하게 되었다가 1940년 시천리 이병찬(李秉燦)과 이교천(李敎川), 봉천리 이병위(李秉威) 등의 주도로

---

15 〈福內面鄉約契重修序〉. [中略] 此亦中 本面都松稧 已分爲三 則今雖新創鄉約稧 各里之松契財穀與稧山 依所分區別是齊.

100여 명을 더 추입하여 송계원 360명으로 송계를 크게 재건하였고 음력 8월이면 정기 송계 회의를 개최하였다. 하지만 주암댐 건설로 인해 많은 이주민이 발생하면서 송계는 다시 유명무실하게 되었고 1988년 임야 300정보를 매각한 대금으로 송계원들에게 고루 배분하고 현재는 임야 36정보만을 일리송계가 소유하고 있다(향토지편찬위, 1995: 91-92). 그럼에도 일리송계는 여전히 조직 체계를 갖추고 송계를 운영하고 있다고 한다.[16]

삼리송계는 언제 어떤 계기로 창계되었는지, 어떠한 조직 체계를 갖추고 운영되었는지, 송계산이나 송계전답의 규모는 어느 정도였는지, 언제 어떤 계기로 해체의 길로 접어들었는지 등에 대해 현재로서는 그 전모를 파악할 수 없다. 이리송계 현지조사(2015.07.21.)에서 같은 면 주민들도 삼리송계의 존재를 모르고 있는 것으로 보아, 오래전에 삼리송계는 와해되었던 것으로 생각된다.

2. 이리송계의 역사

1) 이리송계의 역사 개괄

이리송계는 조선 후기에 12번, 일제강점기에 1번, 해방 이후에는 3번 등 이제까지 16번에 걸쳐 송계책(松契冊)을 작성, 수정 및 보완하였다. 송계책은 대개 서문(序文), 절목(節目), 좌목(座目) 등으로 구성된다. 〈표 2-6〉은 송계책의 작성과 수정 연도, 계원수, 주역인사 등을 보여준다. 주역인사들은 당시 동수(洞首), 공원(公員), 집강(執綱), 전곡(典穀) 등 송계 임원을 맡고 있었거나 지역사회의 유지로서 송계 조직을 재건하거나 개편하는 데 참여했다.

---

16 2015년 7월 21일 현지조사에서 이리송계 송계장 염태환 씨, 총무 손육근 씨, 이장 안규홍 씨의 도움말.

<표 2-6> 이리송계 연혁

권수	연도	계원수(명)	주역인사	비고
1권	1803년(癸亥)	383 (314가구)	채경윤(蔡慶潤), 염상철(廉相哲), 현재욱(玄載旭)	순조 3년
2권	1812년(壬申)	290	채형일(蔡衡鎰), 채형국(蔡衡國)	순조 12년
3권	1820년(庚辰)	134	이헌진(李憲鎭), 염상철(廉相哲), 채형동(蔡衡東)	순조 20년
4권	1821년(辛巳)	236	채형동(蔡衡東), 이헌진(李憲鎭), 염상진(廉相鎭)	순조 21년
5권	1824년(甲申)	127	채형동(蔡衡東), 이헌진(李憲鎭), 염상철(廉相哲)	순조 24년
6권	1830년(庚寅)	121	염상진(廉相鎭), 채형오(蔡衡五), 채형심(蔡衡心)	순조 30년
7권	1830년(庚寅)	121	염상진(廉相鎭)	순조 30년
8권	1836년(丙申)	225	채형오(蔡衡五), 채형심(蔡衡心)	헌종 2년
9권	1842년(壬寅)	270	소수칠(蘇洙七), 채형심(蔡衡心), 채규택(蔡奎澤)	헌종 8년
10권	1869년(己巳)	268	이계원(李啓源), 채규원(蔡奎元), 염재선(廉在善)	고종 6년
11권	1880년(庚辰)	271	윤우원(尹右遠), 최병규(崔炳珪)	고종 17년
12권	1897년(丁酉)	282	손장환(孫章煥), 채규완(蔡奎玩)	광무 원년
13권	1920년(庚申)	373	임사성(任思聖), 윤우원(尹右遠), 안극(安極)	
14권	1968년(己酉)[17]	329	채희남(蔡熙南), 소진오(蘇鎭五), 문동일(文東日)	
15권	1983년(癸亥)	70	소종삼(蘇鐘三), 채홍기(蔡弘基)	
16권	1993년(癸酉)	166	이혁(李爀), 소진육(蘇鎭六)	

* 출처: 송계책 16권에서 재인용; 일부 내용을 수정함.

<표 2-7>은 송계책 2권에서 16권에 실린 주요 내용을 정리한 것이다. 창계 당시 작성된 송계책 1권은 현재 분실되어 소재가 파악되지

---

17 1968년은 무신년(戊申年)에 해당하는데 송계책 14권에는 기유년(己酉年)으로 기재되어 있다. 기유년은 1969년이다.

않고 있다. 이리송계는 창계 이후 적어도 4번에 걸쳐 큰 규모로 송계 조직의 확대 혹은 경장(更張)이 이뤄졌다. 먼저 1차 경장(更張)이 이 뤄진 1880년(경진, 고종 17) 당시에 송계의 규약이 제대로 준수되지 않았고, 송계 재산과 곡식은 텅텅 비었으며, 송계산인 방동산, 가야 산, 계당산, 압곡산은 모두 민둥산이 되어 있었다. 안풍현(安豐鉉)[18], 최환문(崔煥文)[19], 윤우원(尹右遠) 등 주요 지역인사들을 중심으로 옛 문서에 기록돼 있던 대로 '본조(本租)는 배로 갚게 하고 이자는 탕 감해 주는[倍本減殖]' 방식으로 송계 재정을 되살리려 하였으나 200 냥에도 못 미치었다. 결국 송계원의 중론을 모아 다시 송계 규약을 재정비하고, 추입금, 송추전(松楸錢), 분묘의 대가 등으로 송계 재정 을 증식하기 위한 노력을 적극 추진하였다.

2차 경장은 일제강점기인 1920년에 이뤄졌다. 당시 임사성(任思 聖), 윤우원(尹右遠), 안극(安極) 등 주역인사들을 중심으로 송계 조 직을 대대적으로 개편하고 규약을 수정·증보하고, 계원수도 크게 확충하였다. 이 때 계원수가 기존 290명에서 372명으로 대폭 늘어나 게 된다. 송계책 13권에 실린 〈송계규약(松契規約)〉은 8조(條)의 강 (綱)과 64례(例)의 목(目)으로 구성되어 있다. 이렇게 많은 규정을 두 게 된 것은 이리송계의 기존 명문 규정들뿐만 아니라, 예로부터 전래 돼오던 불문율, 관습 및 관례를 바탕으로 당시 시대적 현실과 상황에 맞게 크게 수정·증보했기 때문이다. 구체적으로, 8조는 계임선정사 (契任選定事), 계원입안사(契員立案事), 임야금양사(林埜禁養事), 토

---

18 안풍현(安豐鉉, 1822~?)은 죽산인으로 자는 대유(大有), 호는 일포(逸蒲)이다. 1845년(을사, 헌종 11)에 무과 급제했으며 병인양요(丙寅洋擾) 때의 공훈으로 선전관 (宣傳官)이 되었다(보성문화원, 2014). 1880년(경진, 고종 17)에 편찬된 송계책 11권에 는 '宣傳官 安豐鉉'으로, 1897년(정유, 광무 원년) 음력 4월에 편찬된 송계책 12권에는 '安宣傳'으로 각각 기재돼 있다.

19 최환문(崔煥文, 1823~?)은 해주인으로 자는 문표(文杓), 호는 농은(農隱)이다. 1885년(을유, 고종 22)에 진사(進士) 급제하였다(향토지편찬위, 1995: 324).

지정작사(土地定作事), 전곡출입사(錢穀出入事), 강회경비사(講會經費事), 문학교훈사(文學教訓事), 부기전수사(簿記傳守事)로 구성되어 있고, 각 조마다 세부 규정들을 두고 있다.

3차 경장은 1983년에 송계책 15권에서 이뤄졌다. 송계책 15권은 〈서문(序文)〉, 〈이리송계안십오권년기(二里松契案十五卷年記)〉, 〈송계재산목록(松契財産目錄)〉, 〈물목록(物目錄)〉, 〈복내면제이리송계안(福內面第二里松契案)〉, 〈정관(定款)〉 순으로 구성되어 있다. 〈복내면제이리송계안〉에 총 159명의 계원 명단이 마을별로 수록되어 있다. 이리송계 〈정관〉은 12장 70조로, 총칙, 조직, 계원, 임원과 직원, 고문, 총회와 이사회, 사업의 집행, 출자와 경비부담, 회계, 해산 및 분할, 상계, 부칙 등에 대한 세부 조항들이 실려 있다.

〈정관〉 10조 이리송계의 구성에서 "본계는 구역내 거주한 계원으로만 구성한다"고 명시하고 있다. 12조 계원의 자격에서 "본계의 계원은 본구역내에 주소를 가진 사람이 소정의 가입절차에 의하여 계원이 된다. 다만 원계원(元契員)의 장남과 장손은 소정의 가입절차 없이 자동적으로 계원이 된다"고 규정하여 '장자와 장손의 자동 승계 원칙'을 천명하고 있다.

〈정관〉 14조에서는 이리송계의 추입 대상자를 "본계가 현재까지 계승해온 계원의 차자(次子) 및 차손(次孫) 등에 한한다"로 규정하고, 나아가 15조에서는 "본계는 유구한 전통과 영속성 그리고 안전한 재산관리를 위하여 기존계원의 자손만이 유지하고자 이후 신입계원추입(新入契員追入)을 일절제한한다"고 명시하고 있다. 이는 기존 계원의 자손 중에서 장자와 장손에게는 계원 자격의 자동 승계를 허용하고 오직 차자와 차손에 대해서만 일정한 가입절차를 거쳐 추입을 허용하겠다는 것이다. 이리 지역으로 새롭게 전입한 사람들에게는 이리송계 가입을 원천적으로 봉쇄하고 있다.

이리송계는 2006년 '이리송계영농조합법인(二里松契營農組合法人)'

으로 출범하면서 오랜 전통을 계승하고 앞으로의 도약을 위한 큰 계기를 마련하였다. 영농조합 출범은 4차 경장에 해당한다. 오늘날 이리송계는 〈이리송계영농조합법인 정관〉(이후 〈법인 정관〉)과 〈이리송계 규약〉을 제정하여 시행하고 있다. 〈법인 정관〉은 8장 59조로, 총칙, 조합원 및 준조합원, 출자와 적립금 및 지분, 회계, 임원, 회의의 운영, 해산, 부칙 등에 관한 세부 조항들이 실려 있다. 〈이리송계 규약〉은 8장과 부칙 63조로, 총칙, 계원, 총회와 이사회, 임원과 공원, 재정 및 출자, 회계 및 사업의 집행, 상벌, 해산, 부칙 등에 대한 세부 조항들을 두고 있다. 〈법인 정관〉 7조 '규약의 제정'에서 "이 정관에서 정한 것 이외에 업무의 집행, 회계, 직원의 채용 기타 필요한 사항은 별도의 규약으로 정할 수 있다"라고 명시하여 정관의 규정이 〈이리송계 규약〉보다 우선한다는 점을 천명하고 있다.

〈이리송계 규약〉에 "계원 중에서 불효, 불경, 패륜행위 또는 발전을 저해하는 자는 징계할 수 있다"(53조), "포상과 징계는 이사회 의결에 의하되 상벌대장을 비치 보존한다"(54조) 등의 규정에서 알 수 있듯이, 과거 이리송계 차원에서 행해지던 지역공동체 내 질서 유지, 미풍양속, 상부 상조, 상호 규검 등 주요 역할과 기능을 이리송계가 오늘날에도 계승하여 실천할 것을 천명하고 있다. 〈이리송계 규약〉 부칙 62조에 "본 규약에 명시되어 있지 않은 사항은 통상관례에 준한다"고 규정하여, 이리송계가 오랜 전통, 불문율, 관습 및 관례에 따라 운영되고 있음을 알 수 있다. 계원의 구성에서도 기존 계원의 장자와 장손은 별도 심사 없이 자동 승계하고 차자와 차손은 계원 자격 심사를 통해 추입을 허용하지만, 이리 지역으로 새로 전입한 사람들에게는 송계의 가입을 원천적으로 봉쇄하던 '신규가입의 폐쇄성' 전통과 관행은 그대로 유지하고 있다.

권수	연도	책명	주요 내용	비고
1권	1803년(癸亥)		분실(紛失)로 소재 파악이 안됨.	한자
2권	1812년(壬申)	「이리송계안(二里松稧案)」	완약(完約), 좌목(座目)	한자
3권	1820년(庚辰)	「통호조급예죽조구마조계안 (統戶租及刈竹租驅馬租稧案)」	복내이리축하보민계안서(福內二里築下補民稧案序), 조약(條約), 좌목(座目)	한자
4권	1821년(辛巳)	「동이리송계안(東二里松稧案)」	완약(完約), 좌목(座目)	한자
5권	1824년(甲申)	「통조예죽구마계안 (統租刈竹驅馬稧案)」	이리보민계서(二里補民稧序), 조약(條約), 좌목(座目)	한자
6권	1830년(庚寅)	「이리송계안(二里松稧案)」	완약(完約), 완약(完約), 좌목(座目)	한자
7권	1830년(庚寅)	「구마예죽통계안 (驅馬刈竹統稧案)」	이리보민계서(二里補民稧序), 조약(條約), 좌목(座目)	한자
8권	1836년(丙申)	「이리송계안(二里松稧案)」	완약(完約), 좌목(座目)	한자
9권	1842년(壬寅)	「이리송계안(二里松稧案)」	완약(完約), 좌목(座目)	한자
10권	1869년(己巳)	「복내면이리송계안 (福內面二里松稧案)」	송계안서(松稧案序), 조약(條約), 좌목(座目), 송계안권질표(松稧案卷秩表), 송계안내장축표(松稧案內狀軸表), 송계안내고적표(松稧案內古蹟表)	한자
11권	1880년(庚辰)	「복내면이리송계안 (福內面二里松稧案)」	이리송계안서(二里松稧案序), 조약(條約), 좌목(座目), 경인추입질(庚寅追入秩)	한자
12권	1897년(丁酉)	「송계안(松稧案)」	송계안(松稧案)(序), 송계안(松稧案)(追序), 조약(條約), 구적장축중일방제현함록(舊蹟狀軸中一坊諸賢啣錄), 좌목(座目), 향약재결안(鄕約再結案), 임원록(任員錄), 추입(追入), 정미삼월일(丁未三月日)	한자
13권	1920년(庚申)	「송계안(松稧案)」	복내이리송계안서(福內二里松契案序), 복내면제이리송계서(福內面第二里松契序), 송계규약조례(松契規約條例), 송계규약(松契規約), 계안십삼권년기(契案十三卷年記), 입안일도(立案一度), 소장오	한자

권수	연도	책명	주요 내용	비고
			도(訴狀五度), 서목일도(書目一度), 구적이비리중문헌(舊蹟以備里中文獻), 토지증명(土地證明), 임야측량(林埜測量), 전곡출입부(錢穀出入簿), 시도기성책(時到記成冊), 강습일기(講習日記), 부기궤자(簿記几子), 서송계규약후(書松契規約後), 복내면이리송계안발(福內面二里松契案跋), 좌목(座目)	
14권	1968년(己酉)	「송계안(松稧案)」	복내이리송계안서(福內二里松契案序), 제이리송계안후(題二里松契案後), 이리송계안발(二里松契案跋)(蘇鎭五), 이리송계안발(二里松契案跋)(文東日), 송회당기(松會堂記), 제송회당신축벽상(題松會堂新築壁上), 복내면제이리송계안(福內面第二里松契案), 계원유망추록(契員遺忘追錄), 계장급공원임록(契長及公員任錄)	한자
15권	1983년(癸亥)	「송계안(松稧案)」	서문(序文), 이리송계안십오권년기(二里松契案十五卷年記), 송계재산목록(松契財産目錄), 물목록(物目錄), 복내면제이리송계안(福內面第二里松契案), 정관(定款)	한글과 한자 혼용
16권	1993년(癸酉)	「복내이리송계안(福內二里松契案)」	발간사(發刊辭), 축하(祝賀)의 말씀, 정관(定款), 이리송계연혁(二里松契 沿革), 송계재산목록(松契財産目錄), 임원명단(任員名單), 계원명단(契員名單)	한글과 한자 혼용

* 출처: 송계책 2권∼16권을 토대로 저자 작성.

이리송계는 200년이 넘는 오랜 역사를 자랑하고 있다. 그 동안 이리송계는 수많은 부침과 시련을 슬기롭게 극복하고 시대적 변화와 요청에 부응하면서 오늘날까지도 지역사회의 구심점으로 굳건히 뿌리내리고 있다. 이리송계 역시 일제에 의해 강제 실행된 '임야조사사업(林野調查事業)'(1918~1924년)[20]과 '조선특별연고삼림양여령(朝鮮特別緣故森林讓與令)'(1926년 4월)[21]의 영향을 크게 받았던 것으로 보인다. 「이리송계출납장부(二里松契出納帳簿)」(1908~1934년)[22]를 살펴보면, 1927년에 '소형규외사인삼림조합비(蘇亨圭外四人森林組合費)', '안극외사인삼림조합비(安極外四人森林組合費)' 등의 지출항목이 보인다. 아마도 소형규를 포함한 5명, 안극을 포함한 5명이 각각 공동 명의로 송계산을 등록하였고 매년 상반기에 '삼림조합비' 명목으로 세금을 납부했던 것으로 보인다.

1927년 음력 4월 25일에는 '가야산국림양여원(伽倻山國林讓與願)'[23]의 제출 비용으로 18냥 9전 7푼이 기재돼 있다. 그 이전까지 이리송계의 송계산이던 가야산이 임야조사사업으로 국유림으로 편입되었고, 이에 이리송계에서 양여를 청원하였던 것으로 보인다. 이로써 추

---

20 임야조사사업은 일제가 1918년부터 1935년까지 임야를 대상으로 실시하였던 대규모 조사사업이다. 일제는 임야에 대한 법적 소유권을 확정하여 식민지경제체제를 구축하고 식민지 수탈을 원활하게 하고자 하였다. 당시 임야조사사업으로 많은 산림들이 국유림으로 편입되었다. 출처: 국사편찬위원회. 임야 조사 사업.

(http://contents.history.go.kr/front/tg/view.do?treeId=0209&levelId=tg_004_1610&ganada=&pageUnit=10) (자료 접근: 2018년 5월 23일).

21 조선특별연고삼림양여령(朝鮮特別緣故森林讓與令)은 일제 임야조사사업의 결과로 과거 점유권과 이용권이 있던 상당한 규모의 산림들이 국유림으로 편입되면서 소유권 분쟁, 민심 동요 등 심각한 문제들이 발생하게 되었다. 일제는 이를 무마하기 위해 1926년 4월 '특별연고삼림'을 사유림으로 전환하는 조치를 취하였다. 출처: 행정안전부 국가기록원. 특별연고양여림.

(http://www.archives.go.kr/next/search/listSubjectDescription.do?id=004988) (자료 접근: 2019년 9월 16일).

22 「이리송계출납장부(二里松契出納帳簿)」(1908~1934년)는 2책으로 묶여 있다.

23 「이리송계출납장부(二里松契出納帳簿)」(1908~1934년)에 따르면, 1927년 음력 6월 27일 강회(講會)에서 작성된 회계결산 내역에 '可也山國林讓與願'으로 기재돼 있다.

측컨대, 이리송계가 일제강점기에 실시된 임야조사사업과 그 후 조선특별연고삼림양여령의 영향을 직접적으로 받았음을 시사한다. 방동산과 계당산은 소형규와 안극을 중심으로 송계원 공동 명의로 등록되었고, 가야산은 조선특별연고삼림양여령에 따라 양여원(讓與願)을 제출하여 되찾았던 것으로 추측된다. 한편, 「이리송계출납장부」(1908~1934년)에 방동산, 가야산 및 계당산은 보이지만, 압곡산은 보이지 않는다.[24] 1983년에 작성된 송계책 15권 〈송계재산목록(松契財産目錄)〉에도 압곡산(鴨谷山)은 언급되어 있지 않다.

2) 오늘날 이리송계의 현황

이미 언급하였듯이, 이리송계는 2006년 '이리송계영농조합법인'으로 법인화되면서 오랜 역사와 전통을 계승하고 앞으로 더욱 발전할 수 있는 재도약의 계기를 마련하였다. 2015년 1월 23일 현재 송계원 수는 108명으로 대부분 복내리, 반석리, 용동리, 진봉리에 거주하거나 주소지를 두고 있다. 1995년부터 오늘날까지 계원수는 108명에서 133명으로 다소 편차를 보이지만, 해가 거듭될수록 계원수는 감소하고 있다. 젊은 층의 도시 이주와 기존 계원의 고령화에 따른 사망 때문이다. 앞으로 계원의 추입과 계원수의 유지는 이리송계의 장기 지속가능성에 중요한 현안으로 대두될 것이다.

〈표 2-8〉에서 보듯이, 이리송계는 여전히 상당한 규모의 송계산과 송계전답을 보유하고 있다. 이리송계 소유의 송계산은 현재 방동산과 가야산만이 남아 있다. 계당산은 1996년에 산림청에 국유림으로

---

24 「이리송계출납장부(二里松契出納帳簿)」(1908~1934년)에 따르면, 1913년 음력 6월 15일 강회에서 작성된 회계결산 내역에 가정산(柯亭山) 매도 관련 회의 및 매도 수입 항목이 기재돼 있다. 하지만 송계책 13권(1920년) 〈송계규약(松契規約)〉에 압곡산(鴨谷山)이 방동산, 가야산, 원봉산과 함께 언급되어 있다. 따라서 가정산이 압곡산은 아닌 듯하다.

매각되었고, 판매대금은 이리송계의 자체사업 추진과 송계 운영을 위한 재원으로 활용하고 있다. 이리송계는 송계산 구역 내에서 나무 판매, 묘지값, 매년 송계전답에서 걷어 들이는 도조세 등으로 수입을 벌어들이고 있다.

<표 2-8> 이리송계 부동산 내역

(2015년 1월 22일 현재)

번호	주소	본번	부번	지목	지적(m²)	소유자	비고
1	반석리	13		전	102	이리송계	
2	반석리	329		대	185	이리송계	송계사력비 부지
3	용동리	254		전	1,788	이리송계	
4	용동리	863	8	답	2,001	이리송계	
5	용동리	865	6	답	797	이리송계	
6	용동리	865	7	답	2,195	이리송계	
7	용동리	872	1	답	2,904	이리송계	
8	진봉리	657		임	294	이리송계	
9	진봉리	660		임	598	이리송계	
10	진봉리	662		임	853	이리송계	
11	진봉리	664		임	701	이리송계	
12	진봉리	1080	7	답	1,101	이리송계	
13	진봉리	산50	1	임	1,869,938	이리송계	방동산
14	진봉리	산84	1	임	601,181	이리송계	가야산
	합계				2,484,638		

* 출처: 이리송계 <2014년도 결산보고서>.

제3절 이리송계의 특성

결사체 조직으로서 계(契)의 역사를 추적하기는 쉽지 않지만, 계는 우리의 역사에서 오랜 생명력으로 유유히 이어져 오고 있다. 일부의 학설에서는 계의 기원이 삼한시대 이전까지 거슬러 올라간다고 주장하고 있다. 전통사회부터 오늘날까지 계는 '공동체 내 결사체 조직'의 다른 이름이며 공동체의 형성과 유지에 핵심 고리 역할을 해오고 있다. 오늘날에도 계는 우리의 삶과 일상생활에 여전히 영향을 미치고 있다.

계는 전통사회의 게마인샤프트(Gemeinschaft, 공동체, community)적인 측면과 산업사회의 게젤샤프트(Gesellschaft, 사회, society)적 측면을 모두 가지고 있다. 즉, 계는 한편으로 지연, 학연, 혈연 등에 바탕을 두고 있으면서, 다른 한편으로는 목적지향성을 띠고서 인위적으로 집단을 구성하기 때문이다(강대기, 2001; 정형호, 2014: 32). 계의 종류는 셀 수 없을 정도로 많고 다양하다. 하지만 계는 대체로 공동체 구성원 간의 상호 부조, 공동체 내 미풍양속 및 질서 유지, 친목 도모, 공동이익 증진 등을 목적으로 결성·운영된다.

전통사회에서 계는 지역공동체 단위로 결성되었는지 여부, 결성목적이 광범위하고 포괄적인지 특수목적 지향적인지 등에 따라 다양하게 분류된다. 동계(洞契), 촌계(村契), 향약계(鄕約契)와 같은 경우는 지역사회 단위로 결성되어서 공동체 내 신분질서 및 미풍양속 유지, 상호 규검, 공동체의 생존과 번영, 공동체 구성원 간의 상부 상조 등 보다 광범위한 역할과 기능을 수행하였다. 한편 산림공유자원의 이용·보호·관리를 위한 송계(松契), 저수지 및 수로의 이용·관리를 위한 수리계(水利契), 서당의 설립과 운영을 위한 서당계(書堂契), 동족 간의 친목 도모, 조상에 대한 제사, 선산의 수호와 관리를 위한 족계(族契), 18~19세기에 지역사회 단위로 부과되던 공동 요역과 부세를 공동으로 대처하고 납부하기 위한 보민계(補民契), 장례 시 상여 운반과 산역을 위한 상여계(喪輿契), 사상(四喪 : 부모, 본인 및 배우자)을 위한 상계(喪契), 같은 해 태어난 사람들 간의 친목 도모를 위한 동갑계(同甲契), 계원에게서 일정 기금을 걷어 이를 증식시키기 위한 식리계(殖利契) 등 특수 목적성을 띠고 결성·운영되던 계들도 다양하게 존재하였다. 조선 후기와 일제강점기를 거쳐 후대로 내려오면서, 계는 더욱 특수 목적성을 띠게 되었고 보다 활발하게 결성·운영되었다.

과거 전통사회에서 송계는 금송계(禁松契), 솔계, 나무계, 산림계, 목계 등 다양하게 불렸다. 조선시대는 산림천택(山林川澤)에 대한 사사로운 점유[私占]와 사적소유권을 일절 허용하지 않았고 누구나가 이용할 수 있는 공유자원이었다. 하지만 산림공유자원의 경우, 조선 후기에 들어서면 병선의 제조와 보수, 왕실의 관곽 수요, 궁궐이나 관아의 건축과 개보수 등 국가 수요를 충당하기 위한 국가 공용지(公用地)가 확대되었고, 아문, 왕실, 권문세가 등에 의한 산림과 임야에 대한 광범위한 사점화(私占化)가 진행되면서 일반 기층민들이 이용할 수 있는 산림공유지는 급격하게 분할·축소되었다. 이와 더불어, 인구 증가, 상업경제의 발달, 온돌의 확산, 화전 개간 등 민간에서도 목재 수요가 가파르게 증가하면서 산림공유자원의 남벌과 도벌이 횡행하였다. 이런 시대적 배경 속에서 기층민들은 관청으로부터 산림공유지의 점유권과 이용권을 입안(立案)받는 방식으로 산림자원을 확보하였는데 이것이 송계의 결성으로 나타났던 것이다. 마을 단위에서 송계산을 점유·이용하면 기층민들은 퇴비, 땔감, 목재, 먹거리 등을 확보할 수 있었고, 화전 개간, 묏자리, 보민(補民) 등에도 요긴하게 활용할 수 있었던 것이다(배수호·이명석, 2018: 26-41).[25]

다른 계 조직들과 마찬가지로, 조선 후기 이래로 전국적으로 많은 송계들이 결성·운영되었다. 한 예로, 천야력(淺野力, 1918)이 1917년 4월말 현지 조사하였던 강원도 양양군 지역에서만 무려 90개의 송계가 확인되었는데, 당시 양양군 가구의 절반 이상이 송계에 가입하고

---

25 송계의 창계 배경, 유형, 활동 내역 등에 대한 자세한 내용은 강성복(2001), 박종채(2000), 배수호·이명석(2018) 등을 참고하기 바란다.

있었다. 강성복(2001)이 현지 조사하였던 충청남도 금산군 지역에서
만 163개의 송계가 확인되었다. 이로써 조선 후기와 일제강점기 동
안 전국에 수많은 송계가 존재하였음을 어렵지 않게 추측할 수 있다.
당시 대다수 지역공동체에서 송계가 산림공유자원의 이용·보호·
관리를 위한 전문조직이기 보다는 동계, 촌계 등 여타 촌계류 조직의
하부조직으로 결성·운영되었던 것으로 보인다(강성복, 2001; 배수
호·이명석, 2018).

　다른 촌계류 조직과의 관계에서 점하는 위치와 지위, 시행주체, 시
행목적, 조직 범위 등 다양한 기준으로 송계의 유형을 분류할 수 있
다. 먼저 동계, 촌계, 차일계, 위친계, 상여계 등 다른 촌계류 조직과
의 관계에서 ① 촌계류 조직의 상위조직, ② 산림자원의 이용·보
호·관리를 전담하는 전문조직, ③ 동계나 촌계의 하부조직 등으로
송계를 분류할 수 있다(배수호·이명석, 2018: 59-61). 송계를 조직·
운영하는 시행주체에 따라 ① 관(官) 주도 송계, ② 재지사족(在地士
族) 주도 송계, ③ 기층민(基層民) 주도 송계로 분류할 수 있다(박종
채, 2000). 송계의 시행목적에 따라 ① 국가 수요의 공용산림(公用山
林) 보호, ② 묘산(墓山) 금양(禁養), ③ 보용(補用) 및 보민(補民), ④
퇴비 및 땔감 확보 등으로 송계를 분류할 수 있다(박종채, 2000). 대
체로 관 주도 송계는 국가 수요의 공용산림 보호, 재지사족 주도 송
계는 묘산 금양, 기층민 주도 송계는 보용 및 보민, 퇴비 및 땔감 확
보에 주된 목적을 둔다(박종채, 2000). 송계의 조직 범위에 근거하여
① 자연마을 단위로 조직된 독송계(獨松契), ② 법정리에 속하는 자
연마을들의 참여로 조직된 리송계(里松契), ③ 2개 이상의 법정리에
속하는 자연마을들의 연합으로 조직된 연합송계(聯合松契) 등으로
분류할 수 있다(강성복, 2001, 2003, 2009).

　다른 촌계류 조직과의 관계에서, 이리송계는 촌계류 조직의 상위
조직으로 자리매김하였다. 이리송계는 송계산 내 산림공유자원을 지

속가능한 방식으로 이용, 보호 및 관리하기 위해 결성·운영된 전문 조직이었지만, 동시에 이리 향촌사회를 실질적으로 통제·운영하는 동계와 같은 역할을 수행하였다. 즉, 이리송계는 산림공유자원의 이용·보호·관리를 위한 특수 목적의 결사체 조직을 넘어서서 이리 향촌사회 전체를 관장하는 향촌사회의 구심점 역할과 기능을 수행하였던 것이다.

송계의 시행주체 측면에서, 이리송계는 당시 이리 지역사회와 지역민들의 주요 현안이던 통호조(統戶租), 구마조(驅馬租), 예죽조(刈竹租) 등 공동 요역과 부세를 공동체 차원에서 함께 대처하는 보역(補役)·보민(補民)의 성격을 강하게 띠고 있었고 퇴비와 연료 확보를 중요하게 취급하였던 점으로 보아 기층민의 삶과 생존에 직결되어 운영되었음을 알 수 있다. 이로써 판단컨대, 이리송계는 기층민 주도의 송계로 파악할 수도 있다(박종채, 2000). 그럼에도 이리송계는 재지사족 중심의 송계라는 특성도 함께 지니고 있다. 이리송계는 손·염·소·채(孫·廉·蘇·蔡) 혹은 소·채·염·손(蘇·蔡·廉·孫) 네 성씨[26]가 각 마을을 대표하여 창계하였고, 창계 이후 한동안 네 성씨 주도로 송계를 이끌어 갔던 것으로 보인다. 이후 다른 성씨들이 송계원으로 추입되면서 보다 다양한 구성원을 확보하게 되었다. 그리고 이리송계는 상계원과 하계원이 함께 참여하던 '상하합계(上下合契)'이었으며, 송계원 간에 신분 구분이 뚜렷하였다.

손·염·소·채(孫·廉·蘇·蔡) 네 성씨로 대표되는 이리 지역 재지사족이 '송계'라는 이름으로 동계를 창계하여 기층민을 하계원으로 편입시키고 향촌사회의 질서를 유지하고 통제권을 행사함으로써

---

26 예로부터 보성군 복내 지역사회에서는 '손·염·소·채(孫·廉·蘇·蔡)'라고 불렸다고 한다. 2015년 7월 21일 현지조사에서 송계장 염태환 씨, 총무 손육근 씨, 이장 안규홍 씨의 도움말. 소·채·염·손(蘇·蔡·廉·孫) 네 성씨 순서는 송계책 2권(1812년) 〈완약(完約)〉에 기재된 순서를 따랐음을 밝힌다.

자신의 기득권과 지위를 유지하고자 했던 측면도 없지는 않다. 한편으로 조선 후기인 18~19세기에 부역 및 요역의 공동납체제(共同納體制)가 본격적으로 도입되면서(이해준, 1990: 각주 50; 정진영, 2013: 142, 144), 향촌사회가 이에 적극 대처하기 위한 목적으로 동계가 적극적으로 활용되는 측면도 있다. 따라서 이리송계는 '기층민 주도 송계'와 '재지사족 주도 송계'라는 두 가지 특성을 모두 아우르고 있는 것으로 보인다(배수호 · 이명석, 2018).

이리송계는 복내리, 반석리, 용동리, 진봉리 등 네 개의 마을이 참여한 연합송계의 성격을 띠고 있다. 이들 네 개의 마을에는 여러 자연마을들이 소속되어 있었다. 각 마을은 일정한 자치권과 자율성을 가지고 이리송계의 운영에 참여했던 것으로 보인다. 예를 들어, 송계 가입 희망자의 송계 추입 여부는 전적으로 각 마을에서 결정하며 송계원 전체가 모이는 가을 강회(講會)[27]에서 공식적으로 송계에 가입하였던 점, 각 마을에서 자체적으로 산지기를 선임하였던 점 등은 각 마을에게 일정한 자치권과 자율성이 주어졌음을 의미한다. 현존하는 가장 오래된 자료인 송계책 2권(1812년, 순조 12)의 〈좌목〉에는 각 마을별 상하계원의 명단이 기재돼 있는데, 복성(福城), 도화(桃花), 반곡(盤谷), 풍치(風峙), 장전(長田), 내동(內洞), 진척(眞尺), 원우(院隅), 압곡(鴨谷), 입석(立石) 등 10개 자연마을이 명시되어 있다. 오늘날 이리송계에는 8개 리에 원봉(圓峰), 도화(桃花), 시장(市場), 입석(立石), 반곡(盤谷), 점촌(店村), 풍치(風峙), 장전(長田), 내동(內洞), 진척(眞尺), 서봉(棲鳳), 화령(花嶺) 등 12개 자연마을이 참여하고 있다.

이리송계는 창계 이후 '촌계-송계-관' 혹은 '촌계-송계-향약계-관'이라는 다층적 사업구조(nested enterprises) 속에서 운영되었을 것으로 추측된다. 그럼에도 이리송계는 이리 향촌사회에서 상당한 자치권과

---

27 강회(講會)는 정기총회를 뜻하며, 강신회(講信會)로도 불렸다.

자율성을 지방관청으로부터 보장받고 향촌사회의 실질적인 구심점으로 자리매김하였다. 구체적으로, 이리송계는 자치조직권, 집합적 의사결정권, 제한적이나마 일정한 자치사법권, 자치재정권 등을 향유하고 있었다. 이는 이리송계가 시대적 요청과 변화에 따라 이리 향촌사회의 현안과 문제에 적극 대처하고 해결해 나갈 수 있었던 원동력으로 작용하였다.

제3장 이리송계의 제도와 규약[1]

이리송계는 1803년(계해, 순조 3) 음력 10월에 창계된 이래 현재까지 16권의 송계책을 편찬하였고 2006년에는 영농조합법인으로 새롭게 출범하였다. 창계 이후 이리송계는 사회경제적 변동, 정치적 격변 등 외적 위기뿐만 아니라 구성원의 변동, 자연재해 등 내적 위기에 능동적으로 대처하면서 지속돼 왔다. 송계책 각 권에는 서문, 좌목, 규약이 실려 있는데, 이리송계가 내외적 혼란과 위기를 어떻게 인식하고 대응했는지를 파악할 수 있다.

이 장에서는 ① 창계 이후 경술국치(1910.08.29.)까지, ② 일제강점기, ③ 해방 이후 등 각 시기별로 제도와 규약의 내용 및 변천을 다루었다. 이리송계는 창계 이후 경술국치까지 100여 년 동안 12권의 송계책을 편찬하였다. 일제강점기에 편찬된 송계책 13권에서는 과거부터 전래되어온 공식적 제도와 규약뿐만 아니라 비공식적인 제도, 이를테면 불문율, 관습 및 관행을 포괄하여 광범위하고 구체적인 제도

---

1 이 장에서는 복내면 출신으로 한학자 이백순(李栢淳, 1937~2012) 선생이 송계책 2권~14권에 실린 한자를 정서하고 번역한 내용을 바탕으로 인용·수정·보완·요약·연구·분석이 이뤄졌음을 밝힌다.

와 규약을 마련하였다. 해방 이후 오늘날까지 3권의 송계책이 편찬되었고 2006년 법인으로 출범하면서 〈법인 정관〉과 〈이리송계 규약〉을 제정하였다. 이 장에서는 각 시기별로 이리송계의 제도와 규약 내용을 요약·기술하는 것에 초점을 두었다. 이는 다음 장들에서 분석·논의하게 될 조직, 인사, 송계원 구성, 의사결정, 재정 관리 등에 관한 풍부한 정보와 자료를 제공한다.

제1절 제도와 규약: 창계 이후 ~ 경술국치

1. 송계책 1권 ~ 12권 내용

1) 송계책 1권

이리송계는 1803년(계해, 순조 3) 음력 10월에 창계될 당시 송계책 1권을 편찬하였다. 하지만 송계책 1권은 현재 분실되어 소재가 파악되지 않고 있다. 1권에는 적어도 서문(序文)과 좌목(座目)이 있었을 것이며, 특히 좌목에는 창계 당시 송계원의 명단이 기재되어 있으리라 추측된다. 현재 이리송계에서는 송계책 1권의 분실 책임이 누구에게 있는지, 어떻게 1권의 향방을 찾을 것인지에 대한 논의가 계속되고 있다.

2) 송계책 2권[2]

1812년(임신, 순조 12) 음력 정월 12일에 작성된 「이리송계안(二里松稧案)」(二卷)은 〈완약(完約)〉과 〈좌목(座目)〉 순으로 구성되어 있다. 완약은 '계원들이 결의한 굳은 약속'을 뜻하는 것으로 전체 송계

---

2 송계책 2권의 원문은 〈부록 1-2〉에 실려 있다.

원의 결의문에 해당한다. 〈좌목〉에는 상계원 230명, 하계원 17명, 사내종[奴] 43명 등 총 290명의 계원 명단이 기재되어 있다. 마을별로 상계원 명단을 먼저 기재한 다음, 하계원 명단을 한 칸 밑에 기재하고 있다. 하계원은 진척(眞尺) 마을 15명, 원우(院隅) 마을 2명이 기재돼 있다. 상계원이나 하계원에게 사내종[奴]이 있는 경우, 계원의 성명 바로 그 밑에 사내종 성명이 기재돼 있다. 송계책 2권이 편찬된 이후에 송계에 추입된 계원의 명단은 〈좌목〉의 맨 끝에 별도로 기재돼 있다.

다음은 〈완약〉의 결의 내용을 보여준다.

이리송계는 소·채·염·손(蘇·蔡·廉·孫) 네 성씨가 창설한 계로서 동네의 모든 일들이 모두 네 성씨의 결정에서 나왔다. (계가 운영되는) 중간에 다른 성씨들이 계원으로 추입이 되어왔다. 그런데 동수(洞首)를 뽑는 날에 다른 성씨들이 다분히 소란을 피우므로 이 제부터는 다른 성씨이더라도 삼대가 지난 후에야 옛 계원의 예[舊員例]로 인정할 것을 결의한다. 이후에 (다른 성씨들이) 소란을 피우게 되면 공론(公論)에 따라 벌을 주기로 한다.

추측컨대, 이리송계는 초창기부터 주력 성씨였던 소·채·염·손(蘇·蔡·廉·孫) 네 성씨 계원들과 다른 성씨 계원들 간의 알력과 갈등이 상당히 컸던 것으로 보인다. 이리 향촌사회의 가장 큰 어른인 동수를 뽑는 날에 네 성씨 계원과 다른 성씨 계원 간에 갈등이 격화되었다. 이에 따라 다른 성씨 계원은 앞으로 3대가 지나서야 비로소 네 성씨 계원과 동등한 지위와 목소리를 가질 수 있다고 결의하였던 것이다.

3) 송계책 3권[3]

이리송계는 1820년(경진, 순조 20) 음력 정월에 「통호조급예죽조구마조계안(統戶租及刈竹租驅馬租稧案)」(三卷)을 편찬하였다. 송계책 3권은 〈복내이리축하보민계안서(福內二里築下補民稧案序)〉, 〈조약(條約)〉, 〈좌목(座目)〉 순으로 구성되어 있다.

1820년 음력 정월 초하룻날 염상철(廉相哲)이 작성한 〈복내이리축하보민계안서〉는 서문에 해당하는데, 그 내용을 요약하면 다음과 같다.

통호조, 예죽조 및 구마조는 이리송계 창계 당시 지역사회와 지역민에게 큰 부담이었다. 아전의 횡포를 막고 지역민의 부세 부담을 줄이기 위해 1803년에 대호(大戶, 부잣집) 벼 4두(斗), 소호(小戶, 가난한 집) 벼 3두, 연호(煙戶, 평민) 벼 1두씩을 거두어 취합하였다. 이를 다시 빌려주어 다음 해(1804년) 10월에 1석(石)당 10두씩 이자로 거두었다. 이렇게 모인 벼를 통호조 명목으로 해당 아전에게 납부하였고 남은 벼는 동민들이 활용하도록 하였다. 또한 재작년(1818년)에는 예죽조 명목으로 가구당 벼 1두씩, 작년(1819년)에는 구마조 명목으로 가구당 3두씩 거두니 35석(石)이었다. 이 곡식은 사사로운 것이 아니라 관청의 곡식이니 별도로 조약을 만들어 준행토록 하겠다.

이리송계에서는 통호조를 내고 남은 곡식과 예죽조와 구마조를 납부하기 위해 거둬들인 곡식을 보관하고 관리하기 위한 목적으로 〈조약〉 15조목(條目)을 작성하였다. 〈조약〉은 임원 관련 2개 조항, 채무 및 식리 관련 4개 조항, 통호조, 구마조 및 예죽조 관련 5개 조항, 계원 추입 및 이거 관련 3개 조항, 강회 경비 관련 1개 조항으로 구성되어 있다.

---

3 송계책 3권의 원문은 〈부록 1-3〉에 실려 있다.

一. 벼를 빚지고서 갚지 않는 자는 계안에서 삭제하고[黜籍] 친
　　척이나 이웃에게 (대신) 갚도록 한다.

一. 빚진 벼를 갚는 시기는 매년 음력 10월 10일로 정하도록
　　한다.

一. 지극히 공정하게 사무를 처리하는[至公幹事] 사람을 공원
　　(公員)으로 선정하고 매년 교체하도록 한다.

一. 송계의 공원(公員)도 함께 선정하여 나중에 문란해지는 폐
　　단이 없도록 하고 (곡식을 담당하는) 전곡(典穀)도 함께 선
　　정하도록 한다.

一. 통호조는 (관에 내야할) 중요한 곡식이니, (계원이) 좋지 않
　　은 곡식[荒租]를 내면 곧바로 퇴짜를 놓아 물리도록 한다.

一. 해당 아전에게 통호조를 납부할 때, 대호(大戶, 부잣집)는
　　관두(官斗)⁴로 2두이니 평두(平斗)⁵로 2두 4도(刀)⁶를 내도
　　록 한다.

一. 소호(小戶, 가난한 집)는 관두로 1두 5도이니 평두로 1두 8
　　도를 내도록 한다.

一. 벤 대나무[제竹]의 등급은 관에서 이미 정한 방식에 따라
　　각 면(面)에서 절목(節目)을 마련하고 있다. 전곡(典穀)은
　　(이리 향촌사회에) 배당된 양에 맞추어 (관에) 납부하고 강
　　회일(講會日)에 이자를 계산하여 (각 가구에) 알려주도록
　　한다.

一. (각 가구에 배당할) 구마전(駒馬錢)은 각 가구에서 출역(出
　　役)한 바를 상세히 조사하여 책정하고 강회일에 역시 이자

---

4 관두(官斗)는 용량의 단위로 '나라에서 녹봉(祿俸)을 줄 때 쓰던 말斗'을 뜻한다.
5 평두(平斗)는 용량의 단위로 '민간에서 쓰던 말'을 뜻한다.
6 도(刀)는 승(升)과 같은 용량의 단위로 '되'를 뜻한다.

를 계산하여 (각 가구에) 알려주도록 한다.

一. 계원으로 새로 추입(推入)되는 사람은 본조(本租) 10두를
내도록 한다.

一. 장자(長子)외에 차자(次子)가 분가하면 추입조(推入租)를
내도록 한다.

一. 계원이 다른 면(面)이나 리(里)로 이사 갈 경우 방역(防役)[7]
을 부담지우지 않는다.

一. 5월 강회에서 1냥[兩]에 2전(錢)씩 이자를 내도록 한다.

一. 11월 강회에서 1냥에 2두씩 이자를 내도록 한다.

一. 강회 때 경비[下記]는 1냥 5전씩으로 제한하도록 한다.

〈좌목〉에 기재된 계원수는 총 134명으로, 하계원은 없고 마을별로
109명의 상계원과 11명의 사내종 명단만이 수록돼 있다. 사내종이
있는 상계원의 경우, 상계원의 성명 바로 그 밑에 사내종 성명이 기
재돼 있다. 그리고 〈좌목〉의 맨 끝에는 추입 계원 14명의 성명이 별
도로 기재돼 있다.

4) 송계책 4권[8]

1821년(신사, 순조 21) 음력 3월에 편찬된 「동이리송계안(東二里松
稧案)」(四卷)은 〈완약(完約)〉, 〈좌목(座目)〉 순으로 구성되어 있다. 같
은 해 음력 정월 20일에 작성된 〈완약〉에서는 이리송계에서 각 가구
마다 설날 반찬값[歲饌]으로 2냥, 4월에는 생선값으로 2냥씩 지급하
기로 결의한다. 〈좌목〉에는 상계원 161명, 하계원 11명, 그리고 사내

---

7 방역(防役)은 조선시대 때 돈이나 곡식을 관에 미리 내어 부역(賦役)을 면제받는
것을 뜻한다.

8 송계책 4권의 원문은 〈부록 1-4〉에 실려 있다.

종 10명 등 총 182명의 계원 명단이 마을별로 기재돼 있다. 하계원 11명은 모두 진척 마을에 거주하였다.

5) 송계책 5권[9]

1824년(갑신, 순조 24) 음력 11월에 「통조예죽구마계안(統租刈竹驅馬稧案)」(五卷)을 편찬했는데, 〈이리보민계서(二里補民稧序)〉, 〈조약(條約)〉, 〈좌목(座目)〉 순으로 구성되어 있다. 〈이리보민계서〉는 송계책 3권(1820년)의 〈복내이리축하보민계안서〉 내용을 그대로 신고 있다. 〈조약〉은 12조목으로, 역시 송계책 3권의 〈조약〉 15조목 중에서 마지막 3조목을 뺀 12조목을 똑같이 신고 있다. 〈좌목〉에는 상계원 127명, 하계원 5명, 사내종 2명 등 총 134명의 계원 명단이 기재돼 있다. 하계원 5명은 모두 진척 마을에 거주했는데, 상계원 명단을 먼저 기재한 다음 한 칸 밑에 하계원 명단을 기재하고 있다.

6) 송계책 6권[10]

「이리송계안(二里松稧案)」(六卷)은 1830년(경인, 순조 30) 음력 3월 21일에 편찬됐는데, 2개의 〈완약(完約)〉과 〈좌목(座目)〉 순으로 구성되어 있다. 〈좌목〉에는 상계원 202명, 하계원 9명, 사내종 8명 등 총 219명의 명단이 기재돼 있다. 두드러진 특징은 우선 하계원 9명 모두 진척 마을에 거주하고 있었다. 송계책 5권과는 달리, 상계원 명단을 마을별로 모두 기재한 다음에 별도 항목을 두어 한 칸 밑으로 하계원 명단을 기재하고 있다. 첫 번째 〈완약〉은 모두 3조목(條目)으로 그 내용은 다음과 같다.

---

9 송계책 5권의 원문은 〈부록 1-5〉에 실려 있다.
10 송계책 6권의 원문은 〈부록 1-6〉에 실려 있다.

여기서 결의한 굳은 약속은 우리 동중(洞中)이 지금 갖가지 예의범절을 지킬 수 없을 만큼 피폐한 형국에 처해 있기 때문이다. 지금부터는 별도로 조약을 정하기로 한다.

一. 동수(洞首)와 집임(執任)은 설날 등에 반찬값으로 1냥씩만을 정하기로 한다.

一. 갖가지 잡비와 경비 내역에 대해서는 단 한 푼이라도 언급하지 않기로 한다.

一. 외지인의 구걸에 일절 베풀지 않기로 한다.

추측컨대, 송계책 6권이 편찬될 1830년 즈음에 이리 향촌사회가 심각한 위기에 직면해 있었음을 알 수 있다. 다시 향촌사회를 재건하기 위해 이리송계에서 세 가지 사항을 굳게 결의하였던 것으로 보인다. 즉, 동수를 비롯한 송계 임원에게 설날 등의 명절에 반찬값으로 1냥씩만을 지출하고, 갖가지 경비와 잡비를 일절 지출하지 않으며, 외지인이 이리 지역에 들어와 구걸하더라도 송계의 재원을 일절 사용하지 않는 등 송계 재정을 긴축할 것을 결의하고 있는 것이다.

같은 날 작성된 두 번째 〈완약〉에서는 송계책 4권의 〈완약〉(1821년 음력 정월 20일)을 재확인하고 이를 굳게 실천할 것을 결의하고 있다. 즉, 설날 반찬값으로 2냥, 4월에는 생선값으로 2냥씩을 각 가구에 계속 지급하겠다는 것이다. 이리송계의 재정 여건이 아무리 악화돼 있더라도 향촌사회 차원에서 행해오던 미풍양속은 앞으로도 지속하겠다는 의지 표현으로 보인다.

7) 송계책 7권[11]

「구마예죽통계안(驅馬刈竹統稧案)」(七卷)은 1830년(경인, 순조 30)

---

11 송계책 7권의 원문은 〈부록 1-7〉에 실려 있다.

음력 3월 21일에 송계책 6권과 함께 편찬되었다. 송계책 7권은 〈이리보민계서(二里補民稧序)〉, 〈조약(條約)〉 12조목, 〈좌목(座目)〉 순으로 구성되어 있다. 〈이리보민계서〉와 〈조약〉 12조목은 송계책 5권 (1824년)의 〈이리보민계서〉과 〈조약〉 12조목을 다시 그대로 싣고 있다. 이는 송계의 취지, 결의 사항 및 규약 조항을 송계 차원에서 다시금 재확인하고 앞으로 굳건히 준수하겠다는 결의로 보인다.

〈좌목〉에는 상계원 133명, 하계원 5명, 사내종 3명 등 총 141명의 명단이 기재돼 있다. 하계원 5명은 모두 진척 마을에 거주했는데, 진척 마을의 경우 상계원 명단을 먼저 기재한 다음 한 칸 밑에 하계원 명단을 기재하고 있다.

8) 송계책 8권[12]

이리송계는 1836년(병신, 헌종 2) 음력 4월 27일에 「이리송계안(二里松稧案)」(八卷)을 편찬했는데, 〈완약(完約)〉과 〈좌목(座目)〉 순으로 구성되어 있다. 계안수정유사(稧案修正有司) 염인수(廉仁壽)와 소수칠(蘇洙七)이 작성한 〈완약〉은 3조목으로 송계책 6권의 첫 번째 〈완약〉 3조목의 내용과 동일하다. 다만 2번째 조목의 "갖가지 잡비와 경비 내역에 대해서는 단 한 푼이라도 언급하지 않기로 한다"에서 "갖가지 잡비와 경비 내역은 비록 푼[分]과 전(錢)이라도 낭비하지 말아야 한다"로 바뀐 것뿐이다. 〈좌목〉에는 상계원 203명, 하계원 9명, 사내종 7명 등 총 219명의 명단이 기재돼 있다. 여기에는 두 가지 특징이 보이는데, 우선 추입(追入) 항목이 별도로 마련돼 있지 않고 추입자의 경우 성명 밑에 이전 거주지역명을 기재하고 있다. 한편 타지로 이주한 계원들은 별도로 마련된 이거(移居) 항목에 성명과 바로 그 밑에 이주 지역명을 적고 있다. 각 마을별로 상계원 명단을 모두

---

12 송계책 8권의 원문은 〈부록 1-8〉에 실려 있다.

기재하고서 한 칸 밑에 하계원 명단을 기재하고 있다. 당시 하계원 9명 모두 진척(眞尺) 마을에 거주하고 있었다.

9) 송계책 9권[13]

1842년(임인, 헌종 8) 음력 3월 25일에 「이리송계안(二里松稧案)」(九卷)을 편찬했는데, 역시 〈완약(完約)〉과 〈좌목(座目)〉 순으로 구성되어 있다. 계안수정유사(稧案修正有司) 이계원(李啓源)이 작성한 〈완약〉 3조목은 그 내용이 송계책 8권의 〈완약〉 3조목과 완전히 같다. 〈좌목〉에는 상계원 274명, 하계원 47명, 사내종 3명 등 총 324명의 명단이 기재돼 있다. 송계책 9권의 〈좌목〉에서는 몇 가지 두드러진 특징이 보인다.

우선 송계책 8권과 비교하여 하계원수가 9명에서 47명으로 급증하였다는 점이다. 과거에는 하계원들이 주로 진척 마을에만 집중돼 있었으나[14], 송계책 9권에서는 진척뿐만 아니라, 원우, 복성, 반곡 등 다른 마을에서도 하계원의 송계 가입이 두드러졌다. 구체적으로, 하계원수는 진척 17명, 원우 2명, 복성 24명, 반곡 2명 등 총 45명이었고, 나머지 2명은 이거(移居) 항목에 별도로 기재돼 있다. 둘째, 성(姓)이 없어 그 자리에 대신 "제(諸)"자가 적혀 있는, 과거에는 하층민이었을 것으로 추정되는 계원 3명이 상계원으로 기재돼 있다는 점이다. 이들 3명은 어떤 계기였는지 몰라도 이리 향촌사회에서 신분이 상승했던 것으로 추정된다. 하계원 47명 중에서 15명은 성이 없어 대신 "제(諸)"자가 써져 있다. 셋째, 기존 송계책에서는 추입 항목을 별도로 두어 추입계원 명단을 기재하거나 추입 항목 없이 계원 명단 바로 밑에 이전 거주지역명을 기재하였으나, 송계책 9권에서는 추입

---

13 송계책 9권의 원문은 〈부록 1-9〉에 실려 있다.
14 송계책 2권의 〈좌목〉에는 진척과 원우 두 마을에서만 하계원이 있었다.

계원에 대해 따로 명시하지 않아 추입 계원 현황을 정확히 파악하기 어렵다. 그럼에도 송계책 8권에서 계원수가 219명이었던 데 반해, 송계책 9권에서는 324명으로 105명이 급증하였다. 이로써 송계책 9권을 편찬할 당시에 이르러 이리송계 차원에서 인적자원을 대대적으로 확충하였음을 알 수 있다.

10) 송계책 10권[15]

1869년(기사, 고종 6) 음력 8월에 편찬된 「복내면이리송계안(福內面二里松稧案)」(十卷)은 〈송계안서(松稧案序)〉, 〈조약(條約)〉, 〈좌목(座目)〉, 〈하민질(下民秩)〉, 〈송계안권질표(松稧案卷秩表)〉, 〈송계안내장축표(松稧案內狀軸表)〉, 〈송계안내고적표(松稧案內古蹟表)〉 순으로 구성되어 있다.

염재선(廉在善)이 작성한 〈송계안서〉의 주요 내용은 다음과 같다.

오랫동안 이리송계에서 벼와 돈을 추려서 민폐를 구하고 분수를 정하고 기강을 세워왔으나, 언제부터인가 이것이 잘 지켜지지 않고 풍기가 무너지게 되었다. 민폐를 구하기 위해서는 재화를 늘리고, 분수를 정하고 기강을 세우기 위해서는 가르침[教]을 밝히는 데 있다. 장차 송계의 임원을 제대로 선임하다면 이것이 가능할 수 있으리라.

〈조약〉은 8조목으로 임원 관련 2개 조항, 강회(講會) 관련 2개 조항, 계원 추입 관련 1개 조항, 송계와 송계산 관련 3개 조항으로 구성되어 있다.

一. 계장(稧長), 공원(公員), 집강(執綱)은 매우 중요한 직책이

---

15 송계책 10권의 원문은 〈부록 1-10〉에 실려 있다.

므로 동네사람이 많이 모이는 회의에서 공론(公論)에 따라 선임하도록 한다.

一. 새롭게 추입할 인원은 각 마을에서 (자체적으로) 뽑아 매년 가을 강회에서 추입시키되 5전(菱)씩 준비하여 내도록 한다.

一. 송계산에서 생산한 큰 소나무 값은 1냥(兩), 중간 소나무 값은 7전, 작은 소나무 값은 5전으로 정하기로 한다.

一. 강회에서 나이순으로 나누어서 앉기로 한다.

一. 강회에서 술에 취해 패습(悖習)을 부리는 자가 있으면 모임에서 벌을 의논하여 처벌하기로 한다. 만약 순순히 벌을 받지 않으면 관청에 고발하여 조치토록 한다.

一. 이제부터 별도로 전곡(典穀)을 정하기로 하는데 이 역시 공론에 따라 선임하도록 한다.

一. 송계산 내에 묘를 쓰는 사람은 분묘 값으로 5냥씩 내도록 한다. 외지인에게는 10냥으로 정하기로 한다.

一. 송계산 산지기들은 각자 (범금자, 범금 사항 등을) 파악하고 즉시 보고하도록 한다.

〈좌목〉에는 각 마을별로 상계원 명단만을 기재하고 있는데, 상계원의 성명 밑에는 간지(干支, 출생연도), 본관, 자(字)를 기재하고 있다. 〈하민질〉에는 하계원, 사내종 및 최하층민의 명단을 각 마을별로 기재하고 있다. 하계원의 경우 상계원 명단보다 한 칸 밑에, 사내종의 경우 상계원 명단보다 두 칸 밑(즉, 하계원 명단보다 한 칸 밑)에 기재돼 있다. 〈하민질〉 다음에 기재돼 있는, 각 마을별로 작성된 계원 명단은 추입 계원으로 추정된다. 총 338명의 계원 중에 상계원 266명, 하계원 53명, 사내종 및 최하층민 19명이다. 〈표 3-1〉은 마을별 추입 현황을 보여주는데, 추입 계원수는 총 20명으로 상계원 8명, 하계원 12명이며, 사내종 및 최하층민은 없다.

68

(단위: 명)

	상계원	하계원	합계
반곡	3	0	3
장전	1	0	1
상원봉	1	0	1
화령	2	0	2
점촌	0	8	8
진척	0	3	3
장기	0	1	1
내동	1	0	1
합계	8	12	20

* 출처: 송계책 10권을 토대로 저자 작성.

〈표 3-2〉는 〈하민질〉에 기재된 각 마을별 하계원, 사내종 및 최하
층민의 분포를 보여준다.

〈표 3-2〉 〈하민질(下民秩)〉(송계책 10권, 1869년)

(단위: 명)

	하계원	사내종 및 최하층민	합계
장변	10	0	10
복성	15	0	15
도화	2	0	2
반곡	1	6	7
풍치	0	4	4
진척	9	7	16
원우	0	2	2
화령	1	0	1
내동	2	0	2
입석	1	0	1
합계	41	19	60

* 출처: 송계책 10권을 토대로 저자 작성.

송계책 10권에는 안극(安極)이 꼼꼼하게 확인하고 정리한 〈송계안 권질표〉, 〈송계안내장축표〉 및 〈송계안내고적표〉가 실려 있다.[16] 〈송계안권질표〉에는 「이리향약계안(二里鄕約稧案)」(1861년, 철종 12), 송계책(1권~12권) 등 총 13권에 관한 내역(작성 연월일, 주역 인사 등)이 기록돼 있다. 〈송계안내장축표〉에는 이리 향촌사회 차원에서 관청에 제출한 집단 소장(訴狀) 7건에 관한 것으로, 이리송계 창계 이전인 1785년(을사, 정조 9) 1건과 1786년(병오, 정조 10) 1건, 그리고 1803년(계해, 순조 3) 1건과 1804년(갑자, 순조 4) 4건에 관한 간략한 내역이 실려 있다. 집단 소장 7건 모두 이리송계의 창계와 송계산 입안에 직접적으로 관련된 것이다. 〈송계안내고적표〉에는 고마조혁폐절목(雇馬租革弊卩目)을 비롯하여 이리송계의 식리(殖利), 수조(收租), 구마전(驅馬錢), 소장(訴狀) 및 등장(等狀) 등에 관한 서류 내역이 간략하게 소개돼 있다.

11) 송계책 11권[17]

1880년(경진, 고종 17) 음력 12월에 편찬된 「복내면이리송계안(福內面二里松稧案)」(十一卷)은 〈이리송계안서(二里松稧案序)〉, 〈조약(條約)〉, 〈좌목(座目)〉, 〈경인추입질(庚寅追入秩)〉 순으로 구성되어 있다. 1880년 섣달[臘月] 하순에 최병규(崔炳珪)가 작성한 〈이리송계안서〉의 내용을 요약하면 다음과 같다.

최근 들어 이리송계의 강령이 무너지고 규칙이 해이해지고 재산

---

16 〈송계안내장축표(松稧案內狀軸表)〉와 〈송계안내고적표(松稧案內古蹟表)〉에 기록된 각종 소장(訴狀), 식리(殖利), 수조(收租) 등에 관한 문서와 서류가 현재까지 보관돼 있는지는 알 수 없다. 적어도 일부 문서와 서류는 이리송계에서 보관하고 있는 것으로 추정되나, 2015년 7월 21일 현지조사에서 이를 직접 확인할 수는 없었다.
17 송계책 11권의 원문은 〈부록 1-11〉에 실려 있다.

이 탕진되고 이제는 문서만 남게 되었다. 관청에 바치는 전곡(錢穀)을 (이리 향촌사회 차원이 아니라) 집집마다 거둬들이면서 풍속이 예전 같지 않고 교화가 제대로 되지 않는 개탄스런 상황에 이르면서, 이리송계에서 중론(衆論)으로 다시 계를 일으키기로 의견이 모아졌다. (빚진 계원이) 채무를 갚는 데 이자는 별도로 받지 않고 원래 곡식의 2배만을 갚도록 했고 추입 계원의 전곡으로 채워봤지만 2백 냥에도 미치지 못하였다. 그럼에도 송계 임원을 제대로 선임하면 강령과 규칙이 다시 바로 서게 되고 재정도 다시 늘어날 수 있으리라.

〈조약〉은 임원 관련 2개 조항, 강회 관련 2개 조항, 계원 추입 관련 1개 조항, 송계 및 송계산 관련 3개 조항, 시강(試講) 관련 1개 조항 등 9조목으로 구성되어 있다.

一. 송계 임원은 동네사람이 많이 모이는 회의에서 공론에 따라 '명망 있고 일처리 능력이 있는 계원[望重解事員]'으로 선임하도록 한다.

一. 새롭게 추입할 인원은 각 마을에서 (자체적으로) 뽑아 매년 가을 강회에서 추입시키며 (추입자의) 형편에 따라 (추입금을) 준비하여 내도록 한다.

一. 송계산에서 생산한 큰 소나무 값은 1냥(兩), 중간 소나무 값은 7전(戔), 작은 소나무 값은 5전으로 정하기로 한다.

一. 강회에서 나이순으로 나누어서 앉기로 한다.

一. 강회에서 술에 취해 패습(悖習)을 부리는 자가 있으면 모임에서 벌을 의논하여 처벌하기로 한다. 만약 순순히 벌을 받지 않으면 관청에 고발하여 조치토록 한다.

一. 이제부터 별도로 전곡(典穀)을 정하기로 하는데 이 역시 공론에 따라 선임하도록 한다.

一. 송계산 내에 묘를 쓰는 사람은 분묘 값으로 5냥씩 내도록
한다. 외지인에게는 10냥으로 정하기로 한다.

一. 송계산 산지기들은 각자 (범금자, 범금 사항 등을) 파악하
고 즉시 보고하도록 한다.

一. 학문을 일으키는 것[興學]은 풍속교화의 큰 관건이므로 별
도로 훈장(訓長)을 선임하여 매년 음력 3월과 9월에 (마을
어른과 어린이를 대상으로) 시험을 보고 강의하도록[試講]
한다. 마을 어른과 어린이[冠童]에게는 규칙을 마련하고 독
서를 권장하도록 한다.

송계책 10권의 〈조약〉과 비교하면, 송계책 11권에서는 이리 향촌
사회 차원에서 풍속교화를 위한 교육 조항을 추가하고 있다. 송계책
10권에서는 계원의 추입 시 5전을 내도록 했던 반면, 송계책 11권에
서는 추입 계원의 각자 형편에 따라 추입금을 내도록 하고 있다. 그
외 7개 조항에서는 차이가 없다.

〈좌목〉에는 각 마을별로 상계원 및 하계원의 명단을, 그리고 〈경
인추입질〉에는 각 마을별로 추입 계원의 명단을 각각 기재하고 있
다. 〈좌목〉에서는 각 마을별로 상계원의 성명을 먼저 기재한 다음,
하계원 성명을 한 칸 밑에 기재하고 있다. 관직 경력이 있는 상계원
은 성명 위에 관직명을 기재하고, 개명한 상계원은 성명 아래에 "改
名 ○○"으로 기재하고 있다. 송계책 10권에서 상계원의 명단 아래
에 간지(干支, 출생연도), 본관, 자(字)를 기재했던 것과는 달리, 송계
책 11권에서는 이를 기재하지 않고 있다. 계원수는 총 272명으로 상
계원 248명, 하계원 24명이다.

송계책 10권과 비교하면 몇 가지 주요 특징이 보인다. 우선 하계
원수가 적어진 주된 이유가 그 기간 동안 하계원 일부가 상계원으로
신분이 상승했기 때문으로 보인다. 둘째, 송계책 11권에서는 계원의

명단에 "노(奴)"자를 쓴 경우는 없으며, 2명의 하계원만 성이 없어 그 자리에 대신 "제(諸)"자를 쓰고 있고 나머지 계원들은 모두 성을 가지고 있다. 셋째, 24명의 하계원 중에는 사내종 및 최하층민도 포함되었을 것으로 추측되나 자세한 내역은 알 수 없다. 마을별 하계원의 구성을 보면, 도화 4명, 반곡 5명, 장전 3명, 진척 6명, 서봉 4명, 화령 1명, 복성 1명 등 총 24명이다. 한편 〈경인추입질〉에 기재된 추입 계원은 총 18명으로 모두 상계원이다. 마을별 추입 계원의 구성을 보면, 원봉, 장전 및 원우에서 각각 1명, 화령 2명, 진척과 내동에서 각각 4명, 서봉 5명 등이다.

12) 송계책 12권[18]

이리송계에서는 1897년(정유, 광무 원년) 음력 4월에 「송계안(松稧案)」(十二卷)을 편찬했는데, 〈송계안(松稧案)〉(序), 〈송계안(松稧案)〉(追序), 〈조약(條約)〉, 〈구적장축중일방제현함록(舊蹟狀軸中一坊諸賢啣錄)〉, 〈좌목(座目)〉, 〈향약재결안(鄕約再結案)〉, 〈임원록(任員錄)〉, 〈추입(追入) 정미삼월일(丁未三月日)〉[19] 순으로 구성되어 있다.

송계책 12권 모두(冒頭)에 〈송계안〉(序)과 〈송계안〉(追序)가 배치돼 있는데, 이는 서문에 해당한다. 1897년 음력 4월 상순에 당시 도정(都正)이던 채규완(蔡圭玩)이 작성한 〈송계안〉(序)의 내용을 요약하면 다음과 같다.

계(稧)는 '맺는대[契]'는 것을 뜻한다. 계의 이름에 '송(松)'이 들어간 뜻은 소나무의 남벌과 도벌을 엄하게 금하고 소나무의 보호에 여러 사람의 뜻을 하나로 모으려는 것이다. 계원들이 강령을 세우고

---

18 송계책 12권의 원문은 〈부록 1-12〉에 실려 있다.
19 정미년은 1907년(순종 원년)에 해당한다.

기율을 바로잡는 데 남전향약(藍田鄕約)[20]을 법(法)으로 삼고, 차례대로 앉아 강신(講信)하는 데 난정(蘭亭)[21]의 뛰어남을 칙(則)으로 삼았으므로 이 계는 재리(財利)를 목적으로 하는 계와는 (근본적으로) 다르다. 그리고 이 마을에 거주하는 계원들이 합심하여 나무를 보호하면 산의 나무는 다시 자라나 쓰임이 풍족해지고, 재산을 불려 민폐를 구제하면 마을의 풍속도 다시 좋아질 것이다.

같은 날 손장환(孫章煥)이 작성한 〈송계안〉(追序)의 주요 내용은 다음과 같다.

송금(松禁)은 국가의 중요한 시책으로 매우 엄중하며 이리송계의 규약은 그 역사가 오래되었다. 이곳 방동(方洞)은 산이 높고 골짜기가 깊어서 200여 년 전에 사점꾼들이 굴을 파 굴집을 만들고 도적을 불러 모아 노략질 하던 폐해가 컸으므로 손상융(孫尙隆)[22]이 여러 사람들과 협의하고 관청에 도움을 요청하여 해결할 수 있었다. 그리고 규약을 정하고 계를 마련하여 재곡을 풍족하게 늘려서 이리 향촌사회에서 경작할 힘이 없거나 요역을 감당할 형편이 되지 않은 사람들에게 (재곡을) 빌려주고 진휼하여 옛날 의창(義倉)처럼 하였다. 통호

---

20 남전향약(藍田鄕約)은 중국 북송 말기 섬서성(陝西省) 남전현(藍田縣)에 거주하던 여씨(呂氏) 4형제(大忠, 大防, 大鈞, 大臨)가 덕업상권(德業相勸), 과실상규(過失相規), 예속상교(禮俗相交), 환난상휼(患難相恤) 등 4대 강목으로 실시한 최초의 향약을 말한다(한국민족문화대백과사전, 2018/08/28).

21 중국의 유명한 서예가 왕희지(王羲之, 303~361)는 353년에 손작(孫綽), 진류(鎭留), 사안(謝安), 그의 아들 왕헌지(王獻之) 등 42명과 함께 난정(蘭亭)에서 시연회를 열고 수계하였다. 난정은 오늘날 절강성(浙江省) 소흥(紹興) 교외에 있다(박철상, 2012).

22 손상융(孫尙隆, 1650~1717)은 밀양인으로 자는 덕미(德美), 호는 야옹(野翁) 혹은 구봉(鳩峰)이다. 효행과 빈민 구휼로 절충장군 용양위 부사직(折衝將軍 龍讓衛 副司直)을 제수 받았으며, 향촌사회에서 구봉사(鳩峰祠)를 세워 향사하였다(향토지편찬위, 1995: 188-189, 330, 366).

(統戶), 예죽(刈竹), 구마(驅馬) 등 세 가지 요역과 세금은 (당시) 향
촌사회의 막중한 폐단이었으므로, 계해년[23]에 채경윤(蔡慶潤)과 염
상철(廉相哲)이 상하보민계(上下補民契)를 창설하였는데, 이것이 바
로 이리송계이다. 중간에 와서 강령이 쇠퇴하고 규칙이 해이해지고
재곡이 탕진되어 거의 남지 않게 되었다. 경진년[24]부터 안풍현(安豊
鉉)과 최환문(崔煥文)이 이자를 탕감해 주고 (빚을 지고서) 갚지 않
던 곡식을 (다시) 거둬들이고 돈으로 식리(殖利)하여 이리송계를 다
시 일으켜 세웠다.

〈조약〉은 임원 관련 1개 조항, 강회 관련 2개 조항, 계원 추입 관
련 1개 조항, 곗돈 관련 1개 조항, 송계와 송계산 관련 3개 조항, 시
강(試講) 관련 1개 조항 등 9조목으로 구성되어 있다.

一. 계장(稧長), 공원(公員), 집강(執綱)은 매우 중요한 직책이
　　므로 동네사람이 많이 모이는 회의에서 공론에 따라 선임
　　하도록 한다.
一. 새롭게 추입할 인원은 각 마을에서 (자체적으로) 뽑아 매년
　　가을 강회에서 추입시키며 (추입자의) 형편에 따라 (추입금
　　을) 준비하여 내도록 한다.
一. 송계산에서 생산한 큰 소나무 값은 1냥(兩), 중간 소나무
　　값은 7전(戔), 작은 소나무 값은 5전으로 정하기로 한다.
一. 곗돈은 공공의 돈[公錢]과 다름없으니 함부로 쓰거나 연체
　　하여 탕진하는 자는 친척에게 물리고, 만일 여의치 않으면
　　그 마을에서 물어내도록 한다.

---

23 이리송계가 창계된 1803년(순조 3)을 말한다.
24 송계책 11권이 편찬된 1880년(고종 17)을 말한다.

一. 강회에서 나이순으로 나누어서 앉기로 한다.

一. 강회에서 술에 취해 패습(悖習)을 부리는 자가 있으면 모임
에서 벌을 의논하여 처벌하기로 한다. 만약 순순히 벌을 받
지 않으면 관청에 고발하여 조치토록 한다.

一. 송계산 내에 묘를 쓰는 사람은 분묘 값으로 5냥씩 내도록
한다. 외지인에게는 10냥으로 정하기로 한다.

一. 송계산 산지기는 각별히 (범금자, 범금 사항 등을) 살피고
범금자를 일일이 집강에게 보고하도록 한다.

一. 학문을 일으키는 것[興學]은 풍속교화의 큰 관건이므로 별
도로 훈장(訓長)을 선임하여 매년 봄과 가을에 (마을 어른
과 어린이를 대상으로) 시험을 보고 강의하도록[試講] 한
다. 마을 어른과 어린이[冠童]는 읽고 익히는 바에 따라 (훈
장이) 강의하고 독서를 권장하도록 한다.

〈구적장축중일방제현함록〉에는 문서, 서류 등 과거 기록물을 토
대로 복내면 출신 유명인사들의 명단이 실려 있다. 구체적으로, 일리
출신 29명, 이리 출신 54명, 삼리 출신 34명의 명단이 기재돼 있다.
〈좌목〉에는 상계원 246명, 하계원 44명 등 총 290명의 계원이 각 마
을별로 상계원과 하계원이 함께 기재돼 있다. 상계원은 자(字), 생년
간지(生年干支), 본관을 기재하고, 계원 사망 후 승계자의 자와 생년
간지를 함께 기입하는 경우도 있다. 하계원은 상계원 보다 두 칸 밑
에 기재돼 있고, 하계원의 경우 중인, 평민, 사내종 및 최하층민이 별
도로 구분되어 있지 않다.[25] 또한 하계원은 자, 생년간지, 본관을 별
도로 기재하지 않고, "연삼십삼(年三十三)"과 같이 나이만을 기재하

---

25 하계원 중에서 성명 위에 "선달(先達)"로 기재돼 있는 계원은 중인 계급으로 추
정된다.

고 있다.

〈좌목〉에는 계원의 추입 및 타지로의 이거 항목을 별도로 두고 있지 않다. 대신 추입은 계원 성명 위에 "추(追)"로 기입하고 있는데, 새롭게 추입된 계원수는 총 46명이다. 계원이 타지로 이거한 경우에는 성명 아래에 보통 "이거(移去)"라고 쓴 다음 지역명을 기재하여 어느 지역으로 이주하였는지 알 수 있도록 하고 있다. 흥미로운 점은 이리 지역 관내에 이주하여 계원 자격을 유지한 경우에도 "이거(移去)" 혹은 "거(去)"라고 쓴 다음 마을명을 기입하고 있다. 계원 사망 시 성명 위에 "선(仙)"이라고 쓰고 그 성명 밑에 계원 자격 승계자의 성명을 적고 있는데, 보통 "장자(長子)", "장손(長孫)", "계자(繼子)", 또는 "대자(代子)"라고 쓴 다음 승계자의 성명을 기재하고 있다.

"이거(移去)" 혹은 "거(去)"라고 적힌 계원수는 총 114명이다. 하지만 이리 지역을 벗어나 계원 자격을 상실한 경우와 이리 지역 관내에 이주하여 계원 자격을 유지하는 경우를 완전하게 구분하기는 어렵다. 계원 30명은 이리 지역 관내로 이주한 경우로 이리 지역 마을명이 기재돼 있다. 한편 이주한 지역명이 기재되지 않는 계원은 12명으로 파악된다. 이로써 추측컨대, 총 114명 중에 적어도 72명의 계원이 이리 지역을 벗어나 타지로 이주했음을 알 수 있다. 이는 당시 향촌사회에서 사람들의 이주가 매우 활발했음을 암시한다.

〈향약재결안〉에는 이리 향촌사회에서 복내면 향약의 재결성에 참여한 인사들의 명단을 기재하고 있다. 이들 명단이 〈좌목〉의 송계원 명단과 상당히 겹치는 것으로 봐서 송계책 12권의 작성 시기와 비슷한 때에 향약의 재결성이 이뤄졌을 것으로 추정된다. 향약 재결성의 참여자는 총 164명으로, 상계원 132명, 하계원 32명이다. 각 마을별로 상계원을 먼저 기재하고 하계원은 한 칸 밑에 그 성명을 기재하고 있다.

〈임원록〉에는 도정(都正), 직월(直月), 집강(執綱) 등 송계의 임원 명단을 싣고 있다. 구체적으로, 1895년(을미) 음력 11월부터 1966년 (병오) 음력 11월까지 도정 28명, 1895년부터 1942년(임오)까지 직월 22명, 1895년부터 1969년(기유)까지 집강 21명의 명단을 기재하고 있다. 도정의 임기는 2년으로 최소 1년~최대 4년 동안 송계의 최고 수장으로서 송계를 대표하며 계의 제반 업무에 대한 책임과 권한을 행사하였다. 직월의 임기는 2년으로 최소 1년~최대 9년 동안 송계 업무를 실질적으로 총괄하였다. 집강의 임기 역시 2년으로 최소 1년~최대 9년 동안 송계의 실무를 담당하였다.

〈추입 정미삼월일〉은 1907년(정미, 순종 원년)에 새롭게 추입된 상계원 36명, 하계원 8명 등 총 44명의 추입 계원 명단을 싣고 있다. 각 마을별로 상계원을 먼저 기입하고 세 칸 밑에 하계원을 기입하고 있어 당시 이리 향촌사회에서 계원의 신분을 엄격하게 구분하였음을 알 수 있다. 이들 계원 중에서 나중에 타지역으로 이주한 계원은 그 성명 밑에 "이거능주(移居綾州)", "이거문전(移居文田)", "이거호동(移居芦洞)" 등으로 표기하고, 이리 지역 관내에 이주한 계원은 성명 아래에 "거서봉(去捿鳳)" 등으로 표기하고 있다.

2. 이리송계와 복내면 향약계의 관계

1) 복내면 향약계 규약[26]

복내면에서 면단위 향약계가 처음 결성된 시기는 정확히 알 수 없다. 다만 기록상 확인되는 사실은 1858년(무오, 철종 9)에 보성군수 임돈상(任惇常)의 주도로 그 동안 유명무실하던 향약계가 다시 활성

---

26 복내면 향약계의 원문은 〈부록 2〉에 실려 있다. 2015년 7월 21일 현장 방문에서 이리송계로부터 복내면 향약계 문서의 번역 자료를 확보하였다. 이를 바탕으로 인용·수정·보완·요약·연구·분석이 이뤄졌음을 밝힌다.

화되었다는 것이다. 그 후 향약계는 1880년(경진, 고종 17), 1885년 (을유, 고종 22), 1899년(기해, 광무 3) 등 세 차례에 걸쳐 중수(重修)가 이뤄졌다.

경상도 의성(義城)에서 근무하다 1857년 보성군수로 부임한 임돈 상은 다음 해인 1858년 복내면에 22냥을 출연하고 각 리에서 10냥씩 출연하도록 하여 향약계를 다시 존속시켰다. 임돈상이 1858년 음력 2월 하순에 작성한 〈향약서(鄕約序)〉(1858년, 무오)의 내용을 요약하면 다음과 같다.

계(契)라는 것은 여러 사람이 의견을 모아 재물을 불리거나 공역 (公役)에 대응하거나 사적인 비용을 보충하기 위함이다. 보성군 관 내에서 복내면은 다른 면에 비해 특히 어려움이 심하므로 보성군수 로서 20여 금(金)을 출연하고 각 리에서는 10금을 출연하여 향약계 의 기금으로 삼도록 한다. 한마음으로 함께 노력하여 공(公)과 사 (私)의 비용을 충당하고 향약계를 (영구히) 보존·유지하는 것은 규 약을 잘 준수하고 도리를 잃지 않는 데에 달려 있다.

같은 해 음력 3월 하순에 유정리(楡亭里)에 거주하던 윤치방(尹致 邦)이 〈향약서(鄕約序)〉(1858년, 무오)를 작성했는데, 그 내용을 요약 하면 다음과 같다.

재물이 탕진되고 계모임이 없어져 복내면 향약계가 폐지된 지가 이미 오래되었다. 정사년(1857년, 철종 8)에 임군수(任郡守)가 부임 하고서 복내면에 20여 냥의 거금을 출연하여 계를 존속하고 백성을 돕는 뜻을 첩문(帖文)으로 내려주었다. 이에 각 리에서 10냥씩 출연 하여 52냥을 마련하여 계를 중창할 수 있었다. 진실로 일리, 이리, 삼리 모두가 마음을 하나로 모아 기강과 규칙을 제대로 세우면 풍속을 단속할 수 있고 명성과 영광이 후세에 길이 전해질 수 있을 것이다.

복내면 향약계는 1880년(경진, 고종 17)에 이르러 구안을 다시 정리하고 계안을 새롭게 작성하였다. 1880년 음력 삼월[暮春] 상순에 반곡(盤谷) 마을에 거주하던 최병규(崔炳珪)가 작성한 〈향약계안중수발(鄕約契案重修跋)〉의 주요 내용은 다음과 같다.

선조들이 향약계를 시작하고 규약을 상세히 마련하여 공공의 비용을 충당하여 왔다. 하지만 향약계가 창설된 지 2기(紀)[27] 가까이 지나면서 초창기 계원의 반이 이미 고인이 되었으므로 구안을 다시 정리하고 계안을 새롭게 쓰게 되었다. 처음 시작하는 것도 어렵지만 (꾸준히) 지켜서 이루는 것 역시 쉽지 않다. 계가 흥하고 폐하는 바는 사람이 어질고 어질지 못한 것에 달려 있고, 계를 지키고 (계의 목적을) 이루는 방법은 한결같은 한마음으로 약속을 굳건히 지키는 데에 있다.

1885년(을유, 고종 22)에 당시 보성군수 임택호(任澤鎬)는 복내면 향약계를 중수하였다. 임택호는 복내면 향약계에 내려준 〈복내면향약계발문(福內面鄕約稧跋文)〉의 주요 내용은 다음과 같다.

보성군 관내 사람들이 겪고 있는, 갖은 부역으로 인한 고충을 덜어주기 위한 목적으로 보성군수로서 400여 냥을 출연하여 14개 면에 나눠줬는데, 복내면에는 30여 냥을 출연하였다. 본전은 그대로 두고 이자를 기르며[存本植利] 사람들이 마음을 하나로 보아 향약계를 잘 이끌어나가야 할 것이다.

---

27 1기(紀)는 12년으로 2기는 24년을 일컫는다.

1899년(기해, 광무 3)에 이르러 복내면 향약계는 중수되었다. 당시 임사훈(任思勳)은 원봉(圓峯) 마을, 이기조(李基祖)는 당촌(堂村) 마을, 안봉환(安鳳煥)은 옥평(玉坪) 마을에 거주하였는데, 이들은 각 리를 대표하여 계중수서(契重修書)의 작성에 참여했다. 임사훈이 같은 해 음력 2월 4일에 작성한 〈향약계중수안서(鄕約契重修案序)〉의 내용을 요약하면 다음과 같다.

예로부터 복내면은 서로 간에 믿음이 깊었고 계가 잘 운영되어 왔다. 하지만 최근 기강이 무너지고 풍속도 옛날 같지 않게 되었다. 주역(周易)에서 박괘(剝卦)가 다되면 복괘(復卦)가 돌아오고 비운(否運)이 다 지나면 태운(泰運)이 온다고 한다. 두 어진 군수[賢候][28]의 은혜로 계가 시행된 지 이미 42년이 흘러 이제 계안을 다시 수정해야 한다는 중론이 모아졌다. 옛날의 계안을 이어받아 잘 지켜나가는 것은 규약의 준수, 학업의 권장, 명분(名分)을 바르게 하는 것, 기강의 확립에 달렸는데, 이런 사항들은 선조들이 이미 기록해 두었으니 자세히 덧붙일 게 없다. 계의 흥함과 폐함은 진실로 마음의 있고 없음에 달린 것이다.

이기조가 같은 해 음력 2월 상순에 작성한 〈복내면향약계중수서(福內面鄕約契重修序)〉의 내용을 요약하면 다음과 같다.

두 군수의 은혜로 복내면에 향약계가 창설되고 중수되어 이제까지 4기(紀) 동안 잘 지켜져 왔다. 이자를 길러내 재산이 적은 게 아닌데도 사사로이 이용하지 않았고, 창설 때의 법이 오래되었음에도

---

28 복내면 향약계의 중수에 거금을 출연한 보성군수 임돈상(任悙常)과 임택호(任澤鎬)를 지칭한다.

지금까지 폐하지 않고 있다. 이는 계원 각자가 선대에서 창설의 어려움을 잘 간직하고 오늘날까지 지켜오면서, 나태함 없이 부지런히 노력하여 함께 도모하고 힘써 왔기 때문이다. 앞으로도 이 뜻을 이어받아 옛 규약을 잘 준수하고 영원히 중단치 않아야 할 것이다.

다음은 안봉환이 같은 해 음력 3월 상순에 작성한 〈복내면향약계중수서(福內面鄕約稧重修序)〉의 내용을 요약한 것이다.

시예충효(詩禮忠孝)를 배움으로써 약속하면 누구나 학문의 방도를 알게 되고, 선악상벌(善惡賞罰)을 가르침으로써 약속하면 누구나 가르침의 근본을 알게 된다. 이 약속을 향리에 활용하면 향약이 된다. 복내면 향약계는 1858년(무오, 철종 9)에 창설되어 지금에 이르고 있다. 향약계의 조항들이 자세히 마련되어 있으니 이를 어기지 않고 계 재산의 이해득실만을 따지지 않아야 '같은 마음 같은 약속[同心同約]'이라 할 수 있다. 이번에 계안에 가입한 사람도 옛날 계원의 후손이 아닌 사람이 없으니 추모의 마음을 잊지 않고 더더욱 힘써야 할 것이다.

〈복내면향약계중수서〉 바로 다음에 안봉환은 "지금 우리 면에는 송계가 이미 세 개로 나누어져 있는데, 지금 비록 향약계를 새로 만든다고 하더라도 각 리의 송계 재곡과 송계산은 (세 송계에) 나누어진 바에 따라 구분해두기로 한다(此亦中 本面都松稧 已分爲三 則今雖新創鄕約稧 各里之松契財穀與稧山 依所分區別是齊)"고 기술하고 있다. 이로써 보건대, 일찍부터 일리, 이리, 삼리 모두에서 송계를 창설·운영하였으며, 각 송계마다 재곡과 송계산을 별도로 관리하여 왔음을 알 수 있다.

복내면 향약계는 〈완약(完約)〉 19조목을 마련하고 있었다.

一. 이 면계(面禊)는 비록 명칭이 '계(契)'이지만 그 실질은 여씨향약(呂氏鄕約)의 조례를 따른다. 덕업상권(德業相勸), 과실상규(過失相規), 예속상교(禮俗相交), 환난상휼(患難相恤) 등 네 가지 사항과 함께 주석을 달아 근본취지[宗旨]로 삼고자 한다. [중략].[29]

一. (계원이) 수화(水火)의 재난을 당하면, 계원 각자는 재목 한 개, 바람막이[藁編] 한 벌[領], 새끼줄[藁索] 열 다발[把]씩 가져와 도와주도록 한다.

一. 소, 술, 소나무는 「경국대전」에 삼금(三禁)으로 규정하고 있으니 엄중히 시행하도록 한다.

一. 이미 계안에 나와 있는 '마땅히 해야 할 일'은 계원의 성명을 차례대로 써서 면 전체에 돌려 하나의 뜻으로 통일되었음을 알리도록 한다.

一. 면에 선악적(善惡籍)을 두어 회소(會所)에서 누구는 어떤 선한 일을 하고 누구는 어떤 악한 일을 하였는지를 기록하도록 한다. 풍속교화에 관여하는 계원은 발문(跋文)을 띄우고 별도로 회의를 하여 권선징악(勸善懲惡)의 방도를 엄하게 세우도록 한다.

一. 아랫사람이 윗사람을 능멸하고 천한 자가 귀한 자에게 함부로 대드는 경우, 해당 책임자[執任]는 즉시 발문을 띄우고 회의를 소집하여 경범자에게는 벌금을 물리고 명령을 준수하지 않는 자에게는 관청에 고발하여 엄하게 처벌하도록 한다.

一. 면 관내에 들어와 행동거지가 수상하거나, 예수를 믿거나

---

29 덕업상권(德業相勸), 과실상규(過失相規), 예속상교(禮俗相交), 환난상휼(患難相恤) 등 각 사항에 대해 간략하게 언급하고 있다.

[耶蘇學], 길흉화복을 점치거나[讖緯學], 부적을 쓰고 주문을 하는[符呪學] 경우 관청에 고발하여 엄하게 배척하고 관내 밖으로 쫓아내도록 한다.

一. 잡기배(雜技輩) 역시 사민(士民)의 좀도둑 같은 존재이므로 면내에서 엄하게 금하고 이를 따르지 않으면 관청에 고발하여 엄하게 처벌하도록 한다.

一. 남과 다투어 소송하기를 좋아하는 것 역시 관과 민에 고통과 폐단을 주므로, 그 정도가 심할 경우 면내에서 논하고 (관청에) 보고하여 선량한 사람[良民]에게 원통한[冤枉] 폐해가 미치지 않도록 한다.

一. 조약의 각 조항은 벼리를 세우고 조목을 자세히 나열하고 있으나[綱擧目張], 사용할 재산이 없으면 벼리를 어떻게 세우며 조목을 어떻게 따르도록 할 것인가. 귀한 돈[右錢] 52냥이 있으니 합심하여 이자를 길러 일 년에 두 차례씩 거둬들이도록 한다.

一. 계 재산에 여유가 있게 되면, 면민의 고통을 더는 데 돕도록 한다.

一. 면에는 도정(都正) 1명, 공원(公員) 1명, 유사(有司) 2명을 두어 계의 업무를 맡도록 한다. 각 리에서 1명씩 선임한다.

一. 각 마을마다 검찰(檢察) 1명을 두어 '옳고 그름[是非]'을 관장하고 이를 면회(面會)에 보고하도록 한다.

一. 대개 도정은 면내에서 나이가 많고 덕망이 두터운 사람으로 선임하고 공원 등도 역시 같은 기준으로 선임하도록 한다. 유사는 연령 제한을 두지 않으며 24개월 마다 교체하고 각 마을의 검찰도 역시 이와 같이 하도록 한다.

一. 강회 날짜는 음력 6월 10일과 12월 10일을 원칙으로 한다.

一. 강회에 모인 자리에서 서로 헐뜯거나[相詰], 술주정을 하거

나[酗酒], 시끄럽게 떠드는[諠譁] 경우에 즉석에서 벌칙을
시행하도록 한다.

一. 도둑질을 방비하는 것 역시 급선무이므로 행동거지가 수상
한 자는 검찰이 엄밀히 살피고 (그를) 쫓아내도록 한다.

一. 사람이 사람다운 행위를 하는 것은 모두 학문에서 비롯되
므로 학문을 권장하는 방법을 강구하지 않을 수 없다.

一. 매달 음력 초하루와 보름에는 강좌를 개설하기로 한다. 어
른과 어린이를 막론하고 한 문장씩을 뽑아 외우게 하고 합격
과 불합격을 가려내어[分揀入落] 상과 벌을 내리도록 한다.

2) 이리송계와 복내면 향약계의 관계

복내면 향약계와 이리송계는 서로 밀접하게 연계·운영됐을 것으
로 보인다. 향약계가 있기 전부터 복내면 일리, 이리, 삼리에 이미 송
계가 창설·운영되고 있었다.[30] 이런 경험과 전통이 1858년(무오, 철
종 9)에 면 전체를 아우르는 복내면 향약계를 출범시키는 바탕이 되
었을 것으로 추측된다. 창설 이후에 향약계가 체계적이고 안정적으
로 운영·관리될 수 있었던 데는 세 개의 리에서 각자 송계를 조직하
고 운영한 경험이 있었기 때문에 가능하였을 것이다.

앞서 안봉환의 〈복내면향약계중수서〉(1899년, 광무 3)에서 알 수
있듯이, 복내면 향약계가 창설되었다고 해도 그 전의 송계 재곡과 송
계산은 각 송계의 소유와 권한으로 그대로 두도록 하였다. 따라서
당시 복내면 향촌사회는 '촌계-송계-향약계-관'의 4층적 구조로 운영
·유지되었을 것으로 추측된다. 하지만 향약계의 관할 범위, 권한,
관리·운영 방식 등이 각 리의 송계와 어떤 방식으로 연계·운영됐

---

30 1986년도 이리송계 정기총회(1987.01.17.)에서 당시 송계장 채홍기 씨의 인사말
에서도 복내면에 세 개의 송계가 있었음을 언급하고 있다.

는지 구체적으로 확인할 수는 없다.

3. 제도와 규약의 변천

이리송계는 1803년 창계 이후 경술국치까지 여러 차례 제도와 규약의 변천을 겪어왔다. 이는 조선 후기와 대한제국 시기의 정치·경제·사회적 격변 속에서 이리송계가 향촌사회의 구심점으로 지역공동체의 생존과 번영을 적극적으로 모색하고 대응하는 과정에서 나타난 결과라고 할 수 있다. 이 기간 동안 제도와 규약의 변천에서 나타난 주요 특징을 살펴보면, 우선 이리송계 초창기에는 통호조, 예죽조, 구마조 등 이리 향촌사회에 할당된 요역과 부세를 공동으로 납부하기 위한 곡식을 수합·증식하는 데 그 중점을 두었다.

후대로 내려갈수록 송계산의 이용·보호·관리, 상호 규검, 교육, 풍속교화 등 이리송계 차원에서 담당하는 역할과 기능이 추가·확장되었던 것이다. 송계산 내에서 '벌채한 소나무 값', '묘를 쓴 값', '산지기 임무' 등의 규정은 송계책 10권(1869년, 고종 6)의 〈조약〉에서 처음으로 나타났다. 또한 송계책 10권의 〈조약〉 중 강회에서 '나이순으로 앉기', '행패를 부리는 행위에 대한 처벌' 등의 규정이 처음 등장하였다. 그리고 송계책 11권(1880년, 고종 17)의 〈조약〉에 매년 음력 3월과 9월에 이리 지역 어른과 어린이를 대상으로 강의와 시험을 실시하고 독서를 권장하도록 하는 규정이 처음으로 나타났다.

그 외에도 계원의 추입 결정은 이리송계 차원이 아니라 각 마을 단위에서 자율적으로 이뤄졌다. 신분, 친인척 등 인적 구성, 상황과 여건에 따라 하계원의 추입이 마을마다 상이한 방식과 모습으로 이뤄졌던 것이다. 이리송계 초창기에는 대부분이 상계원이었으며, 이들을 중심으로 송계가 운영되다가 후대로 내려올수록 점차 하층민에게도 송계에의 참여가 허용되면서 송계의 인적 구성은 보다 다양해졌다.

제2절 제도와 규약: 일제강점기

1. 송계책 13권[31] 내용

이리송계는 1920년(경신) 동짓달[復月] 하순에 「송계안(松稧案)」(十三卷)을 편찬했는데, 〈복내이리송계안서(福內二里松契案序)〉, 〈복내면제이리송계서(福內面第二里松契序)〉, 〈송계규약조례(松契規約條例)〉, 〈송계규약(松契規約)〉, 〈서송계규약후(書松契規約後)〉, 〈복내면이리송계안발(福內面二里松契案跋)〉, 〈좌목(座目)〉 순으로 구성되어 있다.

같은 해 음력 6월 16일에 임사성(任思聖)이 작성한 〈복내이리송계안서〉의 주요 내용은 다음과 같다.

조선의 국법으로 삼금(三禁: 酒禁, 牛禁, 松禁)이 엄격한데, 송금(松禁)이 그 중 하나이다. 소나무는 궁실(宮室)과 관곽(棺槨)에 꼭 필요한 자재이며 보통 사람에게도 그 쓰임이 중요하고 넓다. 하지만 소나무를 제대로 보호하지 못하면 금방 민둥산이 되고 황폐해지기 마련이다. 그런 까닭으로 이리 지역에서 송계가 창설되어 전해 내려온 지가 백여 년이 되었다.

다음은 같은 날 안극(安極)이 작성한 〈복내면제이리송계서〉의 내용을 요약한 것이다.

옛적에 복내 지역이 셋으로 나뉘게 되면서 우리 마을은 '이리(二里)'로 불려왔다. 계해년(1803년, 순조 3) 계의 창설은 채경윤(蔡慶

---

31 송계책 13권의 원문은 〈부록 1-13〉에 실려 있다.

潤)과 염상철(廉相哲)이 멀리 내다봤던 바이고, 경진년(1880년, 고종 17) 계의 중수(重修) 시에는 안풍현(安豊鉉)과 최환문(崔煥文)이 계안을 고치고 대대적으로 확대하였다. (관청의 아전들이) 4막(幕) 12동(洞)[32]의 집집마다 찾아다니며 (통호조, 예죽조, 구마조 등 요역과 부세를) 일일이 걷어 들이던 폐단을 영구히 없앴고 소나무의 무분별한 벌채를 금하고 백성을 도와줬던 사실이 구권(舊卷)과 신안(新案)에 소상히 실려 있다. (계의 창설 이후) 118년 동안 추입자, 원거주자, 토지증명, 임야측량, 원결(寃結)[33] 등의 자료가 지금까지 잘 보존되어 책, 하첩, 서목으로 남아있다. 방동산(房洞山), 가야산(伽倻山), 원봉산(圓峰山) 및 압곡산(鴨谷山)은 (관청으로부터) 입안(立案)받아 금양(禁養)하니, 복내리, 반석리, 용동리 및 진봉리가 그 혜택을 고루 입게 되었다. 이리의 경계는 죽수(竹樹: 능주(綾州))[34]의 동쪽을 인접하며 산양(山陽: 보성)의 북쪽에 위치하여 있다. 이곳에서 소상진(蘇尙眞)[35], 채정해(蔡庭海)[36], 손상융(孫尙隆),

---

32 4막(幕)은 복내리, 반석리, 용동리 및 진봉리를, 12동(洞)은 12개 자연마을을 지칭한다. 그러나 자연마을의 명칭과 숫자는 시대가 변하면서 바뀌어 왔다. 자세한 내역은 제4장의 〈표 4-5〉를 참고하기 바란다.

33 원결(寃結)은 '적(籍)'에만 있고 실제로 없어진 논밭에서 거둬들이는 부세(賦稅)'를 말한다.

34 능주(綾州)는 한때 14개 면이 소속된 능주목(綾州牧)으로 큰 고을이었으나, 1896년 전라남도 소속의 능주군이 되었다가 1908년 화순군이 능주군에 편입되면서 17개 면을 거느리는 큰 군이 되었다. 하지만 1913년 능주군이 화순군으로 개칭되고 능주는 '화순군 능주면'으로 바뀌게 되었다. 출처: 화순군청. 능주목의 역사와 문화. (https://www.hwasun.go.kr) (자료 접근: 2019년 1월 4일).

35 소상진(蘇尙眞, 1548~1595)은 진주인으로 자는 실보(實甫), 호는 서암(書庵)이다. 임진왜란이 발발하자 전라좌도 의병장 임계영(任啓英, 1528~1597)의 막하에서 별장으로 출전하여 많은 공을 세웠으나 경상도 성주에서 전사하였다. 후에 예조참의에 추증되고 정려(旌閭)가 내려졌다(향토지편찬위, 1995: 344-345).

36 채정해(蔡庭海, 1539~?)는 평강인으로 호는 용연(龍淵)이다. 1567년(정묘, 명종 22)에 생원(生員) 급제하였고 학행으로 군자감 부정(軍資監 副正)에 이르렀다. 용동리 풍치에 용연정사(龍淵精舍)를 짓고 후학 양성에 힘썼다(향토지편찬위, 1995: 321-322, 335).

안연(安瑻)[37]과 같은 많은 위인들이 배출되었다. 7차(次) 소장(訴狀)에서는 당시 선조들의 근실한 뜻을 새겨볼 수 있고, 6장(章)의 서서(序書)에서는 많은 사람들이 한마음이었음을 알 수 있다. 매년 두 차례 강회는 검소하여 사치스럽지 않았고, 군비(郡費)와 면비[坊費]를 지불하는 데 오직 공정하여 사특함이 없었다. 약간의 물자도 재곡을 맡을 임원을 먼저 선임하고서 맡겨야 하고, 산림에는 도끼와 자루가 들어갈 시기를 마땅히 정하고서 입산을 허락하여야 한다. 이는 선조들이 옛날부터 해오던 좋은 일이니 우리 후손들은 마땅히 성심껏 준수해야 할 것이다.

〈송계규약조례〉는 송계 규약의 목차에 해당한다. 〈송계규약〉은 8조(條) 64례(例)의 규정을 두고 있는데, 〈표 3-3〉에서 보는 바와 같이, 각 조(條)마다 세부규칙인 례(例)들이 명시되어 있다.

〈표 3-3〉〈송계규약(松契規約)〉〈송계책 13권〉의 구성 내역

조(條)	례(例)	조(條)	례(例)
一. 계임선정사(契任選定事)	10	五. 전곡출입사(錢穀出入事)	3
二. 계원입안사(契員入案事)	4	六. 강회경비사(講會經費事)	15
三. 임야금양사(林埜禁養事)	12	七. 문학교훈사(文學敎訓事)	4
四. 토지정작사(土地定作事)	4	八. 부기전수사(簿記傳守事)	12

* 출처: 송계책 13권의 〈송계규약조례(松契規約條例)〉와 〈송계규약(松契規約)〉을 토대로 저자 작성.

송계책 13권의 주요 특징은 기존 송계책의 규약들뿐만 아니라 과거에서부터 오랫 동안 운영되던 관행, 관습 및 불문율을 체계적이고

---

37 안연(安瑻, 1789~1863)은 죽산인으로 호는 용암(庸庵)이다. 효성이 지극하고 빈민과 가난한 친척의 구제에 힘써 향리의 칭송을 받았다. 1859년(기미, 철종 10)에 생원 급제하였고, 후에 지평(持平)에 증직되었다(향토지편찬위, 1995: 321, 366).

세부적인 조항으로 명문화하였다는 점이다. 기존 송계책의 규약들은 주요 사항만을 명문화하였고, 이리송계에서 재곡 관리, 송계산 내 공유자원의 이용·보호·관리 등 세부적인 사항들은 대부분 전래되어 온 관행, 관습 및 불문율에 따라 행해져왔다. 그러다 송계책 13권에 이르러 비로소 이를 명문화하여 송계 규약에 포함시켰던 것이다. 다음은 〈송계규약〉의 세부 조항들을 정리·요약한 것이다.

一. 임원 선정에 관한 사항[契任選定事]

이리송계 임원은 도정(都正) 1명, 공원(公員) 1명, 집강(執綱) 1명, 훈장(訓長) 1명, 강장(講長) 1명, 직월(直月) 1명, 강사(講師) 4명, 간사원(幹事員) 4명, 송금원(松禁員) 4명 등 총 18명으로 구성된다. 임원은 이리 향촌사회에서 학문과 덕행에 명망이 높은 계원 중에서 공론에 따라 천거하여 선정한다. 고지기[庫直]는 계임 선정 사실을 고목(告目)[38]으로 올려 해당자에게 알리도록 한다. 도정, 공원, 집강, 훈장, 강장 및 직월에 대해서만 고목을 올리고, 강사, 간사원 및 송금원에 대해서는 고목을 올리지 않는다. 도정, 공원, 집강 및 훈장은 1년 혹은 2년마다 교체하며, 임기는 3년이 넘지 않도록 한다. 기타 임원에게는 임기 제한을 별도로 두지 않는다. 다음은 임원의 자격 요건에 관해서이다.

－도정(都正): 학문과 덕행이 높은 자로 60세 이상인 계원
－공원(公員): 덕망이 높고 경험이 풍부한 자로 50세 이상인 계원
－집강(執綱): 적당한 자로 40세 이상인 계원

---

38 조선시대 상관(上官)에게 공식적으로 보고하거나 문안을 올리는 간단한 문서 양식을 말한다. 출처: 한국민족문화대백과사전 고목(告目). (http://encykorea.aks.ac.kr/Contents/Item/E0003559) (자료 접근: 2018년 1월 4일).

- 훈장(訓長): 덕망이 높은 자로 도정이 겸직 가능함
- 강장(講長): 덕망이 높고 경험이 풍부한 자로 공원이 겸직 가능함
- 직월(直月): 적당한 자로 집강이 겸직 가능함
- 강사(講師): 30세 이상인 자로 각 리에서 1명씩 선정하며, 집강이 겸직 가능함
- 간사원(幹事員): 20세 이상인 자로 각 리에서 1명씩 선정함
- 송금원(松禁員): 연령 제한이 없으며 무사공평하고 정직한 자로 각 리에서 1명씩 선정함

二. 계원 가입에 관한 사항[契員入案事]

각 리에서 송계원의 관리는 간사원이 전담한다. 차자(次子)나 차손(次孫)이 분가했거나 새로 이사 온 사람이 있으면 성명, 자, 나이, 관향(貫鄕)을 적어 강회에 보고하며, 이사를 갔거나 다시 돌아온 사람이 있으면 자세한 사항을 적어 집강에게 알리도록 한다. 원계원의 장자나 장손은 별도의 추입금 없이 입계(入契)하며, 차자나 차손이 분가하여 입계하는 경우에는 1냥씩 내도록 한다.

다른 지역에서 이리 지역으로 이사와 송계에 가입코자 할 경우, 추입자를 특등(特等), 상등(上等), 중등(中等), 하등(下等)으로 구분하여 추입금에 차등을 둔다. 즉, 특등은 추입금 없이 입계토록 하고, 상등은 5냥, 중등은 4냥, 하등은 3냥을 추입금으로 내도록 한다. 다른 지역으로 이사를 가는 경우, 별도로 방역비(防役費)[39]를 부담시키지 않도록 한다. 다른 지역으로 이사를 갔다가 다시 이리 지역으로 되돌아온 경우 장자나 장손에게는 추입금을 별도로 부과하지 않으며, 차자나 차손에게는 2냥을 추입금으로 내도록 한다.

송계책은 20년 주기로 수정하는 것을 원칙으로 하되, 그 기간 동

---

39 부역(賦役)을 면제받기 위해 내는 곡식이나 돈을 말한다.

안 추입자, 다른 지역으로 이사한 자가 있으면 별도로 기록하여둔다. 〈좌목〉에서 계원의 성명은 구안(舊案)의 관례에 따라 상, 중, 하의 3개 등급으로 구분한다.

三. 삼림 금양에 관한 사항[森林禁養事]

집강은 매년 봄과 가을에 간사원과 송금원을 대동하여 방동산, 가야산, 계당산 및 압곡산을 직접 순찰하고 임목 상태, 임상(林相), 작벌 여부 등을 확인한다. 평소에 송계산 내 범금 행위, 범금자 적발 등 산림 보호·감시 업무는 산지기가 담당한다. 풍치, 진척, 서봉 등 세 마을에서 각각 2명씩 6명의 산지기를 선정하여 방동산과 가야산에서 산림 보호·감시 업무를 담당하도록 한다. 입석, 내동, 화령 등 세 마을에서 각각 2명씩 6명의 산지기를 선정하여 계당산과 압곡산에서 산림 보호·감시 업무를 담당하도록 한다. 한편 반곡, 원봉 등 두 마을에서는 각각 2명의 산지기를 선정하여 네 개의 송계산을 모두 관할하며 나무장사꾼[樵商]을 감시하고 남벌을 방지토록 한다.

송계산에서 산불이 발생할 경우, 산지기, 간사원 및 송계원은 집강에게 바로 알리고 집강은 고지기로 하여금 각 마을에 알려 산불 진화에 동참하도록 한다. 산불 진화에 참여하지 않은 마을이나 늦게 도착한 사람에게는 강회에서 벌을 논의하여 처벌한다. 봄에 퇴비를 위한 풀베기와 가을에 땔감을 허용하지 않으며, 추입금보다 두 배의 속전(贖錢)을 물리도록 한다.

송계원과 외지인은 소나무 값에 차등을 둔다. 송계원에게는 그루당 큰 소나무는 5냥, 중간 소나무는 4냥, 작은 소나무는 3냥을 부과하고, 외지인에게는 시세에 따라 금액을 책정하도록 한다. 금액을 먼저 지불하고서 벌목을 허락하며, 벌목 후에는 소나무 크기와 그루수를 다시 점검한다. 송계원이나 외지인이 약속된 사항을 어겼을 경우 소나무 값의 2배를 물리고, '산불 진화에 참여하지 않거나 늦게 참여한 경우'에 해당하는 벌을 내리도록 한다.

송계산 내 화전을 개간하는 경우, 해당 마을의 간사원은 개간자의 성명, 위치, 면적 등을 자세히 기록하고 연대인(連帶人)과 함께 도장을 찍는다. 그리고 남벌이나 실화 여부를 자세히 감찰한다. 위반사항이 있을 경우, 어린 소나무[稚松]는 작은 소나무에 해당하는 값을 물리고, 큰 소나무, 중간 소나무 및 작은 소나무는 각자 크기의 소나무 값에 2배를 물리도록 한다. 위반자가 (벌금을) 다 갚지 못할 경우 연대인이 (벌금의) 부족분을 채우도록 한다. 또한 위반자에게는 '산불 진화에 참여하지 않거나 늦게 참여한 경우'에 해당하는 벌을 내리도록 한다. 화전에 담배를 경작한 경우, 담배 100파(巴)마다 15파씩 도조세(賭租稅)[40]를 받는다. 다른 작물을 (화전에) 경작한 경우에도 작황을 조사하여 도조세를 받는데, 간사원이 이를 전적으로 맡아 수행하도록 한다.

마을 단위의 길쌈[紡績]은 권장하는 바이지만 지금부터는 길쌈을 목적으로 사적인 벌목을 일절 금지한다. 이대로 놔두면 조만간 (송계산 모두) 민둥산이 되고 말 것이다. 복내리, 반석리, 용동리 및 진봉리의 간사원과 송금원은 미리 정한 날짜에 인부를 데리고 입산하여 (길쌈용) 땔감을 벌목하도록 한다. 삼을 굽는 데 사용한 나뭇짐 수를 계산하여 값을 정하고 이를 송계에 지불하도록 한다. 입산 날짜에 참석하지 않은 사람은 (이 일에) 일절 관여하지 않기로 한다.

송계산 내에 묏자리를 쓸 경우, 송계원은 10냥, 외지인은 20냥을 내도록 한다. 묏자리를 쓴 사람[入葬者]은 묘지 위치, 묻힌 사람, 입장 날짜 등을 자세하게 기록하고 도장을 찍은 다음 이를 송계에 제출하여 나중에 참고자료로 활용한다. 묏자리를 쓴 사람이 묘지의

---

40 도조세(賭租稅) 혹은 도조(賭租)는 남의 논밭을 빌려 부치는 대가로 해마다 내는 곡식이나 돈을 말한다.

벌안을 넓혀 소나무나 잡목을 베어버린 경우에 '산불 진화에 참여하지 않거나 늦게 참여한 경우'에 해당하는 벌을 송계 차원에서 부과한다.

다른 마을의 나무꾼이 송계산 내에 들어오면 산지기와 송금원은 구타하지 말고 잘 타일러서 내쫓도록 한다.

계당산은 원봉과 압곡에서 서쪽으로 능주(綾州: 화순)의 경계까지이며, 남쪽으로 삼리(三里)의 경계까지이다. 계당산에 가장 가까운 마을은 화령이고 입석과 내동 또한 가까우니, 이 세 마을에서 산지기를 선정하여 다른 마을의 나무꾼들이 불법으로 입산하지 못하도록 철저히 감시한다.

송계산이 민둥산으로 되어 가는 이유는 화전과 남벌뿐만 아니라 나무장사꾼의 소행 때문이기도 하다. 나무장사꾼이 송계산에 들어오는 것을 일절 허용치 않도록 한다. 이를 위반할 시에 '화전을 개간하는 경우'에 해당하는 속전을 나무장사꾼에게 물리고, '산불 진화에 참여하지 않거나 늦게 참여한 경우'에 해당하는 벌을 송계 차원에서 부과하도록 한다.

四. 토지 경작에 관한 사항[土地定作事]

송계 소유의 토지가 있는 마을에서는 근실한 사람을 선정하여 경작하도록 하며, 송계 임원일지라도 공론에 의하지 않고서는 경작자를 마음대로 바꿀 수 없다. 고지기에게는 4~5 마지기[斗落]를 경작지로 제공하고, 고지기가 바뀌면 새 고지기가 그 경작지를 짓도록 한다. 각 마을의 산지기에게도 적당한 경작지를 제공하도록 한다. 간사원을 비롯한 임원이 송계 소유의 토지를 경작하는 경우, 매년 가을 그해 수확량과 도조세를 책정할 때 사익을 추구하는 폐단들이 있어 왔다. 만일 폐단이 있을 경우, 반드시 경작자를 바꾸도록 한다.

五. 전곡 출납에 관한 사항[錢穀出入事]

송계의 돈과 곡식[錢穀]은 공전(公錢)과 공곡(公穀)의 다름 아니니 몰래 쓰고 제때 갚지 않는 자는 계원의 자격을 박탈하고 친족이나 이웃에게 물리는데, 이는 송계가 창설된 시기의 규약대로 하는 것이다. (빌려준) 돈과 곡식에 관한 사항들은 장부에 정확하게 기재하여 다음 강회에 반드시 갚도록 한다. 못 받아낸 돈과 곡식은 해당 마을의 간사원이 책임지고 받아내도록 한다. 새로 쓴 묏자리 값, 소나무 값 및 곡물 값은 먼저 송계에 들여놓아야 하며, 만일 제때 받지 못하면 임원이 책임지고 받아내도록 한다. 담배 값은 다음 강회까지 간사원이 책임지고 받아내도록 한다. 과거에 받아내지 못한 미수분은 상세하게 조사하고 이를 내도록 독촉하며, 여전히 남은 미수분은 별도로 기록해 두도록 한다.

가을걷이 전에 도조세를 책정하고 (도조세로) 벼를 내는 날짜에 차질 없이 내도록 한다. 이를 미루거나 돈으로 대신 내는 것[代金]을 일절 허용치 않는다. 임원과 간사원 3~4명은 경작인과 함께 경작지를 직접 방문하여 가을걷이 전에 작황 상태와 수확량을 평가하여 도조세를 책정하고 그해 10월 초순 안에 도조세로 벼를 내도록 한다. 이를 미루거나 좋지 못한 벼를 내는 경우, 당일 즉시 다시 내도록 독촉하고 다음 해에는 근실한 사람에게 경작권을 넘겨준다. 토지세는 임원이 직접 내도록 하고 경작인이 사사로이 내지 못하도록 한다.

六. 강회 경비에 관한 사항[講會經費事]

강회는 매년 음력 6월 15일과 12월 15일에 열리는데, 이 날짜는 예로부터 정해져 내려온 것이다. 만일 임시강회를 개최할 경우, 임원은 고지기를 통해 각 리의 간사원에게 알린다. 강회는 일찍 개최하며, 늦게 참석한 사람은 별도로 마련된 좌석에 앉히고 벌을 논의하도록 한다. 강회 때는 반드시 시도기(時到記)를 작성하도록 한다.

강회는 정해진 시각에 행하며, 나이순에 따라 좌석을 마련한다. 존(尊), 장(長), 적(敵), 소(小), 유(幼) 등 나이순으로 다섯 등급의 좌석을 마련하고 공사석(公事席)은 별도로 중앙에 마련한다. 일어서서 상읍례(相揖禮)⁴¹를 행하고 그대로 좌석에 앉아서 강회와 음회(飮會)를 하도록 한다. 벌좌(罰座)는 회석(會席) 밖에 마련한다. 강회와 음회가 끝나 물러날 때에도 상읍례를 행하도록 한다.

강회 때 술 한동이와 점심밥을 계원에게 제공하는데, 계원당 3홉[合]을 책정하여 (계원 숫자에 맞게) 곡식을 내고 찬거리는 15냥을 고지기에게 주어 준비하도록 한다. 이 외에 불필요한 낭비는 일절 허용치 않는다. 가을걷이 전에 도조세를 책정하는 날에 인원은 임원 2명, 간사원 4명 등 6~7명 정도로 하고, 각자에게 일당으로 2냥 5전씩을 책정하고 출납장부[下記]에 기록한다. 그 외의 계원이나 경작인에게는 일당을 일절 지급하지 않으며 출납장부에 비용으로 기록하지 않는다. 도조세로 벼를 받는 날[捧禾日]에 임원 1명, 간사원 1명, 말질하는 사람[斗量者] 1명, 챙이질하는 사람[簸揚者] 2명, 고지기 2명, 그 밖에 2~3명 등 10여 명이 참여하고 각자에게 일당으로 2냥 5전씩 지급하도록 한다. 그 외에는 비용을 일절 허용하지 않는다.

화전 개간을 목적으로 불을 낼 때, 간사원 4명과 송금원 4명이 2명씩 번갈아 방동산, 가야산, 계당산 및 압곡산을 순시하며 화전 개간 내역을 상세히 기록하도록 한다. 즉, 어느 등성, 어느 계곡, 누가 몇 평을 개간하였고 얼마의 도조세를 낼 것인지를 소상히 기록한다. 화전에 담배농사를 짓는 경우, '도조세로 벼를 받는 날'에 담배를 (대신) 도조세로 내도록 한다. 임원이 근실한 간사원 2명을 선별하여 담배농사 짓는 화전을 순산토록 한다. 만일 범금 행위가 있을 경우,

---

41 상읍례(相揖禮)는 과거 향촌사회에서 강회와 같은 모임 때 계원들이 일어나 서로 허리 숙여 인사하는 의례를 말한다.

누가 어느 등성에서 소나무 몇 그루를 베었는지 소상하게 기록하도록 한다. 간사원의 순산 경비는 순산 당일에 한해서만 일당 비용으로 출납장부에 기록해둔다. 일당은 그 노고의 경중에 따라 2냥 5전 이상~5냥 이내로 한다. 송계산 하나를 순산하는 경우와 네 개의 송계산 모두를 순산하는 경우는 노고에서 차이가 있으므로 간사원의 일당을 임원이 자의적으로 결정할 것이 아니라 회의에서 (공론으로) 결정하도록 한다.

매년 음력 3월 15일과 9월 15일을 원칙적으로 '강을 베풀고 예를 행하는[設講行禮]' 날로 정한다. 그날 향음주례(鄕飮酒禮)⁴²와 상읍례(相揖禮)가 없으면 계원당 2냥씩을 비용으로 책정하여 출납장부에 기록한다. 만일 향음주례를 행할 경우, 술 한동이와 반찬값으로 10냥을 책정하여 점심은 요기를 면하는 정도로 하며 참석 계원 숫자대로 닭죽을 마련하도록 한다. 그날 강독(講讀)에서 시문(詩文) 우등생 갑(甲), 을(乙), 병(丙) 3명을 뽑아, 갑에게는 1냥 5전, 을에게는 1냥, 병에게는 5전에 해당하는 문방구를 상품으로 지급한다. 나머지 사항들은 다음의 '문학과 교훈에 관한 사항[文學敎訓事]'에 상세하게 기록되어 있다.

70세 이상인 노인에게는 남녀, 반상 구분 없이 연말에 고지기를 시켜 고기 2근을 보내도록 한다. 그 밖에 (외지인이) 구걸하는 경우에는 일절 베풀지 않는다. 부역이나 공무에 쓰이는 비용은 한두 사람이 사사로이 결정할 사항이 아니므로 회의에서 (공론으로) 결정하여야 한다. 또한 주식(酒食), 잡비 등도 마찬가지로 회의에서 (공론

---

42 향음주례(鄕飮酒禮)는 과거 향촌사회에서 선비와 유생들이 향교, 서원 등에 모여 나이가 많고 학문과 덕행이 높은 이를 주빈(主賓)으로 모시고 예법을 지키며 술잔치를 행하던 의례를 말한다. 출처: 한국민족문화대백과사전. 향음주례(鄕飮酒禮). (http://encykorea.aks.ac.kr/Contents/Index?contents_id=E0062975) (자료 접근: 2018년 1월 4일).

으로) 결정해야 할 사항이다. 송계에 비용이 발생할 경우, 날짜와 사용처를 명백하게 기재해야 하며, 강회에서 계원들에게 투명하게 보고해야 한다. 만일 공적인 용무에 돈이 쓰이지 않았을 경우, 강회에서 공론에 따라 그 내역을 삭제하고 출납장부에 기입하지 않도록 한다.

七. 문학과 교훈에 관한 사항[文學敎訓事]

매년 봄과 가을 정기적으로 날짜를 정해 임원이 각 리의 강사에게 통보하면, 강사는 어른과 어린이를 데리고 약속 장소에 모이도록 한다. 장소는 넓고 조용한 곳으로 정하며, 해마다 바뀌어도 무방하다. 각기 읽은 글을 외우거나 예(禮)를 행하거나 시(詩)와 문(文)을 짓기도 한다. 존(尊), 장(長), 적(敵), 소(小), 유(幼) 등 나이순으로 다섯 등급의 좌석을 마련하고 상읍례나 예성례(禮聖禮)[43]를 행한다.

학문을 일으키는 것[興學]은 풍속교화와 큰 관련이 있다. 그러므로 훈장, 강장 및 직월은 장문(長文)의 제목을 내거나 시율의 운자(韻字)를 내어 각 리의 강사에게 알린다. 강사는 한해 네 차례 혹은 음력 정월 30일에 한 차례 각 리의 어른과 어린이가 지은 시문을 취합하도록 한다. 그 중에서 훈장과 강장이 강사와 함께 우등인 3명을 선발하여 문방구를 상품으로 지급하도록 한다. 훈장 1명, 강장 1명, 강사 4명 등 6명에게만 각각 1냥 5전씩을 일급(日給)으로 지급하도록 한다. 한해 두 차례 장원회(壯元會)를 열어 우등인이 술 한 잔에 시 한 수 읊으며 그윽한 정을 나누도록 한다. 검소하게 할 것이며 사치가 없어야 한다.

강회에서 강사나 강생(講生)이 남전향약(藍田鄕約), 백록강규(白

---

43 예성례(禮聖禮)가 어떤 목적과 어떤 절차로 행해지던 의례였는지 파악하기 어렵다.

鹿講規)[44], 화양강규(華陽講規)[45], 이자지신장(李子持身章)[46], 공자삼계장(孔子三戒章), 맹자삼락장(孟子三樂章)을 큰 소리로 읽고, 훈장과 강사가 이를 설명하여 강회에 모인 계원들이 보고 듣고 깨닫도록 한다.

강회 회석은 먹고 마시는 자리가 아니니 너무 취하지 않도록 석 잔의 술만 돌리도록 한다. 점심은 단지 허기만을 면하는 것이니 포식해서는 안 된다. 자리를 넘어 다니거나 자리에 눕거나 문란하고 무례한 자는 강회에 출석시켜 벌을 논하도록 한다. 만일 벌을 의논하는 자리에서 불손하게 굴거든 계안에서 빼버리고 추가 조치를 취하도록 한다. 회석에서 큰 소리로 다투거나 농담과 잡설을 못하도록 한다.

八. 부기 보관에 관한 사항[簿記傳守事]
송계책은 마을마다 각 집안의 선조와 부형(父兄)의 휘함이 실려 있으니, 소중히 보관하여 지켜나가야 한다.

송계책 13권에서는 이리송계가 소장하고 있던 책과 문서들에 대한 내역을 계안십삼권년기(契案十三卷年記), 입안일도(立案一度), 소장오도(訴狀五度), 서목일도(書目一度), 구적이비리중문헌(舊蹟以備里中文獻), 토지증명(土地證明), 임야측량(林埜測量), 전곡출입부(錢穀出入簿), 시도기성책(時到記成冊), 강습일기(講習日記), 부기궤자(簿記几子) 등 11개 항목으로 나눠 간략하게 소개하고 있다.

---

44 주희(朱熹)의 「백록동강규(白鹿洞講規)」를 말한다.
45 조선 숙종 22년(1696년)에 노론 영수였던 우암(尤庵) 송시열(宋時烈, 1607~1689)을 제향하기 위해 세운 화양서원(華陽書院)의 강규(講規)를 말하는 것으로 보인다.
46 조선 선조 10년(1577년)에 율곡(栗谷) 이이(李珥, 1536~1584)가 지은 「격몽요결(擊蒙要訣)」 〈지신장(持身章)〉을 말한다.

1920년(경신) 음력 9월 9일에 안극(安極)이 작성한 〈서송계규약후〉
는 송계 규약에 대한 부연 설명이라 할 수 있는데, 다음은 그 내용을
요약한 것이다.

송계는 리규(里規)이며 향약(鄕約)이다. 여러 계원들과 함께 옛날
계안들을 살펴보니, 송계의 창설 이후에 편찬된 10권의 송계책에 67
년의 자취가 어려 있고, 경진년(1880년, 고종 17) 계안의 경장(更張)
이 있은 후에 편찬된 2권의 송계책에 41년의 자취가 남아 있다. 윤
우원(尹右遠), 임사성(任思聖), 손장환(孫章煥), 채수영(蔡洙瀅), 소
형규(蘇亨圭) 모두 송계의 유사(有司)들이다. 손장환은 일찍 서거하
여 그의 아들 손희숙(孫喜淑)이 유사가 되어 여러 계원들과 함께 계
안의 수정에 참여하였다. 각 마을에는 교정원(校正員)을 두어 원계
원과 추입 계원을 고증(考證)하여 계안을 새롭게 작성하였다. 또한
구안(舊案)을 손질하여 8조(條) 64례(例)의 규약을 새롭게 마련했는
데, 이는 오늘날 필요한 조항들을 담고 있다. 앞으로 이 규약을 잘
준수한다면, 범문정(范文正)의 의전(義田)[47]과 진덕고(陳德高)의 의
장(義莊)[48]을 이 고을에서 다시 볼 수 있으며, 백록(白鹿)과 화양(華陽)
의 강규(講規)를 역시 이 규약에서 배우고 익힐 수 있으니 힘써 노력
해야 할 것이다.

〈복내면이리송계안발〉은 같은 해 음력 8월 28일에 윤우원(尹右遠)

---

47 범중엄(范仲淹, 989~1052)은 자는 희문(希文), 시호는 문정(文正)이다. 중국 북
송 소주(蘇州) 오현(吳縣) 출신이다. 범중엄은 평소 검소하였으며 평생 모은 돈으로
은퇴 후 땅을 사들이고 '의전(義田)'이라 하였다. 이를 기반으로 빈민구제, 장학사업,
노인복지 등 다양한 자선사업을 행하였다고 한다. 자세한 사항은 강길중(2016) 등을
참고하기 바란다.
48 진덕고(陳德高)의 의장(義莊)에 대해서는 알 수 없다.

이 작성한 발문(跋文)으로 그 주요 내용은 다음과 같다.

　　송계를 설립한 뜻은 민폐를 구하고 백성의 재용을 돕자는 것이었다. 옛날 계해년(1803년, 순조 3) 송계를 창설한 이래로 이리 지역 300여 가구가 예죽(刈竹), 구마(驅馬), 시위(試圍), 향시(鄕試), 원결(寃結) 등으로 납부해야할 전곡(錢穀)을 (고을 아전들이) 집집마다 (돌아다니며) 독촉하는 폐단이 없게 된 것은 채경윤(蔡慶潤)과 염상철(廉相哲)이 좋은 규약을 (마련하여) 시작한 덕택이다.

　　창설 후 67년이 흐르는 동안 규약은 무너져 비용만 잔뜩 늘어났고 재곡(財穀)은 헌 문서로만 남게 되었고 송계산은 민둥산이 되어버렸다. 안풍현(安豊鉉)과 최환문(崔煥文)이 여러 계원들을 타이르고 옛 문헌에 기록돼 있던 재곡에서 이자는 탕감하고, 원금(原金)과 원곡(原穀)만을 받아내고, 추입 계원의 추입금을 형편껏 내도록 하고, 산을 순시하고 소나무 작벌을 금하여 마련한 재원을 모두 합쳐봤으나 200냥을 채우지 못했다. 그래서 잡기(雜技)를 금하여 벌금을 정하기도 하고 도벌(盜伐)한 자에게 벌금을 물리기도 하였다. 이렇게 10여 년을 하였더니 계의 규칙이 다시 떨치게 되고 마을 풍속도 순박해졌다. 산림도 푸르러지고 계답(契畓)도 매입하여 갖가지 부세와 잡비를 내니 걱정이 없게 되었다.

　　경진년(1880년, 고종 17)으로부터 다시 41년이 흘렀다. 계의 창설이 어렵지만 경장(更張)도 어려우며, 경장이 어렵다고 하지만 수성(守成)은 더욱 어려운 것이다. 안극(安極)이 여러 계원들과 함께 구안(舊案) 열두 권의 규약 조례들을 선별하고 손질하여 례(例)로 나눠 (체계적으로) 정리하였다. 앞으로 이 규약을 잘 지켜나가면, 병폐를 막고 문학을 진흥시키고 재산을 일으키고 소나무를 키우고 풍속을 바로 잡는 데 아무런 어려움이 없을 것이다.

송계책 13권의 〈좌목〉에는 상계원 345명, 하계원 27명 등 총 372명의 계원 명단이 마을별로 실려 있다. 각 마을별로 상계원의 성명을 먼저 기재한 다음, 하계원의 성명은 두 칸 혹은 세 칸 밑에 기재하고 있다. 관직 경력이 있는 자나 소과(小科) 급제자는 성명 위에 "참봉(參奉)", "생원(生員)" 등을 기재하고 있다. 또한 상계원의 성명 밑에는 간지(干支, 출생연도), 본관 및 자(字)가 기재되어 있지만, 하계원의 성명 밑에는 나이만이 기재되어 있을 뿐이다.

〈좌목〉에는 새롭게 추입되었거나 타지로 이주한 계원들을 별도의 항목으로 기록하고 있지 않다. 대신 추입의 경우 계원의 성명 위에 "추(追)"라고 기입했는데, 그 숫자는 총 42명이다. 다른 지역으로 이주한 경우 계원의 성명 아래에 대개 "이거(移去)" 혹은 "이거(移居)"라고 쓴 다음 지역명을 기재하여 어느 지역으로 이주했는지 알 수 있도록 하였다. 이리 지역 내에 이주한 경우에도 "이거(移去)" 혹은 "이거(移居)"라고 쓴 다음 마을명을 기입하였다. 성명 아래에 "이거(移去)" 혹은 "이거(移居)"라고 적힌 계원수는 총 131명이다. 하지만 이리 지역을 벗어나 계원 자격을 상실한 사람과 이리 지역 관내에 이주하여 계원 자격을 유지한 사람이 분명하게 구분되어 있지 않다. 다만 이리 지역 관내에 이주하고 마을명이 확실히 기입된 계원은 14명이고, 이주한 지역명이나 마을명이 기입되지 않는 계원 또한 14명이다. 총 131명 중에서 이들 28명을 제외하면, 적어도 103명의 계원이 이리 지역을 떠나 다른 지역으로 이주했을 것으로 추측된다. 이는 전체 계원 372명의 약 28%에 해당하는 것으로 당시 향촌사회에서 이주가 빈번하게 이뤄졌음을 보여준다. 한편 계원의 사망 시 성명 위에 "선(仙)"이라고 쓰여진 경우는 더러 있으나, 성명 밑에 "장자(長子)○○"라고 적힌 한 번을 제외하고 승계자의 성명은 더는 기재되어 있지 않다.

102

2. 제도와 규약의 변천

일제강점기 동안 단지 한 차례만 송계안이 대대적으로 증수되었다. 1920년(경신)에 증수된 송계책 13권의 가장 두드러진 특징은 송계 규약의 규정을 보다 구체적이고 체계적으로 마련했다는 데 있다. 이는 기존 송계책의 규약들뿐만 아니라 과거 전래되던 관행, 관습 및 불문율을 명문화하였기 때문이다.

또 다른 특징은 조선 후기에 국가 차원에서 신분제를 공식적으로 철폐하였는데도 이리 향촌사회에서는 여전히 엄격하게 신분을 구분하였다는 사실이다. 즉, 〈좌목〉에 각 마을별로 상계원의 성명을 먼저 모두 기재한 다음 두 칸 혹은 세 칸 밑에 하계원의 성명을 기재하고 있다. 이는 당시까지도 이리 향촌사회에서는 신분제가 여전히 작동하고 있었음을 보여준다.

제3절 제도와 규약: 해방 이후

1. 송계책 14권∼16권 내용

1) 송계책 14권[49]

이리송계에서는 1969년(기유)에 「송계안(松稧案)」(十四卷)을 편찬했는데, 〈복내이리송계안서(福內二里松契案序)〉, 〈제이리송계안후(題二里松契案後)〉, 〈이리송계안발(二里松契案跋)〉, 〈이리송계안발(二里松契案跋)〉, 〈송회당기(松會堂記)〉, 〈제송회당신축벽상(題松會堂新築壁上)〉, 〈복내면제이리송계안(福內面第二里松契案)〉, 〈계원유망추

---

49 송계책 14권의 원문은 〈부록 1-14〉에 실려 있다.

록(契員遺忘追錄)〉, 〈계장급공원임록(契長及公員任錄)〉 순으로 구성
되어 있다.

1969년 동짓달[陽復月]에 채춘병(蔡春秉)이 작성한 〈복내이리송계
안서〉의 내용을 요약하면 다음과 같다.

사람에게 윤리가 없으면 도리가 어둡게 되고, 계(契)에 약속과 신
의가 없으면 풍습은 투박해지기 마련이다. 이리송계가 창계된 지
200년이 되었는데, 계 이름을 '松'이라고 한 것은 단지 산림을 금양
하자는 데만 있는 것이 아니다. 오늘날 계원들이 모이는 날에 기강
이 너무 해이해져서 독법(讀法), 습례(習禮), 권계(勸戒), 애경(愛敬),
위의(威儀)는 더 이상 찾아볼 수가 없고 크게 떠들고 배부르게 먹는
데에만 그치고 있다. 세상의 도가 무너져 내렸지만, 우리는 다시 분
발하여 우리 계가 '송계'라고 한 뜻을 되살려야 할 것이다. 오늘날 계
의 구안(舊案) 십여 책자가 전해져 오는데, 지난 경신년(1920년)에
안덕형(安德炯)[50]이 손수 신안(新案)을 만든 지가 50년에 이르렀다.
이제 다시 뜻을 모아 계원을 조사하여 신안을 작성하니, 계원의 후
손된 자는 계 이름에 '松'이 들어간 참뜻을 생각하고 선인들의 규약
을 잘 살펴서 (앞으로) 계가 잘 운영될 수 있도록 성심성의를 다해야
할 것이다.

다음은 같은 날 채희남(蔡熙男)이 작성한 〈제이리송계안후〉의 내
용을 요약한 것이다.

이리 지역에 살던 손(孫), 염(廉), 소(蘇), 채(蔡) 등 네 성씨들이

---

50 안덕형(安德炯, 1882~1963)은 죽산인으로 자는 경부(敬傅), 호는 운전(雲田)이
다(향토지편찬위, 1995: 351). 이리송계를 중수하고 송계책 13권의 편찬을 주도한 안
극(安極, 1864~1945)의 아들이다.

수없이 많았고 200여 년이나 되었다. 그 사이 다른 성씨도 들어와 많이 살게 되었다. 서로 이웃하여 살면서 뜻이 맞아 계를 창설하고 '송계'라고 하였으니, 여타 세속의 계들과는 본질적으로 다른 것이다. 방동과 가야의 산림 수백 정보(町步)⁵¹를 점유하고 전답 수십 경(頃)⁵²을 소유하고 있었다. 산에서는 재목이, 전답에서는 곡식이 넉넉하게 나왔으며 산의 기운을 타고 훌륭한 인재와 선현들이 배출되었다. 봄과 가을로 강회를 개최하여 윤리를 밝히고 음탕하고 사악함을 바로잡고 경서(經書)와 사기(史記)를 외우고 익히며 몽매(蒙昧)함을 깨우치고 힘쓸 것을 서로 권하고 경계하도록 하니 풍속이 아름다워져 가히 모범이 될 만하였다. 1803년 창계 이후로 계안을 수정한 것이 십여 권의 책으로 전해져 오고 있다. 지난 경신년(1920년)에 경장한 이후로 다시 50년이 흘렀다. 그래서 이리 지역사회의 동지인 소상규(蘇相奎), 소진오(蘇鎭五), 문동일(文東日)과 함께 사실을 조사하고 다시 계안을 정리하였다. 모든 규례(規例)는 예나 지금이나 바꿀 것이 없어 고치지를 않았다. 계 이름을 더욱 깊이 생각하고 조상들이 남기신 교훈과 규약을 다시 대를 이어 지키고 밝혀서 후배들이 본을 받도록 해야 할 것이다.

같은 날 소진오(蘇鎭五)가 작성한 〈이리송계안발〉의 내용을 요약하면 다음과 같다.

---

51 임야 면적을 측정하는 단위로 정(町)-단(段)-무(畝)-보(步)가 있다. 1정보(町步)는 3,000평(坪), 1단보는 300평, 1무보는 30평을 말한다. 1평은 3.3058 m²이다.

52 우리나라는 예로부터 토지 면적을 측정하는 단위로 결(結)-부(負)-속(束)-파(把)를 사용해 왔다. 중국의 양전법(量田法)에서 토지 면적은 경(頃)-무(畝)-보(步)의 단위로 나타낸다. 1결(경)=100부(무), 1부(무)=10속, 1속=10파(보), 1파(보)=사방 1보이다. 1보는 6척 4촌을 말한다. 출처: 한국민족문화대백과사전. 경무법(頃畝法). (http://encykorea.aks. ac.kr/Contents/Item/E0002414) (자료 접근: 2019년 1월 14일).

이리송계가 창계된 지 200여 년이 되었다. 해마다 강회를 개최하여 규례를 익히고 약속을 엄히 하고 문교(文教)를 숭상하고 권선징악(勸善懲惡)을 신장(伸長)하여 이리 지역사회의 자제들에게 이를 체득시켜 이리 지역에서 사림(士林)이 융성하는 데 크게 기여하였다. 계안은 이미 열세차례나 바뀌었는데, 가장 최근인 경신년(1920년)에 계안을 크게 수정하였다. (이번에) 다시 계안을 수정하여 계원 명단을 새롭게 수록하였으나, 규례만은 고치지를 않았다.

〈이리송계안발〉은 같은 날 문동일(文東日)이 작성한 것으로 그 주요 내용은 다음과 같다.

이리송계가 순조 3년(1803년)에 창계되어 200년이 지났지만 자손들이 이를 잘 계승하여 더욱 돈독해지고 있다. 이는 계원 간의 결합이 의(義)로써 하였지 이(利)로써 하지 않았기 때문이다. 이제까지 계안을 열세 차례 수정했는데, 때로는 20년, 30년 혹은 50년마다 바꾸어 (그 기간이) 한결같지가 않았다. 지금은 계안을 수정한 지가 이미 50년이 넘었다. 이번에 새롭게 계안을 작성하면서 나이순에 따라 계원 명단을 수록하였고 구안들은 후손에게 남겨줄 (귀중한) 자료로 잘 보존하도록 한다. 후손들은 이리송계를 창계했던 조상들의 뜻을 잘 계승하여 오래토록 보존하고 변치 말아야 할 것이다.

〈송회당기〉는 1970년 송회당의 신축을 기념하여 채춘병이 작성하였다. 〈제송회당신축벽상〉에는 송회당 벽에 걸린 14편의 한시(漢詩)가 실려 있다. 다음은 〈송회당기〉의 내용을 요약한 것이다.

군은 산양(山陽)이요 면은 봉래(蓬萊)[53]이다. 반곡(盤谷)의 동쪽과 원봉(圓峰)의 서쪽이 구불구불 내려오며 좌우로 변하다가 시내를 만나 우뚝 솟아 멈춘 곳을 '자라등[鼈嶝]'이라 불린다. 이곳에 집을 지었으니 바로 송회당(松會堂)이다. '송회당'이라 이름 지은 이유는 송계원들이 계모임을 추리기 위해 새로 지었기 때문이다. 복내면은 3개 리(里)로 나뉘어져 있는데, 우리 지역은 이리(二里)이다. 서쪽에 산이 백여 경(頃)이 있어 예로부터 마을 사람들이 함께 사용하여 왔다. 땅이 비옥하여 수목이 번성하므로 마을에서 목재, 땔감이나 풀을 얻을 때 의지한 바가 컸다. 마을 부로(父老)들이 수목이 남벌되고 민둥산이 될까 두려워 송계를 창설하여 규칙과 조목을 만들었다. 유사(有司)가 돌아가며 산림을 감시하고 가지를 치고 솎아가며 잘 가꾸었는데, 소나무가 많았으므로 계 이름을 '송계'라고 한 것이다. 마을 부로는 바로 채경윤(蔡慶潤), 손석초(孫錫楚), 소성동(蘇聖東), 그리고 염상철(廉相哲)이다. 이 분들이 당시 마을의 어른들인데 대책을 마련하여 자제들에게 깨우쳐 송계가 승계되어온 지가 200년이 지났다. 이 마을에 들어와 사는 사람이라면 누구나 참여할 수 있고, 계를 추리는 날이면 모두가 한 방에 모여 나무가 가꾸어진 상황은 어떠한지, 거기서 벌어들인 자산은 얼마인지를 계산하고 검증하였다. 끝마친 뒤에는 돼지를 삶고 술을 준비하고 예의를 차리면서 함께 즐겼다. 그리고 예(禮)와 시(詩)를 강론하고 선(善)을 표창하고 악(惡)을 징계하며 인의(仁義)로써 권장하니 여남전(呂藍田)의 고사(故事)를 따랐던 것이다. 그런데 여러 차례 국가의 상황이 바뀌었고 전쟁을 겪었으며 산림이 황폐화되었다. 그럼에도 계를 추리는 일은 없어지지 않고 오늘날까지 이어지고 있으니 참으로 아름다운 일이다. 이것은 옛날 부로들이 자손들을 깊이 교화하였기 때문이다. 예로부터 계회 장소가 정해진 곳이 따로 없어 불편을 겪어오다가 지난해에 회석(會席)에서 논의가 있은 후 일 년이 채 되지 않아 송회당이

---

53 산양(山陽)은 보성군을, 봉래(蓬萊)는 복내면을 각각 지칭한다.

세워지게 되었으니 이 또한 계원들의 마음이 잘 합치되었기 때문이
다. 이번 일에 수고한 계원은 양회열(梁會烈), 소상규(蘇相奎), 채희
관(蔡熙寬), 손용호(孫聳鎬)이다. 송회당이 완성되자 나에게 글을
부탁하였는데, 가만히 생각하니 계 이름에 '松'이 들어간 것은 소나
무를 잘 기르기 위함이었지만 또한 솔의 덕을 기리기 위함이지 않았
겠는가. 우리 계원들은 행검(行檢)을 돈독히 하고 신의를 중하게 여
기며 옛날 부로의 법도를 잘 지키고 변치 말아야 할 것이다. 이게
바로 '늦게 잎이 지는[後凋]' 솔의 뜻이며 '松'의 이름에 진실로 부끄
럽지 않는 바이다. 때로 소나무가 울창하지 않는 것을 두고 근심할
필요가 있겠는가. 진실로 힘쓰면 될 일이다. 들판에 있는 뽕나무나
벼가 눈을 즐겁게 하고 마을에 뜨는 달과 시내에 비치는 달이 흥을
돋우는 것은 송회당에 올라온 사람이라면 누구나 알 것이다.

〈복내면제이리송계안〉에는 신분 구분 없이 317명의 계원 명단을
마을별로 기재하고 있다. 계원의 성명 밑에는 출생간지, 자(字), 본관
을 기재하고 있다. 7명의 계원 성명 위에 "추(追)"라고 쓰여져 있는
데, 이는 중간에 추입된 계원임을 짐작케 한다. 〈계원유망추록〉에도
11명의 추입 계원 명단을 기재하고 있다. 역시 계원의 성명 밑에 출
생간지, 자, 본관, 거주하는 마을명을 함께 기재하고 있다. 이로써 전
체 계원수는 328명임을 알 수 있다. 한편 〈계장급공원임록〉에는 계
장 11명과 공원 8명의 명단을 기재하고 있다. 자세한 내역은 제4장의
〈표 4-1〉 이리송계 임원 명단(1895~1980년)을 참고하기 바란다.

2) 송계책 15권[54]

이리송계에서는 1983년(계해)에 「송계안(松禊案)」(十五卷)[55]을 편

---

54 송계책 15권의 원문은 〈부록 1-15〉에 실려 있다.

찬했는데, 〈서문(序文)〉, 〈이리송계안십오권년기(二里松契案十五卷 年記)〉, 〈송계재산목록(松契財産目錄)〉, 〈물목록(物目錄)〉, 〈복내면 제이리송계안(福內面第二里松契案)〉, 〈정관(定款)〉 순으로 구성되어 있다.

같은 해 양력 3월 27일에 채홍기(蔡弘基)가 작성한 〈서문〉에는 1803 년 송계 창계의 역사와 이후 내력을 간략하게 소개하고, 앞으로 이리 송계의 발전을 위해 정관을 새롭게 제정하고 총회의 의결을 거쳐 시 행하게 되었음을 선언하고 있다.

〈이리송계안십오권년기〉에는 송계책 1권부터 15권까지 편찬 연 도, 월일, 주역인사 등을 기재하고 있다. 〈송계재산목록〉에는 송계책 15권이 편찬될 당시 이리송계 소유의 재산 내역을, 〈물목록〉에는 이 리송계 소유의 물품 목록을 기재하고 있다. 당시 이리송계가 소유하 던 재산과 물품 내역은 〈부록 1-15〉에 실려 있다.

〈복내면제이리송계안〉에는 총 158명의 계원 명단을 마을별로 기 재하고 있다. 이전의 송계책 좌목과는 달리, "추(追)", "이거(移去)", "선(仙)" 등이 계원의 성명 위에 쓰여져 있지 않아서 새로 추입된 계 원이 몇 명인지, 몇 명이 타지로 이주하였는지, 사망한 계원이 몇 명 인지를 파악할 수 없다. 계원의 성명 밑에는 출생간지, 자(字), 본관 을 함께 기재하고 있다.

이리송계는 급변하는 시대적 상황에 맞게끔 기존의 규약을 대대 적으로 정비하여 〈정관〉을 새롭게 마련하였다. 〈정관〉은 12장 69조[56] 로 구성 내역은 〈표 3-4〉와 같다.

---

55 송계책 15권 표지에 "戊辰陽月 日成"으로 적혀 있다. 무진년은 1988년에 해당한다.

56 송계책 15권의 〈정관(定款)〉에는 제58조가 보이지 않는다. 송계책의 편찬 과정 에서 착오로 빠진 것인지 아니면 조항 번호를 매기면서 일어난 단순한 실수인지 확실 하지 않다.

장(章)	조(條)	장(章)	조(條)
1장 총칙	9	7장 사업의 집행	3
2장 조직	2	8장 출자와 경비부담	2
3장 계원	11	9장 회계	2
4장 임원과 직원	14	10장 해산 및 분할	3
5장 고문	4	11장 상계	3
6장 총회와 이사회	12	12장 부칙	4

* 출처: 송계책 15권의 〈정관(定款)〉을 토대로 저자 작성.

3) 송계책 16권[57]

이리송계에서는 1993년(계유) 양력 12월 20일에 「복내이리송계안(福內二里松契案)」(十六卷)을 편찬했는데, 〈발간사(發刊辭)〉, 〈축하의 말씀〉, 〈정관(定款)〉, 〈이리송계 연혁(二里松契 沿革)〉, 〈송계재산목록(松契財産目錄)〉, 〈임원명단(任員名單)〉, 〈계원명단(契員名單)〉 순으로 구성되어 있다. 같은 날 이혁(李赫)[58]이 작성한 〈발간사〉에는 나라 정세가 혼란스럽던 1803년에 창계된 이래로 이리송계는 유구한 역사와 빛나는 전통을 이어오고 있으며, "천추만대(千秋萬代)에 길이 계승발전(繼承發展)할 수 있도록 현세대(現世代)에 알맞게 정관(定款)을 수정(修正)하였음"을 밝히고 있다. 당시 보성군 문화공보실장 문창호(文昌鎬)는 〈축하의 말씀〉에서 이리송계가 결성되던 1803년 당시 나라 안은 몹시 불안정하였고, 이리송계와 같이 지역사회 차원에서 단결과 상부 상조의 모임을 결성하여 위기를 극복해 나갔던 경우는 매우 드물다고 하면서 "한겨울 추위에도 꿋꿋한 소나무의 기상처럼 늘푸른 이리송계(二里松契)"가 되기를 바란다고 적고 있다.

〈정관〉에는 "무진양월(戊辰陽月) 송계안(松契案)을 (참조(參照))

---

57 송계책 16권의 원문은 〈부록 1-16〉에 실려 있다.
58 송계책 16권을 편찬할 당시 송계장이었다.

1993年 12月 10日 수정(修正)"으로 기재되어 있어 송계책 15권에 실린 〈정관〉의 일부 조항들이 1993년 12월 10일에 수정되었음[59]을 알 수 있다. 〈표 3-5〉는 7개 조항과 수정 내역을 보여준다.

〈표 3-5〉〈정관(定款)〉(송계책 16권)의 수정 내역

조항	규정
제2조(위치)	본 계는 사무소를 보성군 복내면 송계 구역 내에 둔다.
제4조 4항	나아가서 지역사회의 발전에 기여함을 목적으로 한다.
제12조(계원의 자격)	본 계의 계원은 본 구역 내에 실거주한 사람이 소정의 가입절차에 의하여 계원이 된다.
제16조 5항	단, 본 면내(面內)에 이주한 계원은 계원의 의무와 권리를 이행할 경우 이주한 자의 당대에 한한다.
제56조(출자)	신입 계원의 출자좌수와 금액은 총자산을 지분(指分)하여 그 해당 액으로 한다.
제67조 1항	본 계의 원계원(元契員)이라 함은 창계 이래 계속 또는 추입 계원의 신분으로 장남과 장손의 직계를 계승한 계원을 말한다.
제69조(시행)	본 계의 정관은 서기 1993년 2월 19일 임시총회의 의결을 거친 날로부터 확정 시행한다.

* 출처: 송계책 16권의 〈정관(定款)〉.

〈이리송계 연혁〉에는 송계책 1권부터 16권까지 각 권마다 발간 당시 간지, 연도, 계원수, 주역인사 등을 기재하고 있다. 〈송계재산 목록〉에는 송계책 16권 편찬 당시 이리송계 소유의 송계산, 송계전답 등 재산내역이 실려 있다. 〈임원명단〉에는 당시 송계장 1명, 이사 7명, 감사 2명, 간사 1명, 고문 4명 등 총 15명의 임원 명단이 실려 있다.

〈계원명단〉에는 총 166명의 계원 명단을 마을 출신별로 기재하고

---

59 하지만 송계책 16권 〈정관(定款)〉의 수정 조항인 '제69조(시행)'에 따르면, 1993년 2월 19일 임시총회의 의결을 거친 후 확정·시행한다고 명시하고 있다. 〈표 3-5〉를 참고하기 바란다.

있다. 예를 들어, 풍치 마을 출신의 계원 37명 중에 풍치에 실제 거주하는 계원 28명, 서울에 거주하는 계원 6명, 광주에 거주하는 계원 2명, 부산에 거주하는 계원 1명을 순서대로 기재하고 있다. 계원의 성명 밑에는 본관, 자(字), 출생연도, 출생간지, 거주지를 함께 기재하고 있다.

2. 이리송계영농조합법인의 설립

이리송계는 2006년 '이리송계영농조합법인(二里松契營農組合法人)'으로 법인화되면서 200여 년 이어져온 전통을 계승하고 새롭게 도약할 수 있는 큰 전기를 마련하였다. 이리송계는 〈이리송계영농조합법인 정관(定款)〉(이후 〈법인 정관〉)과 〈이리송계 규약〉을 제정하여 시행하고 있다. 〈법인 정관〉 제1장 7조 '규약의 제정'에 "이 정관에서 정한 것 이외에 업무의 집행, 회계, 직원의 채용 기타 필요한 사항은 별도의 규약으로 정할 수 있다"고 명시하고 있어 〈법인 정관〉이 〈이리송계 규약〉보다 상위 규정임을 알 수 있다.

〈법인 정관〉은 모두 8장 59조와 부칙으로 다음 〈표 3-6〉과 같다.

〈표 3-6〉 〈법인 정관〉 구성 내역

장(章)	조(條)	장(章)	조(條)
1장 총칙	7	6장 회의의 운영	7
2장 조합원 및 준조합원	7	7장 해산	4
3장 출자와 적립금 및 지분	13	8장 보칙	1
4장 회계	9	부칙	
5장 임원	11		

* 출처: 〈이리송계영농조합법인 정관(定款)〉을 토대로 저자 작성.

〈이리송계 규약〉은 8장 59조, 부칙 4조 등 63조로 그 구성 내역은 다음 〈표 3-7〉에 실려 있다.

<표 3-7> 〈이리송계 규약〉 구성 내역

장(章)	조(條)	장(章)	조(條)
1장 총칙	7	6장 회계 및 사업의 집행	4
2장 계원	11	7장 상벌	4
3장 총회와 이사회	14	8장 해산	4
4장 임원과 공원	13	부칙	4
5장 재정 및 출자	2		

* 출처: 〈이리송계 규약〉을 토대로 저자 작성.

3. 제도와 규약의 변천

해방 이후 세 차례 중수된 이리송계의 제도와 규약에서 두드러진 특징은 첫째, 송계책 15권(1983년)에 와서야 시대적 상황과 변화에 맞게끔 기존의 규약을 대대적으로 정비하고 〈정관〉을 새롭게 제정하여 오늘날과 같은 규정 체계와 형식을 갖추게 되었다. 1983년 이전까지는 송계책 13권의 〈송계규약〉(1920년)을 60년 이상 적용해왔다. 둘째, 송계책 14권(1969년)에 와서야 비로소 계원의 상하 신분 구분이 없어지게 되었다. 셋째, 2006년 이리송계는 '이리송계영농조합법인'으로 법인화되면서 큰 전기를 마련하였다. 이때부터 〈법인 정관〉과 〈이리송계 규약〉의 상하 규정 체계와 형식을 갖추게 되었다. 〈법인 정관〉이 〈이리송계 규약〉 보다 상위규정으로서 정관에서 정한 것 이외의 업무는 규약에서 별도로 제정할 수 있게끔 하고 있다.

제4절 소결

제도는 붙박이로 고정되어 있는 게 아니라 시대의 변화와 요구에 조응하며 역동적이고 동태적으로 변화를 겪는다. 이리송계 역시 1803

년 창계 이후 오늘날까지 여러 차례 제도와 규약의 변천을 겪어왔다. 여기서 나타나는 주요 특징을 살펴보면, 첫째, 시간이 경과하면서 명문 규정이 보다 체계화 되고 조항 수도 증가해왔다. 그리고 송계책 15권(1983년)에 와서야 비로소 오늘날 여타 조직의 명문 규정에서와 같은 규정 체계와 형식을 갖추게 되었다.

둘째, 이리송계는 지역사회의 구심점으로 자신의 지위, 역할 및 기능을 지속적으로 확대시켜 왔는데, 이는 제도와 규약의 변천을 통해서도 확인할 수 있다. 1803년 창계 당시 이리 향촌사회 차원에서 납부해야할 통호조, 예죽조, 구마조 등 요역과 부세에 공동으로 대응하기 위함이었다가 점차 송계산의 이용 · 보호 · 관리, 송계 기금 · 재산 등 재정 운영과 관리, 공동체 질서 유지, 풍속교화, 학문 진흥 등으로 이리송계의 역할과 기능이 확장되어 왔던 것이다.

셋째, 계원의 추입은 이리송계 차원이 아니라 마을 단위로 자율적으로 이뤄졌다는 사실이다. 따라서 각 마을의 인적 구성, 상황과 여건에 따라 하계원의 추입 양상이 마을마다 다르게 나타났던 것이다. 그리고 이리송계 초창기에는 상계원의 중심이었다가 차츰 하계원에게도 송계의 참여 기회가 확대되었다. 이는 이리 향촌사회에서 하계원의 참여와 협조 없이는 송계산의 보호와 관리, 재산의 증식과 운영 · 관리 등 지역공동체의 생존과 번영 자체가 어렵게 되었음을 암시한다. 한편 일부 하계원들은 시대가 변하면서 상계원으로 신분 상승이 이뤄지기도 하였다.

넷째, 일제강점기까지도 이리 향촌사회에서 송계원 간의 신분 구분이 엄격했던 것으로 보인다. 송계책 13권(1920년)의 〈좌목〉에 상계원과 하계원의 명단이 신분별로 구분되어 실려 있다. 송계책 14권(1969년)에 와서야 비로소 계원 간의 신분 구분이 사라지게 되었다.

다섯째, 이리송계는 과거의 전통, 관습 및 관례를 꾸준하게 유지 · 발전시켜 오고 있다. 〈이리송계 규약〉에서 "계원 중에서 불효, 불경,

패륜행위 또는 발전을 저해하는 자는 징계할 수 있다"(53조), "포상과
징계는 이사회 의결에 의하되 상벌대장을 비치 보존한다"(54조) 등
의 규정에서 알 수 있듯이, 과거 동계, 촌계, 향약 등에서 향촌사회의
질서 유지와 상호 규검을 위해 행해지던 활동들이 오늘날에도 계승
·발전되고 있다.

여섯째, 오늘날 이리송계는 과거와의 단절이 아니라, 전통과 관습
을 꾸준하게 유지·발전시키고 있다. 〈이리송계 규약〉에서 "본 규약
에 명시되어 있지 않은 사항은 통상관례에 준한다"(부칙 62조)는 규
정은 이리송계가 오랫동안 이어져온 전통, 관습 및 관례에 따라 운영
되고 있음을 선언하고 있는 것이다.

제4장 이리송계의 조직과 인사

　사람들이 함께 모여 만든 결사체나 공동체 조직이 오랫동안 생존하고 번영하는 데 조직의 구성과 운영, 임원의 선출과 구성, 구성원의 충원과 관리 등 일정한 체계를 갖추어 운영되어야 한다. 어느 조직이나 내외적인 요인으로 인해 끊임없는 변화와 진화를 겪게 된다. 조직의 생존과 작동 방식을 보면 살아있는 생명체와 유사하다. 처음 만들어진 그대로 머물러 있는 조직은 없다. 하나의 유기체로서 조직은 구성원의 조직 내 위치, 구성원 간의 역학관계 등 내부적 요인과 변동에 반응하며 적응해 나간다. 또한 사회경제적 · 정치적 상황과 같은 외부적 요인과 변동에도 조직은 끊임없이 적응하며 생존을 모색한다.

　이리송계도 예외일 수는 없다. 1803년 창계 이후 이리송계는 내외적인 요인과 변동에 대해 능동적으로 혹은 수동적으로 끊임없이 변화를 겪어 왔다. 이 장에서는 ① 창계 이후부터 경술국치까지, ② 일제강점기, ③ 해방 이후 등의 시기로 나눠 이리송계 조직의 구성과 운영, 임원의 선출과 구성, 송계원의 인적 구성과 현황 등을 상세하게 살펴보았다. 한 조직을 이해하기 위해서는 조직이 어떻게 구성되고 운영되는지, 조직을 책임지고 이끄는 임원들은 어떤 방식으로 선출되고 구성되는지, 이들에게 어떤 권한과 책임이 주어지는지, 조직 구성원의 가입 자격은 무엇인지, 인적 구성은 어떠한지 등을 상세하게 들여다볼 필요가 있다. 해방 이후 산업화와 도시화에 따른 이농현상이 극심해지고 많은 지역공동체에서 공동화와 해체가 빠르게 진행되고 있다. 이리송계에서도 계원수가 지속적으로 감소하면서 인적 구성의 위기와 함께 송계원의 가입자격과 추입에 관한 논의가 진지하게 이뤄지고 있다.

제1절 조직의 구조와 구성 방식

1. 창계 이후 ~ 경술국치

이리송계의 조직은 1803년 처음 만들어진 시기부터 줄곧 자연마을을 기초로 한 중층적 조직 구조를 띠고 있었다. 송계책 2권(1812년, 순조 12)의 〈좌목〉에는 계원의 명단이 각 자연마을별로 실려 있다. 당시 복내천을 따라 형성된 복성촌, 도화촌, 반곡, 풍치, 장전, 내동, 진척, 원우, 압곡, 입석 등 10개 자연마을을 기초로 이리송계 조직이 운영되고 있었다. 이로써 이리송계는 '촌계-송계-관'의 중층적 조직 구조 속에서 운영되었을 것으로 추측된다. 1858년(무오, 철종 9) 당시 보성군수 임돈상(任惇常)이 주도하여 그 동안 유명무실하던 향약계를 다시 활성화시켰다는 기록으로 미루어, 이리송계는 '촌계-송계-면단위 향약계-관'의 중층적 조직 구조 속에서 운영되었을 개연성도 존재한다.

그럼에도 다음과 같은 근거로 이리 향촌사회는 각 자연마을과 이리송계를 중심으로 운영되었을 것으로 추측된다. 첫째, 이리 지역에 살던 지역민의 삶과 생존에 중대한 영향을 미치는 의사결정은 대부분 이리송계 차원에서 이뤄졌었다. 통호조(統戶租), 구마조(驅馬租),

예죽조(刈竹租) 등 관청에 납부할 곡식의 질이나 양, 곗돈과 계곡 관리, 빌린 원곡과 이자 관리, 송계원의 추입, 세찬대, 상호 규검, 상부상조, 소나무 값, 묏자리 값 등 중요한 사항들은 이리송계에서 매년 두 번 열리던 정기강회, 주요 사안을 긴급히 논의하기 위해 소집되던 임시강회에서 집중적으로 논의·결정되었기 때문이다.

둘째, 송계원의 추입은 각 자연마을에서 자체적으로 결정하고 이리송계의 가을 강회에서 공식적인 추입절차를 걸쳐 송계원이 될 수 있었다.[1] 셋째, 1899년(광무 3) 안봉환(安鳳煥)이 작성한 〈복내면향약계중수서(福內面鄕約稧重修序)〉에서 언급한 바대로, 면단위 향약계가 창설·운영되더라도 각 송계에서 운영·관리하던 송계 재곡과 송계산은 그대로 송계의 점유로 인정하였다는 사실에서도 촌계와 이리송계가 이리 향촌사회를 실질적으로 운영하였을 것이라는 추측을 뒷받침한다.

중층적 조직 구조 속에서 복내리, 반석리, 용동리, 진봉리 등 각 마을마다 책임자를 두어 이리송계와의 연락과 소통을 원활히 하도록 하였다. 이리송계에서 의결된 사항을 마을에 전달하고 마을의 애로 및 건의사항은 마을 책임자를 거쳐 이리송계에 전달되었다. 그리고 마을 책임자의 통제와 관리 하에 산지기는 송계산 구역 내에서 산림을 보호하고 임목 상태와 작벌(斫伐) 여부를 감시·감독하였고, 송계산에 무단 침입하여 작벌한 자를 적발하고 이를 송계에 보고하였다.

2. 일제강점기

1920년에 편찬된 송계책 13권에서 알 수 있듯이, 이리송계의 중층적 조직 구조와 방식은 일제강점기에도 지속적으로 이어져왔다. 자

---

1 송계책 10권, 11권 및 12권에 실린 〈조약(條約)〉을 참고하기 바란다.

연마을을 기초로 '마을-리-이리송계'의 중층적인 조직 구조 속에서 운영되었다. 산림 보호와 감시 업무는 ① 각 자연마을에서 선임된 2명의 산지기, ② 복내리, 반석리, 용동리 및 진봉리에서 각각 선임된 송금원 1명과 간사원 1명, ③ 송계 임원인 집강으로 이어진다. 정기적인 산림 보호와 감시 업무는 주로 산지기와 송금원이 주도하였다. 이리 지역으로 새로 이주한 사람의 송계 추입 여부는 마을 단위에서 자체적으로 결정하고 간사원을 통해 집강에게 보고되었다.

3. 해방 이후

자연마을을 기초로 한 중층적 구조 속에서 조직·운영되던 전통은 해방 이후에도 계속 유지되고 있다. 예를 들어, 이리송계 차원에서 송계 부동산의 매입·매도에 관한 의견을 급히 수렴할 필요가 있을 때 이사들은 자신이 대표하는 자연마을의 전체 의견을 취합하여 송계에 전달한다. 한편 과거 전통과는 달리, 해방 이후 송계원의 추입은 더 이상 마을 단위에서 결정하지 않고 이제는 송계 차원에서 일괄적으로 결정한다.

송계책 15권(1983년)의 〈정관〉에 따르면, 이리송계는 총회, 대의원회, 이사회, 그리고 고문회를 두고 있다. 총회는 매년 한 번 정기적으로 소집되는 정기총회, 급한 사안이 있을 경우 송계원 전체를 대상으로 소집되는 임시총회로 구성된다. 이사회는 계장과 4명의 이사로 구성된다. 대의원회는 계원 10명당 1명꼴로 각 마을별로 대의원을 선임하는데, 총회를 대신하여 대의원회를 소집할 수 있으며, 대의원의 임기는 3년으로 한다. 고문회는 고문 약간 명으로 구성되며, 고문은 계장의 추천과 이사회의 동의를 거쳐 임명된다.

이사회의 구성은 1989년 1월 21일에 개최된 '1988년도 이리송계 결산총회' (즉, 정기총회)에서 기존까지 4명이었던 이사 수를 8명으로 늘리기로 결의하였다. 하지만 복내2구(복내 시장)는 계원수가 많지 않아 이사를 선출하지 못하다가, 제204차 정기총회(2007년 2월 2일)부터 복내2구에서 이사 1명을 선출하면서 지금은 8명의 이사가 이사회의 운영과 활동에 참여한다.

2001년 5월 15일 임시총회에서 통과된 〈정관〉에 따르면, 이리송계는 총회와 대의원회를 두고 있다. 총회는 다시 정기총회와 임시총회로 구성된다. 이 시기에 와서 이사를 대의원으로도 불렸던 것으로 보인다. 대의원회는 이사회를 의미하며 계장과 8명의 대의원으로 구성된다.

2006년에 이리송계는 '이리송계영농조합'으로 법인화되면서 〈법인 정관〉과 〈이리송계 규약〉을 마련하고 있다. 〈법인 정관〉과 〈이리송계 규약〉에서도 총회와 이사회를 두고 있는데, 총회는 정기총회와 임시총회를, 이사회는 정기회와 임시회를 두고 있다. 이사회의에 계장과 8명의 이사뿐만 아니라, 간사 1명과 감사 2명도 참여하고 있다. 이사회의는 '대의원회의', '임원회의' 등으로도 불린다.

〈법인 정관〉과 〈이리송계 규약〉에 별도 규정은 없지만, 이리송계가 필요하다고 판단할 경우 한시적으로 구성·운영되는 특별위원회를 두기도 한다. 특별위원회는 '송계사력비 건립 추진 사례'[2]에서 찾을 수 있다. 제197차 정기총회(2000년 1월 21일)에서 송계사력비의 건립 추진을 결의하고 이후 '송계비건립추진위원회'와 '송계비건립집행위원회'를 구성하였다. 25명의 추진위원으로 구성된 송계비건립추진위원회에서 송계사력비의 건립에 관한 제반 사항을 논의하고 결정하였다. 송계비건립집행위원회에서는 송계사력비의 부지 매입, 비문 작성 등의 안건들을 먼저 상의한 후, 이를 송계비건립추진위원회의 회의에 부쳐 승인을 얻은 후에 집행하였다.

---

2 송계사력비 건립 추진 사례는 제5장에서 자세하게 다룬다.

120

이리송계의 부동산, 이를테면 송계산, 송계전답 등을 매각할 시에는 '협의위원회'라는 특별위원회를 구성하기도 한다. 송계 부동산의 매각 금액, 절차, 협상 등 전반적인 과정에 협의위원들이 참여하여 송계 임원과 함께 매각 업무를 원활하고 투명하게 처리하고 있다. 이런 제도적 장치는 송계 임원들의 자의적인 결정과 기회주의적 행위를 방지하고, 실제 매각과정에서 매각 대금을 비롯한 매각 조건을 유리하게 이끌어가는 장점이 있다. 또한 재산의 매각과정에서 계원들 사이의 알력이나 충돌 가능성을 줄이고 완충할 수 있는 기능을 수행한다. 예를 들어, 송계산 중 하나인 계당산(桂堂山)의 매각[3]을 임시총회(1993.02.19.)에서 최종 결의하였고, 이보다 앞서 개최된 임원회의(1993.02.14.)에서 '계당산 매각 협의위원회'를 구성하였다. 협의위원회는 당시 임원들을 포함한 15명으로 구성하고 대표 1명을 선출하였다. 송계답(용동리 118-1번지, 176평)을 매각하는 데도 임원회의(1993.04.09.)에서 협의위원 9명을 선출, 협의위원회를 구성하여 매각 절차를 원활하게 진행하였다.

제2절 임원의 선출과 구성 방식

1. 창계 이후 ~ 경술국치

1803년 창계 당시부터 이리송계 임원으로 동수(洞首), 공원(公員), 전곡(典穀)이 있어왔다. 그 외에도 간사원(幹事員)[4], 산지기[山直], 고

---

3 계당산 매각 사례는 제5장에서 자세하게 다룬다.
4 복내리, 반석리, 용동리 및 진봉리에서 송계의 실질 업무를 담당하던 책임자이다. '간사원' 명칭은 송계책 13권(1920년)에서 차용했지만, 그 이전에도 같거나 유사한 명칭으로 불렸을 것이다.

지기[庫直] 등이 있었다. 이리송계 창계 당시 동수는 채경윤(蔡慶閏), 공원은 현재욱(玄載旭), 전곡은 염상철(廉相哲)이었다. 동수는 이리 향촌사회를 대표하는 가장 큰 어른으로 이리송계를 대표하였다. 향촌사회에서 동수가 차지하는 위상은 송계책 2권(1812년, 순조 12)의 〈완약(完約)〉에서 간접적으로 확인할 수 있다. 동수를 뽑는 중요한 날에 이리송계 창설을 주도했던 손(孫) · 염(廉) · 소(蘇) · 채(蔡) 네 성씨 계원과 다른 성씨 계원 간에 발생했던 알력과 갈등은 향촌사회에서 차지하던 동수의 권위와 지위를 역설적으로 증명하는 것이다.

동수 아래 공원과 전곡은 이리송계의 실무를 담당했는데, 이들 간에는 역할과 책임이 어느 정도 분담되어 있었다. 공원은 동수를 도와 송계의 전반적인 업무를 담당했던 것으로 보인다. 전곡은 송계산 내 산림 감시와 보호 활동, 소나무 판매 등 이리송계 관할의 산림공유자원을 이용하고 보호 · 관리하였을 뿐만 아니라, 당시 이리 향촌사회에 할당되던 통호조, 구마조, 예죽조 등 공동 부세와 요역에 대응하기 위한 돈과 곡식을 관리하였다. 송계책 10권(1869년, 고종 6)의 〈송계안권질표(松禊案卷秩表)〉에 1803년 '복내면이리금송보민계(福內面二里禁松補民禊)'를 관청으로부터 허가를 받을 때 '집강(執綱) 염상철입안(廉相哲立案)'으로 기재되어 있는 것으로 보아 '전곡'은 '집강'으로도 불렸음을 확인할 수 있다.

송계책 3권(1820년, 순조 20)의 〈조약〉 15조목을 제정하게 된 결정적 계기도 통호조를 납부하고서 남은 곡식, 예죽조와 구마조를 장래 납부하기 위한 목적으로 가구별로.수합한 곡식 등을 이리송계 차원에서 관리하기 위함이었다. 전곡은 재곡의 취합, 이자 관리 등 아주 중요한 업무를 맡고 있었다. 동수, 공원 및 전곡은 송계원이 모두 모인 자리인 강회에서 공론에 따라 선발되었다. 공원과 전곡의 임기는 원칙적으로 1년이었다. 동수, 공원 및 전곡은 명예직 성격이 강하며 별도의 금전적 보상은 없었으나, 송계책 6권(1830년, 순조 30)의 〈완약(完約)〉에서 동수를 비롯한 임원에게 설날 등 명절에 반찬값으로 1냥씩 지급하기로 결의하였다.

간사원은 각 리를 대표하고 각 리의 송계 관련 실제 업무를 담당하였다. 산지기는 자연마을별로 선발했으며, 송계산 구역 내 순산, 산림 보호와 감시 활동, 실화 방지, 작벌자 적발 등 송계산 관련 실무 활동에 전념하였다. 고지기는 이리송계에서 다양한 잡무를 수행했는데, 송계와 자연마을 간의 연락 업무, 강회 개최 공지, 강회가 열리는 날 음식과 술 장만 등을 아우른다. 산지기와 고지기에게는 송계 소유의 전답에서 농사를 짓도록 하는 등 일정한 보상이 주어졌다.

송계책 10권(1869년, 고종 6)의 〈조약〉에는 계장, 공원, 집강, 전곡 등 임원 명칭이 나타난다. '계장' 직임은 송계책 10권에서 처음 나타난다. 이전에는 집강과 전곡은 같은 임원을 달리 부르는 명칭이었으나, 송계책 10권에서 전곡을 별도로 선임할 것을 명문화하고 있다. 하지만 송계책 12권(1897년, 광무 원년)에서는 '전곡' 직임은 보이지 않는다. 추측컨대, 집강은 전곡의 전담 업무였던 송계 재곡의 운영과 관리뿐만 아니라 송계산 내 산림 보호, 소나무 판매 등 송계 관련 모든 실무를 담당했던 것으로 보인다. 이들 임원은 강회와 같이 송계원이 모두 모인 회의에서 공론에 따라 선발되었다.

송계책 12권(1897년, 광무 원년)에는 '훈장(訓長)' 직임이 처음 등장한다. 훈장은 이리 향촌사회에서 학문의 진흥과 풍속교화를 담당하던 임원으로, 봄과 가을에 어른과 어린이에게 시험을 치르고 강의를 담당하였다. 그 외에도 송계책 8권, 9권 및 12권에서 송계안을 수정하는 업무를 전담하던 한시적 임원으로 '계안수정유사(稧案修正有司)'도 보인다.

〈표 4-1〉은 1895년부터 1980년까지 도정/계장, 직월/공원, 집강을 맡았던 이리송계의 임원 명단이다. 대부분의 임원 임기는 2년이었으

나, 4년 혹은 그 이상 기간 동안 임원을 맡았던 경우도 있었다. 일부 인사는 집강, 직월, 도정을 차례로 맡기도 하였다. 한 예로, 임사성(任思聖)은 1895년에 집강, 1904년에 직월, 1919년에 도정으로 선임되었다. 손희숙(孫喜淑)[5]은 1919년에 집강, 1931년에 직월, 1949년에 도정으로 선임되었다.

〈표 4-1〉 이리송계 임원 명단(1895~1980년)

연도	도정(都正)/계장(契長)	직월(直月)/공원(公員)	집강(執綱)
1895년(을미)	채규완(蔡圭玩)	이진태(李鎭泰)	임사성(任思聖)
1897년(정유)	임사훈(任思勳)	윤우원(尹右遠)	안극(安極)
1900년(경자)	〃	소상술(蘇祥述)	손장환(孫章煥)
1901년(신축)	채원호(蔡元鎬)	〃	〃
1904년(갑진)	이현식(李鉉寔)	임사성(任思聖)	〃
1906년(병오)	채인석(蔡麟錫)	이진태(李鎭泰)	〃
1908년(무신)	김동혁(金東赫)	〃	〃
1909년(기유)	안풍환(安豊煥)	소휘언(蘇輝彦)	채수영(蔡洙澄)
1911년(신해)	윤우원(尹右遠)	〃	〃
1913년(계축)	이진태(李鎭泰)	채준석(蔡準錫)	소형규(蘇亨圭)
1915년(을묘)	안호일(安灝一)	〃	〃
1919년(기미)	임사성(任思聖)	소명술(蘇明述)	손희숙(孫喜淑)
1921년(신유)	채준석(蔡準錫)	이계환(李桂煥)	소휘룡(蘇輝龍)[6]
1923년(계해)	채수대(蔡洙大)	소휘조(蘇輝祚)	임기현(任奇鉉)
1925년(을축)	안극(安極)	손욱환(孫郁煥)	채춘병(蔡春秉)
1929년(기사)	채회석(蔡會錫)	이형수(李亨洙)	소신규(蘇臣奎)
1931년(신미)	채수명(蔡洙命)	손희숙(孫喜淑)	〃
1933년(계유)	채수학(蔡洙學)	소휘춘(蘇輝春)	채수흥(蔡洙興)
1935년(을해)	채수철(蔡洙轍)	안덕형(安德亨)	소진우(蘇鎭宇)
1937년(정축)	채수국(蔡洙國)	소성규(蘇聖奎)	임영일(任泳鎰)
1939년(기묘)	소휘춘(蘇輝春)	채수경(蔡洙敬)	〃

---

5 손희숙(孫喜淑, 1846~1942)은 자는 치일(致一), 호는 소봉(小峰)으로 안극(安極) 과 교유하였다(향토지편찬위, 1995: 349).

6 〈임원록(任員錄)〉(송계책 12권)에는 손휘룡(孫輝龍)으로 기재돼 있다.

1941년(신사)	임기현(任奇鉉)	손은환(孫殷煥)	채희동(蔡熙東)
1942년(임오)	〃	채춘병(蔡春秉)	〃
1943년(계미)	이동현(李東鉉)	소현규(蘇現奎)	〃
1945년(을유)	소성규(蘇聖奎)	손희련(孫喜璉)	안종선(安鍾宣)
1947년(정해)	채수형(蔡洙亨)	손성환(孫成煥)	〃
1948년(무자)	〃	〃	소진환(蘇鎭煥)
1949년(기축)	손희숙(孫喜淑)	〃	〃
1950년(경인)	채일병(蔡一秉)	〃	손희원(孫喜元)
1952년(임진)	채춘병(蔡春秉)	〃	〃
1954년(갑오)	〃	〃	소진길(蘇鎭吉)
1956년(병신)	정성조(鄭聖祚)	임영일(任泳鎰)	채성주(蔡成柱)
1960년(경자)	채일병(蔡一秉)	〃	이병원(李柄元)
1962년(임인)	임경록(任京祿)	소진길(蘇鎭吉)	손종근(孫鍾根)
1964년(갑진)	이병원(李柄元)	채희남(蔡熙男)	채희남(蔡熙男)
1966년(병오)	채기병(蔡琦秉)	채희오(蔡熙午)	소종삼(蘇鍾三)
1968년(무신)	소진우(蘇鎭宇)	채희관(蔡熙寬)	정경채(鄭京采)
1969년(기유)	〃	〃	채희관(蔡熙寬)
1970년(경술)	양회열(梁會烈)	〃	손용호(孫聳鎬)
1972년(임자)	소종삼(蘇鍾三)	채희오(蔡熙午)	채영기(蔡永基)
1974년(갑인)	정경채(鄭京采)	소무영(蘇武永)	채희오(蔡熙午)
1976년(병진)	채희남(蔡熙男)	채희관(蔡熙寬)[7]	문동일(文東日)
1978년(무오)	〃	손용호(孫聳鎬)	〃
1979년(기미)	〃	〃	소종삼(蘇鍾三)[8]
1980년(경신)	채상규(蔡相奎)	윤우순(尹又淳)	채희오(蔡熙午)

* 출처: 〈송계안권질표(松稧案卷秩表)〉(송계책 10권), 〈임원록(任員錄)〉(송계책 12권),
　　〈계장급공원임록(契長及公員任錄)〉(송계책 14권)을 토대로 저자 작성.

---

7 〈계장급공원임록(契長及公員任錄)〉(송계책 14권)에는 무진년으로 기재돼 있으나,
병진년이 맞는 듯하다.
8 〈계장급공원임록(契長及公員任錄)〉(송계책 14권)에는 기사년으로 기재돼 있으나,
기미년이 맞는 듯하다.

2. 일제강점기

1920년에 편찬된 송계책 13권의 〈송계규약〉에 따르면, 이리송계 임원 수는 총 18명으로 송계의 업무가 보다 세분화되었음을 알 수 있다. 구체적으로, 임원은 도정(都正) 1명, 공원(公員) 1명, 집강(執綱) 1명, 훈장(訓長) 1명, 강장(講長) 1명, 직월(直月) 1명, 강사(講師) 4명, 간사원(幹事員) 4명, 송금원(松禁員) 4명 등 총 18명으로 구성되었다. 임원은 이리 향촌사회에서 학문과 덕행으로 명망이 높은 계원들 중 공론에 따라 천거·선임되었다. 도정, 공원, 집강, 훈장, 강장 및 직월의 선정 사실은 고지기를 통해 고목(告目) 형식을 갖추어 해당자에게 통지하였고, 강사, 간사원 및 송금원의 선정 사실은 별도로 통지하지 않았다. 도정, 공원, 집강 및 훈장은 1년 혹은 2년마다 교체하였으며, 임기가 3년이 넘지 않도록 하였다. 기타 임원에 대해서는 별도로 임기 제한을 두지 않고 있었다. 〈표 4-1〉에서 알 수 있듯이, 도정, 직월 및 집강의 임기는 대부분 2년이었으며, 간혹 4년 이상 임기를 수행하던 경우도 있었다.

도정은 실무를 담당하기 보다는 이리송계를 대표하는 상징적인 역할을 수행하였다. 공원은 도정을 보좌하며, 집강은 송계의 실무를 전담하는 계임이라고 할 수 있다. 집강은 송계원의 이주 및 추입, 차자나 차손의 분가 등을 상세하게 기록하여 송계안의 수정 시에 참고자료로 삼도록 하였다. 또한 집강은 이리송계가 소유한 부동산과 재곡의 변동, 송계전답으로부터 도조 수입, 이자, 송계산 순산, 산림 보호 및 감시 업무 등 다양한 실무를 총괄하였다. 집강은 간사원, 송금원, 고지기 등 임원과 실무자를 실질적으로 감독·관리하였으며, 송계 관련 모든 기록과 자료를 정리하고 보관할 의무를 지녔다. 집강에게는 일정한 보수가 지급되었다. 훈장, 강장, 직월, 그리고 강사는 이리 향촌사회에서 학문을 일으키고 풍속을 교화하는 임무를 담당하였다. 이들 임원직은 도정, 공원 및 집강이 겸직할 수 있었다.

간사원은 각 리마다 1명씩 선임되었는데, 리 단위에서 송계의 실무를 담당하였다. 간사원은 차자나 차손의 분가와 송계 추입, 이리 지역으로 이주해온 사람의 송계 추입, 이리 지역 밖으로 송계원의 이주와 송계 탈퇴 등을 상세하게 기록하여 집강에게 보고하는 의무를 지녔다. 또한 간사원은 송금원과 함께 송계산인 방동산, 가야산, 계당산 및 압곡산을 순시하고 화전 개간 현황과 내역을 기록하여 집강에게 이를 보고해야 했다. 이리송계로부터 빌린 전곡과 이자를 갚지 않는 송계원이 있을 경우, 간사원은 책임을 지고 받아내야 했다. 매년 가을걷이를 시작하기 전에 간사원은 집강과 경작인과 함께 경작지를 방문하여 작황 상태를 직접 확인하고 그 해 도조를 결정하고 거둬들였다.

송금원 역시 각 리마다 1명씩 선임되었는데, 산지기와 함께 평소 실질적인 송계산의 산림 보호와 감시 활동을 수행하였다. 송금원은 매년 봄과 가을에 집강·간사원과 함께 송계산을 순시하여 임상 상태, 작벌 여부 등을 확인하였다. 마을 단위에서 길쌈을 위한 땔감을 마련할 때 송금원은 간사원과 함께 송계산에 들어가 벌목 현장을 직접 관리·감독하였다.

산지기는 평소에 송계산 내 범금자 적발, 작벌 여부 등 산림 보호와 감시 활동을 전담하였다. 풍치, 진척, 서봉 등 세 자연마을에서 각각 2명씩 선정된 6명의 산지기들은 방동산과 가야산 구역의 순산과 산림 감시 활동을 수행하였다. 입석, 내동, 화령 등 세 자연마을에서 각각 2명씩 선정된 6명의 산지기들은 계당산과 압곡산 구역의 순산과 산림 감시 활동을 수행하였다. 반곡과 원봉 두 자연마을에서 각각 2명씩 선정된 4명의 산지기들은 네 개의 송계산에 대한 보호와 관리를 총괄하였으며, 나무장사꾼의 입산을 철저히 감시하고 남벌을 방지하였다.

고지기는 집강 등 송계 임원의 관할 하에 이리송계와 마을 간의 연락 업무를 비롯한 이리송계의 여러 잡무를 담당하였다. 예를 들어, 송계산에 산불이 발생하면, 고지기는 각 마을에 직접 알려 지역민 모두 산불 진화에 동참하도록 하였다. 이리송계의 임시강회가 소집되면, 고지기는 이를 각 리의 간사원에게 알리는 등 연락 책임을 맡았다. 또한 고지기는 매년 음력 6월 15일과 12월 15일에 열리는 정기강회, 긴급히 소집된 임시강회 등 송계 모임에 술, 점심밥, 찬거리 등을 준비하였다. 연말에는 고지기가 각 마을을 돌며 70세 이상인 노인에게 고기 2근을 직접 갖다드렸다. 이런 잡무에 대한 보수로 고지기에게 4~5 마지기 정도의 송계전답 경작권이 주어졌다.

3. 해방 이후

해방 이후 송계책 15권(1983년)이 편찬되기까지 도정, 공원, 집강, 간사원, 송금원 등 임원들이 과거부터 행하던 방식대로 이리송계를 실질적으로 이끌어왔던 것으로 보인다. 송계책 13권(1920년)의 〈송계규약〉에서 구체적으로 명시한 임원의 권한, 업무 분장, 책임 등은 시대의 흐름에 따라 다소 변해왔더라도 크게 바뀌지는 않았던 것 같다. 그리고 도정, 공원, 집강 등 주요 임원들은 송계원이 모인 자리에서 공론에 따라 후보들이 천거되고 최종 선임되었다.

하지만 1983년에 송계책 15권이 편찬되면서, 임원의 명칭, 권한, 선출 방식 등에서 다소 큰 변화를 겪게 되었다. 송계책 15권의 〈정관〉에 따르면, 이리송계는 계장 1명, 이사 4명, 감사 2명, 고문 3명, 간사 1명, 서기 1명, 관리인 1명 등 총 13명의 임원 및 직원을 두도록 하고 있다. 계장, 이사 및 감사는 임원으로, 간사, 서기 및 관리인은 직원으로 각각 구분된다. 계장은 송계를 대표하고 송계 관련 제반 업무를 관장한다. 계장은 정관, 회의록, 계원 명부, 재산목록대장, 비품대장, 결산보고서 등 주요 서류를 보관할 의무를 지닌다. 이사는 계장을 보좌하며, 계장 유고 시에는 이사 중 최고 연장자가 계장 직무를 대행한다. 〈표 4-2〉에서 보듯이, 실제로 1987년도 정기총회(1988.02.02.)에서 계장의 사임으로 4명의 이사 중 가장 연장자였던 문○○ 씨가 잔여 임기 1년의 계장직을 대행하였다. 이사는 각 마을 별로 선임되며 마을을 대표한다. 이사는 각 마을마다 송계원의 의견을 수렴하여 이사회 혹은 총회에 전달한다. 이사는 임원회의, 임시총회 및 정기총회에 참석하며, 송계의 집행부로서 송계의 운영과 관리에 참여한다. 감사는 한 회계연도에 1회 이상 송계의 재산과 업무 집행 상황을 감사하며 이를 총회와 이사회에 보고할 의무를 지닌다. 계장과 이사 간에 계약을 맺을 때에는 감사가 이리송계를 대표하여 계약을 체결한다. 총 계원 중 과반수 이상의 계원이 감사에게 회의 소집을 요구할 경우, 감사는 송계를 대표하여 회의를 소집한다.

임원은 명예직으로 일정한 보수가 없으며, 단 여비, 중식비와 같은 경비에 대해서는 지원을 받는다. 임원이 임기 중이더라도 1/5 이상의 계원이 해임 이유를 서면으로 청구하면, 총회가 소집되어 계원의 2/3 이상 출석과 출석계원의 2/3 이상 찬성으로 해임할 수 있다. 계장을 포함한 임원의 임기는 2년으로 연임이 가능하다. 임원은 정기총회나 임시총회에서 무기명 비밀투표로 선임하는 것을 원칙으로 하고 있다. 하지만 무기명 비밀투표 방식이 항상 준수되는 것은 아니었다. 거수제, 전형위원제, 호천제, 무기명투표제 등 여러 임원 선출 방식이 시행되어 왔었다.

〈정관〉에서 무기명 비밀투표 원칙을 천명하고 있더라도, 정기총회에서 임원을 어떤 방식으로 선출할 것인지를 논의하여 선출방식을 결정하면, 곧바로 임원 선출에 들어간다. 무기명 비밀투표 원칙에만 고정돼 있는 것이 아니라, 임원 선출 당시 상황이나 계원의 제안에 따라 선출방식이 자주 바뀌어 왔다. 조직의 안정성과 지속성을 담보하는 데 운영규칙이 분명하고 일관적이어야 한다는 주장에 비춰볼 때(Ostrom, 1990, 1992), 임원 선출방식의 잦은 변경은 조직의 안정성과 지속성을 심각하게 해칠 수 있다. 하지만 이리송계 사례가 말해주듯이, 지역공동체 구성원 간의 신뢰와 믿음이 탄탄하게 구축된 공동체 조직에서는 운영규칙이 다소 유동적이고 신축적으로 적용되더라도 크게 문제되지 않는 듯하다.

간사, 서기, 관리인 등 직원은 계장이 선임하고 해임할 수 있다. 직원은 계장의 명을 받아 계의 모든 실무를 처리한다. 간사가 서기와 관리인의 직무를 겸하며 이리송계의 실질적인 운영과 관리를 담당하고 있다. 간사는 출납장부 기록과 관리, 회의록 작성, 송계 관련 책과 문서 보존 등 온갖 실무를 담당한다. 일반적으로 간사는 이사회나 총회에서 계장이 추천하고 구두로 승인을 얻어 선임하고 있다. 간사에게는 일정한 보수가 지급되는데, 담당하는 업무의 규모와 비중에 비하면 그리 크지 않는 금액이다. 「이리송계출납장부」(1980~2007년)와 「이리송계결산보고관련서류철」(1985~2014년)을 살펴보면, 1984년부터 간사 수당으로 매년 2만원이 지급되기 시작하였고, 1993년부터 1997년까지 10만원, 1998부터 1999년까지 15만원, 2000년부터 현재까지 20만원씩 지급되고 있다.

고문은 계장의 추천과 이사회의 승인을 얻어 추대된다. 3명의 고문으로 구성된 고문회는 송계 운영과 관리에 관한 자문 역할을 수행하는데, 여기에는 송계 관련 긴급한 결정을 요하는 사항, 포상과 징계 관련 사항, 총회에서 계장에게 위임된 사항 등이 포함된다. 보통 고문은 이리송계에 공헌이 크며 인품과 덕망이 높은 원로계원 중에서 선임된다. 임기는 계장의 임기와 같이 한다. 과거 산지기나 송금원의 임무를 수행하는 산수호인(山守護人)은 송계산 구역의 순산, 산림 보호와 감시 업무를 담당한다. 오늘날 송계산의 중요성이 급감한 현실에서 산수호인의 역할은 그리 커 보이지 않는다. 산수호인은

2010년부터 현재까지 선임되지 않고 있다. 하지만 총회나 이사회에서 산수호인을 다시 선임하자는 의견이 종종 거론되고 있다.

「이리송계출납장부」(1980~2007년)와 「이리송계결산보고관련서류철」(1985~2014년)에 따르면, 1984년에 2명의 산수호인에게 수당으로 각각 1만원과 5천원을 매년 지급하다가 1985년에 각각 1만 5천원과 1만원으로 인상하였다. 1997년(혹은 1998년)부터 1999년까지 산수호인 1명만을 두고 2만 5천원을 매년 지급하였다. 2000년부터 2009년까지 산수호인을 다시 2명으로 두고 각각 3만원씩 매년 지급하다가 2010년부터는 더 이상 산수호인을 두지 않고 있다.

〈표 4-2〉는 1984년부터 2015년까지 이리송계에서 임원의 선출방식과 명단을 보여준다. 이리송계에서 임원을 실제로 어떠한 방식으로 선출해 왔는지 살펴볼 수 있다. 이리송계에서 계장 1명과 감사 2명을 선출하는데 보통 '복수 추천', '무기명 투표', '다수결' 원칙을 따른다. 단수 추천인 경우에는 총회에 참석한 계원 전원의 찬성으로 선출된다. 때로는 전형위원제를 활용하여 계장과 감사를 선출하기도 한다. 이사는 이리송계에서 각 마을을 대표하므로 마을 단위로 천거받아 선출된다. 고문은 대개 임원회의에서 계장을 비롯한 임원의 추천과 동의를 얻어 선출된다.

이리송계 계장은 보통 무기명 투표와 다수결 원칙에 따라 선출된다. 2명 이상의 계장 후보가 경쟁할 경우, 최다 득표자가 계장으로 선출되고 두 번째 다수 득표자가 감사로 선출되는 경우가 많았다. 계장 선거에서 최다 득표로 선출된 계장 당선자나 계원들이 두 번째 다수 득표자를 감사 후보로 추천하여 이를 승인받았다. 예를 들어, 1989년도 정기총회(1990.01.30.)에서 두 후보의 득표수가 같았으나 '연장자 선출' 원칙에 따라 계장으로 선출되지 못했던 이○○ 씨, 그리고 1992년도 정기총회(1993.01.07.)에서 두 번째 다수 득표로 인해 계장에 선출되지 못했던 채○○ 씨는 감사 후보로 추천받아 감사로 선출되었다.

한편 무기명 투표와 다수결 원칙이 아니라 전형위원제 방식으로 계장과 감사를 선출하자는 의견도 간혹 이리송계 회의에서 제기되었고, 실제로 9명의 전형위원이 계장과 감사를 선출하기도 하였다. 2008년도 정기총회(2009.01.10.)에서 전형위원들이 계장 1명과 감사 2명을 선출하는 전형위원제 방식을 채택할 것인지, 정기총회에 참석한 계원들의 무기명 투표에 의해 선출하는 직선제 방식을 채택할 것인지에 대한 논의가 있었다. 이를 투표에 부친 결과, 전형위원제 찬성 37명, 직선제 찬성 22명으로 전형위원제 방식을 채택하게 되었다. 2011년도 정기총회(2012.01.08.)에서도 전형위원제 방식으로 계장과 감사를 선출하기로 결의하였다.

1994년도 정기총회(1995.01.16.)에서는 계장 이○○ 씨를 비롯한 감사 2명, 이사 8명을 모두 유임시키기로 의결하였다. 임원진이 그동안 성실하게 송계 업무를 수행하였고, 송계산 중 하나인 방동산 내 임도 건설, 계당산 매각, 임목 판매 등 송계 관련 주요 현안들이 산적해 있어 계장을 비롯한 임원진을 유임하자는 안이 상정되었다. 당시 정기총회에 참석한 계원 전원이 이의 없이 박수로 유임을 의결하였던 것이다. 1996년도 정기총회(1997.01.23.)에서도 계장 선출에 대한 논의가 있었으나, 총회에 참석한 계원들은 당시 계장 이○○ 씨와 간사 소○○ 씨를 다시 유임하기로 의결하였다. 하지만 감사와 이사는 새롭게 선출했는데, 계원 중 한 명이 채○○ 씨와 윤○○ 씨를 감사 후보로 추천하였고 전원 합의로 이들 2명을 감사로 선출하였던 것이다. 7명의 이사는 기존의 방식대로 각 마을에서 계원들이 이사 후보를 추천하여 마을 자체적으로 선출하였다.

<표 4-2> 이리송계 임원의 선출 방식 및 명단(1984~2015년)

선출일시	계장		감사		이사		간사/총무		고문	
	선출 방법	명단	선출 방법	명단	선출 방법	명단	선출 방법	명단	선출 방법	명단
1984.12.11. (음). (정기총회)	무기명 투표 / 다수결	채○○ (유임)	무기명투 표 / 다수결	-소○○, 채○○ -총 2명	마을 단위 천거	-문○○(복내리), 소○○(반석리), 소○○(용동리), 소○○(진봉리) -총 4명	임명	소○○		
1985.03.25. (임원회의)									추대 / 전원 합의	-채○○, 소○○, 이○○ -총 3명
1987.01.16. (정기총회)	무기명 투표 / 다수결	채○○ (유임)	---	-채○○ (유임), 윤○○ -총 2명	마을 단위 천거	-소○○, 문○○(유임), 소○○, 채○○ -총 4명	임명	소○○ (유임)		
1988.02.02. (정기총회)	계장 사임. 이사 중 최연장자 대행 (1년)	문○○								
1989.01.21. (정기총회)	만장일치 로 추대	채○○	---	-소○○, 윤○○ (유임) -총 2명	마을 단위 천거	-손○○(복내1구), 소○○(반석1구), 주○○(반석2구), 채○○(용동1구) (유임), 소○○(용동2구) (유임), 안○○(진봉1구), 채○○(진봉2구) -총 7명[9]	임명	소○○ (유임)		
1990.01.30. (정기총회)	무기명 투표 / 다수결	채○○[10]	---	-윤○○ (유임), 이○○ -총 2명	마을 단위 천거	-문○○(복내리), 손○○(복내리), 소○○(반석리)(유 임), 주○○(반석리)(유 임), 채○○(용동리), 송○○(용동리), 이○○(진봉리), 정○○(진봉리) -총 8명				
1993.01.07. (정기총회)	무기명 투표 /	이○○	계장 추천 /	-소○○, 채○○	마을 단위	-손○○(복내1구) (유임),				

선출일시	계장		감사		이사		간사/총무		고문	
	선출방법	명단	선출방법	명단	선출방법	명단	선출방법	명단	선출방법	명단
	다수결		만장일치	-총 2명	천거	윤○○(반석1구), 채○○(반석2구), 채○○(용동1구)(유임), 송○○(용동2구)(유임), 이○○(진봉1구)(유임), 소○○(진봉2구)-총 7명				
1993.02.14.(임원회의)									추대/전원합의	-채○○, 소○○, 채○○, 문○○-총 4명
1995.01.16.(정기총회)	만장일치/전원박수	이○○(유임)	만장일치/전원박수	-소○○, 채○○(모두유임)-총 2명	만장일치/전원박수	-모두 유임 -손○○(복내1구), 윤○○(반석1구), 채○○(반석2구), 채○○(용동1구), 송○○(용동2구), 이○○(진봉1구), 소○○(진봉2구)-총 7명				
1997.01.23.(정기총회)	만장일치/전원박수	이○○(유임)	계원추천/만장일치	-채○○, 윤○○-총 2명	마을단위천거	-손○○(복내1구)(유임), 소○○(반석1구), 채○○(반석2구)(유임), 채○○(용동1구)(유임), 송○○(용동2구)(유임), 이○○(진봉1구)(유임), 소○○(진봉2구)-총 7명	추천/만장일치	소○○(유임)		
1997.02.04.(임원회의)									추대/전원합의	-문○○(복내리)(유임), 소○○(반석리), 소○○(용

선출일시	계장		감사		이사		간사/총무		고문	
	선출 방법	명단	선출 방법	명단	선출 방법	명단	선출 방법	명단	선출 방법	명단
										동리)(유 임), 이○○(진 봉리) -총 4명
1999.02.01. (정기총회)	무기명 투표 / 다수결	소○○	계원 추천 / 만장일치	-채○○, 이○○ -총 2명	마을 단위 천거	-손○○(복내1구) (유임), 소○○(반석1구) (유임), 채○○(반석2구) (유임), 채○○(용동1구) (유임), 송○○(용동2구) (유임), 이○○(진봉1구) (유임), 소○○(진봉2구) -총 7명	추천 / 만장일 치	소○○ (유임)		
2001.02.09. (정기총회)	단독 추천 / 만장일치	채○○	계원 추천 / 만장일치	-소○○, 채○○ -총 2명	마을 단위 천거	-손○○(복내1구), 임○○(반석1구), 채○○(반석2구) (유임), 채○○(용동1구), 박○○(용동2구), 이○○(진봉1구) (유임), 소○○(진봉2구) (유임) -총 7명	---	채○○		
2001.05.15. (임시총회)			계원 추천 / 만장일치	-소○○, 소○○[11] -총 2명						
2003.01.17. (정기총회)	복수 추천 / 거수제/ 만장일치	채○○ (유임)	만장일치	-소○○, 소○○ (모두 유임) -총 2명	만장 일치	-모두 유임 -손○○(복내1구), 임○○(반석1구), 채○○(반석2구), 채○○(용동1구), 박○○(용동2구), 이○○(진봉1구), 소○○(진봉2구) -총 7명				

선출일시	계장		감사		이사		간사/총무		고문	
	선출방법	명단	선출방법	명단	선출방법	명단	선출방법	명단	선출방법	명단
2005.01.24. (정기총회)	---	소○○	---	-채○○, 윤○○ -총 2명	마을 단위 천거	-손○○(복내1구), 소○○(반석1구), 채○○(반석2구) (유임), 채○○(용동1구), 송○○(용동2구), 이○○(진봉1구) (유임), 소○○(진봉2구) (유임) -총 7명	---	박○○		
2007.02.02. (정기총회)	단독 추천/ 만장일치	소○○ (유임)	추천/ 만장일치	-문○○, 이○○ -총 2명	마을 단위 천거	-손○○(복내1구), 염○○(복내2구), 소○○(반석1구) (유임), 채○○(반석2구) (유임), 채○○(용동1구), 송○○(용동2구) (유임), 이○○(진봉1구) (유임), 소○○(진봉2구) (유임) -총 8명				
2008.01.22. (정기총회)			추천/ 만장일치	-이○○, 채○○[12] -총 2명						
2009.01.10. (정기총회)	전형위원 제	채○○	전형위원 제	-이○○ (유임), 염○○ -총 2명	마을 단위 천거	-채○○(복내2구), 윤○○(반석1구), 채○○(반석2구) (유임), 채○○(용동1구), 송○○(용동2구), 박○○(진봉1구), 소○○(진봉2구) (유임) -총 7명				
2010.01.29. (정기총회)					마을 단위 천거	손○○(복내1구)				

선출일시	계장		감사		이사		간사/총무		고문	
	선출방법	명단	선출방법	명단	선출방법	명단	선출방법	명단	선출방법	명단
2012.01.08. (정기총회)	전형위원제	염○○	전형위원제	-문○○, 채○○ -총 2명	마을 단위 천거	-손○○(복내1구), 안○○(복내2구), 소○○(반석1구), 채○○(반석2구), 소○○(용동1구), 박○○(용동2구), 안○○(진봉1구), 정○○(진봉2구) -총 8명	전형위원제	손○○		
2015.02.03. (정기총회)	단독 추천/ 만장일치	염○○ (유임)	추천/ 만장일치	-채○○, 이○○ -총 2명	마을 단위 천거	-장○○(복내1구), 채○○(복내2구), 윤○○(반석1구), 채○○(반석2구), 채○○(용동1구), 소○○(용동2구), 이○○(진봉1구), 정○○(진봉2구) (유임) -총 8명			추대 / 전원 합의	-문○○, 채○○ -총 2명

* 출처: 「이리송계회의록」(1984~2015년)을 토대로 저자 작성.
* 참고: 임원 선출방식을 파악하기 어려운 경우 "---"로 표시함.

이리송계에서는 임원의 교체 시 인수인계 절차가 철저하게 이뤄

---

9 1988년도 정기총회(1989.01.21.)에서 이사 수를 4명에서 8명으로 확대하기로 결의했으나, 복내 2구는 계원수의 부족으로 이사를 선출하지 못했다. 출처: 「이리송계회의록」(1984~2015년).

10 투표 결과, 총 투표자 46명 중에서 채○○ 16표, 문○○ 10표, 이○○ 16표, 무효(無效) 4표 등이었다. 채○○ 씨와 이○○ 씨의 득표수가 같았으나 연장자 선출 원칙에 따라 채○○ 씨가 송계장으로 당선되었다. 출처: 「이리송계회의록」(1984~2015년).

11 채○○ 씨가 송계 총무를 맡고 소○○ 씨는 감사로 선출되었다. 소○○ 씨는 1983년도 정기총회(1984.12.11.(음))에서 총무로 임명된 이후 2001년 2월 9일까지 총무직을 줄곧 수행해왔다. 결국 채○○ 씨와 소○○ 씨는 총무와 감사를 바꿔서 맡게 된 것이다. 임시총회(2001.05.15.)에서 소○○ 씨 외 2명이 감사 후보로 추천되었으나, 만장일치로 소○○ 씨가 감사로 선출되었다. 출처: 「이리송계회의록」(1984~2015년).

12 2006년도 정기총회(2007.02.02.)에서 감사로 선출된 문○○ 씨가 결격사유로 감사직을 수행할 수 없게 되었다. 2007년도 정기총회(2008.01.22.)에서 잔여임기 1년의 감사직에 채○○ 씨를 만장일치로 선출하였다. 출처: 「이리송계회의록」(1984~2015년).

진다. 전·현임 계장, 전·현임 간사 등 4명이 입회한 가운데 인수인계 절차는 진행된다. 인계자 2명과 인수자 2명은 인수인계의 내역을 확인하고 인수인계서에 도장을 날인하는 것으로 인수인계 절차가 마무리된다. 〈표 4-3〉에서 2005년 2월에 작성된 '2리송계 업무 인수인계서'를 예시로 보여준다.

〈표 4-3〉 인수인계서 예시(2005년 2월)

2리송계 업무 인수인계서

1. 인계서류
① 2리송계 고정자산 등기 관련 서류철
② 2리송계 계원 승계 관련 서류철
③ 2리송계 결산보고 서류철
④ 2리송계 일반서류 서류철
⑤ 2리송계 영수증철
⑥ 2리송계 회의록
⑦ 2리송계 수입 지출 출납부
⑧ 2리송계 계책 2권~16권
⑨ 2리송계 기타 서류 일체

2. 부동산 명세

소재지	지목	지적	평	관리자
용동 865-6	답	797	241	채○○
용동 872-1	답	2,904	878	정○○, 소○○, 소○○
진봉 1080-7	답	1,104	335	임○○, 손○○, 채○○
용동 865-7	답	2,195	664	이○○, 소○○
용동 863-8	답	2,001	605	이○○, 소○○
용동 254	전	1,788	541	소○○
반석 329	대	185	56	이○○
진봉 산50-1	임야	187만	189정	복내면 2리송계
진봉 산84-1	임야	60만	61정	복내면 2리송계

3. 동산

① 정기예탁금 □□□원(채○○ 외 7인)

② 일시예탁금 □□□원(박○○)

③ 금고, ④ 문승열 글 1점, ⑤ 현판 3개, ⑥ 송회당 액자 1점

⑦ 옛날 송장 5매

2005. 2. .

인계자 계장 채○○   인수자 계장 소○○

　　　간사 채○○   　　　간사 박○○

* 출처: 「이리송계회의록」(1984~2015년).

제3절 송계원의 자격과 구성 방식

1. 창계 이후 ~ 경술국치

송계의 가입 자격요건과 추입에 관한 사항은 이리송계 차원에서 지속적인 관심을 가지고 논의가 꾸준하게 진행되었다. 이는 계원의 구성이 향촌사회의 주도권, 이리송계의 장기 지속성 측면에서 중대한 사안이었기 때문이다. 이와 동시에 계원의 추입에 대해서는 각 마을에 상당한 자율권을 부과하고 있었다. 마을에 새로 이사 온 사람, 원계원의 차자나 차손의 송계 가입은 이리송계의 하부구조인 마을 단위에서 스스로 결정하여 이리송계에 통보하도록 하였다.

송계책 3권(1820년, 순조 20)의 〈조약(條約)〉 15개 명문 조항 중 3개 조항이 송계원의 추입과 이거에 관한 사항이다. 이리 관내로 새로 이사와 송계에 가입하거나 혹은 원계원의 차자나 차손이 송계에

가입하면 추입조로 본조(本租) 10두(斗)를 내도록 하고 있다. 계원 중에서 이리 관내 밖으로 이거할 경우 방역 부담을 주지 않도록 하고 있다. 이런 관행은 1868년까지 내려왔던 것으로 보인다.

1869년(고종 6)에 편찬된 송계책 10권의 〈조약〉 '계원의 추입에 관한 조항'을 보면, 송계에 새로 추입할 사람은 각 마을에서 자체적으로 뽑고 가을 강회에서 정식 절차를 밟아 가입하며, 5전(戔)의 추입금을 내도록 하고 있다. 그러다가 1880년(고종 17) 송계책 11권의 〈조약〉에서는 각 마을에서 자체적으로 추입 계원을 결정하여 가을 강회에서 이리송계에 정식으로 가입토록 하되 추입 계원의 형편과 사정에 따라 추입금을 납부하도록 규정하고 있다. 이런 관행은 1920년 송계책 13권이 편찬될 때까지 지속되었던 것으로 보인다.

1) 계원수의 현황

〈표 4-4〉는 송계책 1권~16권에 실린 계원 명단을 토대로 권별 계원수 현황을 보여준다. 창계 당시 계원수는 총 314가구 383명이었는데, 이후 한 번도 그 숫자만큼 계원수를 회복하지 못했다. 송계책에 수록된 계원의 숫자는 권별 편차가 큰 것으로 나타났다. 특히 1권(1803년)에서 7권(1830년)은 모두 조선 후기 순조 치세 기간 동안 작성됐는데, 계원수가 134명에서 383명으로 그 편차가 매우 컸음을 알 수 있다. 1830년(순조 30) 한 해 동안 송계책 6권과 7권 두 차례 편찬됐는데, 이 때 계원 명단이 실린 〈좌목〉도 두 번 작성되었다. 계원수가 6권에서 219명, 7권에서 141명으로 큰 차이를 보인다. 그러다 6년 후에 송계책 8권이 편찬되면서(1836년, 헌종 2) 예전 수준인 219명으로 회복하였다. 당시 향촌사회에 큰 변화가 있었던 것으로 추측되나 자세한 연유는 알 수 없다.

송계안	연도	계원수(명)	비고
1권	1803년(순조 3)	383	-314가구 383명. -출처: 「복내면향토지」 (1995: 91-92).
2권	1812년(순조 12)	290	
3권	1820년(순조 20)	134	
4권	1821년(순조 21)	182	
5권	1824년(순조 24)	134	
6권	1830년(순조 30)	219	
7권	1830년(순조 30)	141	
8권	1836년(헌종 2)	219	
9권	1842년(헌종 8)	324	
10권	1869년(고종 6)	338	
11권	1880년(고종 17)	272	
12권	1897년(광무 원년)	290	
13권	1920년	372	
14권	1969년	328	
15권	1983년	159	
16권	1993년	166	

＊출처: 송계책 2권~16권을 토대로 저자 작성.

2) 마을별 계원수의 현황

〈표 4-5〉는 송계책 1권부터 16권까지 마을별 계원수의 현황을 보여준다. 현재 송계책 1권은 분실되어 그 내역을 파악하기 어려우나, 송계책 2권에서는 복성(福城), 도화(桃花), 반곡(盤谷), 풍치(風峙), 장전(長田), 내동(內洞), 진척(眞尺), 원우(院隅), 압곡(鴨谷), 입석(立石) 등 10개 자연마을이 언급돼 있다. 아마도 이들 자연마을이 과거 이리 향촌사회의 근간을 이루고 있었던 것으로 보인다. 이후 원봉(圓

---

13 각 권별 계원수는 송계책 2권~16권에 실린 계원 명단에서 직접 산출하였다. 송계책 16권(1993년)의 〈이리송계 연혁(二里松契 沿革)〉에 실린 계원수와는 다소 차이가 있다.

峯), 상원봉(上圓峯), 서봉(棲鳳), 신기(新基), 복우(혹은 보우, 㳼隅), 화령(花嶺), 옹점(瓮店), 장기(場基) 등으로 계원이 늘어났거나, 이전의 자연마을이 여러 개의 자연마을로 분화되었을 수도 있다.

〈표 4-5〉 마을별 계원수의 현황(송계책 1권~16권)

(단위: 명)

송계안	福城	桃花	盤谷	風峙	長田	內洞	眞尺	院隅	鴨谷	立石	圓峯	上圓峯	棲鳳(捿鳳)	新基	花嶺	㳼隅	瓮店	場基(市場)	기타	奴·최하층민	하민질	추입	이거	합계
1권(분실)																								383
2권	15	13	32	54	19	19	31	13	12	27										43		12		290
3권		10	18	26		17	9	5		8	9	6					1			11		14		134
4권		11	28	29	11	15	25	8		17	14									10		6	8	182
5권		10	18	28		18	15	3		13	5	9								2		13		134
6권	11	14	30	34	18	23	31	7		18	15									8		3	7	219
7권		10	21	27		19	15	5		16	6	14								3		5		141
8권	10	12	26	37	18	22	22	6		21	21		11							7			6	219
9권	35	17	38	46	21	30	32	10		29	31		19							3			13	324
10권		10	18	40	24	29	15	5		29	16	8	32	13	19						60	20		338
11권	14	13	33	31	19	18	26	5		25	10	6	32		16	6						18		272
12권		16	22	40	25	25	34			20	26	4	25	22	20		4	7						290
13권		8	26	53	23	29	30			52	25		41	25	34				月朗: 5, 大洞: 21					372
14권			34	53	15	27	26			45	55		27		22		4	9				11		328
15권			15	36	7	15	14			22	26		10		14									159
16권			16	37	7	15	15			23	18		10		14			7	4					166

* 출처: 송계책 2권~16권을 토대로 저자 작성.

3) 신분별 계원수의 현황

〈표 4-6〉은 송계책 1권에서 13권까지 신분별 계원수의 현황을 보여준다. 송계책 14권(1969)부터 비로소 계원의 신분 구분이 없게 되었다. 송계책 1권의 분실로 창계 당시 신분별 계원의 분포를 파악할 수 없지만, 2권에서 13권까지 상계원, 하계원, 사내종·최하층민 등 세 신분으로 구분하여 수록됐음을 알 수 있다. 하계원과 사내종·최하층민이 송계책 2권과 10권에서는 전체 계원 중 대략 21%를 차지하였다. 송계책 5권에서는 약 5%로 가장 낮았고, 나머지 송계책에서는 약 6%(7권)에서 약 15%(9권과 12권)까지 차지하였다. 송계책 2권, 9권,

10권 및 12권에서는 하계원을 포함한 하층민들이 대거 참여했음을 알수 있다. 구체적으로 2권, 9권, 10권 및 12권에서 각각 60명, 50명, 72명 및 44명의 하층민들이 이리송계에 계원으로 참여하고 있었다.

한편 이리송계 계원의 대부분이 상계원이었는데, 이는 조선 후기당시 향촌사회의 모습을 반영한 것으로 보인다. 조선 후기로 접어들면서 향촌사회에서 가파른 신분 상승도 주요 요인이었을 것이다. 〈좌목〉의 계원 명단을 보면, 상계원은 전체 계원 중 약 79%(2권과 10권)에서 약 95%(5권)까지 차지하였다. 하지만 이것만으로 이리송계가 재지사족 주도의 송계라고 단정지울 수는 없다. 오히려 통호조, 구마조, 애죽조와 같이 이리 향촌사회의 공동 납세와 요역을 대처하기 위해 이리송계가 창계되었다. 그 이후에도 이리 지역민의 현안들을 모색하고 해결하는 데 중추적인 역할을 수행하였다는 점에서 이리송계는 기층민 주도의 계 성격을 강하게 띠고 있었다.

〈표 4-6〉 신분별 계원수의 현황(송계책 1권~13권)

(단위: 명)

송계안	상계원	하계원	奴·최하층민	합계
1권 (분실)				383
2권	230	17	43	290
3권	123	0	11	134
4권	161	11	10	182
5권	127	5	2	134
6권	202	9	8	219
7권	133	5	3	141
8권	203	9	7	219
9권	274	47	3	324
10권	266	53	19	338
11권	248	24	0	272
12권	246	44	0	290
13권	345	27	0	372

*출처: 송계책 2권~13권을 토대로 저자 작성.

〈표 4-7〉에서 보듯이, 송계책 10권(1869년, 고종 6)에서는 하계원, 사내종 및 최하층민의 명단을 〈하민질(下民秩)〉에 별도로 수록하고 있다. 〈하민질〉에는 하계원 41명, 사내종·최하층민 19명 등 60명의 하계원 명단이 마을별로 기재되어 있다. 하계원은 장변, 복성, 진척 등에 집중되어 있는 반면, 사내종·최하층민은 반곡, 풍치, 진척 및 원우에서만 보인다.

〈표 4-7〉 〈하민질(下民秩)〉(송계책 10권)

(단위: 명)

	하계원	奴·최하층민	합계
장변(場邊)	10	0	10
복성(福城)	15	0	15
도화(桃花)	2	0	2
반곡(盤谷)	1	6	7
풍치(風峙)	0	4	4
진척(眞尺)	9	7	16
원우(院隅)	0	2	2
화령(花嶺)	1	0	1
내동(內洞)	2	0	2
입석(立石)	1	0	1
합계	41	19	60

* 출처: 송계책 10권을 토대로 저자 작성.

〈표 4-8〉은 송계책 12권(1897년, 광무 원년)에서 상계원과 하계원의 마을별 분포를 보여준다. 대체로 원봉과 도화에서는 신분별로 고루 분포돼 있는 반면, 옹점과 장기에서는 하계원만이 보인다. 신기, 장전, 풍치, 진척 및 서봉에서는 대부분이 상계원이며, 화령, 상원봉, 내동 및 입석에서는 하계원은 없고 상계원만이 보인다.

(단위: 명)

	상계원	하계원 (중인, 평민, 奴·최하층민)	합계
원봉	16	10	26
도화	7	9	16
반곡	22	0	22
신기	18	4	22
장전	23	2	25
풍치	37	3	40
진척	30	4	34
서봉	24	1	25
화령	20	0	20
상원봉	4	0	4
내동	25	0	25
입석	20	0	20
옹점	0	4	4
장기	0	7	7
합계	246	44	290

* 출처: 송계책 12권을 토대로 저자 작성.

4) 성씨별 계원수의 현황

〈표 4-9〉는 송계책 2권~16권에 수록된 성씨별 계원수의 현황을 보여준다. 여기서는 상계원과 하계원을 모두 포함하여 성씨별 계원수를 산정하였다. 앞서 언급하였듯이, 이리송계는 손(孫)·염(廉)·소(蘇)·채(蔡) 네 성씨로 대표되는 이리 향촌사회의 재지사족 주도로 창계되었다. 이런 사실은 성씨별 계원수의 현황에서도 분명하게 확인된다. 송계책 2권에서 16권까지 소씨 573명, 채씨 866명, 염씨 237명, 손씨 218명 등 1,894명으로 총 3,568명의 계원 중 절반이 넘는 숫자에 해당한다. 이외에도 이(李)씨, 김(金)씨, 임(任)씨, 안(安)씨, 박(朴)씨 성을 가진 계원들이 많이 보인다.

송계책 5권(1824년)부터 하계원의 성이 없는 경우 그 자리에 "제

(諸)"를 써넣었다. 송계책 5권과 7권(1830년)에서 성이 없는 하계원 1명은 같은 사람으로 "제(諸)"자 대신 "과(寡)"자가 쓰여져 있는데, 아마도 미망인으로 추정된다. 송계원이던 남편의 사망 후 자식이 아직 계원 자격을 승계할만한 나이가 되지 않아 미망인의 성명이 〈좌목〉에 기재되었을 것으로 추정된다.

〈표 4-9〉 성씨별 계원수의 현황(송계책 1권~16권)

(단위: 명)

	1권	2권	3권	4권	5권	6권	7권	8권	9권	10권	11권	12권	13권	14권	15권	16권	합계
蘇		38	18	27	17	35	18	35	39	50	32	30	62	79	46	47	573
蔡		67	29	51	31	61	30	65	69	64	48	64	82	94	55	56	866
廉		37	19	19	20	28	19	21	27	10	9	9	11	5	1	2	237
孫		8	7	8	7	11	8	13	21	23	17	23	21	37	6	8	218
金		21	7	10	5	8	6	8	19	20	26	28	30	6	4	5	203
李		18	19	19	17	22	22	26	47	51	40	22	40	28	12	13	396
朴		8	6	7	4	4	3	4	12	11	7	6	10	4	6	6	98
玄		6	2	1	2	1	2	1	1								16
尹		6	1	2	1	2	1	2	3	4	7	6	7	9	4	4	59
梁		4			1	1	1	2	2	2	2	3	2	2	2	2	22
文		3	2	2	2	3	2	3	4	6	6	4	6	6	2	2	53
崔		3	2		1		1		4	6	3	10	4	1	1	1	37
鄭		3	1		2	3	2	1	1	12	7	7	16	2	3	3	63
田		3										1	2				6
趙		3							1	1	1	1					7
盧		3	1	2	1	3	1	2	2	2	4	3	4	2	1	1	32
丁		2	1	2	1	3	1	2	2	1	2	1	4				22
曺		2			1	1	1	2	3	2	1	3	1				18
高		2	2	3	2	3	2	2				3	4	3			27
柳		2							2								4
安		1	2	1	2	1	2	2	4	10	13	15	24	12	4	4	97
張		1		1		1		1			1	3	2	2	2	2	16
任		1	4	7	5	7	4	6	13	16	15	13	9	18	5	5	128
池		1	1	1	1	1	1	1	5	4	3	1					20
奇			1		1				2								4
洪			1		1	1	1	1	1	1							7
林			1		1	1		1		1			4				10
宋			3	3	3	3	3	4	11	6	5	8	4	2	1	1	57

146

	1권	2권	3권	4권	5권	6권	7권	8권	9권	10권	11권	12권	13권	14권	15권	16권	합계
宣			1		1	1	1	2	3	1	8	8	5	1	1	1	34
成			1		1	1	1	2	2								8
徐				1					1	6	1	1					10
郭									1								1
黃									1	1	1	2	1	3			9
吳								2	1	2							5
申									1								1
孔										1	1	2	2	4	1	1	12
朱										1	1	3		1	1	2	9
馬										1		1					2
南										1		2		5			8
姜										1	2	2	1				6
呂										1							1
羅											2	1					3
韓											1	2	2				5
裵											1						1
劉													2				2
房														1			1
全														2	1	1	4
기타		47	2	16	4	13	7 (李:2)[14]	13	21	17	2	3	5				150
합계	383	290	134	182	134	219	141	219	324	338	272	290	372	328	159	166	3,568

＊출처: 송계책 2권~16권을 토대로 저자 작성.

2. 일제강점기

일제강점기에 편찬된 송계책 13권(1920년)의 〈송계규약(松契規約)〉 중 '계원 가입에 관한 사항[契員入案事]'은 계원의 추입, 추입금, 다른 지역으로 이거 시 계원 자격 상실 등에 관한 구체적인 규정들을 마련하고 있다. 과거에 송계의 추입 결정은 각 마을 단위에서 자체적으로 이뤄졌는데, 1920년부터는 각 리 단위에서 결정하도록 하였다. 간사원은 각 리에 원계원의 차자나 차손이 분가했거나 다른

---

14 송계책 7권(1830년)에서 계원 2명의 성씨를 확인하기 어려우나, 성명의 돌림자로 봐서 이(李)씨로 추측된다.

지역에서 이리 관내로 새로 이사온 사람이 있으면 성명, 자(字), 나이 및 관향을 적어 강회에서 보고하였으며, 이리 관내 밖으로 이사를 갔거나 이리 관내로 되돌아온 사람이 있으면 자세한 사항을 적어 집강(執綱)에게 역시 보고하였다.

원계원의 장자나 장손은 별도의 추입금 없이 송계에 가입하였지만, 차자나 차손은 1냥씩을 내도록 하였다. 이리 관내 밖으로 이사를 갔다가 다시 돌아온 경우에도 차자나 차손은 장자나 장손에 비해 일정한 차별을 두고 있었다. 즉, 장자나 장손에게는 추입금을 별도로 부과하지 않았지만, 차자나 차손에게는 2냥을 추입금으로 내도록 하였다.

한편 다른 지역에서 이리 관내로 이사온 사람이 이리송계에 가입하고자 할 경우, 특등(特等), 상등(上等), 중등(中等), 하등(下等) 등 네 등급으로 구분하고 추입금도 차등 부과하였다. 즉, 특등은 별도의 추입금 없이 입계토록 하고, 상등은 5냥, 중등은 4냥, 하등은 3냥씩을 추입금으로 내도록 하였다. 이리 관내 밖으로 이사를 가는 경우, 별도로 방역비(防役費)를 부담시키지 않았다.

〈표 4-5〉와 〈표 4-6〉에서 보듯이, 송계책 13권의 〈좌목〉에는 13개 자연마을에 372명의 계원 명단이 기재되어 있다. 이 중 상계원은 345명, 하계원은 27명이다. 〈표 4-9〉에서 보듯이, 송계책 13권에서 손·염·소·채 등 네 성씨 계원수는 176명으로 전체 계원의 약 47.3%를 차지하였다.

3. 해방 이후

해방 이후 신입 계원의 자격 요건과 추입에 관한 명문 규정은 송계책 15권(1983년)의 〈정관〉에 처음 나타난다. 계원의 자격 요건은 매우 엄격하고 까다로웠다. 원계원(元契員)의 장남이나 장손은 소정의 가입절차 없이 자동적으로 계원이 될 수 있다. 하지만 원계원의 차자나 차손에게만 송계 가입 자격이 주어지고(14조), 다른 지역에서 이리 지역으로 최근 이주해온 사람에게는 입계가 일절 허용되지 않고 있다(15조). 원계원의 차자나 차손이 송계에 가입하고자 할 경우, 주소, 성명, 생년월일, 가족명, 생활상황, 출자금 등을 기재한 가입신청서를 작성하여 이리송계에 제출해야 하며, 이사회에서는 신청자의 자격 여부를 심사하고 총회에서 최종 동의를 얻어 가입할 수 있다(13조). 〈정관〉에 "본 계는 유구한 전통과 영속성 그리고 안전한 재산관리를 위하여 기존계원의 자손만이 유지하고자 이후 신입 계원 추입을 일절 제한한다"(15조)고 명시하여 송계 가입을 엄격하게 제한하고 원계원의 후손에게만 가입 기회를 부여하고 있다. 여기서 원계원은 "창계 이래 계속 또는 추입 계원의 신분으로 직계장자·장손의 계승된 계원"(67조 1항)을 의미한다.

한편 〈정관〉에서 "본 계는 선대로부터 잘 유지해오다가 일정말기부터 오늘에 이르기까지 차자·차손에 대한 계금(契金)을 징수하지 않고 계원으로 간주하여 왔으므로 금차(今次) 계원을 재심사한 바 본래의 규약대로 시행함이 타당하다고 의견일치로 재비(再備)한다"(68조 1항)고 명시하여 기존 계원의 자격에 대한 재심사를 천명하고 있다. 계원 자격의 재심사 기준은 "송계책 제13권 경신년 서기 1920년에 의거 구분하고 방계자손은 준계원(準契員)으로 간주하며 각자 희망에 따라서 원계원으로 추입을 허용한다"(68조 2항)고 규정하고 준계원은 이리송계에 일절 관여할 수 없으며 회의에서 발언권을 행사할 수 없도록 제한하고 있다(68조 3항).

송계책 15권의 〈정관〉 제정 이후 10여 년 동안 원계원의 후손들을 대상으로 추입이 지속적으로 이뤄졌다. 1983년 37명의 추입을 시작으로 1985년 7명, 1986년 4명, 1987년 4명, 1989년 2명, 1993년 4명 등 총 58명이 이리송계에 추입되었다. 「이리송계출납장부」(1980~2007

년)에 따르면, 추입 계원들은 추입금 명목으로 28,000원(1984년), 5,610원(1985년), 6,100원(1985년), 5,890원(1986년), 29,450원(1986년), 12,500원(1987년), 30,000원(1987년), 백미 2두(16,500원 상당, 1989년), 100,000원(1993년)을 이리송계에 납부하였다. 금액은 확정되어 있는 게 아니라 추입 대상자의 형편과 총회의 의결에 따라 그때마다 달랐던 것으로 보인다.

장자나 장손의 계원 자격 상속은 계원이 사망한 후 삼년상을 치르고 나서야 가능하도록 하고 있다. 1997년 2월 4일 임원회의에서 '송계원이 사망하고 삼년상(탈복)을 치른 후에 장자나 장손이 계원 자격을 상속할 수 있음'을 결의하였다. 이는 과거의 전통이 오늘날에도 면면히 이어지고 있다는 것을 보여준다. 탈복 후 장자나 장손은 계원 승계 신청서를 제출하고 정기총회에서 인사하는 것으로 송계원 자격을 승계하게 된다.

〈표 4-10〉은 1984년부터 2015년까지 이리송계의 계원수 현황을 보여준다. 1984년 12월 11일 정기총회에서 계장이 언급한 계원수는 153명이었다. 송계책 16권(1993년)에는 165명의 계원 명단이 실려 있다. 매년 계원에게 지급되는 세찬대 내역으로 계원수 현황을 추측해 보면, 1990년대와 2000년대 초반에는 120명 정도였다가 2000년대 후반부터는 110명 전후를 유지하고 있다. 가장 최근 자료인 2015년 1월 23일 현재 세찬대가 지급된 계원수는 총 108명이었다. 계원 대부분이 고령으로 계원수는 앞으로 꾸준하게 감소할 것으로 예상된다. 송계의 재정 기반의 약화와 함께 계원의 고령화는 이리송계의 지속가능성을 위협하는 주요 요인으로 작용하고 있다. 원계원의 후손이 아니더라도 최근 이리 지역에 새로 이주한 사람들에게 어느 정도 문호를 개방할 것인지 앞으로 이리송계 내부에서 중요한 쟁점으로 부각될 것이다.

신입 계원의 추입에 관한 사항은 정기총회, 임시총회, 임원회의 등

이리송계 모임에서 꾸준하게 논의하고 있고 민감한 사안으로 취급하고 있다. 신입 계원을 잘못 들였다가 장래 송계 재산의 관리와 송계 자체의 지속성이 위협받을 수도 있다는 우려 때문이다. 하나의 예를 들어보면, 2009년도 정기총회 준비 목적으로 개최된 임원회의(2010. 01.16.)에서 신입 계원의 추입을 한시적으로 허용할 것을 의결하고 이를 정기총회의 공식 안건으로 상정키로 하였다. 이때 약 8명의 추입 희망자를 접수받았다. 2009년도 정기총회(2010.01.29.)에서 전형위원을 선출하여 추입 희망자에 대한 자격 심사를 실시하기로 의결하였다. 이에 따라 전형위원으로 황○○ 씨(복내1구), 채○○ 씨(복내2구), 소○○ 씨(반석1구), 채○○ 씨(반석2구), 채○○ 씨(용동1구), 소○○ 씨(용동2구), 이○○ 씨(진봉1구), 정○○ 씨(진봉2구) 등 각 마을에서 1명씩 총 8명을 선출하였고, 원로계원으로 채○○ 씨, 소○○ 씨, 채○○ 씨, 채○○ 씨를 선출하여 총 12명으로 전형위원회를 구성하였다. 하지만 전형위원 10명과 임원 5명이 참석한 회의(2010.03. 14.)에서 신입 계원의 추입 자격, 추입금(50만원) 등을 구체적으로 논의하였으나, 어느 누구도 추입하지 않기로 최종 결의하였다.

이리송계 차원에서 계원의 확충은 송계의 장기 지속성과 관련하여 가장 중요한 현안이다. 이런 고민은 이리송계 내부에서도 감지된다. 임원회의(2014.01.10.)에서 토의된 일부 내용을 들어보자.

계장: 다음은 외지에 있는 원계원의 후손들에 대한 계원 자격 부여입니다.

간사: 계원의 자격은 정관과 규약에 명시되어 있는 대로 하였으면 합니다. 외지에 있는 후손들의 자격 검토도 어려운 문제입니다. 특히 외지에 있는 후손들에게 정회원의 자격을 부여한다면 계원 관리가 어려워 옛날 같이 성원이 미달되어 회의를 두 번 개최하는 일이 발생하게 될 것입니다.

계장: 현재 계원들의 연령 상태를 보면 세월이 흘러 승계할 계원
이 많이 줄어들어 계를 유지하기가 어려워질 것입니다.

간사: 계원 후손 중 차(자)손들에게 조차 입계가 허용되지 않고 있
습니다. 사력비 옆에 계원명비(헌성비)를 건립하자는 안도
있었는데 유야무야 되어버렸습니다.

계장: 계원 입계와 헌성비 건립에 대해서는 다음 회의에 토의하기
로 합시다.

임원 전원: 찬성하다.

〈표 4-10〉 이리송계의 계원수 현황(1984~2015년)

연도	계원수(명)	리별 계원수	비고
182차 정기총회 (1984.12.11.)	153		
185차 정기총회 (1988.02.02.)	138		
임원회의 (1995.01.19.)	133	- 복내리 22명, 반석리 37명, 용동리 44명, 진봉리 30명	- 세찬대 지급 내역
193차 정기총회 (1996.02.03)	130	- 복내리 23명, 반석리 36명, 용동리 43명, 진봉리 28명	- 세찬대 지급 내역
194차 정기총회 (1997.01.23)	128	- 복내리 22명, 반석리 37명, 용동리 43명, 진봉리 26명	- 세찬대 지급 내역
195차 정기총회 (1998.01.13)	126	- 복내리 22명, 반석리 37명, 용동리 41명, 진봉리 26명	- 세찬대 지급 내역
196차 정기총회 (1999.02.01.)	127	- 복내리 22명, 반석리 37명, 용동리 42명,진봉리 26명	- 세찬대 지급 내역
197차 정기총회 (2000.01.21.)	127	- 복내리 22명, 반석리 38명, 용동리 41명, 진봉리 26명	- 세찬대 지급 내역
199차 정기총회 (2002.01.28.)	129	- 복내리 23명, 반석리 40명, 용동리 42명, 진봉리 24명	- 세찬대 지급 내역
200차 정기총회 (2003.01.17.)	128	- 복내리 24명, 반석리 39명, 용동리 41명, 진봉리 24명	- 세찬대 지급 내역
201차 정기총회 (2004.01.06.)	124	- 복내리 22명, 반석리 38명, 용동리 40명, 진봉리 24명	- 세찬대 지급 내역
202차 정기총회 (2005.01.24.)	122	- 복내리 22명, 반석리 37명, 용동리 39명, 진봉리 24명	- 세찬대 지급 내역

연도	계원수(명)	리별 계원수	비고
203차 정기총회 (2006.01.14.)	123	- 복내리 21명, 반석리 38명, 용동리 40명, 진봉리 24명	- 세찬대 지급 내역
204차 정기총회 (2007.02.02.)	114	- 복내리 22명, 반석리 34명, 용동리 36명, 진봉리 22명	- 세찬대 지급 내역
205차 정기총회 (2008.01.22.)	109	- 복내리 21명, 반석리 32명, 용동리 34명, 진봉리 22명	- 세찬대 지급 내역
206차 정기총회 (2009.01.10.)	106		- 마을별 세찬대 지급 내역 파악 불가
207차 정기총회 (2010.01.29.)	107		- 마을별 세찬대 지급 내역 파악 불가
208차 정기총회 (2011.01.18.)	108	- 복내리 20명, 반석리 30명, 용동리 31명, 진봉리 23명, 기타 지역 4명	- 세찬대 지급 내역
209차 정기총회 (2012.01.08.)	105	- 복내리 19명, 반석리 30명, 용동리 31명, 진봉리 21명, 기타 지역 4명	- 세찬대 지급 내역
2013년 1월 26일 현재	108	- 복내리 21명, 반석리 30명, 용동리 31명, 진봉리 22명, 기타: 용전리 1명, 봉천리 2명, 유정리 1명	- 〈복내면 이리 송계 계원 명부〉(2013.01.26.)
2014년 1월 10일 현재	110	- 복내리 21명, 반석리 30명, 용동리 32명, 진봉리 23명, 기타: 용전리 1명, 봉천리 2명, 유정리 1명	
2015년 1월 23일 현재	108	- 복내리 20명, 반석리 30명, 용동리 31명, 진봉리 23명, 기타: 용전리 1명, 봉천리 2명, 유정리 1명	

* 출처: 「이리송계회의록」(1984~2015년)을 토대로 저자 작성.

제4절 소결

이리송계는 초창기부터 '자연마을(리)-송계-관'이라는 중층적 구조와 운영 방식을 기본적으로 유지하여 왔다. 계원의 추입, 산지기 선정 등에서 일정한 자치권과 자율성을 각 자연마을에 부과하였고, 송계 곡식과 재산 관리 등에서도 마을 차원의 연대 책임을 부여하였다. 송계산의 순산과 산림 감시 활동은 각 자연마을에서 산지기, 각 리에서 송금원과 간사원, 그리고 이리송계에서는 집강이 담당하도록 하여 중층적 구조·운영 방식을 채택했음을 알 수 있다. 목재 판매, 재곡 취합, 이자 관리, 도조 수입, 회계 결산, 소송 등 주요 안건은 정기 강회와 임시강회, 후에는 정기총회와 임시총회에서 논의·결정하였다.

창계 이후부터 일제강점기 동안 이리송계의 주요 임원은 도정/계장, 직월/공원, 집강, 전곡 등이다. 임원은 대개 송계원 모두가 모인 강회에서 공론에 따라 선발되었다. 그 외에도 실무를 담당하는 직으로 간사원, 송금원, 고지기, 산지기 등을 두었다. 해방 이후 이리송계는 계장, 이사, 감사, 고문, 간사/총무, 서기 등 임원과 직원을 두고 있다. 계장과 감사는 정기총회나 임시총회에서 무기명 투표와 (복수 추천의 경우) 다수결 원칙에 따라 선출되는 게 보통이지만, 그 외에도 거수제, 호천제, 전형위원제 등을 통해 선출되기도 한다. 이사는 각 마을 단위에서 천거·선임된다. 고문은 주로 계장의 추천과 총회에 참석한 계원들의 합의로 추대되며, 간사/총무는 대개 계장이 총회에서 계원의 동의를 얻어 임명된다.

이리송계에서 계원의 추입 방식은 시대 흐름과 함께 변하여 왔다. 무엇보다도 하계원의 추입 양상은 큰 변화를 겪었다. 초창기에 이리 송계는 상계원 중심으로 운영되었다. 송계책 2권에서 13권까지 계원의 인적 구성을 보면, 이리송계는 '상하합계'이었으나 상계원이 대부분을 차지하였다. 하계원과 사내종·최하층민 계원은 전체 계원 중약 5%(5권) ~ 21%(2권과 10권) 정도였다. 그러다가 하층민에게도 차츰 참여의 기회가 확장되었던 것이다. 한편 손·염·소·채 네 성씨 계원들이 이리송계의 창설과 운영·관리에 주도적인 역할을 수행하였다. 송계책 2권에서 16권까지 성씨별 계원 구성 내역을 보면, 이들 네 성씨의 계원수는 총 1,894명으로 전체 3,568명 중 약 53%를 차지했던 사실에서도 확인된다.

초창기에 계원의 추입은 마을별로 자율적으로 이뤄졌었다. 특히 각 마을의 상황과 여건에 따라 하층민의 추입 양상은 다양하였다. 예를 들어, 진척 마을은 일찍부터 하층민들이 송계에 참여하였던 반면, 다른 자연마을에서는 늦은 시기까지 하층민의 추입이 이뤄지지 않았다. 송계책 2권의 〈좌목〉을 보면 하계원은 진척과 원우 두 마을에 거주하였고, 송계책 3권의 〈좌목〉에서는 하계원은 아예 보이지 않는다. 송계책 4권, 5권, 6권, 7권 및 8권의 〈좌목〉에서 하계원 모두 진척 마을에만 거주하고 있었다. 송계책 9권의 〈좌목〉에서 비로소 진척뿐만 아니라 원우, 복성, 반곡 등 다른 자연마을에서도 하계원의 추입이 이뤄졌다. 송계책 10권의 〈좌목〉에는 장변, 복성, 도화, 반곡, 풍치, 진척, 원우, 화령, 내동 및 입석에서 하계원과 사내종·최하층민의 명단이 계원으로 기재되어 있다.

오늘날 계원의 추입은 자연마을 단위가 아니라 이리송계 차원에서 이뤄지고 있다. 계원의 자격 요건은 몹시 까다롭다. 원계원의 장남이나 장손은 소정의 가입절차 없이 자동적으로 계원이 될 수 있다. 원계원의 차자나 차손은 소정의 절차와 심사과정을 거쳐 계원 자격을 획득할 수 있지만, 여전히 엄격한 잣대를 적용하고 있는 듯하다. 이들 외에, 최근 이리 지역으로 새로 이주한 사람이나 원계원의 후손이 아닌 지역주민에게는 이리송계에의 가입이 일절 허용되지 않고 있다.

제5장 이리송계의 의사결정

사람들이 함께 어울려 사는 공동체에서는 늘 크고 작은 문제와 현안들을 맞닥뜨리며 살아간다. 구성원 개인이 스스로 해결해야 할 문제도 있지만, 공동체 구성원 모두가 함께 고민하고 헤쳐 나가야하는 현안들이 늘 있기 마련이다. 공동체 차원에서 이런 현안들을 어떻게 풀어나가는지가 공동체의 생존과 지속가능성에 중요할 수밖에 없다. 주요 현안들을 함께 논의하고 의결하는 방식은 공동체성의 형성, 공동체의식의 강화와 유지, 구성원 간의 신뢰와 유대에 큰 영향을 끼친다. 특히 의사결정 과정에서 절차의 투명성, 정보와 자료의 공개와 공유, 투명하고 자세한 기록은 향후 구성원의 무임승차와 도덕적 해이를 방지하고, 책임성을 제고하며, 나아가 구성원 상호 간의 신뢰와 유대를 강화하는 데 기여한다.

어느 조직에서든 무임승차와 도덕적 해이를 미연에 방지하고 부작용을 최소화하기 위한 집합적 의사결정(collective decision-making)이 효과적으로 이뤄질 수 있도록 제도적 장치를 마련하고 운영할 필요가 있다. 이리송계는 200년 이상 지속돼 오는 동안 나름대로 체계적이고 실효성이 높은 집합적 의사결정 방식을 활용하여 왔다. 이리송계는 정치적, 사회경제적, 시대적 상황과 여건의 변화에 조응하여 집합적 의사결정 방식에 있어서도 수차례 변천을 겪어 왔다. 이 장에서는 집합적 의사결정 방식의 변천을 ① 창계 이후부터 경술국치까지, ② 일제강점기, ③ 해방 이후 등의 시기로 나누어 살펴보았다. 특히 해방 이후 이리송계의 주요 안건이던 송계사력비 건립, 이리송계영농조합법인 설립, 계당산 매각, 송계책 단행본 출간 등 네 가지 사례를 들어 이리송계 차원에서 어떻게 집합적 의사결정이 이뤄지고 실제 집행되었는지를 톺아보았다.

제1절 의사결정 방식: 창계 이후 ~ 경술국치

1803년 창계 이후 이리송계의 계원들은 향촌사회의 다양한 현안들을 함께 논의하고 공동으로 대처하면서 공존하고 번영을 누려왔다. 과거 이리송계에서 송계원 전체가 모여서 안건을 함께 논의하고 결정하던 회의를 '강회(講會)'라고 불렀는데, 이는 오늘날 총회(總會)에 해당한다. 강회는 매년 봄과 가을에 정기적으로 송계원 모두를 소집하여 개최되었다. 그 외에도 전체 송계원의 참석을 요하는 회의를 개최할 필요가 있다고 판단되면, 도정, 공원, 전곡 등 임원이 임시강회를 소집할 수 있었다.

송계책 3권(1820년, 순조 20)의 〈조약〉에는 강회 관련 조항이 포함돼 있다. 정기강회는 음력 5월과 11월에 개최되며, 빌린 돈의 이자는 5월 강회에서 1냥[兩]에 2전(錢)씩, 11월 강회에서 1냥에 쌀로 2두(斗)씩 이자를 내도록 하였다. 전곡은 각 가구에 빌려준 돈의 이자를 책정하여 알려주어 갚도록 하였다. 통호조, 예죽조 및 구마조를 위한 벼는 매년 음력 10월 10일까지 내도록 하여, 가을 강회에서 회계 결산이 가능하도록 하였다. 정기강회에서는 수입과 지출 관련 회계 결산 보고와 감사, 임원 선임, 공동 과세와 요역 납부, 계원의 이주와 추입에 따른 계원 명부 정리, 송계 소유 전답에서의 도조 수입, 임목 판매, 산림 보호와 감시 활동, 향촌사회 내 규율 위반과 범금 행위의 처벌, 효열자 표창 등을 주로 논의·결정하였다. 당시 강회 경비는 1냥 5전으로 한정하여 먹고 마시는 데에 불필요한 낭비를 차단하였다.

더불어, 강회 중에 상호 규율은 엄격하게 지켜졌던 것으로 보인다. 송계책 10권(1869년, 고종 6), 송계책 11권(1880년, 고종 17), 그리고 송계책 12권(1897년, 광무 원년)의 〈조약〉에 따르면, 강회에서 계원들은 나이순으로 나누어 앉도록 하였다. 강회 중에 술에 취해 패악을 일삼는 자가 있으면 벌을 논하여 처벌하며, 이에 순순히 응하지 않으면 관에 고발하여 일벌백계하였다. 한편 송계책 11권과 송계책 12권의 〈조약〉에 명시돼 있듯이, 이리송계는 봄과 가을에 정기적으로 훈장을 선정하여 어른과 어린이를 대상으로 시험을 보고 이들에게 강의를 실시하여 향촌사회에 학문을 일으키고 풍속을 교화하는 노력을 하였다.

일부 현안들은 자연마을 단위에서 촌계나 대동회의와 같은 마을회의를 통해 이리송계의 논의 안건으로 상정되기도 하였다. 한 예로, 이리 관내로 새로 이사 온 사람이 송계에 가입하고자 하거나 원계원의 차자나 차손이 분가한 후 송계에 가입하기를 희망할 경우, 추입 여부는 마을회의를 통해 마을 자체적으로 결정하여 이리송계에 통보하면 보통 가을 강회에서 승인하는 방식으로 이뤄졌다. 이렇게 계원의 추입 결정 권한을 각 자연마을에 부여한 만큼 마을 전체에 연대책임을 지우기도 하였다. 송계책 12권의 〈조약〉에서는 곗돈을 함부로 유용하거나 제대로 갚지 않으면 먼저 친척에게 물리고 그래도 여의치 않으면 해당 마을 전체 계원에게 갚도록 명시하였던 것이다.

제2절 의사결정 방식: 일제강점기

송계책 13권(1920년)의 〈송계규약〉에는 강회 개최, 논의 안건, 강회 경비 등에 관한 명문 규정을 구체적으로 마련하고 있다. 과거 전통과 관례에 따라, 정기강회는 매년 음력 6월 15일과 12월 15일에 열렸다. 임시강회의 개최가 필요하다고 판단되면, 임원은 고지기를 통해 각 리의 간사원에게 알리고, 간사원은 다시 마을 계원들에게 임시강회의 개최를 통보하였다. 각 계원의 강회 참석시간은 시도기(時到記)에 기록하며, 늦게 참석한 계원은 회의석 밖에 벌좌(罰座)를 따로 마련하여 앉도록 하였다. 이리송계 임원의 좌석인 공사석(公事席)을 중앙에 마련하고, 계원들을 존(尊), 장(長), 적(敵), 소(小), 유(幼) 등 나이순으로 다섯 등급의 좌석을 별도로 마련하여 앉도록 하였다.

강회를 시작하기 전에 먼저 상읍례를 행하고 강회와 음회를 마치면 다시 상읍례를 행하고서 강회를 마무리하였다. 과거의 관례대로, 강회에서는 수입과 지출에 관한 회계 결산 보고와 감사, 임원 선임, 산림조합비 등 공동 과세 납부, 계원의 이주와 추입에 따른 계원 명부 정리, 송계 소유 전답에서의 도조 수입, 임목 판매, 산림 보호와 감시 활동, 지역사회 내 규율 위반과 범금 행위의 처벌, 효열자 표창 등을 함께 논의하고 결정하였다. 강회 시에 술 한 동이와 점심밥이 제공됐는데, 쌀은 계원 한 명당 3홉으로 책정하고 반찬 비용으로 15냥을 넘지 못하도록 하여 불필요한 낭비를 방지하였다.

이리송계의 전통과 관례를 계승하여, 강회에서 상호 규율은 엄격하게 지켜졌으며 강회가 교육과 풍속교화의 장으로서 역할도 수행하였다. 강회에서 강사나 강생이 남전향약(藍田鄉約), 백록강규(白鹿講規), 화양강규(華陽講規), 이자지신장(李子持身章), 공자삼계장(孔子三戒章) 및 맹자삼락장(孟子三樂章)을 큰 소리를 읽으면, 훈장과 강사가 이를 계원들에게 상세히 설명하여 계원들이 깨달을 수 있도록 하였다. 강회에서 너무 많이 먹거나 술에 취하지 않아야 하며, 회석에서 자리를 넘어 다니거나, 자리에 눕거나, 큰 소리로 다투거나 음담패설을 하지 못하도록 하였다. 이를 잘 지키지 않으면 강회에서 벌을 의논하여 처벌했으며, 벌을 의논하는 자리에서 불손하게 굴면 계안에서 출척시키도록 규정을 마련하고 있다. 계안의 출척은 계원 자격의 박탈을 의미한다.

이 외에도 매년 음력 3월 15일과 9월 15일에 강을 베풀고 예를 행하는[設講行禮] 날로 정해 시행하도록 하였다. 향음주례와 상읍례가 없으면 계원 한 명당 2냥씩 책정하고, 향음주례를 행하면 술 한 동이와 반찬값 10냥을 책정하며 점심으로 요기를 면하도록 하였다. 이는 농한기에 이리 향촌사회에서 어른과 어린이들에게 학문을 가르치고 풍속교화를 진작시키기 위함이었다.

제3절 의사결정 방식: 해방 이후

해방 이후 이리송계의 집합적 의사결정은 정기총회, 임시총회, 임원회의, 특별위원회 등을 통해 이뤄지고 있다. 여기서는 주요 안건, 논의 방식, 의사결정 원칙 등을 〈정관〉과 〈규약〉을 중심으로 살펴보았다.

1. 정기총회와 안건

이리송계 총회는 정기총회와 임시총회로 구성된다. 정기총회는 매 회계연도에 한 번 계장이 소집하며, 보통 음력 12월 15일을 전후하여 개최된다.[1] 정기총회에서는 해당 회계연도 결산과 감사 보고가

---

1 정기총회는 매 회계연도가 끝나가는 시점인 12월 말부터 다음 해인 1월 중에

있고, 이에 대해 참석 계원들의 질의, 응답, 승인 등을 받게 된다. 그 외에도 이리송계의 주요 현안들이 정기총회에서 집중적으로 논의되고 있다.

보통 정기총회가 소집되기 일주일 전후로 이리송계에서는 계원 전체에게 '총회 개최 통지문'을 우편으로 발송한다. 2014년도(212차) 정기총회 개최를 알리는 통지문은 〈표 5-1〉과 같이 2015년 1월 27일에 발송되었다. 정기총회 참석이 어려운 계원은 다른 사람(계원 포함)에게 계원의 권한을 위임할 수 있으며, 위임자가 정기총회를 참석할 때에는 반드시 계원에게서 받은 위임장을 지참해야 한다. 정기총회에 참석한 계원만이 원칙적으로 세찬대를 지급받을 수 있으며, 위임자를 통해 위임장을 제출한 계원도 총회 참석으로 인정하여 세찬대를 지급받을 수 있다.[2] 이는 정기총회에 계원의 관심과 참석을 적극 독려하기 위한 고육지책으로 보인다.

〈표 5-1〉 총회 개최 통지문 예시(2015년 1월 27일)

제목: 복내면 이리송계 제212차 정기총회 개최

복내면 이리송계 제212차 정기총회를 아래와 같이 개최하오니 참석 바랍니다.

아   래

1. 일   시 : 2015년 2월 3일 (음력 12월 15일) 11시
2. 장   소 : 복내면 북부농협 회의실

보통 소집·개최되는데, 늦어도 설날 이전에는 정기총회가 개최되고 있다.
2 2007년도(205차) 정기총회(2008.01.22.)에서 이와 같이 결의하였다.

3. 안　건 : 제1호의안 : 이리송계 2014년 결산보고서 승인의안

　　　　　　제2호의안 : 2016년도 세찬대 지급의안

　　　　　　제3호의안 : 임원선출의안

　　　　　　제4호의안 : 기타 토의사항

4. 지참물 : 꼭 도장 지참 바랍니다.

　　- 대리참석시는 위임장을 지참하시기 바랍니다.

　　- 불참시 또는 폐회시간 이후에는 세찬대를 지급하지 않으니
　　　시간 엄수 참석 바랍니다. "끝"

복내면 이리송계영농법인 회장

위　임　장

2015. 02. 03.

복내 이리송계 제212차 정기총회 참석을 다음과 같이 위임합니다.

다　　음

위임한자			위임받은자			확인
성명	주소	인	성명	주소	인	

* 출처:「이리송계회의록」(1984~2015년).

정기총회와 임시총회는 전체 계원 중 과반수 출석으로 개의한다. 정기총회와 임시총회에서 주요 안건이 집중 논의되고 모든 계원은 자신의 의견을 자유롭게 피력하고 발언할 권리를 가진다. 주요 안건에 대해 참석 계원 모두가 합의할 수 있는 의사결정이 이루어지도록 장시간 논의에 부치는 방식으로 회의가 진행된다. 그래도 계원 간의 의견 합의가 어려울 경우에는 다수결 투표에 부친다. 일반 안건들은

계원의 과반수 출석에 과반수 찬성으로 처리된다. 이리송계 관련 중요 안건, 특히 정관의 변경, 송계의 해산·합병·분할, 계원의 제명 등에 대해서는 전체 송계원 2/3 이상의 출석과 출석 계원 2/3 이상의 찬성으로 처리되는 것을 원칙으로 한다.[3]

이리송계는 총회, 임원회의, 기타 주요 회의에 관한 회의 일시, 장소, 참석 계원수, 회의 안건, 회의 내용을 회의록에 자세하게 기록하고 이를 보관하고 있다. 회의록을 작성하고 보관하는 것은 계장, 간사 등 이리송계 임원의 주요 임무로 중요하게 취급한다. 한 예로, 2004년도 정기총회(2005.01.24.)에서 논의·의결된 안건들이 회의록에 작성되지 않았는데, 다음 해인 2005년도 정기총회(2006.01.24.)에서 회의록이 제대로 작성되지 않은 사실을 총회의 가장 중요한 안건으로 심각하게 논의되었고 회의록 누락에 따른 송계 임원의 임무 태만에 대한 강한 질책들이 총회에서 쏟아졌다.

〈규약〉 제29조 1항에서 "총회의 의사에 관하여는 의사록을 작성" 하여야 하며, 2항에서 "의사의 진행상황 및 그 결과를 기재하고 의장과 총회에서 선출한 5인 이상의 계원이 기명날인" 하도록 명시하고 있다. 그리고 3항에서 의사록을 사무소에 비치하여 보관하도록 규정하고 있다. 〈규약〉 제39조 7항에는 계원명부, 재산목록 대장, 비품대장, 결산서와 예산서, 각종 통장 등 중요서류 일체를 사무소에 보관하도록 규정하고 있다.

또한 〈규약〉 제50조 1항에서 "계장은 정기총회일 1주전까지 결산보고서(사업보고서, 대차대조표, 손익계산서, 잉여금처분안 또는 손실금처리안 등)를 감사에게 제출하고, 사무소에 비치"하도록 하며, 3항에서 "계장은 정관, 총회, 이사회의 의사록 및 조합원명부를 사무

---

3 〈규약〉 제27조에서 총회의 특별의결은 전체 계원 2/3 이상의 출석과 출석 계원 2/3 이상의 찬성으로 의결할 것을 규정하고 있다.

소에 비치"하도록 의무를 지우고 있다. 이렇게 이리송계는 수입, 지출, 사업 투자 등 재정관계, 의사결정, 계원명부 및 기타 주요 안건에 대해 철저하게 기록하고 있다. 이와 더불어, 계원들은 이들 문서를 언제든 열람할 수 있도록 권리를 보장받고 있다. 〈규약〉 제50조 4항에서 "계원 100분의 5이상의 동의를 얻어 계의 출납장부 및 서류 등의 열람 또는 사본의 교부를 청구"할 수 있도록 계원에게 보장하며, 이리송계는 특별한 사유가 없는 한 계원의 요청을 따라야 한다.

「이리송계회의록」(1984~2015년)에는 1984년도(182차) 정기총회 회의록부터 시작하여 2014년도(212차) 정기총회 회의록까지 기록되어 있다. 〈부록 표 5-1〉은 회계연도 1984년부터 2014년까지 개최된 정기총회의 일시, 장소, 참석 인원 수, 주요 안건의 논의·의결 사항을 정리한 것이다. 정기총회에서는 각 회계연도 결산보고서의 심의와 승인, 차기 회계연도 사업계획서의 심의와 승인, 송계 전답의 소작료 책정, 송계 임원 선출, 세찬대 지급 등이 주로 논의되고 결정되었다. 이외에도 이리송계 규약의 변경, 송계 재산의 매각과 매입 등 주요 사안이 있을 때 마다 회의 안건으로 총회에 상정되어 의결과정을 거쳤음을 확인할 수 있다.

2. 임시총회와 안건

매 회계연도마다 1회씩 열리는 정기총회 이외에도 송계원 전원이 참석대상인 임시총회가 개최되기도 한다. 〈법인 정관〉 제49조 2항에 따르면, (i)조합원 3분의 1 이상의 소집 요구가 있을 경우, (ii)이사회에서 임시총회 개최의 필요성이 있다고 판단하여 소집 요구가 있을 경우, (iii)대표이사(송계장)가 필요하다고 인정할 경우 대표이사가 임시총회를 소집하여야 한다. 또한 〈법인 정관〉 제49조 3항에서 명시하고 있듯이, (i)대표이사의 직무를 행할 자가 없는 경우, (ii)제49

조 2항에 규정되어 있는 바대로 임시총회 소집 요구가 있음에도 대표이사가 정당한 이유 없이 2주일 이내에 총회 소집 절차를 취하지 않는 경우, (iii)감사가 조합법인의 재산상황 또는 사업의 집행에 관하여 부정사실을 발견하여 이를 신속히 총회에 보고할 필요가 있을 경우에는 감사가 임시총회를 소집할 수 있다.

〈부록 표 5-2〉에서 보듯이, 이리송계에서는 회계연도 1985년부터 2014년까지 4번에 걸쳐 임시총회를 개최하였다. 주요 회의 안건은 계당산의 매각, 계원의 가입 자격 및 탈퇴 등 정관 변경에 관한 사항이었다. 하지만 정관의 변경, 계원의 가입 승인 등은 전체 계원 2/3 이상의 출석과 출석 계원 2/3 이상의 의결에 따라 결정되어야 할 사안이므로 4번의 임시총회에서는 안건 의결을 위한 정족수를 충족시키지 못하였다.

3. 임원회의와 안건

임원회의는 송계임원회, 대의원회의, 이사회의, 임시이사회의, 임시회의 등으로도 불린다. 〈법인 정관〉 제39조 1항에 따르면, 대표이사(송계장), 이사(8명), 재무(1명) 등으로 이사회가 구성되며 대표이사가 이사회 의장을 맡는다. 2항에서 "대표이사가 필요하다고 인정하는 경우 또는 이사 2인 이상의 요구가 있는 경우"에 이사회를 소집하도록 규정하고 있다. 제40조에서는 "총회의 소집과 총회에 부의할 안건, 업무를 운영하는 기본방침에 관한 사항, 고정자산의 취득 또는 처분에 관한 사항, 총회에서 위임된 사항의 의결, 준조합원의 가입, 탈퇴 및 제명, 기타 조합법인의 운영상 필요한 사항"을 재적이사 과반수의 찬성으로 의결할 수 있다. 또한 이사회에서 논의되고 의결된 사항은 총무가 회의록을 작성하고 참석 이사들의 기명날인 후 보관하도록 규정하고 있다(41조).

임원회의는 매 회계연도에 보통 두세 번 정도 개최되고 있다. 대개 정기총회 개최 일주일 전에 임원회의가 열리는데, 해당 회계연도 결산보고서 작성, 차년도 사업계획서 준비, 정기총회 소집 날짜, 총회에 상정할 안건 등을 논의하고 의결한다. 〈부록 표 5-3〉은 1985년부터 2014년까지 임원회의 개최 일시, 장소, 참석 인원 수, 안건 등을 요약·정리한 것이다. 지난 30년 동안 임원회의는 총 83번 개최되었다. 특히 2000년에는 이리송계 사력비 건립을 위한 부지 매입, 비문 작성, 건립 행사 준비 등과 관련하여 최다 12번의 임원회의가 개최되었다. 그 외에도 임원회의에서는 이리송계의 운영과 관리에 관한 다양한 안건들이 논의·의결되고 있다. 여기에는 송계산 내 임목 판매, 송계 부동산 매각과 매입, 송계 소유 전답의 임대료 책정, 송계산 내 임도 건설, 효열자 표창, 정관 변경, 송계책 단행본 발간, 계원의 추입, 세찬대 지급, 송계 부동산 및 동산 관리, 정기 적금 예치 관리, 간사와 산수호인 수당 지급 등을 망라한다.

4. 특별위원회와 안건

이리송계에서는 정기총회, 임시총회 및 임원회의 이외에도 특별위원회를 한시적으로 구성·운영하기도 한다. 특별위원회가 구성됐던 사례는 송계사력비 건립을 추진하기 위한 '송계비건립추진위원회'와 그 아래 집행기구인 '송계비건립집행위원회'이다. 다른 사례로, 계당산 매각 업무를 전담하는 '협의위원회' 구성을 들 수 있다. 이에 대해서는 다음 '이리송계 사력비 건립' 사례와 '계당산 매각' 사례에서 보다 자세하게 기술하였다.

제4절 주요 의사결정 사례: 해방 이후

이 절에서는 이리송계가 당면한 문제와 현안을 어떻게 송계 회의의 안건으로 상정했는지, 어떤 절차와 과정을 거쳐 논의·의결·처리했는지, 의결된 사항들을 어떻게 집행했는지, 집행 결과를 어떻게 결산하고 평가했는지를 파악하기 위해 네 가지 주요 사례를 상세하게 들여다보았다. 이리송계 사력비 건립, 이리송계영농조합법인 설립, 계당산 매각, 송계책 단행본 출간에 관한 것으로 「이리송계회의록」(1984~2015)의 내용을 중심으로 각각의 사례를 톺아보았다.

1. 사례 하나: 이리송계 사력비 건립

추석 전날인 2000년 9월 11일에 있었던 송계사력비(이후 사력비)의 제막은 2000년대 초반에 이리송계 차원에서 가장 중점적으로 추진하였던 사업이다. 이리송계 사력비 건립의 추진과정을 자세하게 살펴보았다.

① 2000년 이전에도 정기총회, 임원회의 등에서 사력비 건립 안건이 종종 제기되어왔음.

② 임원회의(2000.01.15.)에서 사력비 건립 추진을 정기총회 안건으로 상정하기로 의결함.

③ 제197차 정기총회(2000.01.21.)에서 사력비 건립의 추진을 최종 결의함.
   - 건립예산은 □□□원으로 책정함.
   - '송계비건립추진위원회'(이후 추진위원회) 구성을 합의함.

④ 임원회의(2000.02.08.)에서 추진위원회 구성을 위한 추진위원의 추천을 각 마을별로 취합함.

⑤ 추진위원회(2000.03.03.)가 공식 발족되고 첫 회의를 개최함.
　－추진위원회는 계장 1명, 복내리 3명, 반석1구 3명, 반석2구 4명, 용동1구 5명, 용동2구 2명, 진봉1구 5명, 진봉2구 2명 등 총 25명의 추진위원으로 구성함.
　－계장이 위원장을 겸임하기로 의결함.
　－송계비건립집행위원회(이후 집행위원회) 구성을 합의하고, 집행위원회는 총 7명의 집행위원으로 구성함.[4]
　－건립 부지, 비문 등 사력비 건립에 관한 모든 안건은 집행위원회에서 먼저 협의하고 추진위원회에서 승인을 얻은 다음, 집행위원회에서 추진하기로 의결함.

⑥ 집행위원회 회의(2000.05.21.)에서 문○○ 선생에게 비문을 부탁하기로 의결함.

⑦ 집행위원회 회의(2000.07.01.)에서 문○○ 선생으로부터 비문 초안을 받아 검토한 후 몇 가지 수정사항을 문○○ 선생에게 다시 부탁하기로 결의함.[5] 사력비 건립 부지로 반석리 대지 329번지 56평을 이○○ 씨에게서 매입하기로 의결함.

⑧ 추진위원회 회의(2000.07.15.)에서 이백순 선생으로부터 비문 초

---

4 계장 1명, 감사 2명, 이사 7명, 간사 1명 등 당시 임원 11명 모두가 추진위원회 위원으로 참여했으나, 집행위원회 위원으로는 계장만이 참여하였다.
5 문○○ 선생의 비문 초안에 대한 수정 요구사항이 무엇인지는 기록에 남아 있지 않다.

안을 받아 문○○ 선생의 비문 초안과 비교하여 최종 선택하기로 의결함.

－추진위원들이 문○○ 선생의 비문 초안과 수정안을 검토함.

－반석리 대지 329번지 56평을 이○○ 씨와 계약하고 사력비 건립 부지로 최종 확정함.

－사력비 석물(石物)값은 약 □□□원 정도 추정되며, 사력비 건립은 2000년 추석 전에 준공하기로 의결함.

⑨ 추진위원회 회의(2000.07.29.)에서 다음과 같이 의결함.

－이백순 선생의 비문을 채택하기로 한다.

－사력비 주위 조경은 자연석으로 하기로 한다.

－사력비 울타리 설치, 바닥은 세면콘크리트 후 사력비 옆은 거친 돌로 한다.

－사력비 갓석(石)은 기와지붕갓석으로 한다.

－사력비 크기는 높이 8척(尺), 넓이 3척, 두께 2척으로 한다.

－사력비 좌대는 사각으로 한다.

－추진위원 명단은 사력비에 넣지 않는다.

－비문 쓰는 것은 집행위원들에게 일임한다.

－사력비 준공은 추석 전으로 한다.

－사력비 준공식은 약식으로 하되, 군수, 문화원장, 기관장, 노인당, 이장단, 계원을 초대한다.

－사력비 계약은 집행위원들에게 일임한다.

같은 날 추진위원회 회의에서 이백순 선생의 비문 초안을 검토한 후 다음과 같이 수정을 요청하기로 함.

－개기치(開基峙)를 가야산(伽倻山)으로

－왜정(敵政)을 (왜)일정((倭)日政)으로

- 단기(檀紀)를 서기(西紀)로

⑩ 추진위원회 회의(2000.08.05.)에서 다음과 같이 의결함.
- 비문 중 4姓이라고 되어 있는데 그 뒤에 '수성(數姓)이 추입'을 삽입한다.
- 적정(敵政)을 왜정(倭政)으로
- 개기치(開基峙)를 개기재로
- 연도는 단기(檀紀)로
- 송계산 면적으로 336정(町)6반(反)2무(畝)로
- 추진위원에 문○○ 씨를 추가하여 현재 25명에서 26명으로
- 회장(會長)을 계장(契長)으로
- 추진위원 명단을 비문에 넣고 '계원일동(契員一同) 건립'으로
- 임○○ 씨, 염○○ 씨를 추진위원으로 추대한다.

⑪ 이사회 및 집행위원회 회의(2000.09.01.)에서 사력비 제막식과 관련하여 다음과 같이 의결함.
- 제막식은 추석 전날인 2000년 9월 11일에 거행하기로 한다.
- 초청인사는 군수, 경찰서장, 문화원장, 공보실장, 면단위 기관장, 계원, 군의원, 노인당, 이장단 등 약 200명으로 한다.
- 기념품 수건 250매
- 감사패(문○○ 씨), 공로패(소○○ 씨)
- 도시락 200개 × □□□원, 녹차캔 7상자 × 30개, 과일, 김치, 돼지고기
- 제막인사: 원로계원, 前 계장, 초청인사
- 농협텐트, 농협의자 및 연설대
- 프랑카드 3매
- 농악놀이

⑫ 추진위원회 회의(2001.02.07.)에서 사력비 건립 결산내역을 〈표 5-2〉에서와 같이 자세하게 보고함. 사력비 건립에 실제 소요된 총 □□□원은 제197차 정기총회(2000.01.21.)에서 의결했던 사력비 건립 예산(□□□원)보다 크게 초과한 금액임. 과다 지출에 대한 우려들이 당일 추진위원회 결산보고 회의에서도 표출됨.

〈표 5-2〉 송계사력비 건립 결산내역

추진위원회 회의시 비용	□□□원	**석물값 및 각자값**	□□□원
1차 회의 통문	□□□원	석물	□□□원
1차 회의 (추진위원 선정) 식대	□□□원	각자 大 (11개)	□□□원
2차 회의 (비문 관계) 식대	□□□원	각자 小 (1,712개)	□□□원
3차 회의 (비 건립 부지 협의) 식대	□□□원		
4차 회의 (문○○ 선생의 비문 검토) 식대	□□□원	**碑 세우기**	□□□원
5차 회의 통문	□□□원	좌대돌 붙이기 세참 및 점심	□□□원
5차 회의 (문○○ 선생의 비문 수정) 식대	□□□원	碑 내릴 때	□□□원
6차 회의 (문○○ 선생과 비문 협의) 복사	□□□원	碑 세울 때 세참 및 점심	□□□원
7차 회의 이백순 선생의 비문 검토	□□□원	碑 세우기	□□□원
8차 회의 (이백순 선생의 비문 수정) 식대	□□□원	碑 청소	□□□원
비문 및 기타 비용	□□□원	**제막식**	□□□원
비문 의뢰 시 차비 점심	□□□원	홍화 (20개)	□□□원
비문 답례	□□□원	녹차캔 (7 상자)	□□□원
비문 답례	□□□원	제막식 프랑카드 (3개)	□□□원
비문 답례	□□□원	안내장	□□□원
비문 수령 시 교통비 등	□□□원	제막기념품 (200매)	□□□원
		공로패 및 상품	□□□원
비 건립 부지대 및 비용	□□□원	백봉투 (500매)	□□□원
비 건립 부지 계약서	□□□원	김치	□□□원
비 건립 부지 대금 (56평)	□□□원	끈 (제막보)	□□□원
비 건립 부지 측량비	□□□원	포도 (4 상자)	□□□원
		각봉투 (200매)	□□□원
조경비	□□□원	초청장, 안내장	□□□원
비 건립 부지 정리작업	□□□원	초청장 발송	□□□원
자연석 (4차)	□□□원	세제, 밀가루	□□□원

포크레인, 조경사 노임, 나무값	□□□원	은박매트(깔자리용)	□□□원
잔디 (10평)	□□□원	전선 (앰프)	□□□원
조경사 식대	□□□원	도시락 (150개)	□□□원
잔디, 나무심기 식대	□□□원	소주, 음료, 잡화	□□□원
잔디, 나무심기 인건비	□□□원	돼지	□□□원
기초공사	□□□원		
합판, 각목 작업 식대	□□□원		
비 건립 부지 작업 식대	□□□원		
좌대공사 철물	□□□원		
좌대공사 식대	□□□원		
레미콘 (4대)	□□□원		
좌대공사 마무리, 프랑카드 걸기	□□□원		
기초공사 인건비 (4명)	□□□원	**총 소요 경비:**	□□□원

* 출처: 「이리송계회의록」(1984~2015년)을 토대로 저자 작성.

2. 사례 둘: 이리송계영농조합법인 설립

2006년 이리송계가 이리송계영농조합법인이 되면서 200년 이상 이어져온 이리송계의 역사에서 또 하나의 중요한 전환점을 마련하였다. 조선 후기 관청으로부터 송계산을 입안 받아 이리송계를 창계하면서 이리 향촌사회는 규칙 제·개정, 송계산의 점유권과 이용권 확보, 송계 재산의 증식과 관리, 지역민에 대한 교육·풍속교화·규율 등 상당한 재량권을 향유하는 자치적·자율적 공동체를 유지해 올 수 있었다.

하지만 이리송계영농조합법인은 이제 하나의 법인격으로 국가의 법적 구속력을 받게 되며 국가에서 규정하는 법적·제도적 요건들을 준수해야 한다. 여기서 법인의 설립과 운영이 장기적으로 이리송계의 지속가능성을 높이고 건전하고 투명한 운영·관리를 제고할 수 있을 것인가를 의문해볼 필요가 있다. 우선 법인의 설립으로 이리송계의 동산과 부동산의 처분·매매가 보다 엄격하고 적법한 절차와 과정을 요구하기 때문에, 송계 임원이나 일부 계원들의 임의적인 처분이나 매매를 방지할 수 있다. 또한 회계 관리와 재정 운영상의 형식과 요건이 보다 강화된다. 따라서 이리송계의 재정 운영과 관리에서 투명성, 절차적 형식성 및 정당성이 보다 제고될 수 있을 것으로 예상된다. 그럼에도 이리송계가 오랫동안 건전하게 유지해 왔던 자치적·자율적 공동체의 특성이 다소 약화될 우려도 없지 않다.

다음은 이리송계영농조합법인의 설립과 관련하여 이리송계에서 진행됐던 논의 과정, 의결사항, 추진 절차와 과정 등 상세한 내역을 「이리송계회의록」(1984~2015년) 내용을 바탕으로 정리한 것이다.

① 임원회의(2005.03.08.)에서 이리송계 법인의 설립을 발기함. 법인 설립 추진과 준비는 손○○ 이사가 담당하기로 함. 발기인 명단은 채○○, 이○○, 채○○, 이○○, 소○○, 소○○, 박○○, 손○○, 채○○, 송○○, 채○○, 소○○ (이상 12명)임.

② 임원회의(2005.11.14.)에서 손○○ 이사가 참석 임원들로부터 이리송계영농조합법인 설립의 승인을 다시 확인받음.

③ 임원회의(2006.01.07.)에서 〈법인 정관〉 수정안에 대한 논의가 진행됨.
  −"조합원의 장자는 신청서를 제출해야 승계되고 원계원의 후손(차자)은 50만원을 지불하고 계원이 될 수 있도록" 하고 이를 정기총회에서 인준 받도록 하는 안에 참석 임원 모두가 찬동함.
  −"복내, 반석, 용동, 진봉리를 떠나 다른 구역으로 이거 시는 당대에 한해 계원자격을 부여"하는 안에 참석 임원 모두가 찬동함.

- 계장이 〈법인 정관〉과 〈이리송계 규약〉의 수정 사항들을 낭독하고 임원회의에서 통과되었음을 선포함.

④ 제203차 정기총회(2006.01.14.)에서 〈법인 정관〉과 〈이리송계 규약〉에 대한 논의와 함께 참석 계원으로부터 최종 승인을 받음. 논의 내용을 구체적으로 살펴보면,
- 먼저 계장이 〈법인 정관〉과 〈이리송계 규약〉 승인의 건을 상정하고, 계원의 자격 및 추가 가입에 대해 설명함.
- 계장이 〈이리송계 규약〉 제8조 1항과 2항, 제47조에 대해 설명함.
  - 제8조 (계원) 우리 계의 계원은 본 구역 내에 6개월 이상 실거주 또는 주소를 둔 자로 한다.
    1. 이리송계 계책 제1권, 제13권, 제15권, 제16권의 후손 자(子)로 한다.
    2. 본 계원의 자격을 취득한 후 제4조의 구역을 벗어나 이거시도 회의 참석과 연락 또는 의무를 충실히 수행할 때는 계원의 자격을 유지한다. 단, 당대에 한한다.
  - 제47조 신입 계원 출자는 2006년 병술년은 50만원으로 하고 차년도의 신입 계원 출자금은 그 가입 시기 총회 결의에 의한다.
- '신규 추입을 허용말자'는 일부 송계원의 의견이 있었으나, 거수투표에서 '지금 세대에 맞게끔 신규 추입을 막을 수 없다'는 의견이 우세하여 신규 추입을 허용하는 것으로 선포함.
- 이와 관련하여, '신규 추입 계원은 연속으로 계원 자격을 유지한다', '신규 추입 계원은 〈이리송계 규약〉 제9조에 의해 추입한다' 등의 사항을 의결함.
  - 제9조 (가입) 우리 계의 계원은 본 구역 내에 6개월 이상 실

거주 또는 주소를 둔 자로 다음 사항을 기재한 가입신청서를 계에 제출한 후 소정의 가입절차에 의하여 계원이 된다.

1. 성명, 주민등록번호, 주소
2. 가족관계 (선대조 성명)
3. 인수하고자 하는 계비 금액
4. 계 운영 참여 및 사업이용 동의서
5. 이리송계 제1권, 제13권, 제15권, 제16권까지의 원계원의 후손 중 장손은 자동 승계하고 타지에서 거주하는 장손은 본 계의 구역 내로 이거 시는 계원의 자격을 자동 취득한다.

⑤ 임원회의(2006.04.19.)에서 이리송계영농조합법인 설립 등기에 관한 논의 후 다음과 같이 의결함.
   - 법인 상호명은 '복내면 2리송계영농조합법인'으로 한다.
   - 법인 등기 대표 5명을 선출함. 대표이사 소○○, 이사 박○○, 이사 소○○, 이사 채○○, 감사 채○○ (이상 5명)으로 함.
   - 사무소 주소는 "보성군 복내면 진봉리 147번지"로 한다.

⑥ 임원회의(2006.09.30.)에서 이리송계영농조합법인 설립이 완료되었음을 보고함. 현재 송계 임원 임기는 2년이나 〈법인 정관〉에 임원 임기는 3년으로 정해 있으니, '임기를 3년으로 변경하는 안'을 총회에 상정하기로 의결함.

⑦ 제204차 정기총회(2007.02.02.)에서 '2리송계영농조합법인' 설립 등기가 완료되었음을 총회에 보고하고, 부동산 이전 문제에 관한 논의가 진행됨.

3. 사례 셋: 계당산 매각

이리송계 창계 이후부터 이제까지 부동산 매각과 매입은 송계 차원에서 중요하게 취급하였던 사안이다. 특히 송계산은 부동산 규모가 상당하므로 이리송계 차원에서 중차대한 사안으로 부동산의 매각과 매입 과정에서 절차적 정당성, 공정성 및 투명성을 확보하는 데 주력해 왔다. 부동산의 매각과 매입 시에 각 마을에서 자체적으로 협의위원을 선임하고 송계 차원에서 협의위원회를 구성한다. 협의위원은 자신의 마을을 대표하고 계원의 의견을 적극 수렴하여 이리송계에 전달한다.

또한 부동산 매각이나 매입을 일사천리로 진행하기보다 사안에 따라서는 수년에 걸쳐 여러 차례 임원회의, 총회를 거쳐 매매금액, 매매조건 등 부동산 매각이나 매입 과정에서 발생할 수 있는 임원의 자의적 행위나 실수 같은 불미스런 요소를 최소화하려는 노력을 강구하고 있다. 이런 제도적 장치는 계원 간의 의견 차이가 오랫동안 논의·조정되면서 계원 간의 갈등과 알력이 최악으로 치닫지 않고 타협과 합의에 이를 수 있도록 한다. 1996년에 송계산 중 하나인 계당산이 국유림으로 국가에 매각되는 절차와 과정을 「이리송계회의록」(1984~2015년) 내용을 중심으로 자세하게 살펴보았다.

① 임원회의(1993.01.29.)에서 계당산을 매각할 것인지 여부를 이사를 통해 마을별 여론을 취합하기로 의결함.

② 임원회의(1993.02.14.)에서 계당산 매각에 관한 마을별 여론을 취합함. 대부분의 마을에서 계당산 매각을 찬성함.

마을	여론 수렴 결과
복내리	중도

용동리 1구	매각 찬성
용동리 2구	매각 찬성
진봉리 1구	매각 찬성
진봉리 2구	매각 찬성
반석리 1구	매각 반대
반석리 2구	매각 찬성

- 계당산 매각 업무를 전담하는, 당시 임원을 포함한 총 15명의 협의위원회를 구성하며 대표 1명을 선임하기로 의결함.
- 계당산 처분 후 판매대금의 2/3은 선조(先祖)를 위한 사업으로 하고 나머지 1/3은 송계답을 매입하자는 의견이 제시됨.
- 1993년 2월 19일에 계당산 매각 관련 임시총회 소집을 의결함.

③ 임시총회(1993.02.19.)에서 69명의 출석 계원 중 매각 찬성 58명, 매각 반대 10명, 기권 1명으로 계당산 매각을 의결함.
- 계당산 판매대금의 처분 방안, 즉 (i)재투자, (ii)계원 간 배분, (iii)재투자(판매대금의 1/3)와 계원 간 배분(나머지 2/3) 등 세 개 방안에 대해 각각 10명, 32명, 26명이 찬성하여 판매대금의 전액을 계원 간 배분하기로 의결함.
- 배분 대상이 되는 계원은 송계책 13권에 기재된 원계원의 후손 중 현재 계원으로 한정하며, 판매대금의 배분 완료 후 계원을 새롭게 추입하기로 의결함.
- 계당산 매각을 전담하는 협의위원회를 별도로 구성하며, 협의 위원은 마을별로 자체적으로 마을 대표를 선임하기로 의결함.
- 계당산 판매대금은 최소 □□□원 이상이 되어야 한다고 의결함.

④ 임원회의(1993.02.23.)에서 계당산 판매대금을 평당 □□□원으로 의결함.

－계당산 매각 계약부터 잔금 수령까지 제반 업무를 간사 소○○
씨에게 위임하고 송계장 이○○ 씨와 이사 윤○○ 씨를 입회자
로 선임하기로 의결함.

⑤ 임원회의(1993.12.09.)에서 계당산 매각 관련 협상이 몇 차례 진
행됐으나 지금은 중단 상태임을 보고함.

⑥ 제191차 정기총회(1994.01.26.)에서 계당산 매각 절차가 현재 중
단 상태임을 보고함.

⑦ 임원회의(1996.03.02.)에서 계당산 매각 논의가 재개됨. 마을별로
취합한 여론 결과는 다음과 같음.
　－일부 마을에서는 기존에 합의된 □□□원에는 매각할 수 없으
　　며 아무 계획 없이 갑자기 매각하는 것에 반대함.
　－일부 마을에서는 계당산이 공동묘지로 이용된다면 매각을 반대
　　함.
　－일부 마을에서는 계당산 매각을 지지함.
　－계당산 매각 여부를 결정하기 위해 임시총회 소집(1996.03.09.
　　오전 11시)을 의결함.

⑧ 임시총회(1996.03.09.)에서 참석 계원 50명 중 매각 찬성 27명, 매
각 반대 21명 등으로 계당산을 매각하기로 의결함.
　－단, '오늘 의결사항은 다음 총회가 소집되기 전까지만 유효하다'
　　고 의결함.
　－판매금액은 □□□원으로 하되, '매수인이 모든 세금을 부담해
　　야 한다'는 것을 매각 조건으로 의결함.
　－매각 추진위원으로 복내리 문○○ 씨, 반석리 윤○○ 씨, 용동

리 소○○ 씨, 진봉리 정○○ 씨(이상 4명)를 선임함.

⑨ 임원회의(1996.08.23.)에서 계당산 매수인은 국유림관리소이며
　매각 후 계당산은 국유림으로 전환될 것임을 보고함.
　─계당산 판매대금은 □□□원이라고 보고함.

⑩ 임원회의(1996.09.19.)에서 계당산 매각이 마무리됐으며 금융기
　관 A에 □□□원, 금융기관 B에 □□□원이 각각 입금 완료되었
　음을 보고함.

⑪ 제194차 정기총회(1997.01.23.)에서 계당산 판매대금의 활용방안
　을 두고 집중 논의가 진행됨.
　─판매대금을 당장 배분하는 것 보다는 여유를 두고서 천천히 논
　의하자는 안에 합의함.

⑫ 임원회의(1997.02.04.)에서 '송계 차원에서 봄 관광을 추진하자는
　안'이 나왔으나, '송계산 매각 후 관광은 모양새가 좋지 않다는 안'
　이 채택되어 단체 관광은 다음 해로 미루기로 의결함.
　─판매대금 □□□원을 당분간 금융기관에 예치하기로 의결함.

⑬ 제195차 정기총회(1998.01.13.)에서 판매대금의 활용방안에 대해
　다각도로 집중 논의됨.
　─(i)계원들에게 전액 배분, (ii)송계 운영자금을 제외한 나머지 금
　액의 배분, (iii)육영사업, 장학사업 및 자체 발전사업을 위한 용
　도로 사용 등 여러 안이 제기됨.
　─판매대금을 당장 배분하기 보다는 이리송계 발전을 위한 창의
　적이고 건설적인 방법을 고민하자는 안에 의견이 모아짐.

⑭ 이후에도 판매대금의 관리와 활용에 대해 임원회의와 총회에서
꾸준하게 제기·논의되고 있음.

4. 사례 넷: 송계책 단행본 출간

이리송계에서는 송계책 2권~14권의 한자를 정서(正書)하고 번역
하여 단행본을 출간하자는 논의가 자주 있어왔다. 그리고 분실된 송
계책 1권을 찾기 위한 노력이 이리송계 차원에서 계속 진행되고 있
다. 일부 계원들은 이미 큰 금액을 들여 송계책 2권~14권의 한자 정
서와 번역을 하였으니 이것만이라도 단행본으로 출간하자는 입장을
표명하고 있으나, 대부분의 계원들은 송계책 1권이 포함되지 않는
단행본 출간은 의미가 없다면서 보류하자는 입장에 서있다. 송계책
1권의 소재 파악 노력과 송계책 단행본 출간에 관한 일련의 논의와
의사결정 과정을 「이리송계회의록」(1984~2015년) 내용을 토대로 톺
아보았다.

① 임원회의(2001.04.02.)에서 송계책 2권~14권의 한자를 정서하고
   한글로 번역하기로 의결함.
   ─한학자 이백순 선생에게 의뢰하기로 의결함.
   ─총 비용은 □□□원(장당 □□□원)으로 예상함.

② 임원회의(2001.04.09.)에서 송계책 2권~14권의 한자 정서와 한
   글 번역을 이백순 선생에게 □□□원에 의뢰하기로 재차 의결함.
   ─책자 인쇄대금은 □□□원(100부×□□□원) 정도 예상함.
   ─인쇄대금은 1안: 송계 자금으로 전액 지원하는 안, 2안: 송계 자
   금 50%, 계원 부담 50%로 충당하는 안 중에서 2안을 채택하기
   로 의결함.

－임시총회를 2001년 5월 15일에 개최하기로 의결함.

③ 임시총회(2001.05.15.)에서 송계책 2권~14권의 한자를 정서하고 한글로 번역하여 송계책 단행본을 편찬하기로 재차 의결함.

④ 임원회의(2002.01.17.)에서 송계책 단행본 인쇄대금을 '고서 편찬 보조금', '문예기금' 등에서 지원받을 수 있는지를 보성군청 직원 과 협의하기로 의결함.

⑤ 제199차 정기총회(2002.01.28.)에서 송계책 단행본 출간을 다시 논의·의결함.

⑥ 임원회의(2002.09.29.)에서 송계책 단행본 출간 및 송계책 개정· 수정에 관해 다음과 같이 의결함.
　－각 마을 이사의 추천으로 약간 명의 운영위원회를 둔다.
　－원 송계책의 번역 감수·출간 (간사)에 소○○ 씨, 채○○ 씨, 문○○ 씨(이상 3명)를 선임한다.
　－신 송계책의 개정·수정 간사에 이○○ 씨, 채○○ 씨(이상 2명) 를 선임한다.
　－계장이 임명한 서기가 간사의 유고시 대행할 수 있게 한다.
　－원 송계책의 번역을 감수하고 단행본을 출간하는 데 인쇄소와의 계약시 계약금과 실비를 (이리송계 기금에서) 지출하기로 한다.

⑦ 임원회의(2003.01.13.)에서 송계책 단행본 견본을 회람하고, 오류 나 수정 사항에 대한 점검을 임원들에게 부탁함.

⑧ 제200차 정기총회(2003.01.17.)에서 송계책 편찬대금 중 □□□

원을 착수금으로 지불하였음을 보고함.

⑨ 임원회의(2003.07.10.)에서 계장이 송계책 편찬 진행사항을 설명하고 송계책 단행본 발간사를 낭독함.
  −6월에 문예기금을 신청하면 도보조금으로 □□□원, 9월에 신청하면 □□□원을 지원받을 수 있으며, 시기적으로 9월에 신청할 계획임을 보고함.

⑩ 정기총회(2004.01.06.)에서 보성군청 문예기금의 지원을 신청하였고, 보조금이 나오는 대로 송계책 발간에 착수할 것임을 보고함.

⑪ 임원회의(2005.01.04.)에서 '2005년에 송계책 단행본 발간'을 정기총회 안건으로 상정하기로 의결함.
  −송계책 1권을 되찾기 위한 노력을 경주하기로 의결함.

⑫ 임원회의(2005.03.08.)에서 송계책 단행본 발간을 다음 임원회의의 정식 안건으로 상정하여 심도 있는 논의를 하기로 의결함.

⑬ 임원회의(2005.11.14.)에서 송계책 1권의 소재가 파악되지 않은 상태에서 송계책 단행본 발간을 무기한 보류하기로 하고 단행본 발간을 정기총회 안건으로 상정하지 않기로 의결함.

⑭ 제203차 정기총회(2006.01.14.)에서 송계책 1권이 분실된 상태에서 송계책 단행본을 발간할 것인지를 묻는 찬반투표에서, 보류 찬성(42표), 발간 찬성(0표)으로 단행본 발간을 무기한 보류하기로 최종 의결함.

⑮ 임원회의(2007.01.26.)에서 송계책 1권을 되찾기 위한 노력을 당부함.

⑯ 제204차 정기총회(2007.02.02.)에서 송계책 단행본 발간에 소요된 □□□원에 대한 논의가 진행됨.
– 송계책 1권을 되찾기 위한 권한을 손○○ 씨에게 위임하기로 의결함.

⑰ 임원회의(2007.02.11.)에서 송계책 1권을 되찾기 위한 노력의 진행 경과를 보고함.
– 분실자가 임원회의에 참석하여 분실 경위를 설명하고 사과말씀을 함.
– 분실자가 총회에서 다시 공식적으로 사과할 것을 의결함.

⑱ 제205차 정기총회(2008.01.22.)에서 송계책 1권을 되찾기 위한 노력과 협력에 대해 논의함.
– 분실자가 정기총회에서 참석 계원들에게 사과 말씀을 함.

⑲ 제206차 정기총회(2009.01.10.)에서 송계책 단행본 발간 관련 지출 내역(미처리분)을 관리 장부에 정확하게 기록해줄 것을 임원에게 요청함.

⑳ 제207차 정기총회(2010.01.29.)에서 송계책 단행본 발간은 차후에 심도 있게 논의하기로 의결함.

제5절 소결

이리송계는 현안 문제나 안건이 있을 때마다 집단적 지혜를 모으기 위한 집합적 의사결정 장치를 제도적으로 마련하고 있다. 전체 계원을 대상으로 개최되는 정기총회와 임시총회, 마을을 대표하는 이사와 임원들이 참여하는 임원회의(혹은 이사회의)에서 모든 안건들이 논의되고 결정되고 있다. 또한 부동산 매각·매입과 같이, 특히 중요한 사안을 전담하는 특별위원회나 협의위원회를 구성하기도 한다. 어느 조직에서나 집단적 의사결정 과정과 방식은 조직 구성원 간의 신뢰를 형성하고 조직의 장기 지속성을 담보하는 핵심 요소라고 할 수 있다. 수입·지출 내역, 재산 관리와 운용, 사업 계획 개발과 추진 내역 등을 구성원 모두가 모여 논의할 수 있는 장을 조직 차원에서 활성화할 수 있어야만 구성원 간의 공동체의식과 신뢰가 높아질 수 있기 때문이다.

이런 측면에서 판단할 때, 이리송계는 전형적인 모범사례라 할 수 있다. 이리송계는 집단적 의사결정을 위한 제도적 장치와 절차를 마련하고 이를 실질적이고 효과적으로 운영함으로써 계원 간의 불신과 갈등을 미연에 최소화하고 이리송계 차원에서 구성원 간의 신뢰와 사회적자본을 구축하고 강화할 수 있었다. 이리송계에서 오랜 세월 동안 정착시켜온 집단적 의사결정을 위한 제도적 절차와 장치는 공동체 조직을 운영·관리하는 데 참고할 만한 몇 가지 두드러진 특성을 확인할 수 있다.

첫째, 무엇보다도 철저한 기록 문화와 정신을 엿볼 수 있다. 정기총회, 임시총회, 임원회의 등에서 논의된 안건과 내용이 의견제시자 성명과 함께 회의록에 상세하게 기록되어 있다. 또한 주요 안건에 대한 의사결정 방식은 만장일치와 전원 합의를 지향하기 때문에 비록 상당한 시간이 경과하고 다소 더디더라도 허심탄회한 논의, 의견

개진 및 설득 과정이 집중적으로 이뤄지고 있다. 그래도 결론이 나지 않을 경우 투표에 부쳐 최종적으로 해당 안건을 결정한다. 매 회의마다 회의록은 반드시 작성하도록 의무화하고, 회의록 끝부분에 이사나 임원들이 회의록을 검토한 후 서명이나 날인하도록 하고 있다. 이러한 절차는 다시 한 번 검증과정을 거쳐 투명성, 책임성과 신뢰를 높이기 위한 방편이라 할 수 있다. 모든 회의록은 이리송계 사무소에 비치·보관토록 하여 계원들이 일정한 절차를 거쳐 항시 열람이 가능하도록 하고 있다.

둘째, 사안의 경중에 따라 다소 차이는 있으나, 모든 안건의 처리는 절차적 정당성을 갖추도록 하고 있다. 긴급한 사안이 아닌 경우에는 일차적으로 임원회의에서 의결한 다음, 정기총회나 임시총회에 안건으로 상정하여 다시 한 번 심도 있게 논의하고 계원들의 최종 의결을 거치도록 하고 있다. 또한 의결을 거친 후, 집행·추진 과정, 경과 및 결과를 임원회의와 총회에 상세하게 보고하도록 하고 있다.

셋째, 이리송계 관련 기록과 자료는 계원에게 철저하게 공개·공유하는 것을 원칙으로 한다. 정보의 공개성과 투명성은 계원의 송계 조직과 임원에 대한 신뢰를 강화하고 나아가 계원 간의 신뢰, 사회적 자본 및 공동체성을 강화하는 기제로 작동하고 있다. 결국 이를 통해 이리송계 조직의 장기 지속성에 기여하고 지역사회의 구심점으로서 이리송계의 지위를 공고히 하는 데 공헌하고 있는 것이다.

제6장 이리송계의 재정 운영과 관리

　어느 조직이든 재원의 안정적인 확보와 재정의 건전한 운영·관리
는 조직의 생존과 번영을 좌우하는 중차대한 사안이다. 재원의 출처
가 다양하고 이를 충분히 확보할 역량을 갖춘 조직은 조직의 내외적
요인으로 발생하는 위기와 불확실의 상황을 유연하게 대처하며 강한
수준의 회복탄력성(resilience)을 유지할 수 있도록 한다. 반면, 재원
의 출처가 한정되어 있고 재력이 빈약한 조직은 상대적으로 위기 상
황에 쉽게 노출되고 유연하게 대처할 수 있는 역량 또한 낮을 수밖
에 없다. 따라서 어느 조직이든 사회경제적 변동, 인적 구성의 변화
및 정치적 상황 변화에 대응하여 재원을 안정적으로 확보하고 관리
하기 위한 노력과 방안을 지속적으로 강구해야 한다.

　이리송계 또한 예외이지 않다. 이리송계가 창설된 직접적인 계기
는 이리 향촌사회의 현안이던 통호조, 예죽조, 구마조 등 요역과 부
세를 공동으로 납부하기 위함이었다. 따라서 재원의 안정적인 확보
와 관리는 이리 지역민뿐만 아니라 향촌사회의 생존과 번영에 직결
된 사안이었다. 이후 이리송계는 다양한 방식으로 재원을 안정적으로
확보하고 이를 운영·관리하기 위한 노력을 다각도로 펼쳤다.

　이 장에서는 창계 이후 재정 운영 방식, 주요 수입 내역, 주요 지

출 내역, 회계 결산과 감사, 송계 재산과 기금 관리 등의 측면에서 이리송계는 어떤 변화를 겪어왔고 어떻게 대응 노력을 강구했는지를 ① 창계 이후부터 경술국치까지, ② 일제강점기, ③ 해방 이후 등의 시기로 나누어 구체적이고 상세하게 살펴보았다.

제1절 재정 운영과 관리: 창계 이후 ~ 경술국치

이 절에서는 1803년 창계 이후부터 경술국치까지 재원 확보, 수입과 지출, 회계 결산, 송계 재산과 기금 관리 등 재정 운영과 관리 전반에 대한 분석과 설명을 위해 송계책 2권 ~ 12권과 「이리송계출납장부」(1908~1934년)의 회계 결산 자료[1]를 주로 활용하였다. 이 시기 동안 발생했던 수입과 지출 내역은 〈부록 표 6-1〉을 참고하기 바란다.

1. 재정 운영 방식

이리송계는 나름대로 철저하고 체계적인 재정 운영 방식을 채택·활용해 왔던 것으로 보인다. 당시 회계 결산 및 감사는 6개월 단위로 이뤄졌는데, 정기강회가 6개월 주기로 매년 두 차례 개최되었던 점에서 이를 확인할 수 있다. 강회 관련 명문 규정은 송계책 3권(1820년, 순조 20)에 처음 나타나는데, 강회는 매년 두 차례, 즉 음력 5월과 11월에 개최되었다. 하지만 그 후 어느 시점부터 음력 6월 15일과 12월 15일로 강회 날짜가 확정되었던 것으로 보인다.[2]

---

1 다시 말하면, 〈부록 표 6-1〉에서 1908년 6월 15일, 1908년 12월 15일, 1909년 6월 15일, 1909년 12월 15일, 1910년 6월 15일 등 경술국치(1910.08.29.) 이전 다섯 차례 회계 결산 자료를 말한다.

2 〈부록 표 6-1〉에서 보듯이, 「이리송계출납장부」(1908~1934년)에서 경술국치 이

이리송계는 매년 봄과 가을에 정기적으로 강회를 개최하여 수입과 지출의 출납, 예산안 심의, 주요 사업 계획, 송계 재산의 변동 등 회계 결산 및 재정 관련 논의를 심도 있게 진행하였다. 한 예로, 송계책 4권(1821년, 순조 21)의 〈완약〉을 보면, 설날 반찬값으로 2냥과 음력 4월에는 생선값으로 2냥씩 각 가구에 제공하기로 강회에서 결의하였다. 송계책 6권(1830년, 순조 30)의 〈완약〉에서 이리송계에서 이것을 준엄하게 실천할 것을 재차 결의하고 나아가 "동수(洞首)와 집임(執任)은 설날 등에 반찬값으로 1냥씩"을 지급하기로 결의하였다. 이외에도 관청이나 면에 납부해야할 리별 분담금, 고지기 수당, 소나무 판매, 풀잎재[草灰] 판매, 담배 판매, 송계 전답의 도조, 송계산 순산과 산림 감시 활동 등 다양한 재정 관련 안건들이 논의되고 결정되었다. 또한 강회에서는 6개월 동안 발생한 수입, 지출, 동산, 부동산, 곡식, 이자 등 재정상의 변동에 대한 회계 결산과 감사가 철저하게 진행되었다. 이들 재산 변동과 출납 내역에 대한 자세한 기록과 투명한 관리는 이리송계 조직뿐만 아니라 이리 향촌사회의 공존과 번영에 직결된 사안이었다.

공원과 전곡은 이리송계 임원으로 송계 재정을 투명하고 안전하게 운영·관리하는 역할과 책임을 맡았다. 송계책 3권(1820년)의 〈조약〉에는 "지극히 공정하게 사무를 처리하는[至公幹事]" 계원을 공원과 전곡으로 선임하도록 규정하고 있다. 전곡은 이리송계의 곡식과 이자의 출납을 전담하였다. 공원과 전곡은 당시 지방관청에서 통호조, 구마조, 예죽조 등 향촌사회에 부과하던 각종 부세와 요역을 관청에 납부하는 업무를 담당하였다.

공원과 전곡은 송계의 원금과 원곡뿐만 아니라 식리(殖利)도 관리하는 책임을 맡았다. 봄과 가을 강회에서 계원은 빌린 원금과 원곡

전에 개최됐던 다섯 차례의 강회 날짜는 모두 음력 6월 15일과 12월 15일이었다.

과 이자와 함께 송계에 납부해야 했다. 만일 계원이 돈이나 벼를 빌렸다가 갚지 않으면 계안에서 삭제시키고 친척이나 이웃에게 갚도록 강제할 수 있었다. 나아가 친척이나 이웃이 갚을 수 없으면 그 해당 마을의 전체 계원에게 연대책임을 지워 물어내도록 하였다. 송계 임원들은 송계의 재원을 사적으로 함부로 쓰지 못하며, 강회 등 이리송계의 운영과 관련하여 불필요한 지출과 낭비를 엄격하게 규제하였다. 그 외에도 임원들은 신입 계원에게 부과되던 추입금과 추입조를 수령하여 관리하였다.

2. 주요 수입 내역

이리송계의 주요 수입원은 원곡, 원금, 이자 수입, 소나무 판매, 풀잎재 판매, 담배 판매, 송계 전답에서 도조 수입, 신입 계원의 추입금·추입조, 송계 동산·부동산의 매도 등 다양하였다. 앞서 언급하였듯이, 이리송계 창설의 직접적 계기는 1803년 당시 이리 향촌사회의 큰 부담이던 통호조, 예죽조 및 구마조를 이리 지역민들이 공동으로 대처하기 위함이었다. 송계책 3권(1820년)의 〈복내이리축하보민계안서(福內二里築下補民稧案序)〉를 보면, 아전의 횡포를 막고 지역민의 부세 부담을 경감시킬 목적으로 1803년에 대호(大戶, 부자집) 벼 4두(斗), 소호(小戶, 가난한 집) 벼 3두, 연호(煙戶, 평민) 벼 1두씩 내도록 하고, 이를 다시 식리하여 다음 해인 1804년에 1석(石)당 10두씩 이자로 거두어 들였다. 해당 아전에게 통호조로 공동 납부하고서도 여유분이 남게 되었다. 또한 1818년에 예죽조 납부를 위해 가구당 벼 1두씩 거두었고 1919년에는 구마조 납부를 위해 다시 가구당 3두씩 거두었다. 이렇게 거둬들인 총 35석의 곡식을 이리송계 차원에서 체계적이고 안정적으로 운영·관리하였다. 이후 다양한 방식과 노력을 통해 재원을 새롭게 발굴하고 재산을 증식시켜 이리송계의 재정을 건전하게 운영·관리할 수 있었다.

원금이나 원곡을 계원에게 빌려주고 거둬들이던 이자는 주된 수입원 중 하나로 이리송계는 식리 활동을 적극 활용하였다. 1804년에 1석당 10두씩을 이자로 거두었던 점으로 미루어 당시 이자는 10% 정도였던 것으로 보인다. 송계책 3권(1820년)의 〈조약〉에서 "5월 강회에서 1냥에 2전씩," "11월 강회에서 1냥에 2두씩" 이자를 책정한다고 명시하고 있어 당시 이자는 20% 정도였을 것으로 추측된다.[3] 가을에는 돈 대신 벼로 이자를 내도록 하였다. 이 시기에 벼로 이자를 갚는 날짜를 매년 음력 10월 10일로 구체적으로 명시한 점으로 보아, 가을걷이 후에 원곡 상환과 이자 납부가 이뤄졌음을 알 수 있다. 〈부록 표 6-1〉의 경술국치 이전 다섯 차례의 회계 결산 기록에서 알 수 있듯이, 당시 이자는 역시 20%이었다.

이리송계가 배타적 점유권과 이용권을 가졌던 송계산에서도 소나무 판매, 묏자리 값, 담배 판매, 풀잎재 판매, 숯[炭木] 판매, 돌[石頭] 판매, 개간 및 도조 수입 등 다양한 재원을 통해 수입을 확보할 수 있었다. 먼저 소나무를 비롯한 임목 판매는 이리송계원의 주요 수입원이었다. 송계책 10권(1869년, 고종 6)의 〈조약〉에서 "큰 소나무 값은 1냥, 중간 소나무 값은 7전, 작은 소나무 값은 5전"으로 각각 정하였다. 소나무 판매가격은 이후 송계책 11권(1880년, 고종 17)과 송계책 12권(1897년, 광무 원년)에도 변함이 없었다. 〈부록 표 6-1〉의 다섯 차례의 회계 결산 기록에서 보듯이, 이 기간 동안 세 차례 소나무 판매가 있었음을 알 수 있다.

계원이나 외지인이 송계산 구역 내에 묘를 쓸 때 납부하던 묏자리 값 또한 이리송계의 수입원이었다. 묘를 쓴 값에 관한 명문 규정은 송계책 10권(1869년)의 〈조약〉에 처음 나타나는데, 송계산에 묘를

---

3 당시 시세에 1전은 벼 1두에 해당했던 것으로 추정된다.

쓰면 이리 지역민은 5냥, 외지인은 10냥을 내도록 하였다. 송계책 11권(1880년)과 송계책 12권(1897년)의 〈조약〉에서도 똑같은 금액을 납부하도록 명시하고 있다. 당시 자신의 산이나 문중산이 없었던 사람들은 일정 금액을 이리송계에 납부하고서 송계산에 자신이나 가족의 묘를 쓸 수 있는 공간을 확보할 수 있었다. 한편 송계산 구역 내에 묘를 쓰는 행위는 송계산이라는 산림공유지를 점유하고 산림공유자원을 파괴할 수 있는 위험을 동시에 안고 있었다. 특히 조선 후기에 들어서면 묘를 쓰는 행위가 자신의 산림지와 산림자원을 확보하는 수단으로 악용되는 사례가 많이 나타났다. 이런 부작용을 사전에 방지하기 위해 이리송계 차원에서 묘지의 위치와 규모를 엄격하게 제한하고 정기적인 감시와 규제를 하였던 것으로 추측된다.

이리송계는 송계산에서 채취한 풀잎재, 숯 및 돌을 판매하여 추가 수입을 올리기도 하였다. 「이리송계출납장부」(1908~1934년)의 다섯 차례 회계 결산 내역을 보면, 풀잎재 판매 3건, 돌 판매 1건이 각각 수입 내역에 기재되어 있다. 또한 이리송계는 송계 전답을 사람들에게 임대해 주고 해마다 쌀이나 보리로 일정 금액의 도조세를 걷어들였다. 보통 가을걷이가 시작되기 전에 임원은 송계 전답을 돌며 한 해 작황 상태를 경작자와 함께 직접 확인하고 그 자리에서 도조세를 결정하였다. 이리송계는 경작자에게 가을 강회가 개최되기 전에 할당된 도조세를 납부하도록 하여 강회에서 그 해 도조세 수입도 회계 결산과 감사에서 고려될 수 있도록 하였다. 더불어, 송계산 구역 내에서 화전 개간도 적극 이뤄졌는데, 개간에 따른 도조세 수입 또한 이리송계의 재정을 충당하는 방편으로 활용되었다. 그 외에도 〈부록 표 6-1〉에서 담배 수입 내역도 보이는데, 송계산 구역 내 화전에서 재배한 담배 소출의 일부를 도조세로 받았던 것으로 추측된다.

신입 계원의 추입은 이리송계의 인적 구성뿐만 아니라 재원 확보에도 중요하였다. 마을 단위에서 신입 계원의 추입이 허용되면, 이를 이리송계에 통보하고 매년 가을 강회에서 공식적으로 추입 절차가 이뤄졌다. 기존 계원의 사망 후 장자나 장손은 추입금이나 추입조를 납부하지 않고 계원 자격을 자동 승계하여 가입할 수 있었다. 하지만 차자나 차손이 분가했거나 이리 관내 마을로 새로 전입한 사람이 송계 가입을 희망할 경우, 각 마을 단위에서 자격 심사를 거쳐 추입이 허용되었고 가을 강회에서 일정한 추입금이나 추입조를 납부해야 했다. 신입 계원의 추입금 및 추입조에 대한 명문 규정은 송계책 3권(1820년)의 〈조약〉에 처음 나타나며, 당시 추입조로 벼 10두를 내도록 하였다. 송계책 10권(1869년)의 〈조약〉에 "새롭게 추입할 인원은 각 마을에서 (자체적으로) 뽑아 매년 가을 강회에서 추입시키되 5전씩 준비하여 내도록" 명시하고 있다. 그러다가 송계책 11권(1880년)의 〈조약〉에서는 신입 계원의 형편에 맞게 각자 추입금을 준비하여 가을 강회에 납부하도록 규정을 변경하였다. 신입 계원의 경제적 여유와 형편을 고려하여 추입금을 차등 납부하도록 한 규정은 한동안 꾸준하게 이어져 왔던 것으로 보인다.

그 외에도 송계 소유의 부동산, 이를테면 논과 밭을 매각하여 거금을 마련했던 경우도 더러 보인다. 이리송계에서는 알뜰히 모은 공동 기금으로 부동산을 매입하였다가 새로운 투자처에 투자하거나 이리 향촌사회가 당면한 시급한 현안에 대응하는 데 활용하였다. 〈부록 표 6-1〉에서 다섯 차례 회계 결산 내역을 보면, 모두 세 차례에 걸쳐 송계답 매각이 이뤄졌음을 알 수 있다.

3. 주요 지출 내역

이리송계에서 안정적인 재원의 확보와 확충은 이리 향촌사회가 직면한 각종 현안에 대처하고 향촌사회의 생존과 번영을 위한 각종 사업을 추진할 수 있도록 하였다. 이렇게 안정적이고 탄탄한 재정 기반은 이리송계가 다른 지역공동체에 비하여 오랫동안 향촌사회에서 지도적 위치를 점하고 향촌사회의 구심점 역할을 수행하는 데 크게 기여할 수 있었던 것이다.

우선 통호조, 예죽조 및 구마조는 당시 이리 향촌사회가 당면한 주요 현안이었고 이를 함께 대처하기 위해 이리송계가 창계되었다. 또한 각종 분담금도 이리 향촌사회에 할당되었다. 따라서 공동 요역, 부세 및 분담금의 납부는 이리송계 재정에서 지출되던 주요 항목이었다. 그 외에도 매년 봄과 가을에 개최되던 강회 비용, 송계 임원에게 지급되던 설날 세찬대, 가구당 두 차례(설날과 음력 4월) 지급되던 세찬대, 고지기 수당, 순산 및 산림 감시 활동 비용, 유사 종이값, 가을걷이 전에 송계 전답의 작황에 대한 감평(監坪) 비용 등은 매년 정기적으로 지출되던 비용이었다.

송계책 3권(1820년)의 〈조약〉에서 강회 경비는 1냥 5전으로 한정하였으며, 송계책 6권(1830년)의 첫 번째 〈완약〉에서는 동수, 공원, 전곡 등 임원에게 설날 반찬값으로 1냥을 지급하도록 결의하였다. 송계책 6권의 두 번째 〈완약〉에서는 각 가구에 설날과 음력 4월에 2냥씩 지급하기로 결의하였다. 〈부록 표 6-1〉에서 경술국치 이전 발생했던 지출 항목을 보면, 순산 및 산림 감시 비용, 강회 비용, 고지기 수당, 가을걷이 이전 작황 감평, 유사 종이값 등은 매년 지출되던 경상 경비였다.

그 외에도 일본군 체류비용의 리별 분담금[日兵費面下分里], 풀잎재 수거와 점검, 송계 전답 장부 정리, 송계 전답 목책 수리, 송계산 및 송계 전답 측량(조사원 수당 포함), 적십자(赤十字) 리별 분담금, 학교 리별 분담금, 송계산 내 임도 건설, 정문(旌門) 리별 분담금, 각종 회의 등 다양한 항목에 지출되었다. 이 시기 특이점으로는 1908년 음력 6월 15일 출납장부에 기재된 '일본군 체류비용의 리별 분담금

[日兵費面下分里]'이다. 1907년 대한제국 군대의 강제 해산 후, 안규홍(安圭洪)은 의병을 규합하여 보성, 벌교, 순천 등을 중심으로 1909년 7월까지 의병 활동을 전개하였다(한국민족문화대백과사전, 2018/05/21). 안규홍 의진(義陣) 토벌을 위해 보성군 관내에 일본군이 주둔한 비용을 보성군에 전가시켰고 그 비용을 면단위 리별 분담금으로 책정되었던 것으로 보인다. 이리송계는 그 분담금으로 30냥 8전을 지출하였다.

4. 송계 재산과 기금 관리

이리송계에서 송계 재산과 기금은 철저하고 투명하게 운영·관리하였다. 어느 무엇보다도 재정의 투명한 운영과 관리는 송계 구성원 간의 신뢰와 단합을 일궈나가는 핵심 동인으로 작동하였다. 이는 수입, 지출 및 재산 변동의 상세한 기록, 철저한 회계 결산과 감사 등을 통해 확보될 수 있었다. 또한 '양입위출(量入爲出)'⁴ 원칙을 충실하게 준수하기 위한 명문 규정을 별도로 마련하고 이외에도 불문율과 관습에 따라 수입을 미리 헤아려 장래 지출을 결정하였던 것이다. 송계 재산과 기금의 확충과 관리 측면에서 나타나는 몇 가지 주된 특성을 정리하면 다음과 같다.

첫째, 이리송계는 지출 경비, 특히 소모성 지출에 대해 엄격하게 제한하였다. 송계책 3권(1820년)의 〈조약〉에서 강회 경비로 1냥 5전 이상을 지출하지 못하도록 하고, 송계책 6권(1830년)의 〈완약〉에서 "갖가지 잡비와 경비 내역에 대해서는 단 한 푼이라도 언급하지 않기로" 하고 "외지인의 구걸에 일절 베풀지 않기로" 규정하여 당시 이

---

4 양입위출(量入爲出)은 수입을 헤아려 지출을 결정한다는 의미로, 조선왕조 재정 운영의 주요 원칙이었다.

리송계의 재정 위기를 극복하고자 노력하였다. 그리고 송계책 8권 (1836년)의 〈완약〉에 "갖가지 잡비와 경비 내역은 비록 푼[分]과 전(錢)이라도 낭비하지 말아야 한다"라고 바뀌었을 뿐, 송계책 6권 〈완약〉의 결의사항을 다시 천명하고 있다. 이후 송계책 12권(1897년)의 〈조약〉에서는 "곗돈은 공공의 돈[公錢]과 다름없으니 함부로 쓰거나 연체하여 탕진하는 자는 친척에게 물리고, 만일 여의치 않으면 그 마을에서 물어내도록 한다"라고 엄히 규정하여 공금을 함부로 탕진하면 친척, 나아가 해당 마을 전체주민에게 연대책임을 물리도록 하였다.

둘째, 이리송계에서 돈과 곡식의 출납을 엄격하게 관리하였다. 특히 계원이 납부하는 곡식의 양뿐만 아니라 질에 대해서도 엄격하게 관리하였는데, 이런 사실은 송계책 3권(1820년)의 〈조약〉에서 "통호조는 (관청에 내야할) 중요한 곡식이니, (계원이) 좋지 않은 곡식을 내면 곧바로 퇴짜를 놓아 물리도록 한다"라는 규정을 통해서도 유추할 수 있다.

셋째, 송계의 임원으로서 공원, 전곡 및 집강은 계원에게 빌려준 원금과 원곡뿐만 아니라 이자를 계산하여 돈과 곡식의 출납에 차질이 없도록 책임을 지고 있었다. 당시 이리송계에서는 원금과 원곡의 수거뿐만 아니라 이자 관리도 철저하게 이뤄졌다. 6개월 단위로 원금이나 원곡을 계원에게 빌려주고 받아내던 이자는 송계의 큰 수입원이었다. 〈부록 표 6-1〉의 다섯 차례 회계 결산 기록을 보면, 이자 수입은 전체 수입의 약 6.6~14%를 차지하고 있었다.

넷째, 조선 후기 상업경제 발달에 대응하여 이리송계는 재정을 확충하고 재원의 다원화 노력을 적극 추진하였다. 상업경제 발달, 인구 증가 및 도시 발달은 목재 수요의 급격한 증가를 수반하였는데, 송계산 내 소나무 등 목재와 땔감용 숯은 이리송계의 중요한 수입원이 되었다. 이리송계는 담배와 같은 환금성 작물의 재배에도 매우 적극적이었다.

다섯째, 이리송계에서는 송계 부동산의 구입이나 매각을 통해 재정 상황, 지출 수요 등에 능동적으로 대처하였다. 많은 돈이 급히 필요할 경우 송계 전답 등 부동산을 매각하였고, 여유 자금이 있는 경우에는 부동산을 다시 매입하였다. 또한 송계산 내 개간과 화전을 적극 허용하여 도조 수입을 확보하는 노력도 병행하였다. 〈부록 표 6-1〉에서 보듯이, 경술국치 이전에 세 차례 송계답 매매가 이뤄졌음을 알 수 있다.

제2절 재정 운영과 관리: 일제강점기

일제강점기 동안 이리송계에서 어떻게 재원을 확보하고 지출을 통제·관리하였는지를 살펴보기 위해 송계책 13권(1920년)과 「이리송계출납장부」(1908~1934년)를 주요 자료로 활용하였다. 송계책 13권의 〈송계규약〉은 8조(條) 56례(例)로 이전 송계책의 조약이나 완문보다 훨씬 세부적이고 구체적인 명문 조항들을 담고 있다. 이는 과거부터 전승되어오던 관습과 불문율이 이 시기에 와서 명문화되었기 때문이다. 〈송계규약〉에는 수입 및 지출의 출납, 회계 결산 및 감사, 재정 운영 및 관리 등에 관한 규정들이 구체적으로 명문화되어 있다.

또한 「이리송계출납장부」(1908~1934년)에는 이리송계의 회계 및 재정 내역이 자세하게 기록되어 있는데, 일제강점의 지난한 시기에 이리송계가 어떻게 재정을 운영하고 관리하였는지, 재원은 어떻게 마련하고 지출하였는지 등에 대한 풍부한 자료와 정보를 제공하고 있다. 무엇보다도 일제강점기에 강행된 토지조사사업(1910~1918년)[5]과 임야조사사업(1918~1935년)[6]은 이리송계에 직접적인 영향을 미쳤다.

이리송계는 자신의 송계산을 점유·이용하는 대가로 임야세 혹은 산림조합비 명목으로 세금을 납부해야만 하였다. 1910년부터 1934년까지 발생했던 수입과 지출 내역은 〈부록 표 6-1〉을 참고하기 바란다. 당시에는 매년 두 차례 즉, 봄과 가을 강회에서 회계 결산과 감사가 이뤄졌다.

1. 재정 운영 방식

송계책 13권의 〈송계규약〉에서 이리송계의 체계적인 재정 운영 방식을 엿볼 수 있다. 송계 임원, 특히 집강은 이리송계의 재정 운영에 관한 전반적인 책임을 지며, 그 아래 간사원이 해당 리(里) 차원에서 재정을 담당하는 2층적 구조를 띠었던 것으로 보인다. 송계산 구역 내 묏자리 값, 송계의 전곡과 이자, 송계 전답의 도조세, 담배세 등을 납부해야 할 계원은 이리송계에 납부하도록 규정하고 있다. 만일 제때 내지 않을 경우, 집강과 간사원은 책임을 지고 이를 직접 받아낼 의무를 지녔다. 화전에서 담배 농사를 짓는 경우에도 간사원이 나서서 직접 받아내도록 규정하고 있다.

그 외에도 집강을 비롯한 임원과 간사원은 가을걷이 전에 송계 전답을 방문하여 작황 상태와 수확량을 경작자와 함께 직접 확인하고 도조세를 현장에서 책정하여 이와 관련한 갈등의 여지를 사전에 방지하고자 하였다. 송계산 구역 내에 화전을 개간하는 경우, 간사원은 개간자의 성명, 위치, 면적 등을 자세하게 기록하고 연대인과 함께

---

5 출처: 국사편찬위원회. 토지 조사 사업. (http://contents.history.go.kr/mfront/ti/view.do?treeId=06027&levelId=ti_027_0080) (자료 접근: 2018년 5월 23일).

6 출처: 국사편찬위원회. 임야 조사 사업. (http://contents.history.go.kr/front/tg/view.do?treeId=0209&levelId=tg_004_1610&ganada=&pageUnit=10) (자료 접근: 2018년 5월 23일).

도장을 찍어 집강에게 제출하였는데, 이런 절차와 조치는 추후에 발생할 수 있는 분쟁과 갈등의 여지를 방지하고자 함이었다. 이렇게 간사원은 담배세와 도조세를 경작자로부터 거둬들이는 실무 책임자의 역할을 수행하였다.

〈송계규약〉에 따르면, 회계 결산과 감사는 6개월마다 개최되는 강회에서 이뤄졌고 매년 음력 6월 15일과 12월 15일에 강회가 개최되는 것을 원칙으로 하였다. 하지만 〈부록 표 6-1〉에서 보듯이, 일제강점기 동안 강회 날짜는 당시 상황과 여건에 따라 약간씩 변동이 있었음을 알 수 있다. 이리송계는 매년 봄과 가을에 강회를 개최하여 6개월 단위로 예산과 주요 사업을 논의했으며, 회계 결산과 감사를 실시하였다.

오늘날 우리가 일반적으로 생각하는 예산 방식과 절차가 당시에는 이뤄지지 않았지만, 강회에서 수입과 지출의 구체적인 내역, 현재의 재정 상황, 수입과 지출의 중단기적인 예측, 현재 진행 중인 사업의 성과, 장래 사업계획 등이 다양하게 논의·의결되었다. 창계 이후부터 수입과 지출 내역을 철저하고 투명하게 기록하던 과거의 전통은 일제강점기 동안에도 꾸준하게 유지되고 있었다. 더불어, 출납장부의 기록을 바탕으로 강회에서 송계 재곡의 출납 내역과 재정 상황에 대한 회계 결산과 감사가 충실하게 이뤄질 수 있었다.

2. 주요 수입 내역

일제강점기에도 이리송계는 안정적인 재원 확충을 위해 수입원을 다원화하고 지출 경비를 최소화하려는 노력을 줄곧 경주하여 왔다. 〈부록 표 6-1〉에서 보듯이, 당시 주요 수입원은 원곡, 원금, 이자 수입, 소나무·참나무 등 임목 판매, 풀잎재·숯·담배·돌 등의 판매, 송계 전답의 소작료인 쌀·보리·팥·콩 등 도조세 수입, 신입 계원의 추입금, 송계 부동산의 매각, 송계산 구역 내 무단 작벌에 대한 벌금 등으로 다양하였음을 알 수 있다.

과거에서와 같이, 일제강점기 동안에도 송계의 원금과 원곡을 빌려주고 이자를 받아내는 식리 활동은 주요 수입원이었다. 송계책 13권의 〈송계규약〉에 이자에 관한 별도의 규정은 없으나, 「이리송계출납장부」(1908~1934년)에는 회계 결산과 감사에 이자 수입 내역이 기재되어 있다. 당시 이자는 원금의 20%이었던 것으로 보인다.

송계산은 이리송계의 재원을 확보할 수 있는 다양한 기반을 제공하였다. 송계산에서 벌어들이던 수입 내역을 구체적으로 살펴보면 다음과 같다. 먼저 소나무, 참나무 등 임목을 벌채하여 판매한 수입으로 이리송계는 소나무의 식생 상태에 따라 모송(毛松), 어린 소나무[稚松], 중간 소나무[中松], 큰 소나무[大松] 등을 판매하였다. 〈송계규약〉에 따르면, 계원과 외지인에 따라, 그리고 소나무의 크기에 따라 소나무 값에 차등을 두고 있었다. 계원에게는 한 그루당 큰 소나무는 5냥, 중간 소나무는 4냥, 작은 소나무는 3냥으로 판매하였고, 외지인에게는 당시 시세에 따라 금액을 책정하였다.

계원이든 외지인이든 간에 먼저 소나무 값을 지불하고서 벌목을 허락하였으며, 벌목 후에는 소나무 그루수와 크기를 다시 점검하였다. 만일 약속을 어기거나 위반사항이 있을 경우에는 소나무 값의 두 배를 벌금으로 물리고 '산불 진화에 참여하지 않거나 늦게 참여한 경우'에 해당하는 벌을 내리도록 하였다.[7] 〈부록 표 6-1〉에서 보듯이, 소나무 판매는 실제로 이리송계의 주요 수입원이었음이 확인된다. 「이리송계출납장부」(1908~1934년)에는 때때로 교량목(橋梁木), 가재

---

7 〈송계규약〉에 따르면, "산불 진화에 참여하지 않은 마을이나 늦게 도착한 사람에게는 강회에서 벌의 수위를 의논하여 처벌"할 수 있도록 하며, "봄에 퇴비를 위한 풀베기와 가을에 땔감을 허용하지 않으며, 추입금보다 두 배의 속전(贖錢)을 물리도록" 규정하고 있다.

목(家材木), 성조목(成造木) 등 소나무의 판매 용도가 명시되어 있다. 참나무 판매(예: 1923년 6월 15일) 역시 이리송계의 수입원이었다.

다음으로 풀잎재, 숯 및 풀 판매에서 이리송계의 재원을 마련하였다. 과거 농경사회에서 풀잎재와 풀은 비료로, 숯은 난방용과 조리용 땔감으로 각각 활용되었다. 〈부록 표 6-1〉에서 47번의 회계 결산 기록을 살펴보면, 숯은 7건, 풀은 2건, 풀잎재는 15건의 판매가 있었던 것으로 나타난다. 그 외에도 송계산에서 돌 채취와 판매 또한 송계의 수입에 기여하였는데, 1건의 판매 기록이 보인다.

이리송계가 소유한 전답에서 나오는 소작료도 송계의 주요 수입원이었다. 경작자는 수확물의 일부인 담배, 쌀, 보리, 팥, 콩 등을 도조세로 납부하였다. 특히 〈송계규약〉에서는 화전에 담배 농사를 짓는 경우 경작자는 담배 100파(巴)마다 15파씩을 도조세로 납부하도록 규정하고 있다. 1925년 이후 3건의 담배세 수입 내역이, 1927년 이후 3건의 콩과 팥의 수입 내역이 기록되어 있다.

이리송계에서 신입 계원의 추입 관행은 일제강점기에도 꾸준하게 이뤄졌고, 신입 계원이 이리송계에 납부하던 추입금 역시 송계의 주된 수입원이었다. 〈송계규약〉에 신입 계원의 추입 자격 및 추입금에 관한 조항이 나온다. 먼저 원계원의 장자나 장손은 원계원의 사망 후 별도의 추입 절차와 추입금 없이 계원 자격을 자동 승계할 수 있었다. 이들이 타지로 이사를 갔다가 다시 돌아온 경우에도 별도의 추입금은 없었다. 차자나 차손이 분가하여 송계 가입을 원할 경우 추입금 1냥을 납부하였으며, 타지에서 이리 관내로 다시 돌아온 경우에는 2냥을 납부하도록 하였다.

한편 원계원의 후손이 아니면서 타지에서 이리 관내로 이주하여 살고 있는 사람이 송계에 가입하고자 할 경우, 가입 신청자를 특등(特等), 상등(上等), 중등(中等), 하등(下等) 등 4등급으로 구분하여 추입금을 차등 부과하였다. 구체적으로, 특등으로 분류되면 별도의 추입금을 부과하지 않았고, 상등은 5냥, 중등은 4냥, 하등은 3냥을 신입 계원에게 부과하였다. 1910년부터 1934년 동안 신입 계원의 추입이 꾸준하게 이뤄졌음을 확인할 수 있다. 구체적으로, 1920년 12월 15일, 1922년 6월 15일, 1927년 6월 27일에서 신입 계원의 추입이 이뤄진 것이 확인된다.

일제강점기 기간에도 송계산 구역 내에 묘를 쓰는 송계원이나 외지인은 이리송계에 묏자리 값을 납부하였다. 〈송계규약〉에 보면, 송계산 구역 내에 묏자리를 쓰는 송계원에게는 10냥, 외지인에게는 20냥을 받도록 규정하고 있다. 만일 입장자가 묏자리를 넓히면서 소나무를 비롯한 나무를 베게 되면, '산불에 참여하지 않거나 늦게 참여한 경우'에 해당하는 벌을 이리송계에서 부과하도록 규정하고 있다.

묘를 쓴 사람은 묘지 위치, 묻히는 사람, 입장 날짜 등을 자세하게 기록하고 도장을 찍은 서류를 이리송계에 제출할 의무를 지녔다. 이런 규정은 장래에 발생할 수 있는 두 가지 위험을 예방하기 위한 조치였던 것으로 보인다. 첫째, 묏자리를 쓰려면 일정한 규모의 땅에 나무와 풀을 제거해야 하는데, 이 때 발생할 수 있는 산림공유자원의 무분별한 파괴를 방지하기 위해서였다. 둘째, 송계산 구역 내에 묘를 쓸 경우 자칫 산송(山訟)으로 비화될 수 있는 가능성을 차단하기 위함이었다.

송계산은 이리 향촌사회에 많은 혜택을 제공하였다. 구체적으로, 목재, 풀, 경작지 등을 계원들에게 제공하였고, 임목 판매, 도조 수입 등 여러 경제적 수입의 원천이 되었다. 따라서 외지인들이 송계산 구역 내에 불법으로 입산하여 마구 작벌하는 범금 행위와 기회주의 행태에 대한 감시·감독 활동을 이리송계 차원에서 철저하게 시행하였다. 당시 다른 마을 나무꾼들이 송계산 구역 내에 들어와 무단으로 작벌하는 경우가 종종 있었는데, 특히 이리송계가 점유권과 이용관리권을 가지고 있던 계당산에 나무꾼들의 무단 침입이 잦았던 것으로 추측된다. 〈송계규약〉에서 입석, 화령, 내동 등 세 마을에서 각각 2명의 산지기를 동원하여 계당산에 대한 철저한 순산과 산림 감시 활동을 특별히 주문하고 있기 때문이다.

한편 당시 나무장사꾼에 의한 산림공유자원의 도벌과 파괴가 매우 극심했던 것으로 보인다. 〈송계규약〉에서 나무장사꾼이 송계산 내에 들어오는 것을 일절 허용하지 못하도록 규정하고 있다. 만일 나무장사꾼이 무단으로 입산할 경우, '화전 개간의 사례'에 따라 나무장사꾼에게 벌금을 물리고[8] '산불 진화에 참여하지 않거나 늦게 참여한 사례'와 같이 이리송계 차원에서 직접 처벌할 수 있도록 규정하고 있다. 1910년부터 1934년까지 47번의 회계 결산과 감사 기록에 따르면, 이 기간 동안 2건의 벌금 내역이 기록되어 있다.

그 외에도 이리송계가 소유하던 부동산, 이를테면 논, 밭 및 산을 매각하여 거액의 현금을 마련한 경우도 있었다. 〈부록 표 6-1〉에서 보듯이, 1910년부터 1934년까지 송계산과 논을 매각한 경우가 7건 있었다. 특히 「이리송계출납장부」(1908~1934년)의 1913년 6월 15일 회계 결산과 감사 기록에 따르면, 송계산의 하나였던 가정산(柯亭山)의 매각 내역이, 나머지 6건은 모두 송계 소유의 논 매각에 관한 내역이 기재되어 있다. 같은 기간 동안 송계산 구역 내 화전 개간에 따른 수입은 적어도 2건이 기재되어 있다.

3. 주요 지출 내역

일제강점기에 이리송계는 지역민을 하나로 통합하고 당시 지역사

---

8 〈송계규약〉에 따르면, 어린 소나무는 작은 소나무의 값을 벌금으로 물리고, 큰 소나무, 중간 소나무, 작은 소나무는 각자 크기의 소나무 값에 2배를 물리도록 규정하고 있다.

회가 당면한 갖가지 어려움을 슬기롭게 대처하고 극복해 나가는 지역사회의 구심점 역할을 충실히 수행하였다. 이리송계가 이런 역량을 발휘할 수 있었던 주된 요인은 바로 탄탄하고 안정적인 재정 기반이었다. 이리송계에서 사치성 경비와 불필요한 지출을 적극 제한하고 운영 경비를 최소화하면서 송계의 재산과 기금을 마련하고 확충하였던 것이다.

일제의 수탈 정책은 직·간접적으로 이리송계에 지대한 영향을 미쳤다. 특히 일제강점기 초기에 실시된 토지조사사업(1910~1918년)과 임야조사사업(1918~1935년)은 이리송계의 재정에도 큰 파장을 가져왔다. 토지조사사업과 임야조사사업은 모두 신고주의를 채택했는데, 신고자가 서류, 측량 등 제반 비용을 부담해야만 했다. 이는 이리송계에 상당한 부담을 주었는데, 당시 출납장부의 기록에서 이런 사실을 확인할 수 있다. 「이리송계출납장부」(1908~1934년)를 살펴보면, 이 시기에 토지 및 임야 관련 비용 내역이 자주 등장한다.

〈부록 표 6-1〉에서 보듯이, 경술국치 바로 직전인 1910년 6월 15일부터 시작하여 1934년 12월 15일까지 토지 및 임야 관련 측량 비용 내역이 7건이 기재되어 있다. 무엇보다도 송계산의 하나였던 가야산(可也山)[9]이 일제의 임야조사사업으로 소유권을 인정받지 못했던 듯하다. 「이리송계출납장부」(1908~1934년)의 1927년 6월 27일 회계 결산과 감사 자료에 '가야산국림양여원(可也山國林讓與願)' 제출과 함께 그 비용(18냥 9전 7푼)이 기재되어 있다. 1934년 12월 15일 회계 결산과 감사 자료에는 '가야 양여 허가장(可耶 讓與 許可狀) 수령'과 함께 그 비용(2냥 99전)이 역시 기재되어 있다. 그 외에도 1922년 12월 16일 회계 결산과 감사 기록에 '임야사정 공시열람비(林野查定 公示閱覽費)'(12냥, 음력 8월 26일), '임야사정 불복신입비(林野查定 不

---

9 가야산은 可也山, 伽倻山, 可耶山 등으로 기재되어 있다.

服申立費)'(17냥 2전 5푼, 음력 9월 25일)가 기재되어 있는데, 1차 임야조사사업 사정 결과의 열람과 '불복 신청서' 제출에 관한 내역으로 추정된다. 이는 1차 임야조사사업의 사정 결과로 가야산이 이리송계의 소유로 인정받지 못하면서 이에 대응하는 데 따른 비용으로 추정된다.

〈부록 표 6-1〉에서 보듯이, 「이리송계출납장부」(1908~1934년)에서 일제강점기 동안 이리송계가 몇 차례 법적 소송에도 관여하였음이 확인된다. 지출 항목에 소송 관련 비용, 이를테면, 변호사 착수금, 소송위임장, 여비 등이 3건[10] 기재되어 있다. 소송은 아마도 토지조사사업 및 임야조사사업과 직간접적으로 관련되어 있는 것으로 추정된다. 또한 임야보호비(林野保護費), 삼림조합비(森林組合費), 산림조합비(山林組合費), 임야조합비(林野組合費), 임야세(林野稅) 등이 지출 항목에 기재되어 있어 송계산 소유권, 점유권 및 이용권에 관한 세금 납부 내역으로 파악된다.

일제강점기 초기에는 간수(看守) 연설, 도장급(道長及)[11] 연설 등에 4건의 지출 항목이 기재되어 있다. 그 외에도 농회비(農會費), 취득세, 주재소수리비(駐在所修理費), 조합말소비(組合抹消費), 리별 할당 면비(面費), 리별 경비 분담금 등 지출 내역이 「이리송계출납장부」(1908~1934년)에 기재되어 있다.

이리송계의 운영·관리와 관련해서는 강회 및 기타 회의 비용, 고지기 수당, 고지기의 소금과 간장[鹽醬] 구입 비용, 임원 3명의 세찬대, 유사 종이값, 계안 수정, 추수 감평 등의 지출 내역이 보인다. 추수 감평 비용은 가을걷이가 시작되기 전에 송계 임원, 간사원 그리고 경작인이 함께 경작지를 직접 방문하여 작황 상태를 확인하고 그 해

---

10 1929년 음력 12월 21일, 1930년 음력 6월 20일, 1933년 음력 6월 21일을 말한다.
11 도장급(道長及)이 어떤 직책인지는 파악할 수 없다.

도조세를 매겼는데, 이때 발생한 일당과 각종 경비를 말한다. 또한 가을걷이가 끝난 후에 쌀, 보리, 콩, 팥, 담배 등 소작료를 수령할 때에도 두량한(斗量漢) 일당 등 각종 비용 내역도 기재되어 있다.

이리송계는 송계산에 대한 보호, 이용 및 관리 활동을 적극 펼쳤다. 〈부록 표 6-1〉에서 보듯이, 「이리송계출납장부」(1908~1934년)에는 지출 항목으로 순산 및 산림 감시 활동, 임도 건설 및 수리, 송계산 내 개간, 소나무 판매 시 점검, 숯[炭木] 점검, 풀잎재 수령 및 점검, 묘목 대금, 묘목 식수, 송계산 내 산불 진압, 각종 쟁의 등의 지출 내역이 기재되어 있다. 특히 방동산 화재(1931년 음력 2월 4일, 4월 8일), 가야산 화재(1931년 음력 2월 19일), 계당산 화재(1932년 음력 3월 19일), 방동산 화재(1933년 음력 2월 11일, 6월 14일), 방동산 화재(1934년 음력 2월 20일) 등 송계산에서 여러 차례 산불이 있었고 이를 진압하는 과정에서 발생한 비용 내역이 기재되어 있다. 계당산 풀 관련 쟁의(1922년 음력 6월 15일), 계당산 다툼(1922년 음력 12월 16일) 등 두 차례 쟁의 관련 비용 내역도 확인된다.

이리송계 차원에서 이리 지역민의 공동체성과 공동체정신을 강화하고 지역민들을 하나로 결집하며 지역사회 미풍양속을 증진시키기 위한 다양한 활동과 노력을 전개하였다. 이에 관한 지출 항목으로 화전(花煎) 놀이 비용, 기우제(祈雨祭), 70세 이상 노인 세찬대[12], 효행 표창[13], 부의금(賻儀金), 소씨삼강문(蘇氏三綱門) 중수 기부금(1920년 음력 12월 15일), 죽곡정사(竹谷精舍)[14] 중건 재목 기부(1934년 음력

---

12 70세 이상 노인에게만 세찬대를 지급하는 게 원칙이었으나, 1911년 12월 15일 회계 결산과 감사 기록에 60세 이상 노인 7명에게 각각 3냥 5전을 지급하였음이 확인된다.

13 1919년 12월 15일, 1933년 12월 15일 등 2건의 회계 결산과 감사 기록에 효행자 표창 내역이 확인된다.

14 조선 중엽에 지역민들이 자제 교육을 위해 죽곡정사(竹谷精舍)를 설립하였으며, 이후 안규용(安圭容, 1873~1959)이 중건하였다. 안규용은 자는 경삼(敬三), 호는

12월 15일), 향교 수리용 목재 지원 및 운반(1919년 음력 12월 15일), 채씨제각(蔡氏祭閣) 재목 기부(1934년 음력 12월 15일), 징과 북[金鼓] 구입, 향음주례와 상읍례 등이 보인다. 특히 학교 설립(1912년 음력 12월 15일), 학교 운영 관련 회의 및 경비(1913년 음력 6월 15일), 교수(校師) 월사금(月謝金)(1913년 음력 6월 15일) 등 지출 내역이 있는 것으로 봐서 이리송계에서 직접 학교를 설립·운영했으리라 추측된다.

4. 송계 재산과 기금 관리

이리송계에서는 과거부터 준수해오던 양입위출(量入爲出) 원칙에 따른 재정 운영과 관리를 일제강점기 동안에도 충실하게 지켜왔다. 그리고 수입과 지출 내역에 관한 상세한 기록, 철저한 회계 결산과 감사 등을 통해 재정 운영과 관리에서 절차와 결과의 투명성을 확보하였다. 일제강점기 동안 이리송계의 재정 운영과 관리에서 두드러진 특징을 정리하면 다음과 같다.

첫째, 이리송계에서 경비 지출 및 금액의 결정은 한두 명의 임원이 아니라 반드시 송계 회의에서 논의 과정을 거치도록 규정하고 있다. 또한 〈송계규약〉에 "송계에서 비용이 발생할 경우, 날짜와 사용처를 명백하게 기술하여야 하며, 강회에서 계원들에게 투명하게 보고하여야 한다"라고 규정하여, 지출에 관한 상세한 기록과 함께 보고의 투명성을 주문하고 있다. 만일 돈이 송계 관련 공적 업무에 쓰이지 않고 사사로이 지출되었을 경우에는 강회에서 공론에 부쳐 송계 장부에 기록하지 못하게 하며 개인이 이를 갚도록 강제하고 있다.

회봉(晦峰)이다. 죽곡정사는 복내면 진봉리 진척 마을에 위치해 있다(향토지편찬위, 1995: 185, 351).

둘째, 이리송계는 사치성 경비를 철저하게 통제하고 운영 경비 또한 최소화하도록 규정하고 있다. 〈송계규약〉의 강회 경비 관련 조항을 보면, 강회가 끝난 후 술 한동이와 점심밥을 계원에게 제공하는데, 곡식은 계원 한 명당 3홉으로 책정하고 찬거리 비용은 15냥을 넘지 못하며, 그 외에는 어떠한 돈도 쓰지 못하도록 규정하고 있다. 매년 가을 도조세를 책정할 때 임원 2명, 간사원 4명 등 6명 정도로 한정하고 각자에게 2냥 5전씩을 일당으로 제공하며 그 외에 계원이나 경작인에게는 일당을 일절 지급하지 않도록 규정하고 있다. 그리고 도조를 벼로 받는 날에 임원, 간사원, 말질하는 사람 1명, 챙이질하는 사람 2명, 고지기 2명, 그밖에 2~3명 등 10여 명에 한정하여 각각 2전 5냥씩을 일당으로 지급하지만, 그 외에는 어떠한 지출도 허용하지 않고 있다.

송계산 구역 내에 화전 개간, 작벌 등을 감시하는 순산 일당을 간사원에게 지급하는데 노고의 경중에 따라 2냥 5전~5냥 이내로 한정하며, 일당은 반드시 송계 회의의 논의를 거치도록 하여 송계 임원의 자의적 결정을 차단하고 있다. 매년 음력 3월 15일과 9월 15일 '강을 베풀고 예를 행하는[設講行禮]' 날에 향음주례와 상읍례가 없으면 계원당 2냥씩만 책정하여 그날의 경비를 지급하도록 규정하고 있다. 만일 향음주례와 상읍례가 있으면 술 한동이와 반찬값 10냥으로 한정하며, 계원수대로 닭죽을 마련하도록 하고 있다. 당일 강독(講讀)에서 시문(詩文) 우등생 갑(甲), 을(乙), 병(丙) 3명에게 각각 1냥 5전, 1냥, 5전 상당의 문방구를 상품으로 지급하도록 하고 있다. 그 밖에도 설날에 70세 이상 노인에게 세찬대로 고기 2근을 제공하도록 하고 있다. 그 외에는 지출을 일절 허용하지 않도록 하여 운영경비의 지출을 최소화하도록 규정하고 있다.

셋째, 이리송계 차원에서 전곡의 출납, 도조세 책정 및 수령 등을 엄격하게 관리하였다. 전곡의 출납과 관련하여 〈송계규약〉에 다음과 같이 규정하고 있다: "송계의 돈과 곡식[錢穀]은 공전(公錢)과 공곡(公穀)의 다름 아니니 몰래 쓰고 제때 갚지 않는 자는 계원의 자격을 박탈하고 친족이나 이웃에게 물리는데, 이는 송계가 창설된 시기의 규약대로 하는 것이다. 돈과 곡식에 관한 사항들은 명확하게 장부에 기재하여 다음 강회에 반드시 갚도록 한다. 못 받아낸 돈과 곡식은 해당 마을의 간사원이 책임지고 받아내도록 한다."

다음으로 묏자리 값, 소나무 값, 곡물 값, 도조세 등의 책정 및 수령과 관련하여 다음과 같이 구체적이고 엄격한 규정을 명문으로 두고 있다: "새로 쓴 묏자리 값, 소나무 값 및 곡물 값은 먼저 송계에 들여놓아야 하며, 만일 제때 받지 못하면 임원이 책임지고 받아내도록 한다. 담배 값은 다음 강회까지 간사원이 책임지고 받아내도록 한다. 과거에 받아내지 못한 미수분은 상세하게 조사하고 이를 내도록 독촉하며, 여전히 남은 미수분은 별도로 기록해 두도록 한다. 가을걷이 전에 도조세를 책정하고 벼를 내는 날짜에 차질 없이 내도록 한다. 이를 미루거나 돈으로 대신 내는 것[代金]을 일절 허용치 않는다. 임원과 간사원 3~4명은 경작인과 함께 경작지를 직접 방문하여 가을걷이 전에 작황 상태와 수확량을 평가하여 도조세를 책정하고 그해 10월 초순 안에 도조세로 벼를 내도록 한다. 이를 미루거나 좋지 못한 벼를 내는 경우 당일 즉시 다시 내도록 독촉하고 다음 해에는 근실한 사람에게 경작권을 넘겨준다. 토지세는 임원이 직접 내도록 하고 경작인이 사사로이 내지 못하도록 한다."

넷째, 이리송계에서는 송계의 돈을 빌려주고 6개월 단위로 원금과 함께 이자를 갚도록 하였다. 당시 이자는 원금의 20%로 송계의 주요 수입원이었다. 〈부록 표 6-1〉에서 보듯이, 일제강점기 동안 이자 수입은 전체 수입의 약 5~17% 정도를 차지하고 있었다.

다섯째, 이리송계는 적당한 시기를 기다렸다가 곡식을 돈으로 환전하여 보관하였다. 곡식은 장기간 보관하는 데 많은 제약이 따르므로 일정한 비축량을 남겨둔 채 적당한 때에 돈으로 환전하였다. 시중에 곡물 가격의 변동을 잘 파악하면 환전으로 인한 차익을 남길 수도 있었기 때문이다.

여섯째, 이리송계는 부동산의 매매를 통해 재정 상황과 여건, 지출 수요 등의 변동에 적극 대처하였다. 「이리송계출납장부」(1908~1934년)에서 알 수 있듯이, 1910년에서 1934년 동안 논과 밭을 매입한 사례가 6건 있었다.

제3절 재정 운영과 관리: 해방 이후

1945년에 일본 제국주의로부터 민족해방은 분명 기쁨이었다. 그러나 해방 이후 격화된 이념갈등, 친일청산, 남북분단, 한국전쟁, 이승만 독재, 4.19 혁명, 5.16 군사쿠데타 등 그야말로 민족의 비극과 시련이 연이어 일어났다. 그리고 개발독재 기간 동안 급속도로 진행된 산업화와 도시화는 한국 사회에 많은 변화와 도전을 안겨주었다. 이러한 시대적 격변은 이리 지역사회에도 지대한 영향을 주었다. 많은 지역민들이 일을 찾아 도시로 떠나면서 이리 지역 인구수는 가파르게 감소하였다. 이와 함께, 난방 원료로 석탄, 석유 및 가스가 주로 사용되고 값 싼 목재들이 수입되면서, 송계산과 산림자원의 중요성이 급감하였다. 이런 요인들이 복합적으로 작용하여 송계의 수입 안정성에 부정적인 영향을 미치게 되었다. 이농으로 인한 인구 감소, 재정 수입 감소, 산업구조 변화 등으로 오랫동안 지역사회에서 실질적 구심점이던 이리송계의 위상에 큰 도전을 안겨주었다.

하지만 이러한 위기와 어려움 속에서도 이리송계는 오늘날 이리 지역사회에서 중요한 위상을 여전히 점하고 있으며, 지역민들을 하나로 통합하는 중요한 역할을 수행하고 있다. 여기서는 해방 이후 이리송계가 자체 재원을 안정적으로 확보하려고 어떤 노력을 기울였는지, 수입과 지출의 운영과 관리는 어떤 방식으로 해 왔는지 등을 중심으로 살펴보았다. 분석과 논의를 위해 송계책 14권(1969년), 15권(1983년) 및 16권(1993년)과 함께, 「이리송계출납장부」(1980~2007년), 「이리송계결산보고관련서류철」(1985~2014년), 「이리송계회의록」(1984~2015년) 등을 활용하였다. 특히 「이리송계출납장부」(1980~2007년)에는 매 회계연도 수입과 지출 내역이 상세하게 기록되어 있다. 「이리송계결산보고관련서류철」(1985~2014년)에는 회계연도 1985년부터 2013년까지 결산보고서, 세찬지급명단, 감사의견서[15], 총회 회의록 일부 등이 실려 있다. 「이리송계회의록」(1984~2015년)에는 정기총회, 임시총회, 임원회의 등 송계 회의에서 논의·의결된 사안들이 자세하게 기록되어 있다.

1. 재정 운영 방식

과거 이리송계에서 회계 결산과 감사는 6개월 단위로 이뤄졌다. 하지만 해방 이후 어느 시점부터 회계 주기가 6개월 단위에서 1년 단위로 바뀌었다. 이리송계의 재원, 수입 및 지출 내역, 재정 운영 현황, 사업 추진 경과 및 성과, 사업 계획 등 재정 관련 주요 현안들은 정기총회, 임시총회, 임원회의에서 집중적으로 논의된다. 임원회의에는 계장, 감사, 이사, 총무 등 임직원들이 참석하여 이리송계의 현안, 장래 사업 추진 방향 및 계획 등을 함께 논의하며, 여기에서 정기총회나 임시총회에 상정할 안건들을 결정한다. 송계원이면 누구나 정기총회나 임시총회에 참석하여 안건 상정을 건의하고 논의할 수 있다. 이리송계에서 수입, 지출 등 회계 결산 관련 업무는 계장과 총

---

15 '감사보고'라고도 불린다.

무가 담당한다. 송계의 재산, 기금, 수입 및 지출에서 큰 변동이 발생할 경우에는 이사, 감사 등과 긴밀하게 협의하고, 나아가 총회에서 계원 전체의 의견을 수렴하여 결정하고 있다.

이리송계는 특정한 예산결정 방식을 채택·운영하고 있지 않는 듯하나, 점증주의 예산(incremental budgeting)이나 기획예산제도(planning, programming and budgeting system, PPBS)와 유사한 방식으로 예산안의 심의, 논의 및 결정이 이뤄지고 있다. 통상 정기총회에서 간사 수당, 세찬대 지급, 재산세, 총회 비용 등 고정 지출 항목들에 대해 별다른 논의가 없으면 다음 회계연도에도 그대로 지출된다. 특별히 임원이나 송계원이 고정 지출 항목을 주요 안건으로 상정하면 총회에서 심도 있는 논의가 진행된다.

이리송계에서 주요 사업을 계획하고 결정·추진하는 방식은 기획예산제도와 유사해 보인다. 먼저 정기총회, 임원회의 등에 사업 계획에 대한 안건이 상정되면, 이에 집중적인 논의 과정을 거치게 된다. 주요 사업의 추진 여부는 계원 전체를 대상으로 개최되는 정기총회나 임시총회에서 전원 합의 혹은 투표를 통해 결정되는데, 예상 경비, 사업 담당 인력, 사업 진행 절차 등이 세부적으로 논의되고 결정된다. 그리고 사업이 추진되는 중에도 현재 진행 상황, 현재까지의 지출 경비 등에 대한 상세한 경과보고를 총회나 임원회의에 하고 주요 쟁점과 이슈들을 함께 논의한다.

사업이 종결되면 사업의 추진 성과 및 결산 내역 보고서를 총회에 제출하고 계원들의 심의와 평가를 받게 된다. 좋은 사례로, 2000년에 추진되었던 '송계사력비 건립 사업'을 들 수 있다. 앞 장에서 이미 기술하였듯이, 임원회의(2000.01.15.)에서 정기총회 안건으로 상정, 정기총회(2000.01.21.)에서 최종 의결, 송계비건립추진위원회와 송계비건립집행위원회 구성(2000.03.03.), 수차례 회의, 정기총회(2001.01.28.)에서 송계사력비 건립 성과 및 결산 내역 보고 등으로 진행되었다.

한편 이리송계는 수입, 지출, 재원 절약 등 재정 계획과 관리에 대해 절차적·결과상의 투명성을 확보하고자 노력하고 있다. 매년 계원당 10만원씩 지급되는 세찬대가 너무 과하다는 주장이 꾸준하게 제기되고 있다. 2011년도 정기총회(2012.01.08.)와 2012년도 정기총회(2013. 01.26.)에서 세찬대 지급 액수에 대한 논의가 활발하게 진행되었다. 2012년도 정기총회에서 논의되었던 내용을 살펴보면, 계원 한 명당 세찬대가 10만원으로 한해 수입 대비 지출이 과하므로 세찬대 금액을 수입 범위 이내로 줄이자는 주장이 일부 계원들로부터 제기되었다. 선조들은 세찬대를 고기 몇 근으로 제한하면서 송계 재산을 불려왔는데 후손들이 소중한 재산을 탕진할 수 없다는 논리였다.

다른 일부 계원들은 아직 송계 기금이 충분하니 종전대로 10만원 그대로 지급하자고 주장하였다. 양측 입장에 대해 활발한 논의가 이뤄졌고 정기총회 참석 계원의 거수 투표로 '10만원 지급 유지안' 찬성이 70명, '수입 범위 내 세찬대 금액 조정안' 찬성이 5명으로 종전대로 10만원을 계원 각자에게 지급하기로 의결하였다. 세찬대 금액으로 10만원이 너무 과하니 계원당 5만원으로 삭감하자는 안이 2014년도 정기총회(2015.02.03.)에서 다시 제기되었다. 표결 결과, '10만원 지급안' 찬성이 80명, '5만원 지급안' 찬성이 5명으로 계원 한 명당 10만원을 계속 지급하기로 의결하였다. 이런 일련의 논의를 통해 계원 간의 정보 공유, 투명성 확보, 신뢰성 제고 등 긍정적인 요인으로 작용하고 있다.

총무는 수입과 지출 내역을 출납장부에 꼼꼼하게 기록하여야 한다. 계장과 총무는 매년 정기총회에 제출할 결산보고서를 작성하며 정기총회 개최의 일주일 전후로 임원회의를 열고 회계 감사와 함께 결산보고서 심사가 진행된다. 감사는 회계 장부에 기재된 출납 내역과 정기총회에 제출할 결산보고서를 꼼꼼하게 대조·검토한 후 감사

의견서를 작성하여 정기총회에 제출한다. 결산보고서는 정기총회에서 다시 참석 계원의 심사와 질의를 받고 특별한 사항이 없으면 통과된다. 계장과 총무는 결산보고서와 감사의견서를 사무소에 비치·보존하여야 하며 계원 누구나 이를 요청할 시에 반드시 공개하고 열람할 수 있도록 하고 있다. 만일 영수증 처리, 결산보고서 등 회계결산 및 재정 관리가 부실하고 철저하지 못하면 이리송계 차원에서 송계 임원진에 대한 책임 추궁이 적극적으로 표출되기도 한다. 한 예로, 2008년도 정기총회(2009.01.10.)에서 영수증 처리가 부실하고 결산보고서가 제대로 작성되지 않았다는 지적과 비판이 일부 계원들로부터 제기되었다.

2. 주요 수입 내역

해방 이후 오늘날까지 이리송계는 송계 조직을 유지·관리하고 본연의 업무를 수행하는 데 필요한 재원을 안정적으로 확보하려고 꾸준히 노력해 왔다. 주요 수입원은 과거 전통사회와 큰 차이가 없으나, 몇몇 특정 수입원에 대한 의존성이 높아지면서 재원의 다양성 측면에서는 다소 미흡한 것으로 판단된다.

과거 전통사회에서 원곡이나 원금을 빌려주고 이자를 받던 식리 활동은 이제 더 이상 이뤄지지 않고 있다. 식리는 1803년 이리송계의 창계 이후부터 일제강점기, 혹은 해방 이후에도 일정기간 동안 이리송계의 수입에서 주요 부분을 차지하였다. 오늘날에는 금융기관에 보통예금이나 정기예금으로 넣어두고 이자 수입을 얻고 있으나 이자 수입 규모는 그리 크지 않다. 이리송계의 주요 수입원으로는 송계산으로부터 수입, 송계 전답의 도조 수입, 신입 계원의 추입금, 송계 부동산 매각 및 각종 보상금, 기타 수입 등을 들 수 있다.

전통적으로 이리송계는 송계산의 산림자원으로부터 상당한 규모의 재원을 얻을 수 있었다. 오늘날에도 이러한 경향은 여전하지만, 예전에 비해 수입 규모가 많이 감소하였다. 소나무와 참나무를 비롯한 임목 판매, 묏자리 값 등으로 일정한 수익을 창출하고 있으나, 이제는 숯, 풀잎재 등에서의 수입은 없다. 〈부록 표 6-2〉에서 보듯이, 회계연도 1985년부터 2014년 기간 동안 6건의 임목 판매 수입과 12건의 묏자리 수입이 있었다. 송계의 논과 밭에서도 매년 도조 수입을 일정하게 거둬들이고 있다. 이리송계가 소유한 논과 밭의 규모 변화에 따라 도조 수입액은 회계연도마다 다소 차이를 보인다. 그럼에도 이리송계는 여전히 상당한 규모의 논과 밭을 소유하고 있고 이를 소작에 부쳐 도조 수입을 올리고 있다.

신입 계원의 추입금도 송계 수입에 일정부분 기여하였지만, 금액은 그리 크지 않다. 이리송계에서는 1983년부터 10여 년 동안 원계원의 후손들을 대상으로 추입이 지속적으로 이뤄졌다. 1983년 37명의 추입을 시작으로 1985년 7명, 1986년 4명, 1987년 4명, 1989년 2명, 1993년 4명 등 이 기간 동안 총 58명이 이리송계에 가입하였다. 「이리송계출납장부」(1980~2007년)를 살펴보면, 당시 추입금으로 신입 계원 한 명당 28,000원(1984년), 5,610원(1985년), 6,100원(1985년), 5,890원(1986년), 29,450원(1986년), 12,500원(1987년), 30,000원(1987년), 백미 2두(당시 시가 16,500원, 1989년), 100,000원(1993년)을 납부하였다. 흥미로운 점은 추입금이 별도로 정해져 있던 게 아니라, 추입대상자의 형편과 총회의 의결에 따라 금액이 다소 달랐다는 것이다.

부동산의 매각과 보상금 또한 송계의 주요 재원으로 활용되고 있다. 대표적 예로 1996년 계당산의 매각을 들 수 있다. 계당산은 창계 이후부터 줄곧 이리송계에서 소유·관리하던 송계산이었다. 그 외에도 〈부록 표 6-2〉에서 보듯이, 회계연도 1985년부터 2014년 동안 송회당(松會堂) 대지, 논 등 4건의 부동산 매각이 있었다.[16] 역시 같은 기간 동안 이리송계는 농로, 토지, 도로 등 4건의 보상금을 지급받았다. 기타 수입으로 찬조금(2건), 환지청산금(2건) 등이 있었다.

3. 주요 지출 내역

해방 이후 오늘날까지 이리송계의 수입원이 과거에 비해 크게 달라지지 않았던 것과 마찬가지로, 큰돈이 지출되는 항목 또한 크게 변한 게 없는 것으로 보인다. 이리송계 재정에서 다소 고정되어 있는 운영성 경비에는 정기총회·임시총회·임원회의의 점심 비용을 포함한 각종 경비, 세찬대, 간사와 산수호인 수당, 부의금, 재산세·취득세·종합토지세 등이 포함된다.

이리송계는 송계산 구역 내 산림 보호와 감시 활동을 담당하던 산수호인에게 매년 일정액의 수당을 지급해 왔다. 구체적으로, 1983년까지 산수호인 수당이 없었다가 1984년부터 산수호인 2명에게 수당을 지급하기 시작하여 1명에게는 1만원, 다른 1명에게는 5천원을 각각 지급하였다. 다시 1985년부터 산수호인 1명에게는 1만 5천원, 다른 1명에게는 1만원으로 증액하였다. 1998년부터 산수호인을 2명에서 1명으로 줄이고 2만 5천원을 수당 명목으로 지급하였다. 2000년에는 산수호인을 다시 2명으로 늘리고 각각 3만원으로 증액하였다. 하지만 2010년부터는 산수호인 제도가 폐지되면서 더 이상 산수호인 수당 명목으로 지출되는 경비는 없게 되었다.

간사는 이리송계의 실무를 담당하는 직원으로 1984년부터 오늘날까지 매년 사례금(謝禮金) 명목으로 일정액의 수당을 지급받고 있다. 구체적으로, 1983년까지 간사에게 별도의 수당이 지급되지 않다가 1984년부터 간사에게 매년 2만원을 지급하기 시작하였다. 1992년도

---

16 송회당 대지와 건물은 1991년에 매각되었다.

정기총회(1993.01.07.)에서 1993년부터는 간사 수당을 10만원으로 인상하기로 의결하였다. 다시 1998년에 15만원으로, 2000년에 20만원으로 간사 수당이 인상되어 오늘에 이르고 있다.

세찬대는 과거에 3명의 송계 임원과 70세 이상 노인에게만 지급되었으나, 오늘날에는 모든 계원에게 매년 지급되고 있다. 설날 세찬대는 1992년에 처음으로 모든 계원에게 지급되면서 오늘날까지 꾸준히 이어져 오고 있다. 세찬대는 이리송계 지출 경비에 큰 비중을 차지한다. 매년 한 번씩 개최되는 정기총회에서 세찬대가 지급되는데, 이는 계원의 총회 참석을 독려하기 위한 목적도 지니고 있다. 〈표 6-1〉에서 보듯이, 1992년에 계원 1명당 5천원이 지급되다가 이후 꾸준하게 증액되었다. 구체적으로, 1994년부터 계원 한 명당 1만원, 1996년부터 2만원, 1999년부터 다시 5만원으로 증액되었다. 2006년에는 계원 한 명당 3만원으로 축소되었다가 2007년에는 세찬대 지급이 중단되었다. 하지만 2008년에 설날 세찬대를 계원 한 명당 10만원씩 다시 지급하기 시작하면서 오늘에 이르고 있다. 1992년부터 2014년까지 세찬대를 수령한 계원수를 누적 합계하면 총 1,490명이며, (물가 상승을 반영하지 않은) 세찬대의 총 지출액은 128,405,000원으로 1억3천만 원에 가까운 금액이다.

〈표 6-1〉 세찬대 지급 현황(1992~2014년)[17]

회계연도	세찬대 수령 계원수(명)	계원당 세찬대(원)
1992년	128	5,000
1993년	127	5,000
1994년	133	10,000
1995년	130	10,000
1996년	128	20,000

---

17 회계연도 2000년에 세찬대 지급 내역은 확인할 수 없다.

1997년	126	20,000
1998년	127	50,000
1999년	127	50,000
2001년	129	50,000
2002년	128	50,000
2003년	129	50,000
2004년	125	50,000
2005년	123	50,000
2006년	114	30,000
2007년	미지급	미지급
2008년	109	100,000
2009년	106	100,000
2010년	107	100,000
2011년	108	100,000
2012년	70	100,000
2013년	107	100,000
2014년	109	100,000
누적 합계	1,490	128,405,000

* 출처: 「이리송계출납장부(1980~2007년)」와 「이리송계결산보고관련서류철」(1985~ 2014년)을 토대로 저자 작성.

정기총회, 임시총회, 임원회의 등 송계 회의에서 지출되는 주요 경비에는 중식대가 포함된다. 송계 소유의 부동산에 대한 재산세, 종합토지세, 법인 주민세, 취득세 등 각종 세금이 매년 송계 재정에서 지출되고 있다. 또한 계원의 상(喪)에 부의금을 지출하고 있다. 부의금 항목은 해방 이후 1998년에 처음 보이는데, 1998년과 1999년에는 계원 상에 3만원씩 부의하다가 2000년부터 계원상이 있을 때마다 5만원씩 부의금으로 지출하고 있다. 한편 과거 전통사회에서 고정적으로 지출되던 경비인 순산 및 산림 감시 비용은 이제 송계 임원들의 순산과 임도 답사라는 일회성 경비로 지출되고 있다.[18]

---

18 한 예로, 1998년도 회계 결산 내역에 '순산 및 입도 답사' 비용 항목이 확인된다.

이리송계는 공동체 단합, 공동체성 함양, 장기 지속 발전을 위한 목적으로 다양한 사업들을 계획하고 추진하여 왔다. 예를 들어, 1970년 송회당 부지 매입과 건립, 1991년, 1992년 및 1994년 경지 정리, 1993년 송계책 16권 발간, 1993년 책·문서 보관용 금고 구입, 1995년 방동산 임도 설치, 1996년 계당산 매각, 1999년 송계답 매입, 2000년 송계사력비 부지 매입과 건립, 2000년과 2001년 송계책 한자 번역, 2002년 송계답 수로 개거 및 보수, 2006년 이리송계 법인화 등 이리송계 차원에서 각종 사업을 계획·추진하면서 관련 경비를 지출하였다.

4. 송계 재산과 기금 관리

예전부터 이리송계는 상당한 규모의 부동산을 소유·관리하면서 많은 수입을 창출하여 왔다. 〈표 6-2〉의 송계책 15권(1983년) 〈송계 재산목록〉을 보면, 당시까지도 이리송계가 상당한 규모의 부동산과 자산을 보유하고 있음을 확인할 수 있다. 그리고 제2장의 〈표 2-8〉에서 보았듯이, 오늘날까지도 이리송계는 방동산, 가야산, 논과 밭, 송계사력비 대지 등 여전히 상당한 규모의 부동산을 소유·관리하고 있다. 부동산 관련 명세서와 각종 서류는 송계 임원의 인수인계 시에 중요하게 취급되며 보관·보존에 만전을 기하고 있다.

〈표 6-2〉 이리송계 부동산 내역

번호	주소	지목	면적	비고
1	복내면 용동리 28-1	답	176평	
2	복내면 용동리 128-7	답	270평	
3	복내면 용동리 496	답	705평	
4	복내면 용동리 439	답	351평	

5	복내면 진봉리 25	답	585평	
6	복내면 용동리 254	전	541평	
7	복내면 진봉리 산50-1	임야	189정 1반 1묘	방동산
8	복내면 진봉리 산84-1	임야	60정 9반 4묘	가야산
9	복내면 진봉리 산123-1	임야	86정 5반 7묘	계당산
10	복내면 진봉리 330	대지	207평	송회당

* 출처: 송계책 15권(1983년)의 〈송계재산목록(松契財産目錄)〉.

이리송계는 송계 재산과 기금 관리의 원칙과 방식을 해방 이후에도 전향적으로 잘 계승·유지하고 있다. 수입과 지출의 출납에 관한 상세한 기록, 철저한 회계 결산과 감사, 자체 사업의 계획·추진 등을 통해 투명하고 건전한 재정 운영과 관리를 행하고 있다. 해방 이후 오늘날까지 이리송계의 재정 운영과 관리에서 보이는 주요 특징을 살펴보면 다음과 같다.

첫째, 송계 관련 지출은 반드시 송계 회의의 논의 과정을 거쳐 결정하는 것을 원칙으로 하고 있다. 이리송계영농조합 〈법인 정관〉 제50조에 "사업계획 및 수지예산의 승인·책정과 변경", "사업보고서, 결산서, 이익금 처분 및 결손금 처리", "출자에 관한 사항" 등은 반드시 총회의 의결을 거치도록 의무화하고 있다. 정기총회나 임시총회에서 충분히 협의할 여건이 되지 않으면 임원회의에서 반드시 협의와 논의를 거쳐야 한다. 하지만 임원회의의 결정만으로 지출을 발생하고 총회에서 사후 승인을 받을 수 있는 사항은 상당히 제한적이다.

이리송계는 재정 관련 기록, 자료 및 서류는 계원 누구나 열람할 수 있는 공개성과 투명성을 견지한다. 〈법인 정관〉 제30조에 "모든 장부는 사무소에 비치하여 항상 조합원에게 공개하며 주요계정에 대한 내역은 정기적으로 게시"하도록 규정하여 공개성을 원칙으로 한다.

둘째, 앞에서 이미 기술하였듯이, 이리송계는 철저한 회계 결산과 감사를 진행하고 있다. 이러한 검증과 논의 절차를 통해 송계 운영, 사업 추진 등 각종 경비와 지출을 최소화하고, 건전하고 투명한 재정 운영과 관리가 이뤄지는 데 기여하고 있는 것이다. 한 예로, '회계연도 2012년 감사의견서'를 살펴보면 〈표 6-3〉과 같다.

〈표 6-3〉 감사의견서 예시(2013년 1월 19일)

감사의견서

당 법인 정관 제42조 제2항 및 규약 제34조 제3항에 의하여 2013년 1월 19일 계장으로부터 제출된 결산보고서를 2013년 1월 19일부터 1일간 각 조항에 대하여 감사를 실시한 결과 그 내용이 정확함을 인정함.

2013년 1월 19일
복내면 이리 송계 영농조합법인
감사 채○○ (인)
감사 문○○ (인)

---

* 출처: 「이리송계회의록」(1984~2015년).

셋째, 조선 후기와 일제강점기 동안 이리송계는 급변하던 경제사회적 상황과 상업경제의 발달에 대응하여 환금성 작물 재배, 풀잎재 및 숯 판매 등 재원을 다양화하고 안정적인 수입을 확보해 나갔다. 오늘날 이리송계의 주요 수입원은 과거 수입원과 크게 다르지 않으며, 오히려 재원의 다양성이 줄어들었다고 할 수 있다. 재원의 다양성 감소는 장기적으로 재원의 안정성을 위협할 수 있다. 이리송계 차원에서 기존의 수입원뿐만 아니라, 지역 여건과 장점을 살릴 수 있는 창의적·혁신적인 수익 사업을 창출하여 재원의 다양성과 안정성을 확보해 나갈 필요가 있다.

넷째, 이리송계는 적당한 시기에 송계 부동산의 매매를 통해 재정 상황, 지출 수요 등에 능동적으로 대응하고 있다. 예를 들면, 1985년부터 2014년까지 계당산 매각, 송계답 매각(4건), 송계답 구입(2건), 토지 및 도로 보상금 등이 있었다.

다섯째, 오늘날 이리송계는 원곡이나 원곡을 빌려주어 이자를 받는 식리 활동을 더 이상 하지 않는다. 대신 금융기관에 보통예금이나 정기예금을 예치하여 이자 수입을 얻고 있다.

제4절 소결

다양하고 안정적인 재원을 확보하고 투명하게 재정을 운영·관리하는 것은 조직의 생존과 번영을 담보하는 데 필수적인 요소이다. 재원의 확충, 재정의 운영과 관리 측면에서 이리송계는 오늘날까지 매우 성공적이었다고 할 수 있다. 재정의 운영과 관리 측면에서 이리송계의 장기 지속성에 기여한 요인들을 다음 몇 가지로 추려볼 수 있다.

무엇보다도 철저하고 상세한 기록정신과 기록문화를 꼽을 수 있다. 특히 수입 및 지출 내역, 동산·부동산의 재산 변동 내역에 날짜, 성명, 금액을 정확하게 기재하였다. 출납장부의 정확한 기록은 회계 감사와 결산 절차를 보다 용이하고 투명하게 하는 데 기여할 수 있었다. 그리고 계원이면 누구나 회계 관련 모든 기록과 자료를 열람하고 이를 직접 확인할 수 있도록 하였다. 결국, 철저하고 상세한 기록 → 회계 결산과 감사의 투명성 제고, 기록과 자료의 공개성 제고 → 이리송계와 계원에 대한 신뢰 제고 → 공동체성과 공동체의식 제고 등으로 이어지는 선순환의 긍정적 영향을 확장할 수 있었던 것이다.

이리송계에서는 재정 운영과 관리의 책임성을 중요하게 다루었고, 명문 규정, 관습 및 불문율을 통해 책임성 높은 재정 운영과 관리가 실제 가능하도록 하였다. 계장과 총무는 출납장부와 결산보고서를 사무소에 반드시 비치하여야 하며 다음 임기의 계장과 총무에게 차질 없이 인수인계가 이뤄지도록 하였다. 이것은 조선 후기부터 오랫동안 전승되어온 이리송계의 훌륭한 전통이 아닐 수 없다. 재정 운영과 관리에 부정이나 잘못이 있을 경우 송계 임원에게 책임을 물을 수 있도록 하였다. 그리고 송계 공곡(公穀)이나 공금(公金)을 함부로 오용하거나 제대로 갚지 않는 사람에게는 끝까지 책임을 물어 갚도록 하였으며, 만일 갚지 못하는 상황인 경우에는 친척, 이웃, 그리고 마을 주민 모두에게 연대 책임을 물을 수 있었다.

하지만 장래에도 이리송계의 재정 운영과 관리가 안정적이고 장기간 지속적으로 가능할 수 있을지에 대해서는 낙관할 수 없다. 여러 가지 위험요인이 도사리고 있기 때문이다. 과거 향촌사회에서 이리송계는 사회경제적·시대적 흐름과 변화에 적극적·능동적으로 대응하면서 다양한 재원을 성공적으로 발굴할 수 있었다. 오늘날 사회경제적·시대적 환경과 상황이 과거와는 크게 달려졌음에도 이리송계의 재원과 재정구조는 과거와 별반 다르지 않다. 과거 전통사회에 비해 이리송계의 재원과 재정구조는 오히려 취약해졌다고 볼 수도 있다.

우선 특정 소수 재원에 대한 의존성이 과거에 비해 더욱 커지게 되었다. 오늘날 이리송계는 송계 부동산의 매각, 소나무와 참나무를 비롯한 임목 판매, 도조 수입 등 일부 재원에만 크게 의존하고 있는 실정이다. 물론 오늘날에도 안정적으로 확보할 수 있는 재원은 지속적으로 유지·확대해야 할 것이다. 이와 더불어, 사회경제적·시대적 환경과 상황에 맞게끔 이리송계 차원에서 다양하면서도 안정적인 재원을 새롭게 발굴하고 확보하는 것 또한 절실하게 요구된다. 달리 말하면, 재정자원의 다양성(financial resource diversity)을 적극 추진 하여야 할 것이다. 이를 구체적으로 살펴보자.

첫째, 송계산과 송계 전답에서 수익을 창출할 수 있는 임산물과 농작물에 대한 시장조사, 판로 확보 등을 통해 새로운 사업 기회들을 생각해볼 수 있다. 복내와 이리 지역은 역사적 · 문화적 자산을 풍부 하게 간직하고 있고 송계산을 비롯한 풍부한 자연환경을 보유하고 있다. 그리고 광주, 순천, 여수, 목포 등 도시 지역에 인접해 있으므 로 이들 자산을 활용하는 관광상품 개발도 고려할 만하다.

둘째, 과거 이리송계는 '양입위출(量入爲出)' 원칙을 재정 운영과 관리에 충실하게 적용하여 왔다. 이런 원칙은 보수적이고 안정적인 재정 운영과 관리에서 여전히 유용하다. 그렇더라도 장래성과 투자 전망이 높은 수익 사업에 대해서는 다소 위험과 불확실성이 수반되 더라도 과감한 사업 계획의 수립과 추진이 필요하다. 재원의 안정성, 계원의 단합과 신뢰를 해치는 수준까지는 아니더라도 투자 가치와 수익성이 보장되는 사업에 대해서는 위험을 다소 감수하는(risk-taking) 기업가 정신은 필요하다고 본다.

셋째, 지난 220여 년 동안 이리송계는 지역사회의 구심점으로 지 역민의 복지와 삶을 향상시키는 유 · 무형적 경험지식과 민속지식을 풍부하게 축적하여 왔다. 설날 노인들에게 매년 지급하던 세찬대 전 통, 이리송계와 자연마을 간의 연락 · 서비스 전달체계, 상호 부조와 같은 미풍양속 등 훌륭한 전통과 경험지식을 간직하고 있다. 지역사 회 복지 등 각종 보조금이나 정부와의 수의계약을 통해 이리지역에 서 노인복지와 같은 공공서비스를 '중앙정부 · 지방정부-이리송계-자 연마을'로 이어지는 서비스 전달체계를 구축하고 활용할 수 있는 여 지는 커 보인다. 이로써 이리송계가 계원의 친목모임 차원에 머물러 있지 않고 지역사회의 공동 현안에 함께 대처해 나가는 지역사회 구심점으로서 실질적인 역할과 기능을 수행할 수 있으리라 본다.

넷째, 이리송계 차원에서 복내와 이리 지역특산물을 생산·판매하는 사회적 기업이나 마을기업을 설립·운영하는 방안도 생각해 볼 수 있다. 이런 기회를 잘 포착하면 복내와 이리의 지역경제를 활성화하고 이리송계에 재정 수입을 안정적으로 확보하는 데 기여할 것이다.

다섯째, 고향을 떠나 타지에 정착한 출향인(出鄕人)의 기부를 장려하는 방안도 생각해볼 수 있다. 복내 출신 사람들은 비록 고향을 떠났더라도 애향심이 무척 강하다고 한다. 출향인들의 기부와 모금 활동을 통해 자본금을 마련할 수 있고 이를 지역경제의 활성화와 지역민의 복리 증진에 기여할 수 있는 기회로 활용할 수 있을 것이다.

제7장 이리송계의 공동체성

　이리송계는 창계 이래 오늘날까지 이리 지역사회의 온갖 변화와
도전에 적극 대응하면서 지속가능한 방식으로 유지·발전하여 왔다.
앞의 장들에서는 제도와 규약, 조직 방식, 인사 관리, 인적 구성과 현
황, 회의 및 의사결정 방식, 재정 운영과 관리 등의 측면에서 이리송
계가 어떠한 변천을 겪어왔는지를 창계 이후부터 경술국치까지, 일
제강점기, 해방 이후 등 세 시기로 나누어 상세하게 살펴보았다.
　이 장에서는 지난 220여 년 동안 이리송계가 수행해온 주요 역할
과 기능, 활동 내역 등을 중심으로 톺아보았다. 이리송계는 지역사회
에 중추적 역할과 기능을 훌륭하게 담당하였고, 지역민 모두가 함께
생존·번영하고 역경을 극복해 나가는 구심점으로 자리매김해 왔다.
이러한 모든 역할과 활동들이 이리 지역사회의 정체성과 공동체성을
형성하고 유지·강화하려는 노력이었다고 할 수 있다. 이제까지 이
리송계가 수행해온 역할과 활동들을 공동체성 함양, 지역사회 현안
의 공동 대처, 기타 사항 등으로 구분하여 심도 있게 분석하고 논의하
였다. 이를 위해 송계책 2권~16권에 수록된 서문, 완문, 규약, 좌목
등 각종 문서, 「이리송계출납장부」(1908~1934년), 「이리송계출납장
부」(1980~2007년), 「이리송계회의록」(1984~2015년), 「이리송계결산

보고관련서류철」(1985~2014년) 등 접근 가능한 자료들을 망라하였다.

제1절 주요 활동 내역: 창계 이후 ~ 경술국치

1. 공동체성 함양

이리송계의 지속가능성에 가장 크게 기여한 요인은 무엇보다도 이리 지역민의 공동체성과 공동체 유대의식에서 찾을 수 있다. 이리 지역 자연마을들은 복내천 골짜기를 따라 형성되어 있는데, 이러한 지리적 특성은 지역민들이 자주 왕래하고 소통할 수 있는 이점으로 작용하였다. 여기에 더하여, 이리송계는 지역민들에게 공동체성과 공동체 유대의식을 함양하기 위한 다양한 노력들을 적극적으로 펼쳤다.

무엇보다도 봄과 가을 두 차례 정기적으로 개최되던 강회는 이리 향촌사회 구성원이 하나라는 공동체의식을 심어주고 이를 강화해 주는 기제로 작동하였다. 강회는 이리 향촌사회 구성원이 모두 모여 향촌사회의 현안을 논의하고, 송계 재산의 출납을 결산하며, 함께 점심과 술을 즐기며 어울리는 기회를 제공하였다. 이런 모임들을 통해 구성원 간의 갈등과 이견이 적극적으로 표출되고 중재되었다. 가을 강회에서는 각 마을 단위에서 송계 가입이 허용된 신입 계원의 추입 절차를 진행하여 향촌사회의 구성원으로 편입하였다.

공동체성을 유지·강화하는 방편으로 마을의 연대책임을 강조하기도 하였다. 한 예로, 송계 재산인 벼나 돈을 제때 갚지 않은 송계원은 계원 자격을 박탈하고, 친척, 이웃, 나아가 마을 전체가 책임지고 갚도록 하는 연대책임을 지웠는데, 이는 송계책 3권(1820년, 순조 20)과 7권(1830년, 순조 30)의 〈조약〉에 명문 규정으로 실려 있다. 후에 송계책 12권(1897년, 광무 원년)의 〈조약〉에서 다시 이를 명문화하고 있다.

이리송계는 지역공동체 구성원 간의 단합을 증진하고 구성원의 예절과 행동을 규율하는 장치를 마련하고 있었다. 향촌사회의 미풍 양속을 증진시키고 인륜에 어긋나는 행위를 방지하는 상호 규검 활동도 이리송계 차원에서 이뤄졌다. 송계책 10권(1869년, 고종 6), 11권(1880년, 고종 17), 12권(1897년)에 실린 〈조약〉에는 강회에서 계원의 예절과 행동규범에 대한 규정을 두고 있다. 즉, 강회에서 계원들이 나이순으로 나누어서 앉으며, 술에 취해 패습(悖習)을 일삼는 계원이 있으면 회중에서 공론에 부쳐 처벌하도록 하였다. 행패를 부리는 자가 처벌에 순순히 응하지 않을 경우 관청에 고발토록 하였다. 또한 이리송계 차원에서 향촌사회 구성원에 대한 교육과 풍속교화도 담당하였다. 매년 음력 3월과 9월에 훈장이 마을 어린이와 어른을 대상으로 시험을 치르고 강의를 하였으며, 일정한 규칙을 마련하여 독서를 권장하였다.

2. 주요 현안의 공동 대처

이리송계는 창계 이후 향촌사회에 당면한 현안들을 능동적으로 대처하여 왔다. 이리송계의 창계 목적 또한 당시 지역민에게 큰 고통이던 통호조, 예죽조 및 구마조를 공동으로 납부하기 위함이었다.

이리송계가 점유권과 이용·관리권을 행사하던 방동산, 가야산, 압곡산, 원봉산 등 네 개의 송계산은 이리 지역민들에게 안정적인 삶의 기반을 제공해 주었다. 송계산에서 퇴비, 땔감, 재목, 먹거리 등 기층민의 생활과 농사에 필요한 것을 확보하였을 뿐만 아니라, 임목 판매, 숯 판매, 묏자리 값, 화전 개간 등으로 자체 수입을 창출할 수 있었다. 이로써 이리송계는 상당한 규모의 재정 기반을 확보하여 조직을 운영하고, 지역사회 현안의 공동 대처와 해결, 공동체 유대감 강화 등에 적극 참여할 수 있었던 것이다.

송계산에서 산불 예방과 진화, 송계산 구역 내 무단 침입과 작벌 감시, 산림공유자원의 보호와 관리는 이리송계 차원에서 해결해야 할 주요 현안이었다. 특히 조선 후기로 들어서면서 상업경제의 발달, 도시로의 인구 유입과 인구 증가로 땔감, 재목 등 상업용 목재에 대한 수요가 급증하면서 송계산과 산림자원에 대한 감시와 보호 활동은 이리송계의 주요 사안으로 떠올랐다. 당시 송계산의 무단 침입과 도벌이 횡행하면서 산림자원의 황폐화가 빠르게 진행되고 있었다. 따라서 송계원이면 누구나 송계산과 산림자원을 함께 감시하고 산불 예방과 진화에 적극적으로 참여할 의무가 주어졌다. 이를 태만히 하거나 무임승차할 경우에 나름대로 벌칙과 제재수단을 이리송계 차원에서 마련하여 시행하였다. 또한 각 자연마을에서 산지기를 선발하여 송계산과 산림자원에 대한 산림 보호·감시 활동을 체계적·조직적으로 벌였으며, 송계산 구역 내에서 있었던 범금 사항, 범금 행위자 등을 집강에게 즉각 보고하여 적절한 조치를 취할 수 있도록 하였다.

이외에도 이리송계는 다양한 지역 현안들을 공동으로 대처하였다. 「이리송계출납장부」(1908~1934년)의 경술국치 이전 다섯 차례 회계 결산 자료를 보면, 송계 전답과 송계산의 토지조사 비용, 가을걷이 작황 평가와 도조세 결정, 송계 전답의 목책 수리, 송계산 내 임도 설치 등 향촌사회와 송계 자체의 주요 현안들을 대처하는 데 송계의 돈이 지출되었다.

3. 기타 사항

이리송계의 안정적이고 탄탄한 재정 기반은 이리 향촌사회에서 지역민과 지역공동체의 안녕과 번영을 이뤄가는 데 절실히 필요하였다. 이리송계에서는 송계 재산 및 재정의 운영과 관리에서 철저함과 전문성을 보였다. 무엇보다도 수입, 지출 및 재산 내역 변동을 철저하게 기록·관리하도록 하여 회계·출납 기록의 투명성을 확보하고 나아가 회계 결산과 감사가 용이하도록 하였다. 매년 봄과 가을 강회에서는 6개월 회계 기간 동안 발생했던 수입, 지출, 재산 변동 등에 대해 모든 계원들이 확인하고 공유할 수 있었다. 또한 회계 결산과 감사 자료는 계원이면 누구에게나 투명하게 공개되었다. 이런 제도적 장치는 재정 회계 관리의 투명성을 제고하고 송계 임직원의 책임성을 높이면서 도덕적 해이 가능성을 차단하는 데 크게 기여했던 것으로 보인다.

한 지역사회에서 구성원 간의 갈등 상황을 어떻게 방지하고 나아가 갈등 상황이 발생한 후에는 어떻게 사후 관리하느냐가 지역사회의 장기 지속성에 절대적인 영향을 미친다. 이리송계의 성공적인 갈등 관리는 이리송계가 오랫동안 지역사회의 구심점 역할을 수행하는 데 크게 기여하였다. 몇 가지 주요 성공요인을 살펴보면 다음과 같다. 우선 이리 향촌사회 구성원의 동질성을 들 수 있다. 지역주민들은 대부분 친인척, 동문수학 등으로 끈끈하게 얽혀 있었고, 이리 지역 자연마을들이 복내천 골짜기를 따라 형성되어 있어 지역주민 간의 비공식적인 접촉과 왕래가 잦을 수밖에 없었다. 이에 더하여, 투명하고 공정한 송계의 운영과 관리는 구성원 간의 신뢰와 공동체성을 더욱 강화시키는 기제로 작동하였을 것이다. 이러한 추측은 복내면 이리 지역 현장조사(2017.07.21.)에서도 확인할 수 있다.

애착심이라고 (할 수 있습니다). 이리 동네가 복내면 한 골짜기지 않습니까. 전부 다 친척이고 인척 관계가 많이 맺어져 있고. 통행 방법이 한골이에요. 아무튼간 자주 만나고 그 다음에, 시장이 형성되

어 있고 그래가지고 5일마다 매주 모여 만나서 같이 놀고 이렇게 일
도 하면서.[1]

이리송계 내부에서 갈등 상황의 발생과 해결에 관한 최초의 기록
은 송계책 2권(1812년, 순조 12)의 〈완약〉에서 확인된다. 이리송계는
원래 손·염·소·채 네 성씨의 주도로 창계되었고 이들 성씨 계원
의 의견에 따라 이리 향촌사회의 일들이 이뤄졌었다. 하지만 중간에
추입된 다른 성씨 계원들이 이리 향촌사회의 웃어른인 동수(洞首)를
뽑는 날 분란을 일으켰는데, 앞으로 다른 성씨 계원은 3대가 지나야
만 네 성씨 계원과 같은 권한을 가질 수 있다고 천명하였던 것이다.
과거 이리 향촌사회에서 갈등 예방과 관리에 동수와 같은 향촌사회
웃어른이 중요한 역할을 담당하였음을 여기서 유추할 수 있다. 향촌
사회 웃어른은 자신의 명망과 권위로 지역주민 간의 갈등 상황을 예
방하고 갈등 발생 후에도 중재자 역할을 수행할 수 있었다.

　강회와 같은 공식 모임에서도 갈등 예방과 관리가 적극적으로 이
뤄졌다. 송계의 규칙이나 불문율·관습·관례를 위반한 계원은 모든
계원이 모인 자리에서 위반 사항, 처벌 수위 등을 공개적으로 논의하
고 적정 수준의 처벌이 이뤄졌다. 이러한 절차를 통해 송계 계원이
면 누구나 자신이 지켜야할 준수사항이 무엇인지를 배우게 되는 교
육효과가 컸었을 것으로 보인다. 또한 계원들이 조건부적 협동전략
을 장기적으로 채택할 수 있는 가능성을 높이고, 무임승차, 도덕적
해이 등 기회주의적 행태를 방지하고 규범의 위반 가능성을 낮추게
하였던 것이다.

---

1 현장조사(2015.07.21.)에서 이리송계 총무 손육근 씨의 도움말. 배수호·이명석
(2018: 245, 500)에서 재인용.

제2절 주요 활동 내역: 일제강점기

1. 공동체성 함양

조선 후기와 마찬가지로, 일제강점기 동안에도 이리송계는 공동체성과 공동체 유대의식을 유지·강화하기 위한 다각적인 노력을 기울였다. 봄과 가을에 정기적으로 개최되는 강회, 임시로 소집되는 강회 등 송계 모임에 계원 모두 모여 공동체 유대감을 높이고 지역 현안들을 함께 논의하고 풀어나갔다. 정기강회에서는 6개월 단위 회계기간 동안 있었던 수입, 지출 및 재산 변동 내역에 대한 회계 결산과 감사를 실시하였다. 가을 강회에서 계원의 차자나 차손 혹은 이리 관내로 새로 이사 온 사람을 대상으로 송계 추입 절차가 행해졌다. 그리고 강회가 끝나면 계원 모두가 함께 술과 점심을 나누면서 서로 우의를 다졌던 것이다. 일제강점기에도 송계 재산을 몰래 쓰고 제때 갚지 않은 계원에게는 계원 자격을 박탈하고 친족이나 이웃, 마을에 물리던 연대책임의 전통은 그대로 이어져 오고 있었다.

한편 이리 향촌사회에서 미풍양속을 증진하고 상호 규검을 강화하며 지역공동체의 질서를 유지하기 위한 다양한 활동과 노력을 이리송계 차원에서 전개하였다. 우선 매년 음력 3월 15일과 9월 15일은 '강을 베풀고 예를 행하는[設講行禮]' 날로 정해 향음주례와 상읍례를 행하였다.[2] 행사 비용으로는 술 한동이와 반찬값 10냥으로 한정하고 점심으로 닭죽을 제공하였다. 매년 봄과 가을 정기적으로 이리 지역 어른과 어린이를 대상으로 학문을 일으키고 풍속교화를 진흥시키기 위한 교육을 이리송계 차원에서 실시하였다.

---

2 「이리송계출납장부」(1908~1934년)를 보면, 상읍 강회는 죽곡정사(竹谷精舍), 일송정(一松亭) 등에서 주로 개최되었다.

이리송계는 노인을 공경하는 미풍양속을 고양하는 차원에서 연말에 70세 이상 노인들에게 고기 2근을 제공하였다.[3] 노인 공경은 강회와 같은 송계 모임에서 존(尊), 장(長), 적(敵), 소(小), 유(幼) 등 다섯 등급의 좌석으로 나누어 나이순으로 앉게 하는 전통에서도 엿볼 수 있다. 향촌사회에서 명성이 자자한 효자나 효열부를 이리송계 차원에서 표창하고, 계원 중에 상을 당하였을 때 부의금을 내는 등 향촌사회의 풍속을 순화하고 상부 상조와 미풍양속을 고양하는 데 노력하였다.[4] 또한 이리 지역 관내 주요 건축물에 대한 신축 및 수리에 노동력 제공, 재목 기부 등 향촌사회 지원사업도 실시하였다. 향교 수리용 목재 및 운반(1919년 음력 6월 15일), 소씨삼강문(蘇氏三綱門) 중수 시 기부금(1920년 음력 12월 15일), 죽곡정사(竹谷精舍) 중건 재목 기부 및 채씨제각(蔡氏祭閣) 재목 기부(1934년 음력 12월 15일) 등을 그 예로 들 수 있다.

이리송계는 향촌사회에서 질서 유지와 상호 규검의 역할을 담당하기도 하였다. 계원의 강회 참석시간을 반드시 시도기(時到記)에 기재하고, 회석(會席) 밖에 벌좌(罰座)를 따로 마련하여 강회에 지각한 계원에게 앉도록 하였다. 그 외에도 벌좌에 앉는 대상자는 규범 위반 행위를 행한 자, 송계의 재산이나 명예에 해를 끼친 자, 산불 진화에 참석하지 않거나 늦게 참여한 자 등을 포함하며, 강회에서 위반 사항과 처벌 수위를 공론에 부쳐 적정 수준의 처벌을 집행하였다.

이리송계는 업무, 경비 처리 등에서 투명성을 원칙으로 하여 이를 철저하게 관철시켰다. 아무리 사소한 업무라도 가능한 공론으로 결정하고, 송계 업무 계획과 추진, 비용 지출 등은 모두 공개하고 투명

---

3 「이리송계출납장부」(1908~1934년)의 1911년 음력 12월 15일 회계 결산 기록을 보면, 60세 이상 일곱 분의 어른께 세찬대가 지급된 내역이 기재되어 있다.

4 「이리송계출납장부」(1908~1934년)에 부의금 항목은 여러 차례 등장하며, 효행 표창은 1919년 음력 12월 19일, 1933년 음력 12월 15일 등 두 차례 기록이 확인된다.

하게 집행하였다. 이와 같은 원칙의 준수는 이리송계 조직과 임원에 대한 신뢰를 높이고 지역주민의 공동체성과 공동체의식의 형성·강화에도 크게 기여하였다.

예를 들어, 매년 가을걷이 전에 임직원과 간사원 3~4명은 경작인과 함께 송계 전답과 송계산 구역 내 화전을 직접 방문하여 그 해작황 상태와 수확량을 평가하고 현장에서 도조세를 책정하였다. 화전 개간을 목적으로 송계산에 불을 낼 때에는 간사원 4명과 송금원 4명이 2명씩 번갈아가며 산을 순시하고 화전 개간 내역을 어느 능성, 어느 계곡, 누가 몇 평을 개간하였고 도조세는 얼마를 내야 하는지 등을 상세하게 기록하였다. 또한 간사원은 송계 전답이나 화전에서 해마다 도조세를 걷어들이고 계원에게 빌려줬다가 못 받아낸 송계의 돈과 곡식을 책임지고 받아내도록 하였다. 이런 제도적 장치와 관행은 장래에 발생할 수도 있는 갈등과 분쟁의 여지를 미리 방지하고 운영과 관리의 투명성과 책임성을 확보하고자 했던 것이다.

2. 주요 현안의 공동 대처

일제강점기 동안에도 이리송계는 향촌사회가 당면한 현안들을 적극적·능동적으로 대처해 나갔다. 우선 송계의 주요 재원처이자 당시 지역민에게 퇴비, 땔감, 먹거리 등 중요한 삶의 기반을 제공하던 송계산의 순산과 산림 감시 활동을 위한 제도와 장치를 체계적으로 마련하여 산림 이용·보호·관리 활동에 만전을 기하였다. 송계책 13권(1920년)의 〈송계규약〉은 과거부터 이리송계의 관행·불문율로 전승돼 오던 순산과 산림 감시 조직과 활동 체계를 적극 수용하여 이를 명문화하고 있다.

구체적으로 살펴보면, 송계 임원인 집강은 해마다 봄과 가을에 간사원과 송금원을 대동하여 송계산을 순찰하고 임목 상태, 작벌 여부 등을 직접 확인하였다. 평상시 방동산과 가야산에서 순산과 산림 보호·감시 업무는 풍치, 진척, 서봉 등 세 자연마을에서 각각 2명씩 선정된 6명의 산지기가 담당하였다. 다른 송계산인 계당산과 압곡산에 대한 순산과 산림 보호·감시 업무는 입석, 내동, 화령 등 세 마을에서 각각 2명씩 선정된 6명의 산지기가 담당하였다. 반곡, 원봉 등 두 마을에서는 역시 각각 2명의 산지기를 선정하여 네 개 송계산의 순산과 산림 보호·감시 활동을 총괄하였다. 이렇게 8개 자연마을에서 총 16명의 산지기가 일상적으로 송계산의 순산과 산림 보호·감시 활동을 활발하게 전개하였던 것이다.

이리송계에서는 송계산 구역 내 산불의 발생을 예방하고 산불 발생 시 초기 진화를 위한 조직적이고 체계적인 노력을 강구하였다. 산불이 발생하면 산지기, 송금원, 간사원 및 계원 누구나 즉각 집강에게 보고하고 집강은 다시 고지기를 통해 각 마을에 알려서 주민 전체가 곧바로 산불 진화에 참여토록 하였다. 만일 참여하지 않거나 늦게 참여한 사람에게는 강회에서 벌좌에 따로 앉혀 처벌하였는데, 구체적인 처벌로는 봄에 퇴비용 풀베기와 가을에 땔감 채취를 일절 허용하지 않고 신입 계원 추입금의 두 배에 해당하는 벌금을 물게 하였다.

송계산 구역 내에 묘지를 쓸 경우, 묘지의 위치, 묻히는 사람, 입장 날짜 등을 소상하게 기록하여 추후에 묘지의 벌안을 넓혀 소나무나 잡목을 마구 베어내는 폐단을 막도록 하였다. 당시 이리 지역 농가에 수입을 창출하던 사업으로 마을마다 길쌈이 광범위하게 행해지면서 많은 땔감을 필요로 하였다. 이때 마을 사람들이 송계산에 무단으로 들어가 마구잡이로 벌목하게 되면 산림자원이 회복 불가능하게 파괴될 위험이 있었다. 이러한 위험을 방지하고자 이리송계에서는 자연마을 단위로 미리 날짜를 정하고 간사원과 송금원이 나무꾼을 대동하여야만 길쌈용 땔감을 벨 수 있었고 나뭇짐 수에 따라 이리송계에 해당 값을 지불하도록 하였다.

이 밖에도 일제강점기 동안 이리 향촌사회가 당면하던, 이를테면, 면비(面費), 산림조합비 등 각종 세금, 기우제 비용, 화전 놀이 비용, 송계산 소유권 소송을 포함한 각종 소송, 논 보수, 토지 조사 및 측량, 송계산 내 임도 설치 및 수리 등 다양한 현안들을 이리송계 차원에서 공동으로 대처하였다.

3. 기타 사항

이리송계는 수입, 지출 및 재산 변동 내역에 대한 상세한 기록, 공정한 절차, 투명한 공개 등 재정 운영과 관리에 최대의 노력을 기울였다. 송계책 13권(1920년)의 〈송계규약〉 일부 조항을 살펴보면 다음과 같다.

> 부역이나 공무에 쓰이는 비용은 한두 사람이 사적으로 결정할 사항이 아니므로 회의에서 (공론으로) 결정하여야 한다. 또한 주식(酒食), 잡비 등도 마찬가지로 회의에서 (공론으로) 결정하여야 할 사항이다. 송계에 비용이 발생할 경우, 날짜와 사용처를 정확하게 기재해야 하며, 강회에서 계원들에게 투명하게 보고해야 한다. 만일 공적인 용무에 돈이 쓰이지 않았을 경우, 강회에서 공론에 따라 그 내역을 삭제하고 출납장부에 기입하지 않도록 한다.

이와 더불어, 해마다 두 차례 강회에서 과거 관행으로 행해지던 방식대로 수입, 지출 및 재산 변동 내역에 대한 회계 결산과 감사가 철저하게 이뤄졌다. 강회에서는 계원 모두가 회계 결산 내역을 공유하고 이에 대한 점검과 논의가 투명하고 공개적으로 진행되었다.

갈등 예방과 관리는 한 조직의 성공과 실패를 좌우한다. 구성원 간의 갈등 상황이 장기화되어 구성원 간의 소통과 신뢰가 약화될수록 조직의 회복탄력성(resilience)은 요원할 수밖에 없기 때문이다. 갈등 예방과 관리 측면에서 이리송계는 대단히 성공적이었다고 할 수 있다. 이미 언급하였듯이, 이리 지역민은 강한 동질성과 공동체의식을 공유하고 있었기 때문에 웬만한 갈등은 일어나지도 않았고 설령 갈등 상황이 발생하더라도 여러 공식적·비공식적 장치와 기제를 통해 원만하게 중재·해결될 수 있었다. 이리 지역사회에서 갈등 발생의 가능성을 차단하고 갈등 상황이 극단으로 치닫지 않도록 향촌사회 웃어른이 중요한 역할을 수행하였고, 강회와 같은 공식적 모임과 길거리 대화와 같은 비공시적 모임에 갈등 당사자들이 참석하여 서로 소통하고 이견을 조율할 수 있는 기회를 제공하였다.

제3절 주요 활동 내역: 해방 이후

1. 공동체성 함양

오늘날에도 이리송계는 이리 지역사회를 대표하고 구심점 역할을 담당하고 있다. 하지만 이리송계는 과거에 비해 강력한 권한을 행사하지 못하며 구심점의 역할이 옛날만큼 중요하지는 못한 듯하다. 가장 주된 요인은 오늘날 지역공동체 차원에서 해결해야 할 현안이 많지 않고 대부분이 보성군이나 복내면 단위에서 해결되기 때문이다.

그럼에도 이리 지역사회는 여전히 높은 동질성과 공동체성을 유지하고 있다. 해방 이후 산업화와 도시화를 거치면서 많은 사람들이 도시로 이주하고 이제는 노년층만이 주로 거주하고 있다. 하지만 계원들은 강한 애향심과 동질성을 지니고 있으며, 이리송계는 지역사회에서 여전히 주도적인 위치를 차지하고 있다. 매년 한 차례 개최되는 정기총회에는 많은 계원들이 참석한 가운데 주요 안건들을 논의하고 결정하고 있다. 총회가 끝난 뒤에는 계원들이 함께 점심을 먹고 술을 마시면서 공동체의식을 확인하고 구성원 간의 신뢰를 쌓는 기회의 장으로 활용하고 있다.

이리송계는 지역사회에서 다양한 역할과 기능을 수행하고 있다. 2005년도 정기총회(2006.01.14.)에서 통과한 〈이리송계 규약〉 제5조 '사업'에서 "산림과 토지의 보존과 생산 및 관리, 계원상호 간의 공동이익 추구, 80세 이상 원로 계원의 좌석 우대, 계원 자녀의 장학사업, 지역발전을 위한 선도적 역할과 번영에 기여한 사업, 계원에게 세찬대 및 기념품 지급사업, 기타 본 계의 목적달성에 필요한 사업"을 규정하고 있어 오늘날 이리송계가 과거 전통사회에서 행하던 역할과 기능을 계승·발전하는 것을 그 목적으로 하고 있음을 천명하고 있다.

〈이리송계 규약〉 제7장 '상벌'에서 충성, 효행, 정열, 선행 등의 공로가 현저한 인사에 대한 표창(52조), 불효, 불경, 패륜행위 또는 발전을 저해하는 자에 대한 징계(53조), 포상과 징계에 대한 상벌대장의 비치·보존(54조)을 명문화하고 있다. 이것 또한 이리송계가 과거 전통사회에서 선악적(善惡籍)을 기록하고 대상자의 표창과 징벌을 통해 상호 규검과 미풍양속 증진을 위한 노력을 그대로 계승·발전하고 있음을 말해준다.

과거 전통사회에서 이리송계는 지역사회에서 효행, 열행 등으로 모범이 되는 지역민을 표창하였다. 이런 전통은 오늘날에도 꾸준하게 이어져 오고 있다. 임원회의(1990.01.05.)와 정기총회(1990.01.11.)에서 효열(孝烈) 표창을 위한 대상자 선정, 표창 범위 등에 대한 논의가 진지하게 이뤄졌다. 또한 지역사회 발전을 위한 사업으로 계원 자녀에 대한 장학금 지급과 같은 육영사업을 추진하자는 논의도 있었다.[5]

---

5 1993년도 정기총회(1994.01.26.)에서 계당산 판매대금 중 일부를 계원 자녀들에

해방 이후 이리송계가 추진했던 대표적인 사업으로 2000년 '이리송계사력비 건립'과 2006년 '이리영농조합법인 설립'을 들 수 있다. 1803년 창계 이후 이리송계의 유구한 전통과 유산을 기념하고 이를 영구적으로 계승·발전하기 위한 목적으로 이리송계 사력비 건립을 임원회의(2000.01.15.)에서 발의하고 정기총회(2000.01.21.)에서 최종적으로 승인하여 같은 해 9월 11일에 이리송계 사력비 제막식이 거행되었다. 이리송계는 시대적·사회경제적 변화와 흐름에 적극 대응하고 미래지향의 이리송계로 거듭나기 위해 임원회의(2005.03.08.)에서 발의하고 정기총회(2006.01.14.)에서 계원의 최종 승인을 얻어 같은 해에 이리영농조합법인으로 등기를 완료하였다.

과거에는 주로 60세 혹은 70세 이상 노인들에게만 지급되던 세찬대를 이제는 모든 계원들에게 지급하고 있다. 정기총회에 참석하거나 (참석하지 못하더라도) 위임장을 제출한 계원에게는 일정 금액의 세찬대를 지급하고 있다. 그리고 계원 사망 시에 이리송계 차원에서 부의금을 지급하고 있다. 이런 활동들이 이리 지역사회에서 공동체성을 함양하는 데 기여하고 있다.

2. 주요 현안의 공동 대처

이미 언급하였듯이, 과거와 달리 오늘날 이리 지역사회 차원에서 대응·해결해야 할 현안들이 많지는 않다. 이제는 더 이상 이리송계에서 통호조, 예죽조, 구마조, 면비, 산림조합비 등을 공동으로 납부하지 않으며, 송계산에서 나오는 퇴비, 땔감, 숯 등에 크게 의존하지

게 장학금으로 지급하자는 안이 상정되어 논의를 진행하였다. 하지만 지급 대상자 선정, 지급액 등을 놓고 계원 간에 합의가 이뤄지지 않아 추후에 논의하기로 하였다.
출처: 「이리송계회의록」(1984~2015년).

도 않는다. 창계 이후 오랫동안 이리송계의 주요 수입원이던 '송계의 재곡을 빌려주고 이자를 받는' 식리 활동도 하지 않는다. 그럼에도 이리송계는 송계산, 송계 전답 등 상당한 규모의 부동산과 재산을 보유하고 있다.

오늘날 이리송계는 송계산에서 임목 판매와 묏자리 값, 송계 전답에서 도조 수입, 은행 예치금의 이자 수입, 송계 재산 매각 등으로 여전히 많은 수입을 창출하고 있다. 이렇게 마련한 송계 수입은, 〈부록 표 6-2〉에서 보듯이, 송계 전답의 경지 정리 및 수리, 송계산 구역 내 임도 설치 및 보수, 재산세 및 법인 주민세 납부, 산수호인 및 간사 수당 지급, 세찬대 지급 등에 요긴하게 사용되고 있다.

산림자원의 중요성이 줄어든 오늘날에도 이리송계는 송계산 구역 내에 풀과 소나무를 비롯한 산림공유자원의 이용·보호·관리에 적극적인 활동을 펼치고 있다. 한 예로, 1985년도 정기총회(1986.01.25.)에서는 송계산에 허가 없이 들어와 산림자원을 불법 채취 혹은 벌목하는 행위에 대한 감시 활동과 위반자 처벌에 대해 집중 논의하였다. 당시 회의록에 기록된 논의 내용의 일부를 그대로 실으면 다음과 같다.

> 계장: 그럼 지금까지의 안건 중에서 절충안으로 제가 제시하겠습니다. 우리 모두가 공동책임이지만 산수호인(山守護人)이 (지게) 1짐에 500(원)씩 해서 임원에게 넘겨주면 임원진은 돈을 받기로 하되 돈을 내지 않으면 고발 조치키로 한다. 단 소나무 등 좋은 나무를 (벌목)했을 때는 고발 조치키로 했으면 합니다. 이 안이 좋으신 분은 찬성해 주시기 바랍니다.

> 전원 모두 찬성하여 만장일치로 채택하다.

오늘날에도 송계산과 산림자원의 보호·관리를 위한 노력의 일환으로 해마다 송계 임원들이 함께 모여 송계산을 순산하고 임목 상태와 작벌 여부를 직접 확인하고 있다. 또한 송계산, 전답 등 송계 소유 부동산에 관한 사업이나 현안이 있을 때에도 임원들이 함께 모여 현장을 답사하고 사업 계획의 수립과 추진에 만전을 기하고 있다. 예를 들어, 방동산 내 임도 건설 공사가 진행 중이던 1995년 7월 20일에 송계 임원 모두가 임도 건설 현장을 직접 방문하고 부실 공사를 방지하기 위한 노력을 기울였다. 1998년 11월 7일에도 임원 전원이 참석하여 송계산을 직접 순산하고 임도를 답사하였다. 2012년 4월 28일, 2014년 3월 24일에 임원회의 개최에 앞서 임원들은 송계산을 함께 순산하고 송계산 내 임도와 송계 전답을 답사하였다. 이러한 사례들에서 알 수 있듯이, 이리송계는 과거의 전통과 관행을 충실하게 계승·발전하고자 꾸준히 노력하고 있다.

3. 기타 사항

이리송계의 자랑스러운 전통이라고 할 수 있는, 수입, 지출 및 재산 변동 내역에 관한 상세한 기록, 투명하고 공개적인 회계 결산과 감사 원칙은 오늘날에도 변함없이 이어져 오고 있다. 과거와 달리, 오늘날 회계 주기는 1년 단위로 하며, 해마다 한 번씩 회계 결산과 감사가 철저하게 이뤄지고 있다. 이러한 절차와 과정을 통해 재정 운영 내역이 계원 모두에게 투명하게 공개되고, 계원은 언제든 회계 결산 자료를 열람할 수 있다.

이리송계는 오랜 세월동안 갈등 예방과 관리의 우수한 전통과 관행을 잘 계승하고 있다. 각종 비공식 모임 혹은 임원회의, 정기총회, 임시총회 등 공식 모임을 통해 계원 간의 상이한 의견과 갈등은 허심탄회하게 논의되고 있다. 이로써 이리송계는 사전에 갈등을 예방하고 혹시 갈등이 발생하더라도 적극적으로 중재·해결해 나가고 있다.

제4절 소결

이리송계는 창계 이후부터 오늘날까지 220여 년 동안 이리 지역사회의 구심점 역할을 성공적으로 수행해오고 있다. 이리 지역은 복내천 골짜기에 자연마을들이 옹기종기 들어서 있는데, 이런 지리적 입지와 이점으로 지역주민들은 서로 오가며 자연스럽게 만남과 소통을 활발하게 하였다. 또한 지역민들은 친인척, 동문수학 등으로 끈끈하게 얽혀 있어 강한 동질성과 유대감을 형성하고 있었다. 이와 더불어, 이리송계 차원에서 지역민들에게 공동체성과 공동체정신을 배양하기 위한 노력을 적극적으로 펼쳐 왔고 실제로 상당한 성공을 거두어 왔다.

수입, 지출 및 재산 변동 내역에 관한 상세한 기록, 공개적이고 투명한 회계 관리와 결산 등 재정의 건전한 운영과 관리는 송계 계원 간의 신뢰 축적에 크게 기여하였다. 빈번한 비공식적 접촉과 모임, 동수를 비롯한 지역사회 웃어른의 상징적 존재와 역할, 강회 · 총회와 같은 공식 모임을 통해 계원 간의 이견과 갈등은 적절하게 예방 · 관리되었으며 실제 갈등 상황에도 최악으로 치닫지 않고 적정한 수준에서 조율 · 조정될 수 있었다. 또한 이리송계는 상당한 규모의 송계산, 전답, 재곡 등을 보유하고 있었고, 임목 · 숯 · 땔감 · 담배 판매, 묏자리 값, 식리, 도조 수입 등으로 자체 재원을 충분히 확보할 수 있었다. 이렇게 확보 · 확충된 재정 기반을 바탕으로 공동 요역과 부세, 기근, 재난 등에 공동으로 대처할 수 있었던 것이다.

현재 이리송계가 직면하고 있는 주요 현안으로는 송계책 1권의 분실에 따른 소재 파악과 분실 책임에 따른 갈등, 1996년 매각 완료된 계당산 매도대금의 활용방안, 송계원의 추입 문제, 자체 수익사업 창출 등이 있다. 송계책 1권(1803년, 순조 3)을 되찾기 위한 노력이 이리송계 차원에서 꾸준하게 이뤄지고 있으나, 아직까지 1권의 행방은 묘연하다. 송계책 1권에는 서문과 함께, 창계 당시 계원 명단이 〈좌목〉에 실려 있을 것으로 추측된다. 송계책 1권의 소재 파악 노력과 분실 책임이 정기총회, 임시총회, 임원회의에서 꾸준하게 제기되고 있다.[6] 송계산이던 계당산이 1996년 국유림으로 매각되면서 매도대금을 어떤 용도로 사용할 것인지를 놓고 계원 사이에 논의가 활발하게 진행되고 있다. 즉, 계원 간의 배분, 논과 밭 등 부동산 매입, 공동 수익사업 추진 등 다양한 활용 방안들이 계원 사이에서 논의되고 있다.

송계원의 추입 문제는 이리송계의 지속가능성을 담보하는 중대한 사안이다. 현재 이리 지역사회는 이농 현상으로 고령화가 빠르게 진행되면서 장기 지속성을 불투명하게 하고 있다. 〈이리송계 규약〉 제2장 8조와 9조에서 이리송계 구역(복내리, 반석리, 용동리, 진봉리)에 6개월 이상 실제로 거주하거나 주소지를 둔 자 중에서 송계책 1권, 13권, 15권 및 16권에 등록되어 있는 원계원의 장자나 장손은 계원 자격을 자동 승계하여 이리송계에 가입할 수 있도록 하고 있다. 원계원의 차자나 차손은 일정한 가입 절차를 거쳐 신입 계원으로 가입하게 되며 계원 자격은 그 후손에게 자동 승계되는 게 아니라 당대에 한하여 유효하다. 앞으로 신입 계원을 추입하는 데 원계원의 차자나 차손에게 어느 정도 개방할 것인지, 외지에서 새로 전입하는 사람들에게도 신입 계원으로 문호를 개방할 것인지 등 이리송계 차원에서 심층적인 논의와 합의가 진행되어야 할 것이다.

오늘날 재원의 다양성, 수입 규모 등 이리송계의 재정 여건은 점점 취약해지고 있다. 송계산에서 창출되는 수익 규모는 과거와 비교할 수 없을 정도로 적어지고 있다. 임목 판매, 묏자리 값, 논과 밭의

---

6 송계책 1권의 소재 파악을 위한 노력이 이리송계 차원에서 꾸준하게 진행되었고 1권 분실로 송계 내부에 상당한 갈등이 있어 왔음은 현장조사(2015.07.21.) 당시 송계장 염태환 씨와 총무 손육근 씨의 면담에서도 확인된다.

임대 수입, 은행 예치금의 이자 수입만으로는 지역사회의 현안에 대응하고 해결하는 데 한계를 지닐 수밖에 없으며, 장래에 송계의 지속 가능성까지 불투명하고 어둡게 할 수 있다. 앞으로 이리송계 차원에서 송계산, 송계 전답 등 지역사회의 자원과 경험지식을 활용한 자체 수입사업의 개발과 추진이 시급해 보이는 이유이다.

제8장 나오며

이리송계는 1803년(계해, 순조 3) 창계 이래 이리 지역사회의 구심점으로서 역할을 훌륭하게 수행하면서 오늘에 이르고 있다. 이 장에서는 이리송계가 지역공동체 조직으로서 220여 년 동안 지속가능할 수 있었던 요인에 대해 일곱 가지 잠정적 가설을 제안하였다. 앞으로 지역공동체에 대한 사례연구와 분석이 축적되면서 이들 가설의 검증과 정교화 노력이 진행되어야 할 것이다.

이리송계는 수많은 부침과 고난을 겪어왔으나 이를 훌륭히 극복하고 오히려 발전과 도약의 기회로 활용할 수 있었다. 앞으로 이리송계는 여러 어려움과 난관에 부딪히리라 생각한다. 이 장에서 이리송계의 장기 지속성 전망을 ① 신뢰, 사회적자본 및 공동체의식, ② 재원의 다양성과 안정성 확보, ③ 송계의 인적 구성: 배타성과 다양성의 기로 등의 측면에서 톺아보았다.

이리송계 사례연구는 오늘날 우리 사회에서 중요한 화두로 부상하고 있는 지역공동체의 복원과 사회적경제의 활성화에 어떤 함의와 시사점을 던져줄 수 있을까. 특히 ① 신뢰, 사회적자본 및 공동체의식 고양, ② 정부로부터 일정한 자치권과 자율성 보장, ③ 지역(사회) 고유의 자원 활성화, ④ 지역사회 복지서비스체계 및 지역복지서비스와의 연계성 강화, ⑤ 지역사회 기업가주의 고양과 지역사회 기업가 양성, ⑥ 지역사회의 지리적 조건과 입지적 장점의 활용 등을 중점적으로 다루었다. 마지막으로, 이 연구가 가지는 한계와 장래 연구방향에 관한 논의로 끝맺음을 하였다.

제1절 이리송계의 지속가능 요인과 장기 지속성 전망

1. 지속가능 요인: 가설의 제안

지역공동체 조직으로서 이리송계가 오랫동안 지속가능하였던 요인에 대해 다음과 같이 일곱 가지 잠정적 가설을 제안한다.

가설 1: 구성원 간 공동체성과 공동체의식이 강할수록 지역공동체 조직의 지속가능성은 높아진다.

예로부터 "살아서는 복내, 죽어서는 노동[生居福內 死去蘆洞]"이라 하였고(향토지편찬위, 195: 35), 복내면은 온화한 기후와 수려한 자연환경, 뛰어난 인재 배출로 유명하였다. 그리고 복내면 출신 사람들은 비록 타지에 살더라도 강한 애향의식과 자부심을 지니고 있다. 특히 이리 지역은 예로부터 강한 동질성을 바탕으로 끈끈한 공동체의식과 공동체성을 유지하여 왔다. 이리 지역은 복내천 골짜기를 따라 들어선 여러 자연마을들이 하나의 리(里)를 구성하여 과거 전통사회에서는 운명 공동체적 특성을 강하게 띠고 있었다.

오래 전부터 이리 지역은 손·염·소·채 네 성씨 중심으로 마을들이 형성되었고 그 이후 친인척으로 다른 성씨들이 입주·정착하게 되었다. 따라서 이리 지역사회는 친인척, 동문수학 등 끈끈한 혈연·

학연 공동체의 성격을 띠고 있었다. 지역주민 모두가 복내천을 따라 복내 오일장으로 오가기 때문에 주민 간의 접촉, 왕래 및 소통이 잦을 수밖에 없었다.

공동체성과 공동체의식은 협동조합을 비롯한 사회적경제 조직의 지속가능성에 중요한 요인으로 작용한다. 한 예로, 협동조합 전통이 성공적으로 정착한 이탈리아 에밀리아로마냐 지역에서 "종교나 정파와 관계없는 끈끈한 공동체의식"이 협동조합 성공의 중요 요인으로 작용하였다(정태인·이수연, 2013: 211). 이리 지역사회 역시 끈끈한 공동체성과 공동체의식을 바탕으로 지역주민 간의 왕래, 소통, 신뢰 및 협력을 높은 수준에서 유지하였고 사회적자본을 형성·강화할 수 있었다. 이는 결국 이리송계의 결성뿐만 아니라 이후 송계의 운영과 관리를 효율적이고 지속가능하게 하는 버팀목으로 작용하였던 것이다.

가설 2: 공개적이고 투명하게 운영·관리될수록 지역공동체 조직의 지속가능성은 높아진다.

이리송계가 이리 지역사회를 이끌어가는 지역공동체 조직으로서 성공적으로 정착할 수 있었던 중요한 요인은 송계의 운영과 관리에 있어 투명성과 공개성 원칙이 철저하게 관철되고 준수되었기 때문이다. 절차적, 결과적 및 성과적 측면 모두에서 이리송계 조직은 투명하고 공개적으로 운영·관리되어 왔다. 강회라고 불리던 정기·임시 총회에 모든 계원이 참석하여 송계산 내 순산과 산림 감시·보호 활동, 목재 판매, 부동산 매매, 공동 납세 등 지역사회 현안들에 대해 누구나 논의와 의결에 참여할 수 있었다. 이러한 절차적 합리성과 정당성을 확보함으로써 이리송계는 계원의 이탈과 도덕적 해이, 무임승차 등 기회주의적 행태를 방지할 수 있었던 것이다.

모든 계원이 참석하던 강회에서 송계 재산의 손실, 원금 및 원곡

미납, 강회 시 소란 행위 등 무책임하고 부도덕한 언행을 한 계원에게 확실하게 책임을 지워 처벌하였으며, 효자, 효열부, 지역사회 공헌자 등에게는 이를 선양·표창하였다. 이러한 절차적·결과적·성과적 투명성과 공개성은 이리송계 조직 내에서 불필요한 분란과 갈등을 줄이고 주요 현안에 대한 충분한 논의와 합의 형성에 기여할 수 있었다.

가설 3: 기록의 투명성과 공개성은 지역공동체 조직의 지속가능성을 높이는 데 기여한다.

이리송계는 뛰어난 기록 문화 전통과 유산을 간직하고 있다. 비록 일부 자료가 망실되었지만, 송계회의록, 회계출납장부, 인수인계확인서, 감사의견서 등을 상세하게 기록하고 철저하게 보관하여 조직의 운영과 관리에서 투명성·책임성을 확보하기 위한 노력이 돋보인다. 이러한 전통과 유산은 이리송계의 장기 지속성을 가능하게 하였고 지역공동체의 구심점 역할을 할 수 있는 바탕이 되었다.

이리송계는 임원회의, 임시총회, 정기총회 등 송계 공식 모임에서 논의된 모든 안건, 논의 내용 및 의결 사항을 송계회의록에 상세하게 기록하여 보관하고 있다. 구체적으로, 송계회의록에는 실명을 기재하여 누가 어떤 발언을 하였는지, 무슨 내용이 구체적으로 어떻게 의논되었는지, 어떤 방식으로 안건이 의결되었는지 등 구체적인 내역이 상세하게 기록되어 있다. 간사(총무)가 회의록을 작성하면 다른 계원들이 회의록의 내용을 재확인하고서 서명이나 날인을 하도록 하고 있다. 즉, 이리송계 차원에서 계원 5명을 '회의록 서명날인자'로 지명하면, 이들은 정기총회 회의 기록을 꼼꼼하게 확인하고 특별한 이의가 없을 경우 서명이나 날인을 하게 된다.

이리송계의 수입, 지출, 재산 등의 변동 내역은 회계출납장부에 철저하게 기록되며 정기적으로 감사를 받도록 되어 있다. 과거에는 정기강회가 해마다 두 차례 개최되었으므로 회계 결산과 감사 역시 두 차례 이뤄졌다. 지금은 해마다 한 차례 정기총회가 개최되면서 회계 결산과 감사 역시 한 차례 실시되고 있다. 이리송계 임원의 교체 시에는 반드시 인수인계확인서를 작성하도록 하여 송계 관련 책, 고문서, 회계출납장부, 서류 등에 대한 인수인계가 차질 없이 이뤄지고 있다. 인수인계확인서에는 인수인계 재산목록 및 재산서류, 송계책, 고문서, 서류 등 그 내역을 상세하게 명시하고 인수자, 인계자 및 입회자가 서명하거나 날인하도록 하고 있다.

계장과 총무를 비롯한 이리송계 임직원들은 송계책, 고문서, 송계회의록, 회계출납장부, 인수인계확인서, 감사의견서, 영수증, 예금통장 등 모든 자료와 서류를 안전하게 보관·관리해야할 의무를 지닌다. 그리고 계원 누구나 필요하다고 판단하여 자료와 서류의 열람을 청구하면 언제든 열람이 가능하다.

가설 4: 정부로부터 일정 정도의 자치권과 자율성을 확보할수록 지역 공동체 조직의 지속가능성은 높아진다.

이리송계는 1803년에 방동산, 가야산, 원봉산 및 압곡산을 송계산으로 관청의 입안(立案)을 받아 결성되었다. 조선 후기에는 향촌사회에 면리제(面里制)가 정착되고, 리정법(里定法)이 마련되고, 부세 및 요역의 공동납체제(共同納體制)가 출현하게 되는데(이해준, 1990: 각주50; 정진영, 2013: 142, 144), 이런 요인들이 복합적으로 작용하여 이리송계의 결성을 추동하였을 것으로 추측된다. 다른 한편으로 손·염·소·채 네 성씨로 대표되는 이리 향촌사회의 재지사족이 '송계'라는 이름으로 동계를 창계하고 기층민을 하계원으로 편입시켜 향촌사회의 질서 유지와 통제권 행사로 자신들의 기득권과 지위를 유지하고자 하였던 측면도 없지 않다.

이리송계는 조직, 운영 및 관리 측면에서 지방관청으로부터 상당한 자치권과 자율성을 확보하고 있었다. 구체적으로, 이리송계는 자치조직권, 집합적 의사결정 권한, 자치사법권, 자치재정권 등을 향유하고 있었다. 이는 이리송계가 정치적·사회적·경제적 변화와 흐름에 능동적으로 대응하고 지역주민들을 대동단결시키며 향촌사회의 현안과 문제를 적극적으로 해결해 갈 수 있는 실질적인 원동력으로 작용하였다.

가설 5: 안정적이고 탄탄한 재정 기반을 갖출수록 지역공동체 조직의 지속가능성은 높아진다.

이리송계는 재원의 다양성과 안정성을 동시에 확보하면서 안정적이고 탄탄한 재정 기반을 마련하고 있었다. 상당한 규모의 자산과 수입으로 지역사회의 다양한 현안을 이리송계 차원에서 대응·해결해 왔으며 지역사회의 정체성과 지역주민의 공동체의식을 형성·강화하는 데 크게 기여하였다. 이리송계는 소나무, 참나무 등 임목 판매, 숯·풀잎재·돌 판매, 화전 개간과 도조 수입, 묏자리 값 등 송계산에서의 수입 창출뿐만 아니라, 원곡·원금 및 이자 수입, 추입금·추입조, 담배 판매 등 재원의 다양화와 안정화를 지속적으로 추구하였다.

흥미로운 점은 조선 후기와 일제강점기 동안 상업경제의 활성화, 경기 변동 등에 대응하여 수익 창출 기회를 이리송계 차원에서 적극 모색하였다는 사실이다. 구체적으로, 이 시기에 담배, 콩, 팥 등 환금성 작물 재배, 적절한 시기에 곡식 판매로 시세 차익, 송계 전답 등 부동산 매각·매입 등이 활발하게 이뤄졌다. 또한 이리송계 차원에서 송계 기금, 재산, 수입, 지출 등의 변동 내역에 대한 기록 및 출납장부 관리, 회계 감사, 원금·원곡 미납 시 연대 책임 부여 등 여러 제도적 장치를 활용하여 재정 운영과 관리의 책임성을 확보하였다.

가설 6: 지역사회 지도자의 자질과 역할은 지역공동체 조직의 지속가 능성에 유의미한 영향을 미친다.

지역공동체 조직의 운영과 관리에 지역사회 지도자의 존재와 역할은 무엇보다도 중요하다. 특히 지역사회가 위기에 봉착하였을 때, 지역사회 지도자는 지역주민들을 설득·규합하여 그 위기에 능동적으로 대응하고 새로운 도약의 기회를 열어 나가는 실마리와 추진력을 제공한다. 지역사회 지도자는 지역사회 기업가(community entrepreneur)로서 지역주민들을 동원하고 지역사회 고유의 자원을 적극 활용하여 경제적 기회와 수익을 창출해낸다. 이렇게 마련된 경제적 수익과 성과는 지역사회의 공공복리 향상에 사용하고 지역주민에게 공정하고 호혜적인 분배가 이뤄질 수 있도록 기여한다.

이리송계 역시 예외는 아니었다. 이리송계의 결성 당시 향촌사회의 큰 고충이던 통호조, 예죽조, 구마조 등 부세 및 요역을 공동으로 대응하고 납부하기 위해 채경윤(蔡慶潤), 손석초(孫錫楚), 소성동(蘇聖東), 염상철(廉相哲) 등이 복내리, 반석리, 용동리 및 진봉리를 대표하여 이리송계의 창설을 주도하였다. 이후에도 이리 지역사회 지도자들은 이리송계의 위기를 극복하고 새로운 도약의 발판을 마련하였다. 한 예로, 1차 경장(更張)이 이뤄진 1880년(경진, 고종 17)에는 안풍현(安豊鉉), 최환문(崔煥文), 윤우원(尹右遠) 등 향촌사회 인사들의 주도로 송계 규약을 대폭 정비하고 조직을 개편하였다. 또한 송계산 구역 내 산림공유자원의 도벌과 남벌을 막고, 원곡과 원금 회수, 신입 계원의 추입금, 임목 판매, 묏자리 값 등을 통해 송계 재정의 증식을 위해 적극 노력하였다.

일제강점기인 1920년에 이뤄진 2차 경장에서 임사성(任思聖), 윤우원(尹右遠), 안극(安極) 등 향촌사회 지도자들을 중심으로 송계 조직을 대대적으로 개편하고 규약을 수정·증보하고 계원수를 크게 확충하였다. 3차 경장(1983년)에는 시대 변화와 흐름에 맞게 정관을 새롭게 마련하고 계원 명단을 크게 정비하였다. 4차 경장(2006년)에서는 이리송계가 '이리송계영농조합법인(二里松契營農組合法人)'으로 새롭게 출범하였고 오랜 전통과 유산을 계승하고 앞으로의 도약을 위한 큰 전환점을 마련하였다.

가설 7: 지리적 입지는 지역공동체 조직의 지속가능성에 유의미한 영향을 미친다.

민족해방과 한국전쟁 이후 우리 사회에서 빠르게 진행된 산업화, 도시화, 이농 현상, 핵가족화 등으로 과거 지역공동체들은 상당부분 훼손되거나 파괴되었다. 과거 전통사회에서 끈끈하던 공동체성과 공동체의식 역시 많이 퇴색되었다. 이런 어려운 여건과 상황에서도 이리송계는 여전히 공동체성과 공동체의식을 꾸준하게 유지하며 지역사회의 구심점 역할을 수행하고 있다. 이런 배경에는 이리 지역의 지리적 위치가 지니는 장점 역시 중요하게 작용하고 있다.

보성군 복내면은 광주, 순천, 나주, 목포 등의 도시 지역에 1시간 내로 닿을 수 있는 거리에 위치해 있다. 복내면 이리 지역 출신의 많은 출향인들은 이들 도시에 살면서 이리 지역사회와 이리송계에 꾸준한 관심을 가지고 참여를 해오고 있다. 이런 지리적 장점으로 이리송계가 주관하는 각종 모임과 행사에 출향인들의 지속적인 관심과 참여를 유도할 수 있었다. 좋은 예로, 광주에 거주하던 복내 출신 인사들이 「복내면향토지(福內面鄕土誌)」(1995)의 발간에 결정적인 역할과 기여를 하였던 사실에서도 이를 확인할 수 있다. 이는 복내와 이리 지역사회에서 오랜 세월동안 형성·강화되어온 강한 공동체의식과 유대감이 지리적 접근의 편리성과 결합하였기 때문에 가능하였던 것이다.

지리적 위치와 편리성이 지역공동체 조직의 지속가능성에 긍정적으로 기여할 수 있다는 점은 충청남도 계룡시 향한리 송계에서도 확인된다. 계룡시는 대전시와 세종시에 근접해 있고, 서울을 포함한 수도권과도 거리상 그리 멀지 않다. 향한리 출신 사람들이 비록 고향을 떠나 타지에 살더라도 향한리 송계에서 주관하는 각종 모임, 행사 등에 적극적으로 참여하고 있다(배수호·이명석, 2018: 326).

2. 장기 지속성 전망

1) 신뢰, 사회적자본 및 공동체의식

이리송계는 지역공동체 조직으로서 이리 지역사회에서 여전히 중요한 역할과 기능을 수행하고 있지만, 예전만큼 실질적인 구심점 역할과 기능을 담당하고 있는 것은 아니다. 앞으로 강한 공동체의식과 유대감을 어떻게 형성하고 계원 사이에 높은 수준의 소통, 신뢰, 협력 및 사회적자본을 유지·강화해 나갈 것인지는 이리송계의 장기 지속성과 직결되는 중차대한 사안이다.

민족해방과 한국전쟁 이후 급속히 진행된 산업화, 도시화, 핵가족화 등 시대적 격랑 속에 이리송계 또한 예외일 수는 없었다. 많은 사람들이 고향을 떠나 타지로 이주해가면서 공동체성과 공동체의식은 희박해지고 있다. 더구나 퇴비, 땔감, 목재, 먹거리 등 생존에 필요한 많은 자원이 송계산에서 나왔던 과거 전통사회에 비해, 이제는 송계산, 송계 전답 등에 대한 의존도가 대단히 낮아졌다. 자연스레 이리 지역에 거주하는 계원의 관심과 참여 역시 낮아질 수밖에 없다. 더불어, 창계 당시 편찬된 송계책 1권의 분실, 계당산 매도대금의 활용,

신입 계원의 추입 등은 이리송계와 계원들이 함께 해결해 나가야 할 현안들이다. 앞으로 공동체성과 공동체의식, 계원 간 소통과 협력, 나아가 신뢰와 사회적자본을 형성·강화·유지하려는 이리송계 차원의 적극적인 활동과 노력이 필요해 보인다.

2) 재원의 다양성과 안정성 확보

과거 전통사회에서 안정되고 탄탄한 재정 기반은 이리송계의 지속가능한 운영과 관리에 크게 기여하였다. 하지만 땔감보다는 화석 연료, 태양광 등 다른 연료를 사용하고 퇴비보다는 화학비료에 크게 의존하는 오늘날에는 송계산과 산림자원의 중요성이 떨어지면서 송계의 재정 구조와 기반이 취약해지고 있다. 송계 전답에서 나오는 도조 수입은 송계 재정에 크게 기여하지 못하고 있다. 현재는 임목 판매, 송계 재산의 매각 등에 의존하고 있는 실정이다. 이는 앞으로 이리송계의 지속가능성에 큰 영향을 주리라 예상된다.

이리송계 차원에서 임목 판매, 도조 수입 등 고정적·안정적인 재원을 확보·확충하는 것뿐만 아니라, 자원의 다양성(resource diversity) (서정욱·김보경, 2015)을 확보해 나가는 노력이 적극 개진되어야 할 것으로 본다. 예를 들면, 송계산과 주변 역사·문화적 자원을 관광상품으로 활용하는 방안, 송계산이나 송계 전답에 수익성 작물 재배, 마을기업 설립과 같은 혁신적인 수익 사업 추진, 중앙·지방정부로부터 보조금이나 수의계약 추진, 출향자(出鄉者)를 대상으로 한 기부·모금 활동 등을 들 수 있겠다. 복내 지역에 산재해 있는 풍부한 역사·문화적 자원과 송계산 주변의 생태적 자원을 결합하여 '이리 지역 고유의 자원'을 활용한 마을기업의 설립·운영은 좋은 방안이될 수 있다. 정부의 보조금이나 수의계약을 통해 노인복지서비스와 같은 사회복지서비스의 생산과 전달에 적극 참여하는 등 이리 지역 사회와 지역민에게 실질적으로 기여할 수 있는 방안과 기회들을 생각해 볼 수 있다.

한편 이리송계 재정의 운영과 관리 방식에 있어서도 전통적인 '양
입위출(量入爲出)' 원칙에 얽매일 것이 아니라 재정 투자의 위험성을
다소 감수하더라도 수익 전망이 높은 사업에 투자하려는 적극적인
노력을 강구할 필요가 있어 보인다.

3) 송계의 인적 구성: 배타성과 다양성의 기로

고령화, 이농 현상 등으로 이리송계의 인적 기반은 점점 취약해지
고 있다. 한편 귀농, 귀촌 등으로 외지인의 관내 유입은 꾸준하게 이
어지고 있다.

과거 전통사회에서 계원의 추입은 일정정도 배타성과 폐쇄성을
띠었다. 이리송계는 현재까지도 계원 자격에 있어 '장자 · 장손의 자
동 승계' 원칙을 엄격하게 고수하고 있으며, 원계원의 차자나 차손이
원할 경우에 별도의 심사를 거쳐 추입이 허용되고 있다. 하지만 다
른 지역에서 이리 관내로 이주한 사람에게는 송계 가입이 일절 허용
되지 않는다.

과거 전통사회에서 장자 · 장손의 자동 승계 원칙은 송계산과 같은
비분리자산(indivisible asset)을 이리송계의 공동 재산으로 안정적으
로 확보 · 관리하고 사회적 할인율(social discount rates)을 낮추는 등
이리송계의 지속가능성에 크게 기여하였던 제도적 장치로 보인다.
또한 장자 · 장손의 자동 승계 원칙은 이리송계의 장기 발전과 도약
을 위한 공동 투자와 노력을 계원들에게서 이끌어낼 수 있었던 긍정
적 기제로 작동하였던 듯하다.

하지만 이리송계의 인적 구성에서 배타성과 폐쇄성의 원칙만을
견지할 경우에 자칫 집단 네트워크의 '잠김효과(lock-in effect)'를 강
화하는 기제로 작동할 수 있다(정태인 · 이수연, 2013: 218). 이러한
잠김효과는 이리송계 내 인적 구성의 다양성을 저해하게 되고 장기

적인 발전과 성공에 부정적 영향을 줄 수 있으며, 이리송계가 지역 발전과 도약의 구심점이 아니라 친목 중심의 조직으로 전락할 위험 성이 커지게 된다. 귀농, 귀촌 등으로 외지인의 유입은 지역사회에 활력을 제공하고 지역사회 외부와의 네트워크를 활발하게 형성하며 새로운 기술과 전문지식의 접근과 활용 기회를 높일 수 있다(이해진 2015: 86). 이리송계는 자신의 인적 구성에서 배타성·폐쇄성과 다양 성의 기로에서 어떻게 조화와 균형을 이뤄나갈 것인지 선택해야 할 시점에 있는 듯하다.

제2절 지역공동체와 사회적경제를 위한 함의와 시사점

지역공동체 조직으로서 이리송계는 사회적경제 조직의 특성을 풍 부하게 담고 있다. 이 절에서는 이리송계 사례 분석으로부터 지역공 동체 복원과 사회적경제 활성화를 위해 어떤 함의와 시사점을 얻을 수 있을지 고민해보았다.

1. 사회적경제 조직의 특성

시장 영역의 확장과 신자유주의의 확산이라는 시대적 조류 속에 서 공동체성과 공동체의식은 실종되고 공동체는 빠르게 소멸되고 있 다. 이런 현상은 우리 사회에서 보다 극적으로 나타나고 있다. 우리 나라는 권위주의적이고 국가 주도의 산업화와 경제개발 정책을 추진 하였고 1990년대 후반 이후부터 신자유주의 정책을 적극 추진하면 서, 소득의 불평등과 양극화 현상은 더욱 심화되고 개개인은 점점 파 편화되고 궁지에 몰리고 있다. 개인의 삶은 갈수록 각박해지고 있다. 사람 간의 정서적 교감과 심리적 안정은 사라지고 사람 간의 연대와

돌봄은 실종되고 있다. 이제 공동체정신과 유대감은 먼 과거의 이야기로만 남게 된 듯한 모양새다.

현재 중앙이나 지방정부 차원에서 지역사회에 공동체를 복원하고 사회적경제를 활성화하기 위해 다양한 입법과 정책을 활발하게 추진하고 있다. 사회적경제(social economy) 개념은 아직까지 학계나 정책공동체(policy community)에서 합의된 바는 없지만, 일반적으로 지역사회 단위에서 "호혜와 연대를 바탕으로 사회적 가치를 창출하는 경제적 활동"으로 정의할 수 있으며(이은선 · 석호원, 2017: 180), 사회적경제의 핵심 구성요소로서 경제성, 공동체성 및 호혜성을 반영한다(이해진, 2015).

먼저 경제성 측면에서 '지역사회 기업가주의(community entrepreneurship)'는 지역적 특성을 반영하고 지역 차원에서 사회적 혁신을 통해 경제적 기회를 포착하여 지역사회의 발전에 기여하며 지역사회 공동의 사회적 목적과 공공복리를 추구한다. 지역사회 기업가(community entrepreneur)는 "지역사회의 경제발전, 구성원에 대한 복지서비스 제공, 삶의 질의 개선, 생태 환경의 보호에 힘쓰면서 자신이 속한 공동체를 위해 헌신적으로 일하는 지역 리더와 주민"을 의미한다(이해진, 2015: 82-87). 지역사회 기업가들은 지역사회에서 경제적 수익을 창출하고 지역공동체와 주민의 공공복리를 실현하는 데 기여한다. 이들은 지역의 정보와 자원을 활용하며, 교육, 학습 및 토론을 통해 자신의 지역공동체에서 사회적 혁신과 경제 활동을 촉발시킨다. 또한 이들은 지역사회로 새로 이주한 외지인과 귀농 · 귀촌인의 전문지식, 기술 및 네트워크를 적극 활용하여 실질적인 경제성과와 지역경제의 활성화에 기여하며, 지역발전을 위한 정보, 자원 및 지식을 제공받기 위해 지역 밖의 자원과 전문가와의 네트워크를 적극 활용한다(이해진, 2015: 82-87).

지역사회 차원에서 호혜와 연대의 원리를 토대로 한 사회적자본의 구축 없이는 사회적경제 자체가 존립하지 못하며 기능할 수도 없다. 지역사회 구성원 간의 교류, 연대, 협력, 신뢰 및 사회적자본의 형성·축적을 통해 공동체성은 강화되기 때문이다. 한편 지역사회에서 공동 사업으로 창출된 경제적 수익과 성과는 구성원에게 공정한 절차를 거쳐 공평하게 분배될 때에야 비로소 호혜성을 충족시키게 된다. 나아가 호혜적 분배가 실질적으로 이뤄지면 지역사회 기업가주의와 공동체성의 강화에 공헌하며 이는 다시 사회적경제를 강화하는 기제로 작동하게 된다(이해진, 2015: 87-93).

현재 정부 차원에서 사회적기업, 마을기업, 협동조합, 자활기업 등을 전략적으로 육성하고 지원하기 위한 다양한 제도와 정책을 내놓고 추진 중에 있다. 정부는 「사회적기업육성법」, 「고용정책기본법」, 「협동조합기본법」, 「도시재생 활성화 및 지원에 관한 특별법」, 「국민기초생활보장법」, 「농어업인의 삶의 질 향상 및 농어촌지역 개발촉진에 관한 특별법」, 「소비자생활협동조합법」, 「농업협동조합법」, 「수산업협동조합법」, 「산림조합법」, 「엽연초생산협동조합법」, 「신용협동조합법」, 「새마을금고법」, 「중소기업협동조합법」 등 다양한 사회적경제 조직의 법적 근거와 지원 방안을 마련하고 있다(임성은 외, 2018: 31).[1]

1803년 결성된 이후 오늘날까지 이리송계의 주요 활동 내역을 살펴보면, 이리송계는 사회적경제 조직으로서 3대 핵심요소인 경제성, 공동체성 및 호혜성을 충분히 담고 있음을 확인할 수 있다. 〈표 8-1〉은 사회적경제 조직으로서 이리송계의 경제성, 공동체성, 호혜성 등 핵심요소에 관한 구체적인 사항들을 시기별로 정리한 것이다.

---

1 자세한 내용은 임성은 외(2018: 31)의 "〈표 2-1〉 사회적경제기업 유형별 법적 근거 및 담당 부처"를 참고하기 바란다.

〈표 8-1〉 사회적경제 조직으로서 이리송계의 특성

시기	경제성	공동체성	호혜성
조선 후기	-원곡·원금 및 이자 수입 -임목 판매 -숯·풀잎재·돌 판매 -담배 판매 -추입금·추입조 -묏자리 값 -도벌 등 범금행위 벌금 -전답 도조 수입 -화전 개간 및 도조 수입 -부동산 매각·매입 등	-공동체의식 및 유대감(혈연·동문수학 등 높은 동질성) -지리적 특수성(복내천 골짜기 따라 자연마을 형성, 복내 시장 등) -정기·임시강회 -벼·금전 미납 시 연대 책임 -지역주민 교육 및 풍속 교화 -산불 예방 및 공동 진화 등	-통호조, 예죽조, 구마조 등 부세 및 요역의 공동 납부 -리별 분담금 공동 납부 -임원 세찬, 양로 세찬 -토지 조사 및 측량 -송계산 내 임도 설치 및 수리 -가을걷이 작황 평가 및 도조세 결정 등
일제강점기	-원곡·원금 및 이자 수입 -소나무, 참나무 등 임목 판매 -숯·풀잎재·돌 판매 -담배 판매 -추입금·추입조 -묏자리 값 -도벌 등 범금행위 벌금 -전답 도조 수입 -화전 개간 및 도조 수입 -부동산 매각·매입 등	-공동체의식 및 유대감(혈연·동문수학 등 높은 동질성) -지리적 특수성(복내천 골짜기 따라 자연마을 형성, 복내 시장 등) -정기·임시강회 -벼·금전 미납 시 연대 책임 -지역주민 교육 및 풍속 교화 -산불 예방 및 공동 진화 -기우제(祈雨祭), 화전(花煎) 놀이 등	-면비, 산림조합비 등 각종 부세의 공동 납부 -임원 세찬, 양로 세찬 -토지 조사 및 측량 -송계산 내 임도 설치 및 수리 -가을걷이 작황 평가 및 도조세 결정 -부의금 -효행 표창 -향교 수리용 목재 지원 등
해방 이후	-원금 및 이자 수입 -소나무, 참나무 등 임목 판매 -추입금·추입조 -묏자리 값 -전답 도조 수입 -부동산 매각·매입 등	-공동체의식 및 유대감(혈연·동문수학 등 높은 동질성) -지리적 특수성(복내천 골짜기 따라 자연마을 형성, 복내 시장 등) -정기·임시총회 -이리송계 사력비 건립 등	-재산세, 취득세, 종합토지세 등 각종 부세의 공동 납부 -세찬대(계원 전체) -부의금 -전답 경지 정리 및 수리 -송계산 내 임도 설치 및 수리 등

* 출처: 저자 작성.

2. 지역공동체와 사회적경제를 위한 함의와 시사점

이제까지 이리송계 사례 분석과 논의를 통해 우리가 얻을 수 있는 함의와 시사점은 무엇일까. 특히 지역공동체의 복원과 사회적경제의 활성화를 위한 활발한 논의와 정책적 노력을 기울이고 있는 오늘날에 이리송계는 우리에게 어떤 교훈과 방향성을 제시할 수 있을지 톺아보았다.

1) 신뢰, 사회적자본 및 공동체의식을 밑바탕으로 하여야

지역공동체가 지속가능하게 존속·발전하기 위해서는 지역사회 구성원 사이에 높은 수준의 신뢰, 사회적자본 및 공동체의식이 형성·강화되어야 할 것이다. 구성원 간 막힘없는 소통과 교류가 활발하게 이뤄져야 하며, 지역사회 차원에서 개최되는 각종 모임, 행사 및 사업에 대한 논의와 의사결정 과정에 누구나 참여할 수 있고 누구에게나 개방되어야 한다. 그리고 누구에게나 그 과정과 결과가 투명하게 공개되고 공유할 수 있어야 한다.

과거 이리송계에서와 같이, 혈연, 동문수학 등 동질성을 기반으로 한 공동체성과 공동체의식을 오늘날의 다원화된 사회에서는 더 이상 기대하기 어렵게 되었다. 왜냐면 우리 사회는 표면적 다양성(surface level diversity)과 심층적 다양성(deep level diversity) 모두 크게 증가하고 있기 때문이다(노종호, 2017; 이근주·이수영, 2012). 인구통계학적 특성(인종, 성별, 나이 등), 장애 여부 등 가시성이 높은 표면적 다양성뿐만 아니라, 세계관과 가치관, 사회경제적 배경(부, 소득 등), 인격, 종교, 교육수준 등 비가시적인 심층적 다양성 역시 커져가고 있다. 이렇게 다원화되고 다양성이 높은 지역사회는 여러 경로와 방식으로 네트워크와 소통을 활성화시키고 절차적·결과적·성과적 측면에서 개방성, 투명성 및 공개성을 높여나가야 할 것이다. 이런 과정과 노력을 통해서만 공동체 구성원 간의 신뢰, 사회적자본 및 공동체의식을 형성·강화할 수 있으며 나아가 지역공동체의 지속가능한 발전과 사회적경제의 활성화를 기대할 수 있을 것이다.

2) 정부로부터 일정한 자치권과 자율성이 확보되어야

자발적이고 자치적으로 결성·운영되던 지역공동체 조직들이 정부의 지나친 관여와 간섭으로 인해 와해되거나 쇠퇴한 사례들이 다수 보고되고 있다(배수호·이명석, 2018; Ostrom, 1990, 1992). 지역사회의 자원, 여건, 발전가능성, 현황, 문제점 등은 지역사회와 지역주민들이 가장 잘 파악하고 있다. 한편 지역사회가 직면하는 현안이나 문제는 지역주민들의 관심, 열정, 참여 및 협력을 담보할 수 있어야만 비로소 해결 가능성을 높일 수 있는 것이다. 정부 주도의 획일적이고 규격화된 규제·명령·통제 중심의 접근방식은 지역사회와 지역주민의 자율성과 다양성을 파괴하기 쉽다. 정부가 지역사회의 현안에 지나치게 관여하고 간섭할 경우, 행정편의주의, 계획과 추진방식의 획일화·규격화, 성과 조급주의 등으로 지역사회와 지역주민의 관심과 열정은 식게 되고 이들로부터 참신하고 창의적인 문제 접근과 해결을 위한 노력을 기대할 수 없게 된다.

한 예로, 조선 후기 정부 주도의 강력한 규제와 처벌 중심으로 추진되던 산림공유자원의 보호와 관리는 오히려 산림공유자원의 황폐화와 파괴를 심화시켰던 반면, 지역사회에서 자발적이고 자치적으로 결성·운영되던 대부분의 금송계는 지속가능하게 산림공유자원을 보호·관리할 수 있었다(배수호·이명석, 2018). 최근 서울시에서 의욕적으로 추진해온 '창신·숭인지구 도시재생사업'이 당초 취지와는 다르게 서울시의 주도 하에 미리 정해둔 계획에 따라 추진되면서 지역주민의 의견이 제대로 반영되지 않았고, 투기세력의 기승을 사전에 차단하지 못했으며, 단순히 시설 건립이나 정비 사업 수준에 그쳤다는 지적이 나온다(주간경향, 2018/07/16). 서울시의 '찾아가는 동주민센터' 사업이나 중앙정부 차원에서 의욕적으로 추진 중인 '읍면동 주민센터의 복지 허브화'는 정부의 지나친 관여와 간섭으로 자칫 지역사회와 지역주민의 열정과 활력을 감퇴시키고 이들을 수동적 위치로 전락시킬 우려가 있다. 결국 지역사회와 지역주민에게 어느 정도 자치권과 자율성을 보장하는가에 따라 지역공동체의 복원과 사회적 경제의 활성화는 크게 영향을 받을 것으로 보인다.

3) 지역 및 지역사회 고유의 자원을 활용하여야

이리송계는 지역사회의 자연적 · 인적 · 문화적 자원과 여건을 잘 파악하고 이를 지역공동체의 형성 · 유지 · 발전을 위해 적절하게 활용하였다. 지역사회는 지리적 · 자연적 여건과 환경, 지역주민의 인적 구성, 역사적 · 문화적 환경, 사회경제적 배경 등에 따라 독특하고 고유한 특성을 지니기 마련이다. 지역공동체의 복원과 활성화를 위한 출발점은 지역 및 지역사회 고유의 자원과 현황을 제대로 파악하는 데 있다. 결국 지역사회와 지역주민들이 이를 창의적으로 활용하고 극대화할 수 있을 때 지역공동체의 복원과 활성화는 비로소 기대할 수 있을 것이다.

4) 지역사회 복지서비스체계 및 지역복지서비스와 직간접적으로 연계되어야

지역공동체 조직의 사업과 활동은 지역사회 복지서비스체계와 직간접적으로 연계될 필요가 있다. 지역공동체 조직은 지역사회 차원에서 지역주민을 위한 복지서비스를 직접 생산하고 전달할 수 있을 때에야 지역공동체의 복원과 활성화를 기대할 수 있다. 즉, 중앙정부나 지방정부가 지역주민에게 지역사회 복지서비스를 직접 생산하여 전달하기 보다는 사회복지서비스의 유형, 지역사회의 여건 등을 고려하여 지역공동체 조직을 활용하는 현실적 방안이 구체적으로 마련 · 추진되어야 할 것이다. 한편 지역공동체 조직의 사업과 활동으로 창출된 경제적 수익과 성과는 공개적이고 공정한 절차에 따라 지역주민에게 공평하게 배분되어야 하며, 나아가 지역주민의 삶을 개선하고 지역사회 전체의 공공성과 공공복리를 증진시키는 방향으로 재투자 · 활용되어야 할 것이다.

5) 지역사회 기업가주의를 고양하고 지역사회 기업가를 양성하여야

이리송계 사례연구에서 지역사회 기업가주의로 무장한 지역사회 기업가들이 지역공동체의 생존과 번영에 중요한 역할을 수행한다는 것을 확인할 수 있었다. 지역사회 기업가들은 지역사회의 여건과 상황, 지역 고유의 자원 등을 냉철하게 파악하여 이를 지역발전의 기회로 활용하고 사회적 혁신을 창출할 수 있는 능력을 갖춘 지역 인재이다. 지역사회 기업가의 창의적 · 혁신적 활동은 지역사회에 활력을 불어넣고 지역사회의 발전과 지역주민의 삶의 질을 개선시킨다. 지역사회에서 기업가주의를 고양하고 기업가를 양성하기 위해서는 지역사회나 정부 차원에서 교육, 정보 교환, 토론 등 교류의 장을 마련하고 지역사회 구성원 간 다양한 의견, 가치, 신념 등이 존중받는 분위기를 조성해 나갈 필요가 있다.

6) 지역사회의 지리적 위치와 입지적 장점을 활용하여야

이리 지역사회가 지닌 지리적 입지 조건은 이리송계가 장기 지속하는데 큰 기여를 하였다고 여겨진다. 복내천 골짜기를 따라 형성된 자연마을들은 지역주민 간의 잦은 접촉, 왕래와 소통을 가능하게 하였다. 이러한 입지 조건과 환경은 오늘날에도 공간디자인과 '건조된 환경(built environment)'을 의도적으로 조성함으로써 가능할 수 있으리라 생각한다. 지역공동체 구성원들이 자주 만나 대화를 나누고 소통할 수 있는 공간적 영역과 기회의 장들을 만들어낼 수 있으면, 자연스레 구성원 간의 접촉, 왕래와 소통을 통해 지역공동체의 소속감과 유대감을 증진시키는 데 기여할 수 있을 것이다.

제3절 연구의 한계와 장래 연구방향

이 책은 이리송계를 대상으로 귀납적 사례 분석을 수행한 결과물이다. 사례연구에 필요한 자료를 수집하기 위해 저자는 보성군 복내면 이리 지역을 네 차례 현장 방문하였고 송계 임원에 대한 심층 면접을 실시하였다. 또한 송계책 총 15권, 「복내 향약안」, 「이리송계회의록」(1984~2015년), 「이리송계출납장부」(1908~1915년), 「이리송계출납장부」(1916~1934년), 「이리송계출납장부」(1980~2007년), 「이리송계결산보고관련서류철」(1985~2014년) 등 각종 사료와 자료를 발굴·수집하였다. 그럼에도 이리송계 사례연구를 위한 사료와 자료의 불충분에 대한 아쉬움이 남는다. 특히 조선 후기와 일제강점기 동안 수입, 지출, 재산 변동 등 회계 관련 자료, 송사 관련 문서, 촌계·혼상계·문중계·두레 노동조직 등 촌계류 조직 관련 자료 등을 충분히 확보할 수 없었다.

이 책에서 이리송계의 활동 시기를 조선 후기(1803~1910년), 일제강점기(1910~1945년), 해방 이후(1945~2014년)로 구분하고 시기별로 제도와 규약, 조직 구성과 운영, 임원 구성과 선출, 계원 자격과 구성, 의사결정 방식과 과정, 재정 운영과 관리, 주요 활동 내역 등의 측면에서 심도 있고 체계적인 분석을 시도하였다. 하지만 해방 이후 70여 년 기간을 한 시기로 잡는 것은 다소 무리라고 생각한다. 이 기간 동안 우리 현대사는 미군정(1945~1948년), 한국전쟁(1950~1952년), 이승만 독재, 4.19 민주화(1960년), 5.16 군사쿠데타(1961년)와

개발독재, 12.12 군사쿠데타(1979년)와 독재, 6.29민주화 선언(1987
년), 아시아금융위기(1997년) 등 수많은 사건들을 중층적으로 경험하
였기 때문이다.

　과거 복내 지역에는 이리송계뿐 아니라 일리송계와 삼리송계도
존재하였으며, 각 송계에서 송계산과 송계 재산을 자체적으로 운
영·관리하고 있었다. 장래에 세 송계에 대한 비교분석 연구는 우리
에게 유용한 정보와 시사점을 제공할 수 있으리라 기대된다. 구체적
으로, 세 송계가 어떻게 각자 다른 길을 걷게 되었는지, 각 송계에서
조직의 운영과 관리는 어떠했는지, 송계 간의 유사점과 차이점은 무
엇인지, 송계 간의 갈등을 어떻게 조정·해결하고 협력을 강구했는
지 등 흥미로운 질문들을 심층적으로 들여다볼 수 있을 것이다.

　우리나라 지역사회 곳곳에는 수많은 지역공동체 조직들이 과거
전통시대에 결성되어 오늘날까지 운영되고 있다. 앞으로 이리송계와
같은 지역공동체 조직의 사례 발굴과 함께, 현장조사, 정보와 자료
수집 등이 이뤄져야 할 것으로 본다. 지역공동체 조직의 사례 축적
과 분석을 통해 지역공동체의 다양한 맥락을 심도 있게 이해하고 장
래 지역공동체의 복원과 사회적경제의 활성화에 기여할 수 있는 실
천적 방안들을 보다 적실하게 모색할 수 있을 것이다. 이와 더불어,
한국적 맥락에서 배태한 지역공동체의 제반 현상을 이해하고 설명력
과 예측력이 높은 가설과 이론을 개발하는 것 역시 가능하리라 생각
한다.

참고문헌

I. 1차 사료

송계책 2권 ~ 16권.

「복내 향약안(福內 鄕約案)」.

「이리송계회의록(二里松契會議錄)」(1984~2015년).

「이리송계출납장부(二里松契出納帳簿)」(1책)(1908~1915년).

「이리송계출납장부(二里松契出納帳簿)」(2책)(1916~1934년).

「이리송계출납장부(二里松契出納帳簿)」(1980~2007년).

「이리송계결산보고관련서류철」(1985~2014년).

2. 단행본

강대기. (2001). 「현대사회에서 공동체는 가능한가」. 경기도 파주: 아카넷.

권봉관. (2014). 도시의 '마을만들기'에 따른 공동체의 형성과 메티스의 기능. 정형오 · 김정하 · 이창언 · 이용범 · 권혁희 · 권봉관 엮음. 「도시마을의 민속문화」. 안동대학교 민속학연구소 학술총서 9. 서울: 민속원.

배수호 · 이명석. (2018). 「산림공유자원관리로서 금송계 연구: 公有와 私有를 넘어서 共有의 지혜로」. 아산재단 연구총서 434집. 서울: 집문당.

보성군복내면향토지편찬위원회. (1995). 「福內面鄕土誌」. 광주: 성문당.

보성군. (2014). 「군정백서(2010-2014)」. 전남 보성군청.

보성문화원. (2014). 「성씨와 인물」. 보성군사 4권.

신명호. (2014). 사회적 경제의 이해(1장). 김성기 · 김정원 · 변재관 · 신명호 · 이견직 · 이문국 · 이성수 · 이인재 · 장원봉 · 장종익 지음. 「사회적경제의 이해와 전망」. 서울: 아르케.

이선미. (2007). 시민공동체와 결사체: 이론적 논의. 한국학중앙연구원 편. 「지역 결사체와 시민공동체」. 서울: 백산서당.

이해준. (1990). 朝鮮後期 洞契 · 洞約과 村落共同體組織의 性格. 향촌사회사

연구회. 「조선후기 향약 연구」. 서울: 민음사.

정진영. (2013). 양반들의 생존 전략에서 얻은 통찰: 조선의 유교적 향촌 공동
체. 한형조 · 김용환 · 오항녕 · 정진영 · 노관범 · 김상준 · 박원재 · 한
도현 · 이은선. 「500년 공동체를 움직인 유교의 힘」. 경기도 파주: 글
항아리.

정태인 · 이수연. (2013). 「정태인의 협동의 경제학: 사회적 경제, 협동조합 시
대의 경제학 원론」. 서울: 레디앙.

정형호. (2014). 도시마을 민속 연구의 필요성과 접근 방법. 정형오 · 김정하 ·
이창언 · 이용범 · 권혁희 · 권봉관 엮음. 「도시마을의 민속문화」. 안
동대학교 민속학연구소 학술총서 9. 서울: 민속원.

한도현. (2007). 지역사회 내의 결사체 분포와 네트워크. 한국학중앙연구원
편. 「지역 결사체와 시민공동체」. 서울: 백산서당.

Berg, B. L. (2009). *Qualitative Research Methods for the Social Sciences* (7th ed.)
San Francisco, CA: Allyn & Bacon.

Flyvbjerg, B. Case Study. 이명석 옮김. 사례연구. Denzin, N. K. & Lincoln, Y.
S. 편저. *The Sage Hand book of Qualitative Research* (4th ed.) 최욱 외
22인 옮김. (2014). 「질적연구 핸드북」. 경기도 파주: 아카데미프레스.

Ostrom, E. (1990). *Governing the Commons: The Evolution of Institutions for
Collective Action.* New York, NY: Cambridge University Press.

Ostrom, E. (1992). *Crafting Institutions for Self-Governing Irrigation Systems.* San
Francisco, CA: ICS Press.

Scott. J. C. (1998). *Seeing like A State: How Certain Schemes to Improve the
Human Condition Have Failed.* 전상인 옮김. (2010). 「국가처럼 보기:
왜 국가는 계획에 실패하는가」. 서울: 에코리브르.

Yin, R. K. (2009). *Case Study Research: Design and Methods* (4th ed.). 신경식 ·
서아영 옮김. (2011). 「사례연구방법」. 서울: 한경사.

3. 논문

강길중. (2016). 范仲淹의 現實認識과 經世思想. 「歷史學硏究」, 63: 135-185.

강성복. (2001). 일제하 해방이후 '송계' 연구: 충남 금산지역을 중심으로. 「제16회 전국향토문화연구발표회 수상집」. 7-136.

강성복. (2003). 송계의 전승현장과 민속문화: 금산 신안골 열두송계를 중심으로. 「실천민속학연구」, 2003(8): 143-165.

강성복. (2009). 계룡산 국사봉 주변마을의 송계(松契) 관행: 19세기 후반~20세기 향한리 송계를 중심으로. 「민속학연구」, 24: 97-121.

김현구. (2018). 한국 사회과학 이론의 보편주의: 서구보편주의를 넘어 다원보편주의로. 「한국정치학회보」, 52(1): 201-228.

노종호. (2017). 표면적 다양성과 심층적 다양성이 팀 성과에 미치는 영향에 관한 연구: 서울시 자치구 팀을 중심으로. 「한국거버넌스학회보」, 24(1): 99-128.

박종채. (2000). 「朝鮮後期 禁松契 硏究」. 중앙대학교 박사학위논문.

박철상. (2012). 王羲之 蘭亭修禊의 수용 양상과 詩社에 끼친 영향. 「漢文學報」, 26: 3-32.

서정욱·김보경. (2015). 사회적 혁신가정신이 비영리 조직의 자원의존패턴에 미치는 영향에 대한 연구: 자원다양성, 자원경쟁성, 자원의존성을 중심으로. 「행정논총」, 53(4): 271-298.

이근주·이수영(2012). 다양성의 유형화를 위한 시론적 연구. 「한국인사행정학회보」, 11(1): 175-197.

이은선·석호원. (2017). 국내 사회적경제조직의 유형에 관한 연구: 퍼지셋 이념형 분석을 중심으로. 「한국사회와 행정연구」, 27(4): 179-213.

이해진. (2015). 사회적경제와 지역발전: 혁신, 호혜, 협력의 원리를 중심으로. 「한국사회학」, 49(5): 77-111.

4. 정책보고서 및 기타 자료

국사편찬위원회. 임야 조사 사업. (http://contents.history.go.kr/front/tg/view.do?treeId=0209&levelId=tg_004_1610&ganada=&pageUnit=10) (자료 접근: 2018년 5월 23일).

국사편찬위원회. 토지 조사 사업. (http://contents.history.go.kr/mfront/ti/view.do?treeId=06027&levelId=ti_027_0080) (자료 접근: 2018년 5월 23일).

경기일보. (2019/01/23). 월세방 모녀 사망, 중랑구 반지하서 숨진 채 발견. (http://www.kyeonggi.com/news/articleView.html?idxno=2038583) (자료 접근: 2019년 2월 8일).

경향신문. (2018/05/08). 출생신고도 못한 채, 쓸쓸히 하늘로 떠난 부자. (http://news.khan.co.kr/kh_news/khan_art_view.html?artid=201805082250005) (자료 접근: 2018년 6월 24일).

경향신문. (2019/01/23). 또 생활고 두 모녀 비극, 복지 사각지대 없앨 수 없나. (http://news.khan.co.kr/kh_news/khan_art_view.html?art_id=201901232041005) (자료 접근: 2019년 2월 8일).

보성군청. (http://www.boseong.go.kr) (자료 접근: 2018년 6월 1일).

아시아경제. (2014/09/18). 보성군 복내면, '복성현 한마음 대축제' 20일 개최. (http://www.asiae.co.kr/news/view.htm?idxno=2014091814382197183) (자료 접근: 2018년 6월 18일).

아시아경제. (2018/05/10). 송파 세 모녀부터 구미 부자까지…복지사각지대 놓인 한부모 가정들. (http://www.asiae.co.kr/news/view.htm?idxno=2018051009434573267) (자료 접근: 2018년 6월 24일).

임성은·문철우·이은선·윤길순·김진희. (2018). 「사회적경제의 사회·경제적 가치 측정을 위한 통합 지표 개발 연구」. 한국보건사회연구원. 연구보고서(수시) 2018-01.

주간경향. (2018/07/16). 도시재생사업도 투기세력 못 막았다. 1285호: 40-42.

한국경제. (2018/04/10). 이웃도 몰랐다…충북 증평 모녀사망사건, 두 달 만에 알려진 비극. (http://news.hankyung.com/article/201804102856H) (자료 접근: 2018년 6월 24일).

한국민족문화대백과사전. 경무법(頃畝法). (http://encykorea.aks.ac.kr/Contents/Item/E0002414) (자료 접근: 2019년 1월 14일).

한국민족문화대백과사전. 고목(告目). (http://encykorea.aks.ac.kr/Contents/Item/E0003559) (자료 접근: 2018년 1월 4일).

한국민족문화대백과사전. 안규홍(安圭洪). (http://encykorea.aks.ac.kr/Contents/Index?contents_id=E0034547) (자료 접근: 2018년 5월 21일).

한국민족문화대백과사전. 향약(鄕約). (http://encykorea.aks.ac.kr/Contents/Item/E0062948) (자료 접근: 2018년 8월 28일).

한국민족문화대백과사전. 향음주례(鄕飮酒禮). (http://encykorea.aks.ac.kr/Contents/Index?contents_id=E0062975) (자료 접근: 2018년 1월 4일).

한겨레신문. (2014/02/27). 마지막 월세만 남긴 채…벼랑끝 세 모녀의 비극. (http://www.hani.co.kr/arti/society/society_general/626227.html) (자료 접근: 2018년 6월 24일).

화순군청. 능주목의 역사와 문화. (https://www.hwasun.go.kr) (자료 접근: 2019년 1월 4일).

부록

〈부록 1〉 보성군 복내면 이리송계안

〈부록 1-1〉 송계책 1권

송계책 1권의 분실로 내용 파악이 불가능하다.

二里松稧案

壬申 正月 十二日 契案

己酉 三月 舊案 加衣

　　八月 六日 稚尋表

　　　　　二

〈完約〉

右完約事 我洞松稧 自是蘇蔡廉孫四姓創設之契 而洞中百事 皆出於四姓指
揮之中矣 中間散姓 推入於稧中 至於洞首請標之日 散姓 多有紛紜之端 故
自今爲始 雖散姓 過三代後 一依舊員例 施行 如是完約之後 若有隨二之端
則從公論付罰事

壬申正月十二日

〈座目〉

-계원 명단 수록

274

〈부록 1-3〉 송계책 3권

統戶租及刈竹租驅馬租稧案

庚辰正月日上

第三

統租及刈竹驅馬租契案

福二里築下

庚辰正月 日

〈福內二里築下補民稧案序〉

右文爲契案事 大抵統戶 刈竹 驅馬 三件事 民間莫重之大役 而又重之 該色
之出來也 各村各戶 累日遲滯 斗量作石 誠一痼弊 則其爲防塞救弊之術 其
爲何如哉 余雖愚昧 生長窮閭 見此痼弊 心常痛恨者久矣 去癸亥年分 玆有
救弊之策 而發議衆中 其年十月日 大戶則租四斗 小戶則租三斗 烟戶則租一
斗式 收合作石 分給各處矣 翌年十月 每石 利十斗式捧上 作量 都納該色
則其爲民間無弊者 班班可聊且或有餘數 則畧畧推利 以爲於萬斯年利用厚
生之長計 不亦宜乎 又有臆見 再昨年 則刈竹租 每戶租一斗式收合 昨年 則
驅馬租三斗式 收合 計數作石 則三十五石也 其爲防塞日後之患 倘復如何
右租段無異於官穀 別立規模 遵行條約 則其爲此面內 補民之策 其果何如哉
伏願僉君子 勿以虛套而視之 以爲永久遵行之地 千萬幸甚
崇禎紀元後三庚辰正月上日 廉相哲謹序

〈條約〉

一. 右租 負逋不納者 當出籍 而徵族徵隣是齊

一. 右租捧上 每年十月初十日 完定是齊

一. 至公幹事之人 擇定 公員 一年式交遞是齊

一. 上松契公員 兼定 俾無日後紊亂之弊是遣 典穀亦以兼定是齊

一. 統租 莫重之穀 而若有荒租 則卽地還退是齊

一. 統租 斗給該色時 大戶 則官斗二斗 以平斗二斗四刀 例完定是齊

一. 小戶 則官斗一斗五刀 以平斗一斗八刀 例完定是齊

一. 刈竹段 官旣定式 各面成節目 則典穀 隨其所入 以納 而右講會時 推利
   報給是齊

一. 驅馬錢段置 詳査其大小戶之出役擔當 而講會時 亦爲推利報給是齊

一. 推入人 依本租十斗例 施行是齊

一. 長子外 次子各戶 則推入本租事是齊

一. 契員中 移居他面他里 則勿爲防役事是齊

一. 五月講會 則壹兩錢 利二戔式 捧爲齊

一. 十一月講會 則壹兩錢 利租二斗式 捧爲齊

一. 講會時下記 錢壹兩五錢式定限爲齊

〈座目〉
-계원 명단 수록

東二里松稧案
辛巳三月 日
　　　　第四

辛巳三月 日
稧案

〈完約〉

右完約事 歲饌貳兩 四月生魚價貳兩 以此遵行 永爲相考爲齊
丁亥正月二十日 洞中

〈座目〉
-계원 명단 수록

〈부록 1〉 보성군 복내면 이리송계안

〈부록 1-5〉 송계책 5권

稧案

驅馬

刈竹

統租

甲申十一月 日

五

稧案

驅馬

刈竹

統租

甲申十一月 日

〈二里補民契序〉

右文爲契案事 大抵統戶 刈竹 驅馬 三件事 民間莫重之大役 而又重之 該色之出來也 各村各戶 累日遲滯 斗量作石 誠一痼弊 則其爲防塞救弊之術 其爲何如哉 余雖愚昧 生長窮閭 見此痼弊 心常痛恨者久矣 去癸亥年分 玆有救弊之策 而發議衆中 其年十月日 大戶則租四斗 小戶則租三斗 烟戶則租一斗式 收合作石 分給各處矣 翌年十月 每石 利十斗式捧上 作量 都納該色則其爲民間無弊者 班班可聊且或有餘數 則畧畧推利 以爲於萬斯年利用厚生之長計 不亦宜乎 又有臆見 再昨年 則刈竹租 每戶租一斗式收合 昨年 則驅馬租三斗式 收合 計數作石 則三十五石也 其爲防塞日後之患 倘復如何右租段無異於官穀 別立規模 遵行條約 則其爲此面內 補民之策 其果何如哉

伏願僉君子 勿以虛套而視之 以爲永久遵行之地 千萬幸甚

〈條約〉

一. 右租 負逋不納者 當出籍 而徵族徵隣是齊

一. 右租捧上 每年十月初十日 完定是齊

一. 至公幹事之人 擇定 公員 一年式交遞是齊

一. 上松契公員 兼定 俾無日後紊亂之弊是遣 典穀亦以兼定是齊

一. 統租 莫重之穀 而若有荒租 則卽地還退是齊

一. 統租 斗給該色時 大戶 則官斗二斗 以平斗二斗四刀 例完定是齊

一. 小戶 則官斗一斗五刀 以平斗一斗八刀 例完定是齊

一. 刈竹段官旣定式 各面成節目 則典穀 隨其所入 以納 而右講會時 推利
　報給是齊

一. 驅馬錢段置 詳查其大小戶之出役擔當 而講會時 亦爲推利報給是齊

一. 推入人 依本租十斗例 施行是齊

一. 長子外 次子各戶 則推入本租事是齊

一. 契員中 移居他面他里 則勿爲防役事是齊

〈座目〉
-계원 명단 수록

<부록 1> 보성군 복내면 이리송계안

<부록 1-6> 송계책 6권

二里松稧案

庚寅三月二十一日

　　　第六

〈完約〉

右完約事 惟我洞中 今當弊局 各項凡節 不可成樣 故自今別定條約事

一. 洞首與執任 歲時等饌 一定一兩爲齊

一. 各項雜費下記 雖一分毋論爲齊

一. 從他鳩乞 一倂勿施爲齊

〈完約〉

右完約事 歲饌價貳兩 四月生魚價貳兩 以此遵行 永爲相考爲齊

庚寅三月二十一日 洞中

〈座目〉

-계원 명단 수록

280

〈부록 1〉 보성군 복내면 이리송계안
〈부록 1-7〉 송계책 7권

統稧案

刈竹

驅馬

庚寅三月二十一日

第七

〈二里補民稧序〉

右文爲契案事 大抵統戶 刈竹 驅馬 三件事 民間莫重之大役 而又重之 該色
之出來也 各村各戶 累日遲滯 斗量作石 誠一痼瘼 則其爲防塞救瘼之術 其
爲何如哉 余雖愚昧 生長窮閭 見此痼瘼 心常痛恨者久矣 去癸亥年分 玆有
救瘼之策 而發議衆中 其年十月日 大戶則租四斗 小戶則租三斗 烟戶則租一
斗式 收合作石 分給各處矣 翌年十月 每石 例十斗式捧上 作量 都納該色
則其爲民間無瘼者 班班可聊且或有餘數 則晷晷推利 以爲於萬斯年利用厚
生之長計 不亦宜乎 又有臆見 再昨年 則刈竹租 每戶租一斗式收合 昨年 則
驅馬租三斗式 收合 計數作石 則三十五石也 其爲防塞日後之患 倘復如何
右租段無異於官穀 別立規模 遵行條約 則其爲此面內 補民之策 其果何如哉
伏願僉君子 勿以虛套而視之 以爲永久遵行之地 千萬幸甚

〈條約〉

一. 右租 負逋不納者 當出籍 而徵族徵隣是齊

一. 右租捧上 每年十月初十日 完定是齊

一. 至公幹事之人 擇定 公員 一年式交遞是齊

一. 上松契公員 兼定 俾無日後紊亂之弊是遣 典穀亦以兼定是齊

一. 統租 莫重之穀 而若有荒租 則卽地還退是齊

一. 統租 斗給該色時 大戶 則官斗二斗 以平斗二斗四刀 例完定是齊

一. 小戶 則官斗一斗五刀 以平斗一斗八刀 例完定是齊

一. 刈竹段官旣定式 各面成節目 則典穀 隨其所入 以納 而右講會時 推利
報給是齊

一. 驅馬錢段置 詳査其大小戶之出役擔當 以講會時 亦爲推利報給是齊

一. 推入人 依本租十斗例 施行是齊

一. 長子外 次子各戶 則推入本租事是齊

一. 契員中 移居他面他里 則勿爲防役事是齊

〈座目〉

-계원 명단 수록

〈부록 1〉 보성군 복내면 이리송계안
〈부록 1-8〉 송계책 8권

二里松稧案
丙申初夏念七[1]

　　　　八

〈完約〉

右完約事 惟我洞中 今當弊局 各項凡節 不爲成樣 故自今別定條約事

一. 洞首與執任 歲時饌價 一定一兩爲定爲齊

一. 各項雜費下記 雖分錢 勿爲浪用爲齊

一. 泛他鳩乞 一併勿施爲齊

稧案修正有司 廉仁壽

　　　　　　蘇洙七 丙申四月二十七日 洞中

〈座目〉
-계원 명단 수록

---

1 初夏念七은 음력 四月二十七日.

<부록 1〉 보성군 복내면 이리송계안
<부록 1-9〉 송계책 9권

二里松稧案
壬寅季春念五[2]
      第九

〈完約〉

右完約事 惟我洞中 今當弊局 各項凡節 不爲成樣 故自今別定條約事
一. 洞首與執任 歲時饌價 一定壹兩爲定爲齊
一. 各項雜費下記 雖分錢 勿爲浪用爲齊
一. 泛他鳩乞 一併勿施爲齊

稧案修正有司 李啓源 壬寅三月二十五日 洞中

〈座目〉
-계원 명단 수록

---

2 季春念五은 음력 三月二十五日.

福內面二里松楔案

推入員幷附

己巳八月 日

　　　第十

〈松楔案序〉

夫我里之有松楔者 其來己久 則先創後修之規 或租或錢之例 前序備載矣 不
必更擧 而其間正分立綱之道 補瘼救獘之方 世降風頹 殆不效古 寧不爲寒心
哉然而補瘼救獘 在於殖財 正分立綱 在於明敎 則其將待誰而明敎乎 其將待
誰而殖財乎 吾必謂任員之得其人 則其庶幾乎 幸値修案之日 附以若干數語
凡我同楔君子 盍各勉旃乎哉

歲己巳八月下浣 廉在善書

〈條約〉

一. 楔長 公員 執綱 旣爲重任 則一以一洞僉會所 公議付標是齊

一. 各村新寓追入員 自其村村 任采撫 而每年秋講會時 追入 出伍戔式 備
　　捧是齊

一. 松楔山 大松 價以一兩 中松 價以七戔 小松 價以五戔式 爲定是齊

一. 講會時 老少序齒 分坐是齊

一. 講會時 或有酗酒悖習者 自會中論罰 而如有不順之端 則報官措處是齊

一. 自今以始 別付下典穀 而亦待公議 出定是齊

一. 松楔山入葬者 壙中價 伍兩式責捧 而若外處之人 則以什兩爲定是齊

一. 松稧山山直 各推尋來告是齊

〈座目〉

-계원 명단 수록

〈松稧案卷秩表〉 合十二卷也 安極考正

一. 崇禎紀元後一百七十六年癸亥(純祖三年)十月 日 洞首僉知蔡慶潤 刱始

二. 壬申正月十二日 完約 蔡衡鎰 蔡衡國 公員幼學玄載旭

　　右一卷庚申八月六日自風峙推尋古表記 典谷幼學廉相哲序

三. 崇禎紀元後 庚辰(純祖二十年)正月上日 廉相哲謹序

　　　　　　　　　　李憲鎭

　　　　　　　　　蔡衡東

四. 純祖二十一年 辛巳三月 日 完約 李憲鎭 廉相鎭 蔡衡東

五. 純祖二十四年 甲申 十一月 日 序 廉相哲

六. 純祖三十年 庚寅 三月 二十一日 序 廉相哲

七. 純祖三十年 庚寅 三月 二十一日 完約 廉相鎭 蔡興五 蔡衡心

八. 憲宗元年 丙申 四月 二十七日 完約 蔡興五 蔡衡心

　　　　　　　　稧案修正有司 廉仁壽 蘇洙七

九. 憲宗八年 壬寅 三月十五日 完約 蔡衡心 蔡奎澤

　　　　　　　　稧案修正有司 李啓源

十. 崇禎紀元後四辛酉(哲宗十二年)二里鄕約稧案 安璡 尹致邦

　　　　　　　　此一卷鄕約中二里存案

十一. 太皇帝六年 己巳 八月下浣 廉在善序 蔡奎元

十二. 太皇帝十七年 庚辰 臘月下浣 崔炳珪識 改名煥文 尹右遠 更張

十三. 太皇帝三十四年 丁酉 四月上澣 蔡奎玩序

286

孫章煥追序 稧案修正有司

乙未 都正 蔡奎玩　丁酉 都正 任思勳　辛丑 都正 蔡元鎬

直月 李鎭泰　直月 尹右遠　庚子 直月 蘇祥述

執綱 任思聖　執綱 安極　執綱 孫章煥

右松稧案十一卷內 九卷自癸亥刱設 二卷自庚辰重修至今庚申爲一百十八年也 又鄕約中二里案一卷

〈**松稧案內狀軸表**〉 合七度也

一. 乙巳 二月十六日 福內面二里 執綱 蔡衡岳 李象賢 蘇洙浩等

二. 丙午 八月二十一日 福內面 幼學 蘇學謙 蔡衡璊 廉德敎等外十八人

三. 癸亥　月二十九日 福內面二里禁松補民稧 執綱 廉相哲立案 松稧案刱始

四. 甲子 四月　日 福內面 居化民 蔡衡璊 蘇洙浩 李厚根等外十四人

五.　四月十七日 寶城福內面 居化民 蔡衡璊 蘇洙浩 李厚根等 兼城主

六.　四月二十五日 訓長 李 書目

七.　八月十日 寶城福內面第二里 幼學 蔡衡璊 蘇洙浩 李昌焴等外十人 巡使道

右狀軸七度 福內面第二里 松稧山 方洞 伽倻 圓峯 鴨谷 立案禁養憑考件也 又狀軸二度 丁卯戊辰 各村村 任稧錢督捧件也

〈**松稧案內古蹟表**〉 合六件也

一. 辛丑 九月 雇馬租革弊卩目

二. 丙午 閏五月 二里松稧殖利錢完文

三. 丁巳 九月　日 福上道寃徵結坪記成册

四. 己酉 十一月　日 二里松稧驅馬錢本租册

五. 己未 十一月 日 二里補稧收租記

六. 戊戌 十二月十五日 福內面二里新結鄉約稧券 乙未 二月二十五日社倉新結

　　　右六件內三件印蹟 三件錢租簿記也

　　　又下帖傳令書目訴狀合十五度作綴也

　　　又甲子庚午 面內各村民人等狀二度 一上納件 一試傷件

　　　又戊戌庚子戊申 松稧錢谷文記三冊

崇禎紀元後二百九十三年 庚申 六月十六日庚寅 盤谷松亭講會後書

純祖三年 癸亥 十月 松稧案刱設 則崇禎紀元後 一百七十六年也 安德炯謹書

288

福內面二里松稧案

庚辰十二月 日

　　　第十一

〈二里松稧案序〉

夫本里 松稧創設 厥惟久矣 綱立規正 補瘼救獘 夫何挽近 綱頹規弛 責應浩
煩拮据無方 財谷盡爲乾沒 餘存 只是陳簿 許多公用 逐戶排歛 非徒洞俗之
不一 亦關風化之可欠 豈不慨然也哉 肆於今夏 僉議奮發 査櫛陳債 倍本減
殖 收捧追入 聚合生財 而猶未滿二百金 噫 統計一洞 洽過數百餘戶 而所謂
稧財如是零星 將何以應公納 補獘瘼乎 然而任得其人 則頹綱可以復振 弛規
可以復正 於殖財乎何有 凡我同稧君子 各新其心 勉旃勉旃 則豈不爲風化萬
一之補哉 苐當修案 僭忘固陋 略記數行 以敍顚末云
歲庚辰臘月下浣 崔炳珪識

〈條約〉

一. 稧任 一從一洞僉會所公議 以望重解事員 付標是齊

一. 各村新寓追入員 自其村村 任采撫 而每年秋講會時 追入錢 隨其勢 備
　　捧是齊

一. 松稧山 大松價 以一兩 中松價 以七戔 小松價 以五戔式 爲定是齊

一. 講會時 老少序齒 分坐是齊

一. 講會時 或有酗酒悖習者 則自會中論罰 而如有不順之端 則報官措處是齊

一. 自今以始 別付下典穀 而亦待公議是齊

一. 松楔山入葬者 壙中價 五兩式責捧 而外處之人 則以什兩爲定是齊

一. 松楔山山直 各推尋來告是齊

一. 興學 亦風化之大關也 別擇訓長 每歲三九試講 里中冠童 課讀勸獎是齊

〈座目〉
-계원 명단 수록

〈庚寅追入秩〉
-추입계원 명단 수록

〈부록 1〉 보성군 복내면 이리송계안
〈부록 1-12〉 송계책 12권

松稧案

丁酉四月 日

　　　　十二

福內面二里松稧案 單

時 都正 蔡奎玩 公員 李鎭泰 執綱 任思聖

〈松稧案〉

夫稧也者 契也 契以松名者 盖所以嚴其禁而一衆志也 是契也 自前世設創而
固根 洎後人推入 而同案立綱正紀 法乎藍田之鄕約列次修信 取諸蘭亭之勝
事則此其所以爲契者 亦異乎人之貨利之爲者乎 玆以孝敬修齊之人 矜式而
稱賞 酗屠竊雜之類 擧理而論罰焉 瞻言芳山之一洞 伽倻之列巒 鬱然佳氣
鎭我二里 而曾不知幾許嶝幾百谷也 以斧斤入時 則嚴其禁而松不可勝用 取
生財保護 則一衆志而契必有大關 噫 惟我居此洞 同此契之人 導其前約 戒
其後轍 則永有言於山木之復萌 里俗之觀感 而魯聖知後之操 周詩如茂之福
不待他求 而良有得於以其松名此契云爾 豈不善哉 豈不美哉
歲丁酉四月上澣 蔡奎玩書

松禁 邦典攸重 松稧里約 由久 噫 玆土之方洞 山高而谷邃 前乎二百有餘禩
沙店漢 構鑿窩窟 嘯聚賊徒 剽掠肆毒 時我先君子鳩峯公 協詢 與一坊群哲
規劃籌策 狀聞營邑 非止樂安郡行査官處斷 屢承巡撫巡察之敎 助剿屛姦 究
至有討捕使啓達 蒙恩之帖資 而整約修稧 財粟豊殖 一洞之耕種無力 徭役無
資者 貸賑稱節 擬古義倉云矣 亦稧之興廢有數 而舊舊案 倘遺逸無傳歟 頤

蹟於家藏陳篋誠庸感慨也 然前軌猶遺餘鑑 綱紀不紊 化俗尙敦 逮夫統戶刈
竹驅馬三條件役租民間莫重之弊瘼 而蔡公慶潤 廉公相哲 肇刱築上下補民
契 卽亦一洞之禁松稧也 息聚租穀 應納公役 何莫非捄弊一大節 後幸蒙革廢
諸役之典 貨殖倘嬴剩 不勝用 而胡至中年綱頹規弛 財谷耗鑿 無幾矣 往自
庚辰 里有安宣傳崔上舍二公 深切慨惜 如干稧財之陳簿 宿連拔本蕩息 人無
敢色 圭整扶欹器 從近數十稔捧禾息錢 可謂符一 略補防中之冗費 庶捄編戶
之斂排 儘今莫幸盛事也 大抵公私事 爲難於刱始 而克終亦鮮 惟願僉君子鑑
昔礪今 克遵勿濫 則豈非立紀正風踐約整規之爲幸也哉 修案己十八載 衆論
更修 懼忘孤陋 興感古蹟之沉泯 敢紋實本 而禁盗狀軸中前賢諱唧 首附原案
俾爲後人之叅鑑焉

强圉作噩仲侶孫章煥追序

〈條約〉

一. 契長 公員 執綱 旣爲重任 則一以一洞僉會所公議 付標是齊

一. 各村新寓追入員 自其村村 任采撫 而每年秋講會時 追入錢 隨其勢 備
　　奉是齊

一. 松稧山 大松價 以一兩 中松價 以七錢 小松價 以五錢式 爲定是齊

一. 稧錢 無異公錢 犯用愆滯 乾沒者 族徵末由 則自其村 徵捧是齊

一. 講會時 老少序齒 分坐是齊

一. 講會時 或有酗酒紊錯者 自會中論罰 而如有不順之端 則報官勘處是齊

一. 松稧山入葬者 壙中價 伍兩式責捧 而外處之人 以什兩 爲定是齊

一. 松稧山山直 別般推檢 犯禁者 一一告由於時執綱是齊

一. 興學 亦繫風化之大關 別擇里訓長 每歲春秋試講 里中冠童 隨其所讀習
　　課講 勸獎是齊

〈舊蹟狀軸中一坊諸賢啣錄〉
-과거 지역사회 저명인사 명단 수록

〈座目〉
-계원 명단 수록

〈鄕約再結案〉
-복내향약 결성 참여인사 명단 수록

〈任員錄〉
-송계 임원 명단 수록

〈追入 丁未三月 日〉
-추입계원 명단 수록

〈부록 1〉 보성군 복내면 이리송계안

〈부록 1-13〉 송계책 13권

松稧案

庚申復月下澣成

第十三

〈福內二里松契案序〉

國朝法典 有三禁之嚴 而松居一焉 夫豈徒然哉 飮食宮室 所以養生 祭祀棺椁所以送死也 則松之於宮室棺槨 無不爲資 而見用於人 重且博矣 然苟失其養無物不消 豈可使蹣鬆未成之材 任他侵伐 若彼濯濯 而終歸於山之性 未嘗有材者耶 我里之舊有松契 爲是故也 其規模節目 與藍田氏鄕約 實相表裡 而草創之 討論之 修飭之 潤色之 後死者 蒙其遺澤 百餘年于玆矣 今當更整之日 同案諸公 置不佞之名于案中 又囑以數行墨 竊惟文辭非余所長 而且已具載於前賢序記中 故不敢更贅云 庚申 六月 十六日 任思聖 謹書

〈福內面第二里松契序〉

救獘瘼 禁竊盜 立紀綱 崇文學 夙有松契之里規 勸德業 交禮俗 規過失 恤患難 式遵藍田之鄕約 迄今我里之第二 在昔福坊之分三 粤自癸亥創設之初實賴蔡僉樞廉執綱兩氏之慮遠 爰及庚辰重修之後 復蒙安宣傳崔上舍二公之更張刈竹驅馬之節目完文 永廢四幕十二洞之家排戶斂 禁松補民之舊券新案昭載 一百十八年之追入原居 土地證明 林埜測量 臨此時而保存 鐵石寃結成册 下帖書目 考其世則刼過滄桑 房洞伽倻圓峰鴨谷之山 立案禁養 均被遺澤福內盤石龍洞眞鳳之里 沿革稱道 悉因舊名 境接竹樹之東 窈窕焉 萬壑流而千峰秀 里在山陽之北 軒豁然四野闢 而一場開 人傑地靈 鐘出蘇衆議蔡龍淵

忠貞之節 地逐人好 景仰孫鳩峯安庸菴孝仁之風 固群賢之雖多 實不能其盡
擧 考七度之訴狀 當日諸公之勤意可推 閱六章之序書 由來各姓之同心相度
夏季冬季之講會 寧儉無奢 郡費坊費之致期 惟公不愿 若干拮据之物 當先財
穀之擇人而藏 如許童濯之林 必須斧斤之以時而入 此皆前輩刱始之好事 乃
是後生傳守之誠心 窃念二里里規之成 惟願一鄕鄕約之美 勖哉僉君子 非徒
徭役賦納 用之減除 允矣此地方 亦將孝悌忠信 行之興蔚
歲次庚申六月旣望約中 安極再拜謹書

〈松契規約條例〉

一. 契任選定事
二. 契員入案事
三. 林埜禁養事
四. 土地定作事
五. 錢穀出入事
六. 講會經費事
七. 文學敎訓事
八. 簿記傳守事

〈松契規約〉

一. 契任選定事

　　　　一從里中僉會公議 以文學德行望重員 薦選付標 使庫直告目事

都正一人　　　尊者年六十以上
公員一人　　　長者年五十以上
執綱一人　　　敵者年四十以上

訓長一人　　　尊者或兼帶都正

講長一人　　　長者或兼帶公員

直月一人　　　敵者或兼帶執綱

講師四人　　　少子年三十以上 福內里 盤石里 龍洞里 眞鳳里 合四里 各一
　　　　　　　人式 若有文學德行特異則兼帶執綱

幹事員四人　　幼者年二十以上 四里各一人式

松禁員四人　　不拘年齒 以公平正直人 四里各一人式

　　　　　　　訓長講長講師 無故不必遞任 都正公員執綱直月 或周年 或
　　　　　　　二朞遞任 雖勤敏 不過三年 幹事員松禁員 公正則不拘年限

告　目　　　　右告目事 今番里僉會公議以 生員主名啣 薦選都正是白乎所
　　　　　　　緣由詮次 告目爲白乎事
　　　　　　　某生員主　宅
　　　　　　　年　月　　日 松契庫直姓名告目

　　　　　　　都正 訓長 公員 講長 執綱 直月六任 告目相同 或兼帶則書
　　　　　　　兼帶某任 講師及幹事員 松禁員 會議選定不必煩告

二. 契員入案事
　　　　　自該里 幹事員 撫記次子孫分戶 及新寓人姓名 字 年 貫 表示會席
　　　　或移居還居 昭詳告于執綱事

原契員　　　　長子長孫 書某子某孫 次子次孫 分戶 入案錢壹兩

新寓人追入　　特等 別付 上等 五兩 中等 四兩 下等 三兩式 隨力論定備 捧
　　　　　　　事契員 移去他處 防役勿論 若移居里中 懸錄某村來去 若自
　　　　　　　他處還居里中 則其長子長孫 追入勿論 其次子次孫 以入案
　　　　　　　錢二兩備奉

296

契案修整　　　名分依舊案例　以上中下三等　正之而以二十年　爲修整期限
　　　　　　　其間移居追入　別置簿記　以竢修整

三. 森林禁養事
　　　　　　　山直　以附近村勤實人　擇定　而執綱　同幹事員　松禁員　春秋巡山　或
　　　　　臨時巡山檢察各項禁養松雜木事

房洞山伽倻山　山直　風峙　眞尺　棲鳳　三村　各擇二人式
桂棠山鴨谷山　山直　立石　內洞　花嶺　三村　各擇二人式　盤谷　圓峯　兩村　各擇
　　　二人式　定山直　管轄四山　檢察樵商　禁斷濫伐事
林埜禁火　　　若有火變　自附近村山直　及幹事員　松禁員　急通于執綱　使庫
　　　　　　　直令　招里中各村　一齊禁火　各持禁火器具　若有不叅之村　晚
　　　　　　　到之人　會中論罰必以春草秋樵　不許入山　受贖倍追入例
松價　　　　　契員中成造　大松價五兩　中松價四兩　小松價三兩式爲定　外
　　　　　　　他人則　時價捧之　而價格先入後　斧斤許入　伐後監考大中小
　　　　　　　株數　若濫伐　無異偸斫者　松價倍懲　罰同禁火例
稺松發賣　　　每坪　貳株式　擇立長養　或同村人　或連帶人　捺印　定價先入
　　　　　　　刈後監考　若有犯禁　或越界者　以所刈樵負較量價額　稚松每
　　　　　　　株　以小松價作定　若不足則連帶人所刈充數　執留會中　永無
　　　　　　　異議　罰同禁火例
火田起墾　　　該村幹事員　記其姓名　及某山某谷　起墾幾坪　連帶捺印　備爲
　　　　　　　監考切禁濫伐失火　若或犯禁　稺松如小松價例　大中小松價
　　　　　　　加倍懲贖若不足　則連帶人　所作充數　論罰如禁火例　南草灰
　　　　　　　數　每百巴　以大草拾五　巴式納于會中非徒南草　其他火田　雖
　　　　　　　雜穀類灰數　監考備捧　該村幹事員　專爲擔責
煮麻目　　　　各村紡績　亦所勸獎　從今以後　不可私伐　若此不已　必致童濯
　　　　　　　自里中四里

	幹事員 松禁員 預先定日 約選該里役丁幾人 一齊入山間伐
	火木 使各村煮麻人 計其所用 負數 定價備捧 定日不叅人 勿論
契山入葬壙中價	契員十兩 外地人二十兩爲定 使入葬人 具書某山某嶝內某坐
	一壙地 某親某月日入葬 年月日下 書姓名捺印 以爲後考而
	壙外 不許廣占 不得侵害松雜木 若犯禁則 罰同禁火例
我里境界	境界內 不許他里樵夫侵犯 流來立案定規 各里松禁員及山直
	一一曉諭樵夫 謹守里規 毋相毆打 從理逐出 以禁養松雜木
	爲意
桂棠山局內	自圓峯鴨谷 至桂棠山 西綾州界 南三里界以內也 山下 花嶺
	村最近 立石內洞兩村又近 則別定山直 而他里樵夫之偸斫侵
	伐之獘 若不禁斷 不免童濯之患 中間納贖之擧 彼旣自絶 今
	春偸犯之習 彼又自斷一依流來立案 訴訟定規 使他里樵夫
	不許入境採樵 別般禁斷拒絶 非徒三寸自里中 同聲嚴禁事
松禁維重	山峽居人 不知長養 幾至童濯 非徒火田濫伐 至於樵商偸斫
	一切嚴禁 若或犯禁者 受贖同火田例 論同禁火例 斷無異議事

四. 土地定作事

以土地所在里 擇勤農家 定作人 雖時任員 不有公議 不得私自擅動事

庫直	以四五斗落 定作 而庫直雖變更 而土地則因爲新入庫直耕作事
山直	各村山直 旣擇可堪人 則隨宜定作 考其勤慢 非徒作農 必觀
	禁松
任員	任員幹事員 或已耕作人 則監坪捧禾之節 不無循私生獘之端
	前鑑自在 後轍必愼 若有過 則必移動

五. 錢穀出入

契物 無異公錢公穀 或有犯用愆納者 斷當出籍 懲族懲隣 一依前人

298

創設時規約事

錢財生爲　　各項生財 必書名目明白 而第二回講會時 未收條 專擔於該
　　　　　　村幹事員 使之無漏督捧 若新葬壙中價 大中小稚松價 禾穀
　　　　　　價 先入爲定 若有未收條 契任擔責 若草灰南草價 第二回講
　　　　　　會時 幹事員擔責 若各項舊條 別般櫛查 詔定督捧未充條 別
　　　　　　錄以竢其後
禾穀收捧　　監坪時定賭 而捧禾日完捧 若或因留也代金也 一切禁斷 監
　　　　　　坪時 契任及幹事員三四員 招作人于畓頭 逐庫考其勤慢 定
　　　　　　賭 每年十月初旬內 定期捧禾 或有慇納不精者 卽日督捧後
　　　　　　移作勤實人 而地稅金契任捧納 使作人不得逞私

六. 講會經費事
　　　　　　講會每年六月望日 十二月望日 古來元定期日也 若臨時講會 契任
　　　　　使庫直 輪告四里幹事員 早會講討 若晩衆 論罰別座

時到記　　　講會時 必書時到記 會有定時 會畢序齒定座 以尊長敵少幼
　　　　　　五等設席 別設公事席于中 序立行相揖禮 因其位皆坐 講會
　　　　　　飲會 亦因其位罰座設於會席範圍外 退時亦須相揖而退
元定講會日費　酒壹尊 午飯 每員下三合粮 饌價十五兩 庫直例給 兩以外不
　　　　　　許濫用
監坪時日費　契任二員 幹事員四人 以五六員元定 當日下記 每員下貳兩
　　　　　　五錢式作定 則外他及作人 不可入用下
捧禾日日費　契任及幹事員 又斗量者一人 簸揚者二人 庫直二名外 他使
　　　　　　用人二三者 則以十餘人定數 每人貳兩五錢式 外不許入用下
火田草灰巡山　契任 使幹事員四人 松禁員四人 相換 二人式巡視四山昭詳
　　　　　　記錄 某嶝某谷 某人幾坪 幾負定數 南草待捧禾日備捧

禁松巡山　　契任 擇幹事員中二人 勤實巡山 勿爲煩雜 若有犯禁者 一一
　　　　　　昭詳記錄 某人某嶝某松幾株

臨時巡山　　幹事員巡山經費 但當日下記 考其輕重 以五兩以內 至二兩
　　　　　　五錢以上 而四山巡 一山巡 勞逸不同 以會議作定 契任 不可
　　　　　　自斷

文事講會　　每年以春三月望日 秋九月望日 元定設講行禮 若非飲禮相揖
　　　　　　禮 酒政勿論 每員下當日下記 二兩式作定 若飲禮 酒一尊 饌
　　　　　　十兩 午則以療飢爲度 計員數用鷄粥定行

講生詩文優等賞格　　擇甲乙丙三人 甲一兩五錢 乙一兩 丙五錢式 假量以文
　　　　　　房之具出給 餘詳文學敎訓事

養老歲饌　　年七十以上 不拘班常男女 老人歲末 使庫直 送肉二斤

任員歲饌

凡他鳩乞一切勿施

面中分排　　防役或公用 不可一二人私擅 必須會議作定 況酒食雜費等件乎

各項費用下記 切勿浪用 必須明白書月日某事所用 考準於會席 使各員知悉
　　　　　　若不因公事 自會中公議刪定 不入下記事

七. 文學敎訓事

　　　　　　每年春秋定期 契任 輪告講師 講師率冠童早會定所 會所 定以寬廣
　　　　　　幽閒處 輪定無妨 各誦所讀書 或行禮 或賦韻 作文 凡會席 必行尊
　　　　　　長敵少幼相揖禮 或行禮聖禮

興學大關風化 不必設會生費 訓長講長直月 或以長文題 或以詩律韻 輪示
　　　　　　各里 講師 或一年四次 或一月三旬 各里講師 收合冠童所作
　　　　　　詩文用白紙二絶紙 封內書姓名年本居 期限內 會于一處 訓
　　　　　　長講長在處點考 取其優等三人 賞以文房之具 以爲勸獎 當
　　　　　　日下記 訓長講長講師 合六七員 每員下一兩五錢式作定 一

300

<table>
<tr><td></td><td>年二次 使優等人 設壯元會 會集講生 一觴一詠暢敍幽情 寧</td></tr>
<tr><td></td><td>儉毋奢</td></tr>
<tr><td>講會讀規約</td><td>藍田鄕約 白鹿講規 華陽講規 李子持身章 孔子三戒章 孟子</td></tr>
<tr><td></td><td>三樂章 講師或講生 抗聲讀之 訓長講師 亦須說明 使會員觀</td></tr>
<tr><td></td><td>聽興感漸入作成之域</td></tr>
<tr><td>會席規約</td><td>凡會席 非酒食之所 若酒盃則三巡外 勿使有醉氣 午飯只爲</td></tr>
<tr><td></td><td>療飢 食無求飽 哺啜之客 卽人賤之 或有越座臥席 紊亂無禮</td></tr>
<tr><td></td><td>者 自會中 出席論罰 如有不順 出籍措處 且不敢高聲紛爭 戲</td></tr>
<tr><td></td><td>談雜說 一切禁斷 互相勉勖</td></tr>
</table>

八. 簿記傳守事

    契案 里中各家祖先 及當時各人父兄諱啣 所載 尊嚴自在尤重 當起
敬傳守

契案十三卷年記

    自癸亥刱始至己巳爲十卷 自庚辰更張至庚申爲三卷

    第一卷 癸亥 十月 日

        崇禎紀元後一百七十六年我 純祖三年也

        洞首僉知蔡慶閏 公員幼學玄載旭 典穀幼學廉相哲序

    第二卷 壬申 正月十二日 完約 蔡衡鎰 蔡衡國

    第三卷 庚辰 正月上日 廉相哲謹序 李憲鎭 蔡衡東

    第四卷 辛巳 三月 日 完約 李憲鎭 廉相鎭 蔡衡東

    第五卷 甲申 十一月 日 廉相哲序

    第六卷 庚寅 三月二十一日 廉相哲

    第七卷 庚寅 三月二十一日 完約 廉相鎭 蔡興五 蔡衡心

    第八卷 丙申 四月二十七日 完約 蔡興五 蔡衡心 稧案修正有司 廉

仁壽 蘇洙七

第九卷 壬寅 三月十五日 完約 蔡衡心 蔡奎澤 稧案修正有司 李啓源

第十卷 己巳 八月下浣 廉在善序 蔡奎元

第十一卷 庚辰 臘月下浣 崔炳奎識 尹右遠

第十二卷 丁酉 四月上澣 蔡奎玩序 孫章煥追序

第十三卷 庚申 六月旣望 任思聖謹書 安極謹書 書松契規約後八月
二十八日尹右遠謹跋

立案一度

癸亥 月二十九日 禁松補民契 執綱 廉相哲

訴狀五度

乙巳 二月十二日 蔡衡嶽 李象賢 蘇洙浩等

丙午 八月二十一日 蘇學謙 蔡衡璊 廉德敎等外十八人

甲子 四月 日 蔡衡璊 蘇洙浩 李厚根等外十四人

四月十七日 蔡衡璊 蘇洙浩 李厚根 兼城主

八月十日 蔡衡璊 蘇洙浩 李昌焴等外十八人巡使道

書目一度

甲子 四月二十五日 訓長 李 書目

舊蹟以備里中文獻

庚辰年更張錢穀簿記 己酉年重陽日圓峯回祿中逸

一. 辛丑 九月 雇馬租革獘節目 印

二. 丙午 閏五月二日 松契殖利錢完文 印

三. 丁巳 九月 日 福上道寃懲結坪記成册 印

四. 甲子庚午 面內各村民人等狀二度一上納試圍

五. 又下帖傳令書目訴狀合十五度作綴

六. 己酉 十一月 日 松契驅馬錢本租册

七. 己未 十一月 日 二里補契收租記

八. 戊戌庚子戊申 松契錢穀文記三册

九. 辛酉 二里鄉約契案 安瑛 尹致邦

十. 戊戌 十二月十五日 福內面二里新結鄉約契券 乙未二月二十五日 社
　　倉新結條 戊戌還入松契

土地證明　　　福內里 盤石里 龍洞里 眞鳳里

林埜測量　　　方洞山 百丈山 伽倻山 柯亭山 桂棠山 圓峯山 鴨谷山

錢穀出入簿　　錢財生爲禾穀收捧松價南草數壙中價入案錢及經費下記　　一
　　　　　　　一公正明白以爲當局規約　又爲後生模範

時到記成册　　時到記必以尊長敵少幼序次記錄備考　當時會儀且回文可考者
　　　　　　　亦須登抄于時到記中

講習日記　　　講生講章講論及詩文優等記其姓名　興起文風飲禮相揖禮
　　　　　　　聖禮執事成册　興起禮俗訓長講長講師主幹以敎育後進爲意

簿記几子　　　敬奉于都正訓長家有考覽事契任會席敬展跪覽覽畢還奉几中

〈書松契規約後〉

夫松契者 里規而鄉約也 予自甲午以來 講論是契者久矣 今此契案重修之日
與同我里中僉君子 考檢舊案 自刱始以來 爲十卷 而六十七年之蹟 自更張以

來爲二卷 而四十一年之蹟 昭昭足徵 寔我里所尊重文獻也 若尹公右遠 任公思聖 孫公章煥 蔡君洙瀅 蘇君亨圭 皆有司於是契 而一峯孫公 有志相符 不幸逝矣 其胤君喜淑 今有司 與里中僉君子 議及契案修整 故乃定各里校正員 考證原迫 而契案成矣 增損新舊 而規約定矣 其規約 有八條六十四例 其一曰契任選定爲綱而其目有九 其二曰契員入案爲綱而其目有三 其三曰林埜禁養爲綱而其目有十一 其四曰土地定作爲綱而其目有三 其五曰錢穀出入爲綱而其目有二 其六曰講會經費爲綱而其目有十四 其七曰文學教訓爲綱而其目有三 其八曰簿記傳守爲綱而其目有十一 以八條爲綱 以六十四例爲目 綱擧而目張 規約條例顧不爲多而亦不爲少也 古昔聖人有曰衣食足而知禮節 有曰菽粟如水火 而民焉有不仁者 有曰生財有大道 有曰理財正辭禁民爲非曰義 凡我同案僉君子 聖人之徒也 有尊長於我者 有敵友於我者 有少幼於我者 今之少且幼者 乃後日之爲尊爲長於當局者也 豈可以今日之少且幼因循舊習 度了時日 使此規約 歸之文具 而無實行之效驗也哉 其實踐力行之工效 不在於言之者 亶在乎行之者之勤敏也 苟欲行之 孰能禦之 孰敢侮之 癸亥剏始 庚辰更張 莫非前賢之遺澤 而實爲後生之受福也 八條之綱六十四例之目 莫非舊案之規約 而寔是今日之急務也 是契之作 稽其類 則雖是衰世之意 然規約旣定 禮節可知 知禮節之道 在乎文學 由文學而禁民爲非 則自有大道而焉有不仁者乎 今夫規約 因其勢而得其情者也 是以略擧講誦詩文勸獎之學 與夫尊長少幼序次之禮 以合衆心而開發門路入頭處 則非獨安極之意也 乃僉君子之意也 遵此規約 安而行之 范文正之義田 陳德高之義莊 復覩於是鄕而白鹿華陽之講規 亦將從此而學習矣 盍相勉旃 盍相勉旃

箕子元年後三千零四十二年上章涒灘之重陽 丹田埜夫安極謹書

〈福內面二里松契案跋〉

松契之設 盖爲救獘瘼 補民用 則衰世之意也 粤自癸亥剏始以來 里中三百餘戶 蒙被其澤 若刈竹 驅馬 試圍 寃結等責納之節 得免逐戶排斂之督 寔賴蔡

304

僉樞廉執綱二公刱始之美規矣 奈何六十七年之間 規約頹圯 費用浩煩 餘存
財穀 只是陳簿 四山森林 莫不童濯 契之興廢 亦關里運之休旺 而不無有司
之賢愚也 于斯時也 安丞宣逸蒲公 慨歎是契之泯滅 與農隱公崔上舍 詢謀于
衆陳簿財穀 減殖拔本 新寓追入 隨力備捧 巡山禁松 收合生財 猶未滿二百
金也 如是零星之財 何以補不恒之槊瘼 何以立己頹之紀綱 或禁雜技而定罰
或懲儆斫而受贖如是者十有餘年 契規復振 里俗於是焉淳質 山林於是焉蒼
翠 庄土於是焉買置 凡百責納 致期無憂 如干財穀 量入以出 是皆逸蒲公更
張規約之澤 而不佞與農隱公 終始從事於是契者也 我里里人之所共知者 豈
可以阿好爲言 當此契案重修之日 草木之年 己迫八旬 往昔所歷 興感者多
不可無一言 噫 今距庚辰 爲四十一年 而世事滄桑 舊槊新瘼 如夢如病 前後
相尋 幸又僉君子 克遵先輩慮遠之心 頹綱復起 弛規復正 則守成之功 亦不
下於更張 更張之功 誠不下於刱始也 然刱始難而更張亦難 更張難而守成誠
難 守成之道 在於今日也 是契之更張在於庚辰修案 而去丁酉之案 畧備矣
今庚申之案 悉備矣 凡我里中僉君子 守成於今日 而安知來後之視今以更張
乎 安寢郞處中 憂世道之不古 晦藏隱淪而與里中同志 講論是契者 久矣 乃
撤舊案十二卷中規約條例 逐條增損 分例釐整 守如是之規 成如是之約 槊瘼
從此以救之文學從此而興之 於生財乎何有 於養松乎何有 於正俗乎何有 同
案僉君子 幸勿以老耄蔑識之言 爲僭 式遵規約 永久守成 則夫孰不謂我里曰
仁里乎哉 亦將有風化萬一之補矣 於是乎妄陋贅跋焉
庚申八月二十八日庚子 漆原尹右遠謹跋

〈福內面第二里松契案〉

-계원 명단 수록

〈부록 1〉 보성군 복내면 이리송계안
〈부록 1-14〉 송계책 14권

* 표제는 확인하지 못함

〈福內二里松契案序〉

夫人之所貴乎道者 以其有彝倫也 社之所尙乎契者 以其有約信也 若夫人無 彝倫 則近於禽犢 而道不得明 契無約信 則習相渝薄 而交亦不深矣 此天地 之常經 古今之通義也 窃嘗惟之 二里松契之設 肇自二百年 而顧其所以名契 以松者 不必在於山林禁養 盖取諸歲寒後凋底意 亦深重矣 且詳其先哲之舊 案 其規模節目 雖己備具 然以今觀之 至於咸集修契之日 懈弛殆甚 無復有 讀法習禮勸戒愛敬威儀之可觀 而只是所尙者 喧譁 所爭者哺餟 而止焉 噫 苟能散漫如是 而買買焉則弊倫之敗 習俗之渝 必矣 人何足貴 契何爲重 顧 今世降道喪 綱紀風化 幾乎熄矣 惟當猛省 而顧諟吾契命名後凋之本意 世皆 頹敗 而我獨不變 衆契散亡而吾當保全 明倫講禮 相交以信 相勸以善 則彝 倫之化成 俗尙之美良 粲然有可觀 亦爲世法矣 且契有舊案 傳藏十餘冊子 往在庚申 又經安雲田德炯手書編案 距今五十年間 世稍遠而人益繁 契員之 後裔 多居二里坊內 而其間盖有沒世絶嗣 及漂泊轉移者 不少亦不詳其後孫 之爲誰某 故諸章甫 更撫其實 而編爲新案 請余不文 弁卷以有一語 終不獲 辭 力疾艱毫 嗚呼 凡爲松契員之後者 當勿以爲我言耄 而誠能究其松名之眞 諦 體其前哲之遺規 名實相符 有以擴充之 則庶有補於化民成俗 而松契之不 愧於藍田也夫 勉之哉
己酉陽復月 平康蔡春秉序

306

〈題二里松契案後〉

昔在吾先奉事盤溪公 自秋城來 胥宇山陽 有孫廉蘇氏 而蓮桂相奕 儘是詩禮古家 忠孝世族也 四姓世居二里者 其齷萬千 計年二百餘禩 而散姓亦其次也 同隣異家 唱和可及 遂創此契 而命名以松者 與他俗子之末契 固不可同日而語矣 甞占有房洞伽倻山林數百町步 又有田地十數頃 欝林可材 錢穀且贏 山嶽鍾靈 復有名碩輩出 春秋齊會 講明倫理 以正其滛邪 誦習經史 以啓發其困蒙 務相勸相勸戒 以美其俗尙也 於是其規模風化 蔚然有扶植世道之可法矣 嗟今世降俗敗 只是所尙者渝薄 所習者惟戲饒是已耳 烏可勝歎 盖自創契以來 人亡規弛 曾是續續修整者 傳藏十餘卷 而往自庚申 距今五十年間 世禪 人繁存沒太半 名不可記 轉移無定 居不得詳 故今余無似 爲是之懼 乃與坊內同志蘇相奎蘇鎭五文東日甫 撫實正書 又續正案 而凡其規例 前後別無異同 不復潤删也 雖然 此豈足以爲能事而止也哉 嗚呼 此世何時 吾姓何人 惟是吾坊 素擅文禮之地也 尤當惕念命名歲寒之本意 以其先哲之貽謨遺規 更有以繼世講明 使此來後 有所效則 是所望於爲契之後仍也 盍相勉哉
歲在己酉一之日 平康人蔡熙男 謹識

〈二里松契案跋〉

寶城稱士林鄕 而吾福內坊 尤彬彬焉 豈地靈鍾毓端使之然哉 抑其賴先進設施之功 夥矣 如吾二里松契 亦其一也 此契 設已二百餘年 逐年講信 陳規例嚴約束 崇文敎 申勸懲 嘉謨要訓 使鄕子弟 淪肌而浹髓 士林之蔚與 此非細助也 案已十三易 前案成於庚申 今已五十年矣 存沒脫入紛錯 不可以不易也 玆更新案聯錄現存契員 而規約不敢有所更改 顧今治敎不古若 人情日以淆漓 此規此約 尤不可以不汲汲講也 顧後進之諦聽 而服行哉 若夫財經之贏縮 繼有擔夯勞心者 不須憂也
己酉至月 晋州蘇鎭五

〈二里松契案跋〉

世人爲契者甚多 要皆美其名好其規 刻期微逡 詡詡于于始若可恃者 然率皆
未幾渙散頹隨 不可收拾 盖其合之也 以利不以義 故利盡而見疎 勢去而相背
也 惟吾二里松契則不然 契之設 在昔純祖三年 距今已爲二百禩矣 而子姓承
襲 愈久而愈篤者 豈其合之以義而不以利乎 契今十三易案 盖或間三十年一
易 或二十年一易 或十五年一易 其例不一而今去前案 己五十年矣 案中所錄
載契員 沒多於存 且或徒去他鄕 從規脫免 或自外鄕來住入契 紛不可紀 盖
不可以不易也 玆乃等年聯錄 以新之而舊案仍例保藏 以爲傳示子孫之資 切
願後昆 其亦體乃祖創契之美意 永永承繼無替哉 若夫義例 前案序已悉 玆不
架疊也
己酉復月 南平文東日 跋

〈松會堂記〉

郡曰山陽 坊曰蓬萊 盤谷之東 圓峰之西 有岡蜿蜒逶邐 左剝右換 臨溪突阜
而止曰䲶嶝 占嶝而構者曰松會堂 有曠夷敞豁之槪 環抱拱揖之勝 堂何以松
會名 堂爲松契員契會而作也 松契者何 本坊分爲三里而我里居第二里 西有
山百餘頃 爲里人所共有 土埴繁樹木 凡里中有築造若樵蘇 多資乎 此里父老
恐其伐之濫而至童濯也 創設此契 定規設條 輪任以司而監之 伐遠猗條 撫養
樹木 木多松 故名之曰松契也 里父老謂誰 蔡公慶潤 孫公錫楚 蘇公聖東 廉
公相哲是也 四公 爲當日里中長老 實相籌策 以貽鄕子弟 子弟承繼 歷二百
年于玆 凡衣冠之族 入居玆里者 咸得與焉 每修契 里中老少 萃會一室 審問
樹長養如何 所捴資幾何 算檢旣訖 乃魚豚具酒 爲禮讓飮 仍講禮論詩 善彰
惡懲 獎勔之以仁義 略仿呂藍田故事 間經版圖屢革 禍變不一 山之爲焦土
亦數矣 而契之修不廢 以至于今 吁其懿哉 抑先父老化服之深爾矣 顧契會
舊無定所 頗嫌不便乃去歲 議起于會席 一唱衆和 鼓響桴應 而營度之 不周

308

歲 遽見此堂之成 亦可見衆心之克協也 賢勞者 梁會烈 蘇相奎 蔡熙寬 孫聳鎬 堂旣成 囑不侫余以記其實 余念契名以松 雖因養松而得之 然亦豈可不顧名而思義乎 松之德 古人稱之尙矣 願爲吾契員者 敦竹檢 重信義 克遵先父老典型 而無替則 斯爲後凋之義 而無愧於松之名矣 若松之時或不茂 何足多憂哉 以是奉勉 至如原桑野禾之悞目 洞雲溪月之助興 登堂者自當得之 玆不提云

庚戌陽復日 平康蔡春秉 序

〈題松會堂新築壁上〉

擇里居仁且養松 交情惟見歲寒容 鄕隣有約追先德 風月無禁放我蹤 塹渡騰青沉霧海 林窓滴翠接雲峰 未遑志事今纔就 泉石增輝知幾重
開城人 雲坡 李柄元

卜築名區又種松 歲寒不改舊時容 里仁爲美追先智 人傑地靈記古蹤 野色微茫千頃海 雲光縹緲四圍峰 吾坊自是多良俗 詩禮遺風歷世重
濟州人 月谷 梁會烈

胡然名契取諸松 爲是多靑不變容 修約遠追王氏事 講規更仿呂公蹤 簾間新月明如燭 檻外歸雲掩映峯 盛會休云專美古 歲寒交誼世重重
平康人 槃阿 蔡熙男

緬憶當年契以松 吾坊何似古今容 藍田鄕飲循遺約 靈址堂成繼舊蹤 照檻晴川開水鏡 捲簾暮雨鎖雲峰 有誰能識寒盟在 雪滿窮山翠萬重
密陽人 孫喜玉

人愛金蘭我愛松 爲憐蒼鬱歲寒容 春秋講會成鄕俗 老少鬔毛追古蹤 佳景時

邀飛鳳月 名區曾擅起龍峯 世情何是朝昏異 興入方山翠萬重
晋州人 靜齋 蘇相奎

昔賢名契取諸松 爲是寒盟似舊容 呂氏遺規歸厚德 徐孺下榻會高蹤 簾紋微
動風吹浪 林影初開雨霽峰 肯構此堂多積力 願言來後嗣修重
晋州人 思軒 蘇鎭五

結社金蘭且愛松 賢豪凜若丈夫容 年年雅會知深誼 世世遺規記古蹤 樵笛逈
來飛鳳月 江風吹送發龍峯 山陽惟有堂名好 緬憶先公意萬重
南平人 友堂 文東日

舊契寒盟凜若松 歲修日講誼從容 藍田遵約鄉成俗 荀座留香客接蹤 數曲長
流千里海 萬年活畫四圍峰 勸君勿替先賢蹟 掩卷秋燈意萬重
平康人 松石 蔡兌燮 庚戌一之日 滋毫謹盟

先賢遺契命名松 爲是亭亭守舊容 詩禮傳家成美俗 衣冠下榻接高蹤 鷺來坪
闊分三里 程子江流帶萬峯 揀得靈區新結屋 信知天保我重重
晋州人 敬菴 蘇鎭宇

仁里由來養得松 寒盟交契也從容 藍田千載猶遺約 會稽何人復繼蹤 把酒朗
吟飛鳳月 捲簾靜對桂堂峰 願言無廢先賢蹟 詩禮能傳永世重
開城人 錦南 李柄南

舊契新堂揭以松 爲看不改歲寒容 良辰徵逐尋先約 勝處經營留嘉蹤 水際蒼
茫千頃野 軒頭崛崒萬重峯 藍田古俗今猶在 閱盡風潮世幾重
晋州人 野隱 蘇和奎

310

結社多年最愛松 芳山晩翠古今容 急難交恤同仁里 詩禮相從遠俗蹤 剝地微
陽存一線 滿天瘴霧鎖千峯 未遑百世堂初起 飮落斯干頌幾重
晉州人 蘇再南

地擅靈區契擅松 美名健筆署堂容 芳山增鬱先賢澤 窮巷生光高客蹤 開眼白
飜飛鷺野 滴床翠挹發龍峰 仁隣遺約驚頹俗 爲守深盟永細重
河東人 鄭京采

堂以松名契以松 寒盟猶帶丈夫容 宜乎叔世居仁里 應識群賢發軔蹤 野濶舖
靑禾盛日 簷虛受白月圓峯 溪山呈彩多高躅 佳興留行幾度重
金海人 錦軒 金秉來

〈福內面第二里松契案〉
-계원 명단 수록

〈契員遺忘追錄〉
-추입계원 명단 수록

〈契長及公員任錄〉
- 송계 임원 명단 수록

〈부록 1-15〉 송계책 15권

松契案

　戊辰陽月 日成

　　　第十五

〈序文〉

우리들의 祖上先代는 이 고장에서 살고 계시면서 二里松契를 조직하였으
니 其時는 只今으로부터 一百八十年前 李朝 第二十三代王 純祖三年 西紀
一八〇三年十月에 當時의 洞首이신 僉知蔡慶潤 典谷廉相哲 公員玄載旭氏
等의 主動으로 二里洞中의 總世帶 三百十四戶에 契員 三百八十三名이 加
入하여 本契를 創始하시고 其趣旨는 契員相互間의 相扶相助와 共存共生
의 理念으로 由緒깊게 其命脈을 오늘에 이어왔다.

이제 우리 松契는 더욱 團合하고 親睦하여 이 人類社會에 貢獻할 것을 다
짐한다. 그리고 우리 契의 理想은 松契山의 저 소나무와 같이 不滅하고
無變하며 푸르고 곧고 좋은 材木으로 永遠히 保存하며 代代孫孫 길이길
이 繼承함이 至當하리라.

오직 우리 松契의 無窮한 發展을 爲해 새로운 定款을 制定하여 總會의 議
決을 거쳐서 確定 施行한다.

西紀一千九百八十三年 三月 二十七日

平康人 蔡弘基 序

〈二里松契案十五卷年記〉

自癸亥刱始至己巳爲十卷自庚辰更張至庚申爲三卷自己酉更張至戊辰爲二卷

第一卷 癸亥 十月 日 洞首僉知蔡慶閏 公員幼學玄載旭 典穀幼學廉相哲序
第二卷 壬申 正月十二日 完約 蔡衡鎰 蔡衡國
第三卷 庚辰 正月一日 廉相哲謹序 李憲鎭 蔡衡東
第四卷 辛巳 三月 日 完約 李憲鎭 廉相鎭 蔡衡東
第五卷 甲申 十月 日 廉相哲序
第六卷 庚寅 三月二十一日 廉相哲
第七卷 庚寅 三月二十一日 完約 廉相鎭 蔡興五 蔡衡心
第八卷 丙申 四月二十七日 完約 蔡興五 蔡衡心 契案修正有司 廉仁壽 蘇洙七
第九卷 壬寅 三月十五日 完約 蔡衡心 蔡奎澤 契案修正有司 李啓源
第十卷 己巳 八月下浣 廉在善序 蔡奎元
第十一卷 庚辰 臘月下浣 崔炳奎識 尹右遠
第十二卷 丁酉 四月上澣 蔡奎玩序 孫章煥追序
第十三卷 庚申 六月旣望 任思聖謹書 安極謹書
第十四卷 己酉 復月下澣 蔡春秉謹序 松契堂記 蘇鎭五 文東日 謹跋
第十五卷 癸亥 三月 蔡弘基序 戊辰春 蘇鍾三謹序 蘇鎭六幹事 蔡丙基謹識
　　　　 六十一

〈松契財産目錄〉

寶城郡 福內面 龍洞里 二八의 一番地 畓一七六坪
寶城郡 福內面 龍洞里 一二八의 七番地 畓二七〇坪
寶城郡 福內面 龍洞里 四九六番地 畓七〇五坪
寶城郡 福內面 龍洞里 四三九番地 畓三五一坪

寶城郡 福內面 眞鳳里 二五番地 畓五八五坪

寶城郡 福內面 龍洞里 二五四番地 田五四一坪

寶城郡 福內面 眞鳳里 防洞山 五〇의 一番地 一八九町一反一畝

寶城郡 福內面 眞鳳里 伽倻山 八四의 一番地 六〇町九反四畝

寶城郡 福內面 眞鳳里 佳堂山 一二三의 一番地 八六町五反七畝

寶城郡 福內面 盤石里 松契堂 三三〇番地 垈地 二〇七坪

〈物目錄〉

建物 參棟	筆硯 一切	契印 一個	床 拾枚
食器 九四個	大楪 壹百個	酒煎子 三個	냄비 九個
匙箸 一九四個			

〈福內面第二里松契案〉

-계원 명단 수록

〈定款〉

　　　　第一章　　總則

第一條　名稱　　本契는 二里松契라 稱한다.

第二條　位置　　本契는 事務所를 寶城郡 福內面 盤石里에 둔다.

第三條　區域　　本契의 管轄區域은 福內面 福內里 盤石里 龍洞里 眞
　　　　　　　　鳳里를 壹圓으로 한다.

314

第四條　目的

一. 本契는 區域內居住한 契員 相互間의 親睦을 圖謀하고 相扶
相助하며

二. 先代의 美風良俗을 繼承시키며

三. 契員 子女의 育英事業을 爲하고

四. 나아가서 地域社會의 發展에 寄與함과 同時 目的한다.

第五條　事業

本契는 前條의 目的을 達成하기 爲하여 다음과 같은 事業을 遂
行한다.

一. 契員 相互間의 共同利益을 追求하는 事業

二. 此地域의 古代美風良俗을 繼承하는 事業

三. 契員子女의 育英事業

四. 이 地域의 發展을 爲한 先導的役割과 繁榮에 寄與할 事業

五. 先代의 遺産인 山林과 土地에 對한 財産管理及 保存할 事業

六. 其他 本契의 目的達成에 必要한 모든 事業

第六條　定款의 變更

本契의 定款을 變更하고자 할때에는 總會의 議決을 거쳐서 施
行한다.

第七條　政治関與의 禁止

本契는 政治에 関與하는 行爲를 할 수 없다.

第八條　公告方法

本契의 公告方法은

一. 事業所앞 揭示板과 各 里洞에 設置된 앰프放送으로 한다.

二. 第一項의 公告內容을 通知할 必要가 있다고 認定할 때에는
書面으로 通知한다.

三. 公告其間은 最低三日以上으로 한다.

第九條　　通知 또는 催告方法

一. 契員에 對한 通知 또는 催告는 契員名簿에 記載된 契員住所
로 한다. 다만 契員이 따로 連絡處를 通知하였을 境遇에는
이에 依한다.

二. 第一項의 通知 또는 催告는 普通到達할 수 있었던 時期에
到達한 것으로 본다.

第二章　　組織

第一〇條　　　　構成

本契는 區域內에 居住한 契員으로만 構成한다.

第一一條 機関

本契는 다음과 같은 機関을 둔다.

一. 總會 二. 代議員會 三. 理事會 四. 顧問會

第三章　　契員

第一二條 契員의 資格

本契의 契員은 本區域內에 住所를 가진 사람이 所定의 加入節
次에 依하여 契員이 된다. 다만 元契員의 長男과 長孫은 所定의
加入節次없이 自動的으로 契員이 된다.

第一三條 加入

本契에 加入하고자 하는 者는 다음 事項을 記載한 加入申請書

를 提出하여야 한다.

一. 住所, 姓名, 生年月日, 家族名, 生活狀況, 出資金座數 및 金額

二. 第一項의 申請書를 接受하였을때는 理事會에 附議하여 契員의 資格與否를 審査하고 미리 總會에서 定한 同意規正에 依하여 加入與否를 決定하고 加入承諾할때에는 書面으로 이를 加入申請者에게 通知하여 所定의 契出資金을 納入한 後 元契員 名簿에 記載하여야 한다.

三. 加入申請者는 第二項의 規定에 依한 契出資金을 納入함으로써 契員의 資格을 갖는다.

第一四條 契員加入對象者

本契가 現在까지 繼承해온 契員의 次子 및 次孫 等에 限한다.

第一五條 新入契員 加入制限

本契는 悠久한 傳統과 永續性 그리고 安全한 財産管理를 爲하여 旣存契員의 子孫만이 維持하고자 以後新入契員追入을 一切 制限한다.

第一六條 脫退

一. 本契의 契員脫退는 自由이며 脫退하고자 할 때에는 口頭表示 또는 書面으로 한다.

二. 契員은 다음 各號에 該當하는 事由가 發生하였을 때에는 自然脫退된다.

一. 死亡　　　　二. 破産禁治産者

三. 契員으로서 資格을 喪失하였을 때　四. 除名

五. 本區域에서 他地로 移居時 단 本面內에 移住로

契員은 契員의 義務와 權利를 履行할 境遇는 例外로 한다.

三. 第二項의 第三項에 依한 資格喪失은 理事會의 議決에 依한다.

第一七條 出資金 還拂과 持分請求制限

本契는 前條第十六條 第三四五各項에 該當된 自然脫退契員의 出資金과 持分은 一切還拂할 수 없다.

第一八條 除名

本契는 다음의 各號에 該當할 때에는 總會의 議決을 얻어 除名할 수 있다. 다만 本契는 總會開會十日前에 其契員에 對하여 除名의 事由를 通知하고 總會에서 辨明할 機會를 주어야 한다.

一. 契員의 故意 또는 過失等으로 契全體에 對하여 名譽 또는 財産上의 損害를 끼쳤을 때

二. 定款을 違反하였을 때

第一九條 契員의 責任

契員의 責任을 契出資金의 五倍限度內의 辨償任을 갖는다.

第二〇條 契員의 權利와 義務

一. 契員은 定款에서 定한 모든 事項에 對하여 遵守의 義務를 갖는다.

二. 契員은 理事會 또는 總會에서 決議한 모든 事項을 遵守할 義務를 갖는다.

三. 契員은 契에서 推進한 事業利用權配當權會議參與權을 갖는다.

第二一條 議決權 選擧權

契員은 出資의 多少에 關係없이 누구나 다 各壹個의 議決權과 選擧權을 가진다.

第二二條 契員 資格復歸

契員이 形便上 他地移居로 自動脫退後 다시 還故鄕하여 居住할 時는 契員의 資格을 갖는다.

第四章　任員과 職員

第二三條 任員

本契에 다음의 任員을 둔다.

一. 契長 一人　　二. 理事 四人

三. 監事 二人

第二四條 任員의 職務

一. 契長은 松契를 代表하며 契의 모든 業務를 統轄執行한다.

二. 理事는 契長을 補佐하고 契長有故時는 最年長者가 其 職務를 代行한다.

三. 監事는 契의 財産과 業務執行狀況을 每會計年度 一回以上 監査하여 그 結果를 總會 및 理事會에 報告하여야 한다.

第二五條 監事의 代表權

一. 松契가 契長과 理事間에 契約을 할때에는 監事가 契를 代表한다.

二. 契員過半數以上이 監査에게 會議召集의 要求가 있을 時는 監事는 契를 代表하여 이를 處理한다.

第二六條 任員의 選任

　　全 任員은 總會에서 契員中에서 無記名 秘密投票로 選任한다.

第二七條 任員의 任期

　　一. 任員의 任期는 二年으로 한다.

　　二. 一項의 任員의 任期는 前任者의 任期滿了日의 다음날로부
　　　　터 起算한다.

　　三. 補闕選擧에 依하여 就任한 任員의 任期는 退任한 任員의 殘
　　　　任期間으로 한다.

第二八條 任員資格의 制限

　　一. 다음 各號의 一에 該當하는 者는 本契의 任員이 될 수 없다.

　　　　一. 區域內의 契員이 아닌 者

　　　　二. 未成年者

　　　　三. 禁治産者 破産者

　　　　四. 禁固以上의 刑을 받고 十年을 經過하지 않은 者

　　　　五. 松契의 名譽나 財産上의 損害를 끼친 者

　　二. 第一項 各號의 事由가 발견 또는 發生하였을 때에는 其任員
　　　　은 自然退職한다.

第二九條 任員의 解任

　　一. 契長 理事 監事는 任期中이라도 契員五分의 一以上의 請求
　　　　로 契員三分의 二以上의 出席과 出席契員 三分의 二以上의
　　　　贊成에 依한 總會의 議決로 解任할 수 있다.

　　二. 第二項의 解任請求는 解任의 理由를 記載한 書面으로 한다.

第三〇條　任員의　誠實義務

一. 本契의　任員은　定款과　諸規約規定　또는　總會와　理事會의　議
決事項을　遵守하고　本契를　爲하여　그　職務를　誠實히　遂行
하여야　한다.

二. 任員이　그　職務를　遂行함에　있어서　故意　또는　重大한　過失
로　本契나　다른　사람에게　끼친　損害에　對하여는　單獨　또는
連帶하여　損害賠償의　責任을　진다.

第三一條　書類備置의　義務

一. 契長은　定款과　總會議事錄及　契員名簿　財産目錄臺帳　備品
臺帳等　重要書類一切를　主事務所에　皆備置하고　永久保存
한다.

二. 決算報告書는　定期總會　一週日前까지　作成하여　總會의　承
認을　받아　備置하여야　한다.

三. 契員과　契의　債權者는　前項의　書類를　閱覽할　수　있다.

第三二條　任員의　報酬

本契의　任員은　名譽職으로　한다. 다만　旅費　其他　實費에　對하여
는　規定으로　定한바에　따라　支給받을　수　있다.

第三三條　職員의　任免

一. 職員이라함은　本契　業務를　擔當하여　處理할　수　있는　者로서
다음의　職員을　둘수　있다.

一. 幹事　一人　　　二. 書記　一人

三. 管理人　一人

二. 職員의　任免은　契長이　行한다.

第三四條 職員의 職務

一. 職員은 契長의 命을 받아 契의 모든 業務를 處理한다.

第三五條 會議參與

本契의 幹事는 總會와 理事會에 出席하여 意見을 陳述할 수 있다.

第三六條 職員給與

一. 職員의 給與는 理事會에서 決定하여 支給한다.

二. 給與豫算은 每年 事業計劃書에 依한다.

第五章 顧問

第三七條 顧問推戴

一. 本契는 元老契員中에서 契에 對한 功獻이 至大하고 人格과 德望이 높은 人士를 選拔하여 契長은 理事會의 同意를 得하여 顧問으로 推戴한다.

二. 契長은 推戴한 顧問의 任期는 契長在任中으로 한다.

第三八條 構成

本契의 顧問의 定數는 三人으로 하고 顧問會를 構成한다.

第三九條 機能

顧問은 다음 事項에 関하여 契長의 諮問에 應한다.

一. 本契業務의 緊急하고 重要한 事項

二. 褒賞 및 懲戒에 関한 事項

三. 總會가 委任한 事項

第四〇條 召集

顧問의 召集은 다음의 境遇에 契長이 召集한다.

一. 契長이 必要하다고 認定할 時

二. 在籍構成의 三分之一 以上의 要求가 있을 때

第六章   總會와 理事會

第四一條 總會

總會는 契長과 契員으로 構成하며 定期總會 臨時總會로 區分한다.

第四二條 定期總會

定期總會는 每年 一回로 하고 開催는 會計年度 十二月末 磨勘
後 一月以內에 契長이 召集한다.

第四三條 臨時總會

一. 臨時總會는 다음의 各號의 一에 該當하는 境遇에 契長이 召
集한다.

一. 契長이 必要하다고 認定할 때

二. 理事會가 必要하다고 認定하여 召集의 要求를 할 때

三. 契員 五分之一以上이 會議目的으로 하는 事項과
召集의 要求가 있을 때

二. 第一項의 三號의 要求가 있을 때에는 契長은 二週日 以內에
總會를 召集하여야 한다.

第四四條 總會는 開會日 三日前까지 其會議의 目的으로 하는 事項을 通
知하여 이를 召集한다.

第四五條 總會의 議決事項

다음 事項은 總會의 議決을 얻어야 한다.

一. 定款의 變更

二. 契員의 除名

三. 任員의 選出과 解任

四. 規約의 制定 및 廢止

五. 事業計劃 및 收支豫算의 策定

六. 固定資産의 取得과 處分

七. 財産目錄貸借對照表 損益計算書 剩餘 및 損失金處理案

八. 其他 契長이나 理事會가 必要하다고 認定한 事項

九. 契解散 및 分割

第四六條 總會의 開議와 議決定足數

一. 總會의 議事는 構成員의 過半數의 出席으로 開議하며 出席
   人員의 過半數로 議決한다.

二. 契長은 總會의 議長이 된다.

三. 議長은 總會의 議決에 參加한다.

第四七條 總會의 特別決議

다음 各號의 事項은 構成員의 三分之二以上의 出席으로 開議하
고 出席人員의 三分之二以上의 贊成으로 議決한다.

一. 定款의 變更

二. 解散 및 分割

三. 契員의 除名

四. 任員의 解任

第四八條 議決의 制限

　　總會에서는 第四四條의 規定에 依하여 미리 通知한 事項에 限
　　하여 議決할 수 있다. 다만 緊急을 要하는 事項으로서 構成員의
　　三分之二出席과 出席人의 三分之二로 議決한 事項은 그러하지
　　아니한다.

第四九條 議決權 選舉權 代理

　　一. 契長은 代理人으로 하여 議決權 또는 選舉權을 行事하게 할
　　　　수 있다.

　　二. 代理人은 他契員 또는 本人과 같은 世帶에 屬하는 成年者라
　　　　야 한다.

第五〇條 代議員會

　　一. 契員十五名이 超過하는 境遇에는 本契는 總會를 代할 代議
　　　　員會를 둘 수 있다.

　　二. 代議員數는 契員十名當 一人의 比率로 하여 그 區域內의 契
　　　　員中에서 互選한다.

　　　　　　一. 福內里　　名　　二. 盤石里　　名

　　　　　　三. 龍洞里　　名　　四. 眞鳳里　　名

　　三. 代議員의 任期는 二年으로 한다.

第五一條 理事會

　　一. 本契에 理事會를 둔다.

　　二. 理事會는 契長과 理事로 構成하며 契長이 이를 召集하고 그
　　　　議長이 된다.

第五二條　理事會의 議決事項

　　　다음 各號의 事項은 理事會의 議決을 얻어야 한다.

　　一. 契員의 資格審査

　　二. 事業計劃 및 收支豫算策定과 變更

　　三. 基本財産의 取得과 處分

　　四. 事業執行方針의 決定

　　五. 經費의 賦課와 徵收方法

　　六. 總會로부터 委任된 事項

　　七. 定款에 規定된 事項

　　八. 其他契長이 附議하는 事項

　　　第七章　　事業의 執行

第五三條　事業計劃과 收支豫算

　　　契長은 每會計年의 事業計劃書와 收支豫算書를 作成하여 理事
　　會 및 定期總會에 附議하여야 한다.

第五四條　運營의 公開

　　　契長은 總會 또는 理事會에다 契의 運營狀況을 隋時公開하여야
　　한다.

第五五條　規約과 規程

　　　本契는 前記의 事業을 推進함에 있어 別途의 規約과 規程을 制
　　定하여 施行한다.

　　　第八章　出資와 經費負擔

第五六條　出資

　　　契員의 出資座數와 金額은 一座以上으로 하고 一座의 金額은

326

白米 (　　)斗代로 한다.

第五七條 經費負擔

一. 本契는 事業에 必要한 經費에 充當하기 爲하여 契員에게 經費를 賦課할 수 있다.

二. 經費의 賦課와 時期는 理事會 및 總會에서 定한다.

第九章 會計

第五九條 會計年度

本契의 會計年度는 每年一月一日부터 十二月末까지로 한다.

第六○條 剩餘金處理

一. 本契는 年末事業決算에 따라 剩餘金이 있을 時는 契員에게 適正의 配當을 할 수 있다.

二. 剩餘金은 總會의 決議에 依하여 積立 또는 翌年度에 移越할 수 있다.

第十章 解散 및 分割

第六一條 解散과 分割

本契는 運營上 萬不得已 解散과 分割의 事由가 發生할 時는 總會의 特別決議에 依한다.

第六二條 淸算委員(會)構成

前第六一條의 境遇 總會에서는 別途의 淸算委員會를 構成하여 이를 處理한다.

第六三條　持分區分

　　本契가 解散의 境遇 契員의 持分은 元契員과 中間追入契員의

　　持分을 區分하여 差等處理한다.

第十一章　賞戒

第六四條　褒賞

　　本契는 契中에서 忠誠 孝行 貞烈 善行등의 功勞가 顯著한 人士

　　에 對하여 褒賞할 수 있다.

第六五條　懲戒

　　契員中에서 不孝 不敬 悖倫行爲 또는 契의 發展에 沮害한 者는

　　懲戒할 수 있다.

第六六條　方法

　　褒賞과 懲戒는 理事會의 議決에 따라 別途의 基準에 依한다.

第十二章　附則

第六七條　元契員과 元老契員

　　一. 本契의 元契員이라 함은 創契以來 繼續 또는 追入 契員의

　　　　身分으로 直系長子長孫의 繼承된 契員을 말한다.

　　二. 元老契員이라함은 元契員의 父 또는 祖를 稱하며 元老契員

　　　　은 顧問의 資格을 갖고 本契의 發展을 爲한 參與 또는 建議

　　　　할 수 있다.

第六八條　契員資格再審査事由

　　一. 本契는 先代로부터 잘 維持해오다가 日政末期부터 오늘에

　　　　이르기까지 次子 次孫에 對한 契金을 徵收하지 않고 契員

328

으로 看做하여왔으므로 今次 契員資格을 再審査한바 本來
의 規約대로 施行함이 妥當하다고 意見一致로 再整備한다.

二. 基準은 松契册 第十三卷 庚申年 西紀一千九百二十年에 依
據 區分하고 傍系子孫은 準契員으로 看做하며 各者 希望에
따라서 元契員으로 追入을 許容한다.

三. 準契員은 本契에 對한 關與 및 發言權을 一切 行할 수 없다.

第六九條 今次任員의 任期

本契 定款施行後의 初代任員의 任期는 西紀一千九百八十三年
三月二十七日부터 一千九百八十五年一月末日까지로 한다.

第七〇條 施行

本契의 定款은 西紀一千九百八十三年三月二十七日 定期總會의
議決을 거친 날로부터 確定施行한다.

<부록 1> 보성군 복내면 이리송계안

<부록 1-16> 송계책 16권

福內二里松契案 十六卷

<發刊辭>

일찍이 우리의 祖上任들은 이 터전 위에 幽玄한 自然的인 山嶺과 丘陵을 찾았고 四時不變하고 獨也靑靑 옛 선비의 굳은 節槪와 같이 푸르고 곧은 松竹과 白雲 사이에서 素朴한 心性과 謙遜한 姿勢로 살아오면서 鄕里의 모든 사람들과 相扶相助하며 喜怒哀樂愛惡慾의 人間七情을 같이 하기 爲한 二里松契가 發足된 것으로 알고 있습니다.

松契가 發足한 當時는 나라안이 몹시 不安한 朝鮮純祖三年 一八○三年에 創契하여 大同團結의 큰 敎訓을 남기신 尊貴한 美德의 遺産이 鄕土 구석구석에 이르기까지 燦爛하게 빛나 있다고 自負해 봅니다.

世態의 變化로 갖은 波瀾曲折을 겪으면서도 歷代의 任員陳들께서 大過없이 現在까지 祖上의 念願인 正統性을 찾고 遺産保存管理에 心血을 傾注한 結果, 앞으로 나아가야 할 未來性向的 터전을 바르게 잡아 後孫들에게 龜鑑이 되도록 고히 넘겨 주셨습니다.

이제 우리 松契는 一九○年의 樹齡을 갖은 巨木의 소나무가 되어 그 位相과 永遠不變의 아름다움의 날개를 펴 千秋萬代에 길이 繼承發展할 수 있도록 現世代에 알맞게 定款을 修正하였음은 晩時之歎의 感은 있으나 퍽 多幸이라 生覺합니다.

끝으로 本 契誌 編輯에 協助해 주신 任員諸位께 深甚한 謝意를 表하며 關係하신 여러 先輩契員任께 眞心으로 感謝드립니다.

一九九三年 一二月 二〇日
二里 松契長 李 爀

〈祝賀의 말씀〉

鄕土란 대개 行政單位를 바탕으로 말하지만, 실은 오랜 文化的 同質性을
主體로 구성된 社會이기 때문에 山川과 사람들의 表情하나도 낯설음이
없는 것을 그 特性으로 삼고 있습니다. 더구나 한 鄕里의 삶은, 哀歡을 함
께 나누고 호흡마저도 같이 해 왔기에 血緣 이상의 끈끈한 情이 흐르고
있습니다.

이제 二世紀에 이르는 大同의 歷史를 정리하여 오늘의 時点에서 돌아보
는 것은, 先祖들이 남겨준 따뜻한 人間愛와 和合의 정신을 이어받는 일이
기에, 産業社會의 삭막해져가는 世態에 큰 敎訓으로 남게 되었습니다.

松契가 만들어진 朝鮮 純祖三年은 나라 안이 비교적 어지러웠던 時期로
政情이 不安하니 民心역시 安溫하지 못했던 시절이었습니다. 이럴 때 鄕
里를 中心으로 社會의 團結과 相扶相助를 取해 나갔던 것은 우리 民族 고
유의 情緖와 價値觀이 表出된 것이라 볼 수 있습니다. 이러한 情緖를 바
탕으로 마을마다 相互扶助의 모임이 散在해 있지만 福內의 二里松契처럼
지속적인 歷史를 간직하고 있는 사례는 퍽 드문 경우로서, 우리 鄕土內에
存在해 있다는 사실이 무척 자랑스러운 일이라 하겠습니다.

더욱이 松契의 傳統을 살려 고유의 美德으로 삼고, 그 精神을 이어받아
地域社會 發展에 이바지하려는 움직임은 鄕內外의 本을 삼아 부족함이
없는 일일 것입니다.

이제 記錄으로 後世의 龜鑑을 삼고, 모임으로 오늘의 大同을 이루는 훌륭
한 사업에, 제가 祝賀의 말씀 드리게 된 것을 매우 뜻깊에 생각하면서, 愛
鄕의 念願인 愛國愛族으로 昇華되어 나갈 것을 期待해 마지 않습니다.

한겨울 추위에도 꿋꿋한 소나무의 기상처럼 늘푸른 二里松契가 되시기를
빌고, 契의 運營과 契誌의 刊行에 參與하신 여러 人士들에게 삼가 敬意를
表합니다.

一九九三年 十月
寶城郡 文化公報室長 文昌鎬

〈定款〉

戊辰陽月 松契案을 (參照) 1993年 12月 10日 修正

第二條 (位置)　　本契는 事務所를 寶城郡福內面松契區域內에 둔다.

第四條 四項　　나아가서 地域社會의 發展에 寄與함을 目的으로 한다.

第十二條 (契員의 資格)　　本契의 契員은 本區域內에 實居住한 사람이 所定의 加入節次에 依하여 契員이 된다.

第十六條 五項　　단, 本面內에 移住로 契員은 契員의 義務와 權利를 履行할 境遇 移住한 者의 當代에 한한다.

第五六條 (出資)　　新入契員의 出資座數와 金額은 總資產을 指分하여 그 該當額으로 한다.

第六七條 一項　　本契의 元契員이라함은 創契以來 繼續 또는 追入契員의 身分으로 長男과 長孫의 直系를 繼承된 契員으로 말한다.

第六九條 (施行)　　本契의 定款은 西紀一九九三年 二月 十九日 臨時總會의 議決을 거친 날로부터 確定施行한다.

〈二里松契 沿革〉

創契 李朝 第二三代王 純祖三年(西紀 一八〇三年)

冊卷	舊年號	年代	契員數	主役人士
一	癸亥	一八〇三	三八三	蔡慶潤, 廉相哲, 玄載旭
二	壬申	一八一二	二九〇	蔡衡鎰, 蔡衡國
三	庚辰	一八二〇	一三四	李憲鎭, 廉相哲, 蔡衡東
四	辛巳	一八二一	二三六	蔡衡東, 李憲鎭, 廉相鎭
五	甲申	一八二四	一二七	蔡衡東, 李憲鎭, 廉相哲
六	庚寅	一八三〇	一二一	廉相鎭, 蔡興五, 蔡衡心
七	庚寅	一八三〇	一二一	廉相鎭
八	丙申	一八三六	二二五	蔡興五, 蔡衡心
九	壬寅	一八四二	二七〇	蘇洙七, 蔡衡心, 蔡奎澤
一〇	己巳	一八六九	二六八	李啓源, 蔡奎元, 廉在善
一一	庚辰	一八八一	二七一	尹右遠, 崔炳奎
一二	丁酉	一八九七	二八二	孫章煥, 蔡奎玩
一三	庚申	一九二〇	三七三	任思聖, 尹右遠, 安極
一四	己酉	一九六八	三二九	蔡熙男, 蘇鎭五, 文東日
一五	癸亥	一九八三	七〇	蘇鐘三, 蔡弘基
一六	癸酉	一九九三	一六六	李 爛, 蘇鎭六

- ◦純祖在位三四年(三一年)　◦憲宗一五年　　　◦哲宗一四年
- ◦高宗四三年　　　　　　　◦純宗四年　　　　◦日政三六年
- ◦大韓民國(四六年)　　　　◦總合一九〇(西紀一九九三年癸亥年)

〈松契財産目錄〉

地目	地番	地積	所有地
畓	八六五의六	二四一坪	福內面龍洞里
畓	八七二의一	九〇〇坪	〃
畓			〃

畓	二五	五八五坪	福內面眞鳳里
田	二五四	五四一坪	福內面龍洞里
林野	五〇의一	一八九町一反一畝	福內面眞鳳里　昉洞山
林野	八四의一	六〇町九反四畝	〃　　伽倭山
林野	一二三의一	八六町五反七畝	〃　　佳堂山
筆硯		一切	
契印		壹個	

〈任員名單〉

契長	李　爀	顧問	蔡熙瓘
理事	孫杜鎬	〃	蘇鐘三
〃	尹琪淳	〃	蔡丙基
〃	蔡萬基	〃	文東植
〃	蔡孝秉		
〃	宋炳道		
〃	李斗萬		
〃	蘇鎭根		
監事	蔡熙午		
〃	蘇鎭華		
幹事	蘇鎭六		

〈契員名單〉

-계원 명단 수록

〈부록 2〉 복내 향약안

〈鄕約序〉

夫契之設 古亦有之 而近者 洞契里契之名 其數不一 盖詢僉議鳩衆財 或以
補於公役 或以助於私用也 今者寶邑之福內 況以章甫之冀北 而生計皆窳 村
容凋弊 旣無利厚之聊賴 且當責應之浩多 則里中父老 聚首憂歎 急於岾焦
困於處涸 爲官長者 孰不憐其生悶其情哉 余於莅邑之春 知玆殘面之弊 忒甚
於諸面之中 出捐二十餘金 俾息子母 以爲萬一之補 而就此面中同里一二三
各出十金 添補而經紀之 余雖始創爲一面之先 而克圖厥終者 乃一二三里之
力也 由今以往 上下士民 庶幾少紓而稍安 可得以傒蘇 此專由於文識經綸之
士 仗義勸成 禊斯面而救後弊 請余文爲序 余雖識薄而文短 嘉其志而不敢辭
撮其要而略言其設禊之規 若或半塗而至於虧簣 則反有愧於無我負之戒 而
將歸於我自負我之過 安知不福內之福 轉更爲禍也 凡此同契之人 同心同力
愼旃勉旃 應猝於公私之費 永補於支保之計者 不越乎遵約勿失之道 余以是
竊有望於後來 次第之主禊者云爾

　　　　崇禎紀元後四戊午二月下浣

　　　　地主通訓大夫任惇常誌

〈鄕約序〉

嗚呼旨哉 孔子曰 未之思也 夫何遠之有 洪範曰 思曰睿 睿作聖 思之於人
其用甚廣耳 體物不遺 與陰陽同其化 與五行同其運 往來於仁義禮智之間 出
入乎剛柔善惡之際 千變萬化 不可以形容 亦不可以摸着 則所謂聖凡之思雖
不同 而其用功一也 宜無一物之可遺 一事之可廢 而如之何本面鄕約禊 則廢
之已久 而不復設也 雖有關於盛衰之運 而思所以始創 人也 不思所以重創
亦人也 何必歸之於天 而如寐無覺於聖明之世乎 天下之事變則通 廢則興 必

然之理也 而不思也 故變而不通 廢而不興 則豈以士夫居居之面 不思其所以
興所以廢 而終不能重創 至于今幾年 而使綱紀解弛 風俗頹靡 流以爲叔世氣
象 豈不爲識者 慨然者乎 然而思其所以然 則必有理 若知其有理 則豈以梔
言蠟貌 空譚其麥豕之美哉 盖天下之心 相思則孰不重創 使面綱復振 鄉俗更
新 一變而爲齊魯哉 有財然後可以設契 有禊然後可以一衆 故歎其皮不存者
積有年所 去丁巳 何幸任侯 以義城善治 莅移本郡 大抵字牧之治 廉潔之政
證古無愧 而尤軫於民事之興廢 二十兩錢 特惠於本面 存禊補民之意 下帖
辭義 不帝張皇 而且詳密矣 遂有所興感 面禊重創之議 菀然復起 則亦可見
人心之所同然 而汚隆之有所待 已於是一二三里 各出十兩錢 則與出捐錢 合
爲五十二兩之多矣 乃不二不三 而一其案 無爾無我 而同其心 則自此以往
吾面其庶幾乎 勸其德業 規其過失 扶其綱紀 明其分義 風可以移 俗可以變
訟可以息 圄可以空 而不愧爲聖世之氓 是誰之賜也 咸曰非我侯之澤 不能設
此禊 又非吾面之淳 不能創是議云 而請余以識其顚末 弁其卷首 余不可以不
文爲辭 而不勝欣幸之心 自忘僭越之譏 仍誦夫子之訓 以存氷霜之戒 而表出
一思字 作爲創契之本領骨子者 豈無其思哉 夫所謂思者 乃心之田也 耕是田
者 無生勃蹊 不立町畦 一以屢豐爲心 則我之思則人之田也 人之思亦我之思
也 寧以此里彼里 二三其思 而不一其心哉 一則無間 無間則合 合之之謂契
苟能存心於田 田不以貨利爲心 惟以扶植綱紀爲規 念念在玆 則風厲一鄉 可
也 聲施百代 可也 光于前垂于後 亦可也 而如或自思其思 各心其心 綱紀日
頹 風俗漸壞 不戒前車 又覆後轍 則豈徒爲隣面之所笑 亦必後人之非今 亦
如今人之慨惜 可不懼哉 可不愼哉 云則僉曰 唯唯遂記其說如右云爾

　　　　戊午春三月下浣 楡亭散人尹致邦謹序

〈鄉約契案重修跋〉

夫斯禊創設 二紀于玆矣 始以些少物財 終補許多公用 規模之愼密 條約之周
詳 前人之述備矣 今不敢贅論 而考閱案卷 過半成古 嗚呼 逆旅乾坤 朝露易

338

晞 歷數愴感 油然而生 於是乎 僉議詢同 舊案重新 景慕之懷 開卷瞭然 凡
我同稧之人 克纘先世貽然之謨 倘無後來幹蠱之責 噫 創始雖云難 守成亦不
易 稧之興替 繫乎人之賢否 而守成之道 不越乎一乃心 遵其約而已 不二不
三 無爾無我 而同心同力 愼旃勉旃 則其於扶綱正俗之道 亦豈無萬一之補哉
案旣新 請余記其事而弁之 敢忘僭越之譏 略記數行 以叙其顚末云爾

　　　庚辰暮春上浣 盤谷寓人崔炳珪謹跋

〈福內面鄕約稧跋文〉

於乎 蘭亭古規 藍田舊制 在昔盛事美蹟 而適玆寶邑之來守也 山明秀麗 文
獻輩出 面名十四 爭像萬千 乃至於公役之浩繁 不一其端 故特念捄弊 捐出
四百餘金 派給一境方以圖萬一之用矣 惟其中福內 尤是士林之冀北也 均公
受來 爲三十餘兩云 而自其面任思文甫 要余以數行文字 余不但識儉而文拙
雖自愧於薄惠 敢嘉其永圖而不辭 且況有前等之出捐設契 則後來之道 亦豈
無踵美之擧乎 面則一而里則三 濟濟僉議 恪遵契約 裨補公私之用 職由於主
稧之賢 則存本植利 積小成大之道 切有望於修稧之大同心力 永合孚契云爾

　　　崇禎紀元後乙酉四月下浣

　　　地主通訓大夫任澤鎬書

〈鄕約契重修案序〉

述夫羲易曰 同心之言 其臭如蘭 其利斷金 鄒傳曰 是身之微 參爲三才 曰有
心爾 心之德 其盛矣乎 修齊治平之大經大法 皆本於此心 仁義禮智之日用日
宣 亦根於是心 而心法之受授 聖人立極道心之淵源 正嫡傳鉢 則心之所發
藹然而四德隨感 心之所推 泰然而百體從令 無非所以明此心之玅也 然則靡
不有初 鮮克有終 則事之終始 自我一片靈臺上 做得來者也 行遠自爾升高自
卑 則達乎高遠 在吾半畝方塘中 流出來者也 均是稟天 秉彝之性 務其實地

積累之功 則十手所指 十目所視 而衆心自然觀感 歸其一心 而同人于門矣
操是心而體斯道 則聖何人也 吾何人也 且夫事橫乎務實 則建厦屋者務其大
而不務實 則大不盈丈 而宇頹之矣 築垣墉者務其高 而不務實 則高不隱仞
而基頹之矣 君子之德 風與器也 凡人之情 草與水也 草之載風 鷙東則靡東
鷙西則靡西 隨風東西也 水之在器 器方則水方 器圓則水圓 隨器方圓也 凡
於事物 猶爲亦然 矧乎吾人之以心合心 此無圭角 彼無矛盾 而同其力務其實
則何難乎恪遵約 永修禊之事也哉 苟或心自各心 約不依約 而未究實效 則反
有譏於一簣之虧 半塗之廢 而得無愧於藍田之舊制 蘭亭之勝事乎 倘所謂風
草之隨偃 屋垣之務實者 非耶 於乎惟我福內 素稱山陽之洛陽 而珠玉之淵海
也 家家詩禮 村村絃誦 三物之賓興 粲然可覩 十室之忠信 求之必有不期約
而自有同聲之相應不待契 而亦有知己之相孚矣 奈之何挽近以來紀綱頹弛
謠俗泥古 閭閻蕭索 多有百鵠之形 庠塾閉撤 寂無數烏之習 孰不有惑舊惕若
之心哉 剝盡復回 否往泰來 刱契之源委兩賢侯之惠政 在昔修禊之綢繆 一坊
僉員之良規在玆 豈不韙哉 亦不幸哉 噫曾日月之幾何 於焉四十二年于玆矣
案帙方渝 開卷愀然 自不禁桑海草露 愴恨之懷矣 際玆僉心詢同 於改案重葺
而式至于玆 今日之有盛舉 則向所謂同心之言 古聖之明訓深戒 而吾道之人
孰不服膺 而惓惓于心心哉 嘐嘐然偶自拙口發言 舊案重新 宿約復圓 至於守
成之丕責 遵約之宏規 學業之勸獎 正名分立紀綱 多般諸條前述備盡觿列 今
不可以贅說覼縷 但屬余是記 自反昧識 作之不敢 而述之亦難辭 忘却畵葫之
誚 勉同金蘭之契 蔽一日事興廢 固其心之存不存如何耳 玆將一心字 僅綴片
言之如右云爾

        屠維大淵獻春二月哉生明 峯下病夫任思勳題

〈福內面鄉約契重修序〉

禊之規美矣 公以應役 私以捄弊 已是善事 而至於交禮俗捄患難 略傚於藍田
鄉約 規模粗備 節文漸詳 遵守勿失 垂四紀于玆 人無貳心 不敢違越乎彀科

豈不偉哉 始創重修 咸頌二候之惠 春講秋會 可觀多士之依 昭代風流 信無
愧矣 盖財多則損志 法久則生弊 雖理勢必然 今吾此稧則不然 取息之財 不
爲不多 而人不私其財 創立之法 不爲不久 而今不廢其法 是豈徒吾坊俗尚之
淳古而然 宴由於僉君子之各念其先世創設之艱難 式至於今 克勤不怠 而同
謀同力者也 嗣玆以往 果能遵奉舊規 永世勿替 則匪直爲無我負人 庶可以無
忝厥祖 凡我同稧之人 竊以是語 父詔其子 兄勉其弟 克圖厥終 是所望焉 今
當重修 謹閱舊案 則坊內先行長老 隨列在在 而嗟吾父祖兩世書啣 亦如在省
側 肅然興思 尤有所感者也 僭忘文拙略敍數行 以寓景慕之私 且以勉後云爾

　　　　　己亥二月上浣 堂村居人李基祖謹序

〈福內面鄉約稧重修序〉

稧之爲鄉約 何也 鄉人衆也 約可以一乎 夫約之義 大哉 約之以詩禮忠孝之
學 則人皆知爲學之方 約之以善惡賞罰之敎 則人皆知爲敎之本 散爲萬事 而
約一也 分爲衆理而約則合也 故以之用之於一國 而一國歸之於約 中以之用
之於一鄉 而一鄉歸之於約中 斯道也 於國爲法 於鄉爲約 雖未行於一國 尙
可試於一坊 故惟我一面 昔在戊午始創斯稧一一成約 約之本 在於同心 同心
非他道也 每於事端 俾無圭角 凡於財上 不計利害 則庶可謂同心同約矣 由
今以往 我固知其同心同約之已然也 由今以後 我未知同心同約之必然也 玆
以重修舊案 一新稧約 今日入於新案者 孰非舊案之後裔耶 雖曰公稧 亦是由
來先業也 孰不感愴興慕哉 嗟我後來稧員 益加勉旃哉 余雖不文 適當修稧
故不避僭越 以蓁蕪之說 敢書于末云爾

　　　　　己亥三月上浣日 玉坪居人安鳳煥序

　　　　　　　　此亦中 本面都松稧

　　　　　　　　已分爲三 則今雖新創鄉約稧

　　　　　　　　各里之松契財穀與稧山

　　　　　　　　依所分區別是齊

〈完約〉

一. 今此面禊 其名雖契 其實一依呂氏鄉約爲之 故本條四件 幷註首揭 以爲宗旨事

德業相勸 : 德 謂孝悌·修齊·敦睦·廉潔·施惠事

　　　　　　業 謂敎訓·營家·濟物·六藝等事

過失相規 : 犯義之過六 : 一曰酗酒·偸訟 二曰行止·踰違 三曰行不恭遜四曰言不忠信 五曰造言誣毁 六曰營私太甚

　　　　　　不修之實五 : 一曰交非其人 二曰遊戲怠惰 三曰動作無義 四曰臨事不恪 五曰用度不節

禮俗相交 : 婚姻·喪葬·祭祀·往還·書問·慶弔之類

患難相恤 : 水火·盜賊·疾病·死傷·孤弱·誣枉·貧乏之類

一. 水火患難 則每員材木一箇 藁編一領 藁索十把 赴役事

一. 牛酒松三禁 則我國大典 幷依惕念奉行事

一. 旣有契案 則事當列書契員之名 以示環一面大一統之意是齊

一. 面置善惡籍 自會所特書曰 某有某善 某有某惡 大有關風敎者 發文別會 嚴立勸懲之道是齊

一. 下凌上賤侵貴者 執任卽發文會議 特施輕金之罰 而不遵者 告官嚴處是齊

一. 面中來接者 有行止殊常 及耶蘇學 讖緯學 符呪學 告官嚴斥 逐出境內 是齊

一. 雜技輩 亦士民之一蠹 自面中嚴禁 而不從者 告官處置是齊

一. 健訟之類 亦是官民苦弊 如有甚者 則自面中論報 俾無良民冤枉之弊是齊

一. 各項條約 雖云綱擧目張 而無資用之財 則綱何以從而擧 目何以從 而張 乎 右錢伍拾貳兩 同心殖利 一年兩次式 收捧是齊

一. 財有餘儲 則以補民瘼事

一. 面置都正一員 公員一員 有司二員 主事是矣 各里擇取一員式是齊

一. 各村各置檢察一人 主其是非 使告面會是齊

一. 凡立都正 擇面中齒德望重 公員等亦如之 有司 則不拘齒限 二十四朔後
　　改遞 各村檢察 亦如之是齊

一. 講會 則以六月初十日 十二月初十日 原定是齊

一. 都會時 坐次相詰 酗酒誼譁者 卽席施罰事

一. 禁盜亦一急務 行止殊常者 使檢察刻別廉察 追逐是齊

一. 人之爲人 皆由學問中 則不可無勸學之道是齊

一. 每月朔望 開坐設講 無論冠童 自願一書背講後 分揀入落 施賞罰是齊

<부록 3> 이리송계영농조합법인 <정관>

<二里松契營農組合法人 定款>

福內面 二里 松契

이리 송계 영농조합법인 정관

제1장   총칙

제1조(명칭)   본 조합법인은 농업·농촌기본법에 의하여 설립된
영농조합법인으로서 그 명칭은 2리송계영농조합법인(이하 "조합법인"이
라 한다)이라 한다.

제2조(목적)   본 조합법인은 협업적 농업경영을 통하여 생산성을
높이고 농산물의 공동 출하 및 가공·수출 등을 통하여 조합원의 소득증
대를 도모함을 목적으로 한다.

제3조(사무소의 소재지) 본 조합법인의 사무소는 보성 복내면 복내리에
둔다.

제4조(사업)   본 조합법인은 생산성 향상을 위한 협업적 농림어업
의 경영과 임업사업을 주사업으로 하며 다음 각호의 사업을 부대사업으
로 한다.
        1. 집단재배 및 공동작업에 관한 사업
        2. 농림어업에 관련된 공동이용시설의 설치 및 운영
        3. 농기계 및 시설의 대여사업

344

4. 농작업의 대행

5. 농림수산물의 공동출하·가공 및 수출

6. 山林과 土地의 保存과 生産 및 관리

7. 契員相互간의 共同利益 추구

8. 80세이상 元老 契員의 좌석우대

9. 조합원 子女의 獎學事業

10. 地域發展을 위한 先導的 役割과 번영에 寄與한 事業

11. 其他 本 법인의 目的達成에 必要한 事業

12. 농지 매입

제5조(협동조합에의 가입) 본 조합법인은 북부 농업협동조합에 준조합원으로 가입한다.

제6조(공고방법) ① 본 조합법인의 공고는 본 조합법인의 사무소 게시판에 게시하고 필요하다고 인정할 때에는 서면으로 조합원에게 통지하거나 일간신문 등에 기재할 수 있다.
② 제1항의 공고기간은 7일 이상으로 한다.

제7조(규약의 제정) 이 정관에서 정한 것 이외에 업무의 집행, 회계, 직원의 채용 기타 필요한 사항은 별도의 규약으로 정할 수 있다.

제2장   조합원 및 준조합원

제8조(조합원의 자격) ① 본 조합법인의 조합원이 될 수 있는 농업인은 다음 각호의 요건을 갖춘 자로 한다.

　　1. 1천 제곱미터 이상의 농지를 경영 또는 경작하는 자나 농업
　　　경영을 통한 농산물, 축산물의 연간 판매액이 100만원 이상

인 자 또는 1년 중 90일 이상 농업에 종사하는 자

2. 만 20세 이상의 성년으로서 본 조합법인의 설립 취지에 찬동
   하는 자

3. 50만원 이상의 현금 또는 이에 상응하는 농지, 농기계, 가축,
   기타의 현물을 출자한 자

4. 복내면 복내리, 반석리, 용동리, 진봉리 내에 6개월 이상 실
   거소 또는 주소를 둔 자

5. 조합원 자격을 취득한 후 4항의 구역을 벗어나 이거시도 회의
   참석과 연락 또는 의무를 충실히 수행할 때는 계원의 자격을
   유지한다.

   단, 당대에 한한다.

제9조(준조합원의 자격) 본 조합법인의 준조합원이 될 수 있는 자는 다음
각호의 요건을 갖춘 자로 한다.

1. 본 조합법인에 생산자재를 공급하거나 생산기술을 제공하는 자
2. 본 조합법인에 농지를 임대 또는 농지의 경영을 위탁하는 자
3. 본 조합법인이 생산한 농림수산물을 대량으로 구입·유통·
   가공 또는 수출하는 자
4. 그 밖에 농업인이 아닌 자로서 영농조합법인의 사업에 참여
   하기 위하여 영농조합법인에 출자를 하는 자

제10조(가입)   ① 본 조합법인에 조합원으로 가입하고자 하는 자는
다음 각호의 사항을 기재한(혹은 증명할 수 있는 서류를 첨부한) 가입신
청서를 본 조합법인에 제출하여야 한다. 단, 생산자단체의 경우는 제3호
및 사업자등록증(혹은 법인등기부 등본)을 제출한다.

1. 주소, 성명, 주민등록번호
2. 가족관계

3. 납입 혹은 인수하고자 하는 출자좌수 및 출자의 목적인 재산

4. 경영규모(경지면적, 농축산물의 연간판매액) 및 연중 농업종 사일 수

② 본 조합법인에 준조합원으로 가입하고자 하는 자는 제1항 제1호 내지 제3호 및 제9조에 의한 준조합원의 자격에 해당함을 증명할 수 있는 서류를 제출하여야 한다. 단, 사업자등록이 된 자(법인포함)는 제1항 제1호 및 제2호 대신 사업자등록증(혹은 법인등기부 등본)을 제출한다.

③ 조합법인은 제1항 및 제2항에 의한 조합원 또는 준조합원의 가입신청서를 접수하였을 경우에는 총회에서 그 가입여부를 결정하고, 가입을 승인한 때에는 가입신청자에게 통지하여 출자의 불입(출자의 목적인 재산을 양도하고 등기·등록 기타 권리의 설정 또는 이전이 필요한 경우에는 이에 관한 서류를 완비하여 교부하는 것을 말한다. 이하 같다)을 하게 한후 조합원 또는 준조합원 명부에 기재한다.

④ 가입신청자는 제3항의 규정에 의하여 출자를 불입함으로써 조합원 또는 준조합원의 자격을 갖는다.

⑤ 출자좌수를 늘리려는 조합원 또는 준조합원에 대해서는 제1항 내지 제4항의 규정을 준용한다.

제11조(권리) ① 본 조합법인의 조합원의 권리는 다음 각호와 같다.

1. 조합법인의 공동작업에 종사하여 노동에 대한 응분의 대가를 받을 권리

2. 지분 환불에 대한 청구권

3. 조합법인 해산시 잔여재산 분배청구권

4. 조합법인의 임원의 선거권 및 피선거권

5. 조합법인의 제반회의에 참석하여 의결할 권리

6. 조합법인의 운영에 참여하여 의견을 제시할 권리

7. 조합법인의 업무집행에 대한 감독 및 감사의 권리

② 제1항 제1호의 조합원의 노동과 대가에 대한 사항을 별도의 규정으로 정한다.

③ 조합원은 출자의 다소에 관계없이 1개의 의결권과 선거권을 가진다.

④ 본 조합법인의 준조합원은 제1항 제2호, 제3호 및 제6호의 권리를 갖는다.

제12조(의무)　　① 본 조합법인의 조합원의 의무는 다음 각호와 같다.

　　1. 정관 및 제규정을 준수할 의무

　　2. 조합법인에 대한 출자의무

　　3. 조합법인의 제반 노동에 참가하고 노동규정을 준수할 의무

　　4. 총회에 출석할 의무와 총회의 의결사항을 준수할 의무

　　5. 조합법인의 발전을 위하여 노력할 의무

② 본 조합법인의 준조합원의 의무는 제1항의 제1호, 제2호 및 제5호와 같으며 제4호 중 총회의 의결사항을 준수할 의무도 있다.

제13조(탈퇴)　　① 탈퇴를 원하는 조합원 또는 준조합원은 60일전에 탈퇴의사를 서면으로 본 조합법인에 예고하여 탈퇴하며 그에 따른 모든 정산은 당해 회계년도말에 한다.

② 조합원 또는 준조합원은 다음 각호의 1에 해당하는 사유가 발생하였을 때에는 자연 탈퇴한다.

　　1. 제8조에 의한 조합원 및 제9조에 의한 준조합원의 자격을 상실하였을 경우

　　2. 사망

　　3. 파산(법인의 경우 파산 또는 해산)

　　4. 금치산 선고

　　5. 제명

　　6. 지분을 전부 양도하였을 경우

③ 제2항 제1호의 자격상실은 조합원의 경우는 총회의 결의, 준조합원의 경우는 이사회의 결의에 의한다.

④ 조합원 또는 준조합원은 제1항의 규정에 불구하고 부득이한 사유없이 조합법인이 경영상 어려움에 처해 있는 시기에 탈퇴하지 못한다.

제14조(제명) ① 조합원이 다음 각호의 1에 해당하는 경우에는 총회의 의결로써 제명할 수 있다.

      1. 제12조에서 규정한 의무를 이행하지 아니한 경우

      2. 고의 또는 중대한 과실로 조합법인에 상당한 손해를 입힌 경우

      3. 조합을 빙자하여 부당이익을 취한 경우

② 조합법인은 제1항 각호의 사유로 인한 제명대상 조합원에게 총회 개최 10일전에 제명의 사유를 통지하고, 총회에서 변명할 기회를 주어야 하며, 제명을 결정한 때에는 서면으로 통지하여야 한다.

제3장   출자와 적립금 및 지분

제15조(출자)   ① 본 조합법인에의 출자는 농지 · 농기계 · 현금 · 기타 현물로 할 수 있다.

② 농지 · 농기계 등 현물의 출자액 산출은 이사회(설립시는 창립총회)에서 정하는 평가율에 의하여 환가한다.

③ 1좌의 금액은 1만원으로 한다.

④ 조합원은 50좌 이상의 출자를 불입하여야 한다.

⑤ 제1항의 규정에 의하여 본 조합법인에 농지를 출자하는 조합원 및 준조합원의 성명, 출자대상 농지 및 그 평가액과 농지출자 좌수를 별표와 같이 한다.

⑥ 현물로 출자한 농지는 해당 농지를 출자한 조합원 또는 준조합원의 동의가 없으면 처분하지 못한다.

제16조(출자증서의 발행) ① 조합법인은 출자를 불입한 조합원에게 지체 없이 출자증서를 발급하여야 한다.

② 출자증서는 대표이사 명의로 발급하고 출자좌수, 출자액, 출자재산의 표시(토지의 경우 지번, 지목, 면적을 말한다) 등을 기재하여야 한다.

③ 조합법인이 토지 등을 취득하여 조합원에게 증좌 배분하는 경우에 대해서도 제1항과 제2항의 규정을 준용한다.

제17조(출자의 균등화) 조합원의 출자를 균등화할 목적으로 소액 출자자에게는 그 사정을 고려하여 총회의 의결로써 회계연도 말에 증좌를 허용할 수 있다.

제18조(법정적립금) 본 조합법인은 출자총액과 같은 금액이 될 때까지 매 회계년도 이익금의 100분의 10이상을 법정적립금으로 적립한다.

제19조(사업준비금) 본 조합법인은 장기적인 사업확장 및 다음 년도의 사업운영을 위하여 매회계년도 이익금의 100분의 10이상을 사업준비금으로 적립한다.

제20조(자본적립금) 본 조합법인은 다음 각호의 1에 의하여 생기는 금액을 자본적립금으로 적립한다.

　　　　1. 재산 재평가 차익

　　　　2. 합병에 의한 차익

　　　　3. 인수재산 차익

　　　　4. 외부로부터 증여된 현물 및 현금

　　　　5. 국고 보조금 등

　　　　6. 감자에 의한 차익

　　　　7. 고정자산에 대한 보험차익

제21조(적립금등의 사용 및 처분) ① 제18조의 규정에 의한 법정적립금 (이하 "법정적립금"이라 한다)과 제20조의 규정에 의한 자본적립금(이하 "자본적립금"이라 한다)은 조합법인의 결손을 보전하는데 사용한다.

② 법정적립금과 자본적립금은 조합원의 탈퇴나 제명시 지분으로 환불할 수 없다.

③ 제19조의 규정에 의한 사업준비금(이하 "사업준비금"이라 한다)은 조 합원이 가입한 날부터 5년 이내에 탈퇴하거나 제명되는 경우에는 환불할 수 없다.

제22조(지분의 계산) 본 조합법인의 재산에 대한 조합원의 지분은 다음의 기준에 의하여 계산한다.

    1. 납입출자금에 대하여는 납입한 출자액에 따라 매 회계연도 마다 이를 계산한다. 다만, 그 재산이 납입출자액의 총액보 다 감소되었을 경우에는 각 조합원의 출자액에 따라 감액하 여 계산한다.

    2. 사업준비금은 매회계년도마다 전조합원에게 분할하여 가산 하되 제35조 제2항의 규정을 준용한다.

제23조(지분의 상속) ① 조합원의 상속인으로서 조합원의 사망으로 인하 여 지분환불권의 전부 또는 일부를 취득한 자가 즉시 조합법인에 가입을 신청하고 조합법인이 이를 승인할 경우에는 상속인은 피상속인의 지분을 승계한다.

② 제1항의 규정에 의한 상속인의 가입신청과 조합법인의 가입승인은 제 10조 제1항 내지 제4항의 규정을 준용한다.

제24조(조합의 지분취득금지) 본 조합법인은 조합원의 지분을 취득하거 나 또는 담보의 목적으로 수입하지 못한다.

제25조(지분의 양도, 양수 및 공유금지) 조합원은 총회의 승인의결 없이는 그 지분을 양도·양수할 수 없으며 공유할 수 없다.

제26조(탈퇴시의 지분환불) ① 조합원의 지분은 어떠한 형태로도 지분일체를 환불받을 수 없다.

제27조(출자액의 일부 환불) ① 조합원은 어떠한 형태로도 지분환불을 요구할 수 없다.

제4장   회계

제28조(회계년도)   본 조합법인의 회계연도는 매년 1월 1일에 시작하여 12월 31일에 종료한다.

제29조(자금관리)   본 조합법인의 여유자금은 다음 각호의 방법에 따라 운용한다.

1. 북부농업협동조합에의 예치
2. 국채, 지방채, 정부보증채권 등 금융기관이 발행하는 채권의 취득

제30조(경리공개)   본 조합법인의 모든 장부는 사무소에 비치하여 항상 조합원에게 공개하며 주요계정에 대한 내역은 정기적으로 게시한다.

제31조(사용료 및 수수료) ① 본 조합법인은 조합법인이 행하는 사업에 대하여 사용료 또는 수수료를 징수할 수 있다.
② 제1항의 규정에 의한 사용료 및 수수료에 관하여는 별도의 규정으로 정할 수 있다.

제32조(선급금제)　　조합법인은 조합원에게 지불할 노임을 회계년도말 결산전에 선급금으로 지불할 수 있다.

제33조(차입금)　　조합법인은 제4조의 사업을 위하여 필요한 경우 자금을 차입할 수 있다.

제34조(수익배분순위) 본 조합법인의 총수이익은 다음 각호의 순서로 배분한다.

    1. 제세공과금
    2. 생산자재비, 임차료, 고용노임 및 생산부대비용(제잡비를 말한다)
    3. 차입금에 대한 원리금 상환
    4. 조합원노임
    5. 자산설비에 대한 감가상각
    6. 이월결손금 보전

제35조(이익금의 처분) ① 조합법인의 결산결과 발생된 매회계년도의 이익금은 제18조의 규정에 의한 법정적립금, 제19조의 규정에 의한 사업준비금을 공제하고 나머지에 대해서는 조합원에게 배당한다.
② 제1항의 조합원에 대한 배당은 전조합원에게 균등하게 배당한다.

제36조(손실금의 처리) 조합법인의 결산결과 손실이 발생하였을 경우에는 사업준비금으로 보전하고 사업준비금으로도 부족할 때에는 법정적립금 및 자본적립금의 순서로 보전하며 그 적립금으로도 부족할 때에는 차년도에 이월한다.

제5장   임원

제37조(임원의 수) 본 조합법인은 다음 각호의 임원을 둔다.

1. 대표이사   1인
2. 이사   8인
3. 감사   2인
4. 총무   1인
5. 재무   1인

제38조(임원의 선출) 대표이사, 감사는 총회의 의결로 조합원중에서 선출한다.

제39조(이사회)   ① 이사회는 대표이사, 이사, 재무로 구성하며 대표이사가 그 의장이 된다.
② 이사회는 대표이사가 필요하다고 인정하는 경우 또는 이사 2인 이상의 요구가 있는 경우 소집한다.

제40조(이사회의 기능) 이사회는 다음 각호의 사항을 재적이사 과반수의 찬성으로 의결한다.

1. 총회의 소집과 총회에 부의할 안건
2. 업무를 운영하는 기본방침에 관한 사항
3. 고정자산의 취득 또는 처분에 관한 사항
4. 총회에서 위임된 사항의 의결
5. 준조합원의 가입, 탈퇴 및 제명
6. 기타 조합법인의 운영상 필요한 사항

제41조(이사회 의사록) 이사회에서 의결된 사항은 총무가 기록하여 이사

회에 참석한 이사가 기명 날인한 후 보관한다.

제42조(임원의 임무) ① 대표이사는 본 조합법인을 대표하고 조합법인의 각종회의의 의장이 되며 조합의 업무를 총괄하고 조합법인의 경영성과에 대해 책임을 진다.

② 감사는 회계연도마다 조합의 재산과 업무집행상황을 1회 이상 감사하여 그 결과를 총회 및 대표이사에게 보고하여야 한다.

③ 이사는 이사회에서 미리 정한 순서에 따라 조합장 유고시 그 직무를 대리하고 궐위된 때에는 그 직무를 대행한다.

④ 총무와 재무는 이사회에서 선임하며 조합법인의 일반사무와 회계사무를 담당한다.

⑤ 각 산 수호인은 방동, 가야를 구분하여 맡으며 순시와 임도관리 및 도벌 도장 등 감시를 맡는다.

제43조(임원의 책임) ① 본 조합법인의 임원은 법령, 법령에 의한 행정기관의 처분과 정관·규정·사업지침 및 총회와 이사회의 의결사항을 준수하여 본 조합법인을 위하여 그 직무를 성실히 수행하여야 한다.

② 임원이 그 직무를 수행함에 있어 태만, 고의 또는 중대한 과실로 조합법인이나 다른 사람에게 끼친 손해에 대하여는 단독 또는 연대하여 손해배상의 책임을 진다.

③ 이사회가 불법행위 또는 중대한 과실로 조합법인에 손해를 끼친 경우에는 그 불법행위 또는 중대한 과실에 관련된 이사회에 출석한 구성원은 그 손해에 대하여 조합법인에 연대하여 책임을 진다. 다만, 그 회의에서 명백히 반대의사를 표시한 구성원은 그러하지 아니한다.

④ 제2항 내지 제3항의 구상권의 행사는 이사회에 대하여는 대표이사가, 대표이사와 이사에 대하여는 감사가, 임원 전원에 대하여는 조합원의 3분의 1이상의 동의를 얻은 조합원 대표가 이를 행한다.

제44조(임원의 임기) ① 임원의 임기는 2년으로 하되, 대표이사는 중임할 수 있고 이외의 임원은 연임할 수 있다.

② 제1항의 임원의 임기는 전임자의 임기만료일의 다음날부터 기산한다.

③ 보궐선거에 의한 임원의 임기는 전임자의 잔임기간으로 한다.

제45조(임원의 해임) 조합원이 임원을 해임하고자 하는 경우에는 조합원 3분의 1이상의 서면동의를 얻어 총회에 해임을 요구하고 총회의 의결로써 해임한다.

제46조(임원의 보수) 임원에 대한 보수는 지급하지 아니하며 여비 등 필요한 경비는 별도의 규정에 의하여 실비로 지급할 수 있다.

제47조(서류비치의 의무) ① 대표이사는 다음 각호의 서류를 조합법인의 사무소에 비치하여야 한다.

      1. 정관 및 규정

      2. 조합원과 준조합원 명부 및 지분대장

      3. 총회의사록

      4. 기타 필요한 서류

② 대표이사는 정기총회 1주일전까지 결산보고서를 사무소에 비치하여야 한다.

제6장   회의의 운영

제48조(총회)   총회는 조합원으로 구성하며 정기총회와 임시총회로 구분한다.

제49조(총회의 소집) ① 정기총회는 회계연도마다 1회 음력 12월 15일에

대표이사가 소집하며 대표이사는 총회소집 5일전까지 회의내용과 회의자료를 서면으로 조합원에게 통지하여야 한다.

② 임시총회는 조합원 3분의 1이상의 소집요구가 있거나 이사회가 필요하다고 인정하여 소집을 요구한 때, 대표이사가 필요하다고 인정한 때 대표이사가 소집한다.

③ 감사는 다음 각호의 1에 해당하는 경우에는 임시총회를 소집한다.

　　1. 대표이사의 직무를 행할 자가 없을 때

　　2. 제2항의 요구가 있는 경우에 대표이사가 정당한 이유없이 2
　　　 주일 이내에 총회소집의 절차를 취하지 아니한 때

　　3. 감사가 조합법인의 재산상황 또는 사업의 집행에 관하여 부정
　　　 사실을 발견하여 이를 신속히 총회에 보고할 필요가 있을 때

제50조(총회의 의결사항) 다음 각호의 사항은 총회의 의결을 얻어야 한다.

　　1. 정관의 변경

　　2. 규정의 제정 및 개정

　　3. 해산·합병 또는 분할

　　4. 조합원의 가입·탈퇴 및 제명

　　5. 사업계획 및 수지예산의 승인·책정과 변경

　　6. 사업보고서, 결산서, 이익금 처분 및 결손금 처리

　　7. 출자에 관한 사항

　　8. 임원의 선출

　　9. 임기 중 임원의 해임

제51조(총회의 개의와 의결정족수) ① 총회는 조합원 과반수의 출석으로 개의하고 출석조합원 과반수의 찬성으로 의결한다.

② 다음 각호에 해당하는 사항은 총조합원 3분의 2이상의 출석과 출석조합원 3분의 2이상의 찬성으로 의결한다.

1. 정관의 변경

2. 해산·합병 또는 분할

3. 조합원의 가입 승인

4. 제14조의 규정에 의한 조합원의 제명

5. 제45조의 규정에 의한 임원의 해임

③ 제1항의 총회소집이 정족수 미달로 유회된 경우에는 10일 이내에 다시 소집하여야 한다.

제52조(의결권의 대리) ① 조합원은 대리인으로 하여금 의결권을 행사하게 할 수 있다.

② 대리인은 조합원과 동일세대에 속하는 성년이어야 하며, 대리인이 대리할 수 있는 조합원의 수는 1인에 한한다.

③ 제1항의 규정에 의한 대리인은 대리권을 증명하는 위임장을 조합법인에 제출하여야 한다.

제53조(의사록의 작성) 총회의 의사에 관하여는 의사의 경과 및 결과를 기재한 의사록을 작성하고, 대표이사 및 총회에 참석한 조합원 중 5명 이상이 서명날인 한다.

제54조(회의내용 공고) 총회의 의결사항은 제6조의 공고방법에 의하여 공고한다.

제7장   해산

제55조(해산) 본 조합법인은 다음 각호의 1에 해당하는 경우에는 해산된다.

1. 총회에서 해산 및 합병을 의결한 경우

2. 파산한 경우

3. 조합원이 5인 미만이 된 후 1년 이내에 5인 이상이 되지 아니한 경우

제56조(청산인)　　본 조합법인이 해산하는 경우에는 파산으로 인한 경우를 제외하고는 청산인은 대표이사가 된다. 다만, 총회에서 다른 사람을 청산인으로 정한 경우에는 그러하지 아니한다.

제57조(청산인의 직무) ① 청산인은 취임후 지체없이 재산상황을 조사하여 재산목록과 대차대조표를 작성하고 재산처분의 방법을 정하여 총회의 승인을 얻어야 한다.
② 청산사무가 종결된 경우에는 청산인은 지체없이 결산보고서를 작성하여 총회의 승인을 얻어야 한다.
③ 청산인은 그 취임 후 3주일 이내에 해산의 사유 및 연월일과 청산인의 성명 및 주소를 등기하여야 한다.

제58조(청산재산의 처리) 해산의 경우 조합법인의 재산은 채무를 완제하고 잔여가 있는 경우에는 다음 각호의 방법에 의하여 조합원에게 분배한다.
　　1. 출자금액은 출자조합원에게 환급하되 출자총책에 미달시는 출자액의 비례로 분배한다.
　　2. 자본적립금, 법정적립금 사업준비금은 출자지분의 비율에 따라 분배한다.

제8장　　보칙

제59조(준용규정)　　제6조 제1항, 제14조, 제16조, 제17조, 제21조 제2항 및 제3항, 제22조~제28조, 제30조, 제35조, 제58조는 준조합원의 경우에 적용한다.

부 칙

본 정관은 창립총회의 의결을 얻은 날부터 시행한다.

농지를 출자하는 조합원 및 준조합원의 성명, 출자대상 농지 및 평가액과
농지출자좌수(제15조 제5항 관련)

조합원 및 준조합원 성명	출자 농지의 표시			평가액	농지출자좌수
	지 번	지 목	면 적		

〈부록 4〉 이리송계 〈규약〉

(2006년 1월 14일 정기총회 의결)

〈二里松契 規約〉

福內面 二里松契

二里松契 規約

제1장   總則

제1조   名稱

本 會는 이리松契라 칭한다.

제2조   目的

1) 契員 相互간의 親睦을 圖謀하고 相扶相助한다.

2) 先代의 美風良俗을 繼承한다.

3) 獎學 및 선도사업을 한다.

4) 地域社會 發展에 기여한다.

제3조   事務所

本 계의 事務所는 松契區域내에 둔다.

제4조   구역

본 계의 管轄區域은 복내리, 반석리, 용동리, 진봉리 一圓으로 한다.

제5조   事業

    1) 山林과 土地의 保存과 生産 및 관리

    2) 契員相互間의 共同利益 추구

    3) 80세 이상 元老 契員의 坐席 우대

    4) 契員子女의 奬學事業

    5) 地域發展을 위한 先導的 役割과 繁榮에 寄與한 事業

    6) 契員에게 歲饌貸 및 紀念品 支給事業

    7) 其他 본 계의 目的達成에 必要한 事業

제6조   (공고방법) ① 본 계의 公告는 본 계의 事務所 揭示板에 게시하고 必要하다고 인정할 때에는 서면으로 계원에게 通知하거나 日刊新聞 등에 게재할 수 있다.
② 제1항의 公告期間은 7일 이상으로 한다.

제7조   (규정의 제정) 이 정관에서 정한 것 이외에 업무의 집행, 회계, 직원의 채용, 기타 필요한 사항은 별도의 규정으로 정할 수 있다.

제2장   계원

제8조   (계원) 우리 계의 계원은 본 구역 내에 6개월 이상 실 거주 또는 주소를 둔 자로 한다.

    1. 이리송계 계책 제1권, 제13권, 제15권, 제16권의 후손 자(子)로 한다.

    2. 본 계원의 자격을 취득한 후 제4조의 구역을 벗어나 이거시도 회의 참석과 연락 또는 의무를 충실히 수행할 때는 계원의 자격을 유지한다.

    단, 당대에 한한다.

제9조   (가입) 우리 계의 계원은 본 구역 내에 6개월 이상 실 거주 또는 주소를 둔 자로 다음 사항을 기재한 가입신청서를 계에 제출한 후 소정의 가입절차에 의하여 계원이 된다.

1. 성명, 주민등록번호, 주소
2. 가족관계 (선대조 성명)
3. 인수하고자 하는 계비금액
4. 계 운영 참여 및 사업이용 동의서
5. 이리송계 제1권, 제13권, 제15권, 제16권까지의 원계원의 후손 중 장손은 자동 승계하고 타지에서 거주하는 장손은 본 계의 구역내로 이거시는 계원의 자격을 자동 취득한다.

제10조   (권리) ① 본 계의 계원의 권리는 다음 각호와 같다.

1. 계의 공동작업에 종사하여 노동에 대한 응분의 대가를 받을 권리
2. 지분 환불에 대한 청구권
3. 계의 해산 시 잔여재산 분배청구권
4. 계의 임원의 선거권 및 피선거권
5. 계의 제반회의에 참석하여 의결할 권리
6. 계의 운영에 참여하여 의견을 제시할 권리
7. 계의 업무집행에 대한 감독 및 감사의 권리
8. 계의 사업이용권 및 배당권리

② 제1항 제1호의 계원의 노동과 대가에 대한 사항을 별도의 규정으로 정한다.
③ 계원은 출자의 다소에 관계없이 1개의 의결권과 선거권을 가진다.
④ 계원이 유고시 회의에 불참 시는 가족에게 대리 참석케 할 수 있다. (단, 1인 1회원에 한한다.)

제11조   (계원의 의무)

    1. 계원이 제출한 가입신청서의 기재사항에 변경이 있을 때 또는 계원의 자격을 잃었을 때에는 지체 없이 이를 본 계에 신고하여야 한다.

    2. 계원은 정관 및 규약을 준수하여야 한다.

    3. 계원간의 애경사 참여하여야 한다.

    4. 계원화합을 목적으로 하는 행사 참여하여야 한다.

    5. 회의시 회비를 납부하여야 한다.

    6. 계의 발전을 위하여 노력하여야 한다.

제12조   (탈퇴) ① 탈퇴를 원하는 계원은 60일전에 탈퇴의사를 서면으로 본계에 예고하여 탈퇴하며 그에 따른 모든 정산은 당해 회계연도 말에 한다.

② 계원은 다음 각호의 1에 해당하는 사유가 발생하였을 때에는 자연 탈퇴된다.

    1. 제8조에 의한 계원의 자격을 상실하였을 경우

    2. 사망

    3. 파산(법인의 경우 파산 또는 해산)

    4. 금치산 선고

    5. 제명

    6. 지분을 전부 양도하였을 경우

③ 제2항 제1호의 자격상실은 계원의 경우는 총회의 결의에 의한다.

④ 계원은 제1항의 규정에 불구하고 부득이한 사유 없이 본 계가 경영상 어려움에 처해 있는 시기에 탈퇴하지 못한다.

제13조   (제명) 본 계는 다음 각호의 1에 해당하는 계원에 대하여는 총회의 의결로 이를 제명할 수 있다.

1. 고의 또는 과실 등으로 계 전체에 대하여 명예 또는 재산상의 손해를 끼쳤을 때
  2. 정관을 위반했을 때
  3. 정기총회 3회 불참
  4. 계비 납입 및 기타 본 계에 대한 의무를 이행하지 않은 계원

제14조　(지분환급) 본 계원은 어떠한 형태로도 지분 일체를 환불받을 수 없다.

제15조　(지분의 상속, 양수도, 공유금지) ① 계원의 상속인으로서 계원의 사망으로 인하여 지분 환불권의 전부 또는 일부를 취득한 자가 즉시 계에 가입을 신청하고 본 계가 이를 승인한 경우에는 상속인은 피상속인의 지분을 승계한다.
② 제1항의 규정에 의한 상속인의 가입신청과 조합법인의 가입승인은 제9조 규정을 준용한다.
③ 계원은 총회의 승인의결 없이는 그 지분은 양도·양수할 수 없으며 공유할 수 없다.
④ 원로 계원으로서 본인의 뜻에 따라 구역 내에 거주한 장남에게 승계시킬 수 있다.

제16조　(경비부담) ① 본 계는 제5조 제1호 및 제2호의 사업에 필요한 경비에 충당하기 위하여 계원에게 경비를 부과할 수 있다.
② 제1항의 부과금액과 부과 방법, 징수시기와 징수방법은 이사회에서 정한다.
③ 본 계는 제1항 및 제2항의 규정에 의한 부과금에 있어서 계원에 대한 부과금액의 산정기준이 된 사항에 변경이 있는 경우에도 부과한 금액은 이를 변경하지 못한다.

④ 계원은 제1항의 규정에 의한 경비의 지급에 있어 본 계에 대항하지 못한다.

제17조 (과태금) 본 계는 부과금납입의 의무를 그 기한까지 이행치 아니할 때는 납입기한 다음날부터 납입완료일까지 납입할 금액에 대하여 1일에 1천분의 0.4의 율로써 과태금을 징수할 수 있다.

제18조 (지분계산)
1. 재산에 대하여는 본 계가 해산될 경우에 한하여 계산하되, 그 산정방법은 총회에서 정한다.
2. 지분을 계산함에 있어 그 기초가 되는 금액과 산정된 지분금액이 1원 미만의 것은 각각 절사한다.

제3장 총회와 이사회

제19조 (총회) 총회는 계원으로 구성하며, 정기총회와 임시총회로 이를 구분한다.

제20조 (정기총회) 정기총회는 매년 1회 회계연도 종료 후 음력12월 15일로 한다.

제21조 (임시총회) ① 임시총회는 다음 각호의 1에 해당하는 경우에 계장이 이를 소집한다.
1. 계장이 필요하다고 인정한 때
2. 이사회가 필요하다고 인정하여 소집의 청구를 한 때
3. 계원이 계원 5분의 1 이상의 동의를 얻어 소집의 목적과 이유를 기재한 서면을 제출하여 소집을 계장에게 청구한 때

4. 감사가 계의 재산상황 또는 업무집행에 대하여 부정한 사실
　　　을 발견하여 그 내용을 총회에 신속히 보고하여야 할 필요가
　　　있어 계장에게 요구를 한 때
② 제1항 제2호 및 제3호의 청구가 있을 때에는 계장은 그 청구가 있는
날부터 14일 이내에 총회를 소집하여야 한다.

제22조　(감사의 총회소집) ① 감사는 다음 각호의 1에 해당하는 경우에
임시총회를 소집한다.
　　1. 총회를 소집할 자가 없을 때
　　2. 계장이 정당한 사유 없이 제21조 제1항 제2호 내지 제4호의
　　　청구가 있는 날부터 제21조 제2항의 기간 내에 총회를 소집
　　　하지 아니한 때
② 제1항의 경우에 감사는 총회소집사유가 발생한 날부터 5일 이내에 총
회소집의 절차를 밟아야 한다. 이 경우 감사가 의장의 직무를 수행한다.

제23조　(계원 대표의 총회소집) 제21조 제1항 제3호에 의하여 소집을
청구한 계원 대표는 감사가 제22조 제2항 기간 내에 총회를 소집하지 아
니한 경우에 총회를 소집한다. 이 경우 감사가 의장의 직무를 수행한다.

제24조　(총회소집통지) 총회소집의 통지는 그 개회 3일전까지 회의목
적 부의안건 및 회의일자를 기재한 총회소집통지서의 발송에 의한다. 다
만, 같은 목적으로 총회를 다시 소집하고자 하는 때에는 개회 전일까지
통지한다.

제25조　(총회 의결사항) 다음 사항은 총회의 의결을 얻어야 한다.
　　1. 정관변경
　　2. 해산, 합병, 분할

3. 계원의 제명

4. 임원 선출과 해임

5. 규약의 제정, 변경 또는 폐지

6. 신입계원의 심의

7. 사업계획 및 수지예산의 책정

8. 고정자산의 취득과 처분

   - 일천만원 이하 고정자산은 긴급을 요할 시는 이사회의에서
     결정하고 총회에 보고

9. 재산목록, 대차대조표, 손익계산서, 잉여금처분과 손실금처
   리안

10. 기타 계장이나 이사회가 필요하다고 인정한 사항

제26조　(총회의 개의와 의결정족수) ① 총회의 의사는 이 규약에 다른
규정이 있는 경우를 제외하고는 조합원 과반수의 출석으로 개의하며, 출
석조합원 과반수의 찬성으로 의결한다.

② 회의 정족수 미달로 유회될 경우 계장은 20일 이내에 재소집하고 출석
인원 과반수의 찬성으로 의결한다.

③ 의장은 총회의 의결에 참여한다.

제27조　(총회의 특별의결) 다음 각호의 사항은 계원 3분의 2이상의 출
석과 출석조합원 3분의 2이상의 찬성으로 의결한다.

   1. 정관의 변경

   2. 해산, 합병, 분할

   3. 조합원의 제명

제28조　(의결권의 제한 등) ① 총회에서는 제24조의 규정에 의하여 미
리 통지한 사항에 한하여 의결할 수 있다. 다만, 긴급한 사항으로 계원 3

분의 2이상의 출석과 출석조합원 3분의 2이상의 찬성이 있는 때에는 그러하지 아니하다.

② 본 계와 계원과의 이해가 상반되는 의사에 관하여 해당 계원은 그 의결에 참여할 수 없다.

제29조 　(총회의 의사록) ① 총회의 의사에 관하여는 의사록을 작성한다.

② 의사록에는 의사의 진행상황 및 그 결과를 기재하고 의장과 총회에서 선출한 5인 이상의 계원이 기명날인한다.

③ 계원은 의사록을 주된 사무소에 비치한다.

제30조 　(의결취소의 청구 등) ① 계원은 총회(창립총회를 포함한다) 소집절차, 의결방법, 의결내용 또는 임원선거가 법령, 법령에 의한 행정처분 또는 규약에 위반하였다는 것을 사유로 하여 그 의결이나 선거에 따른 당선의 취소 또는 무효 확인 소를 법원에 제기할 수 있다.

② 제1항의 규정에 의하여 소를 제기한 때에는 의결일 또는 선거일부터 1월 이내에 계원 100분의 5이상의 동의를 얻어야 한다.

제31조 　(이사회) ① 본 계에 이사회를 둔다.

② 이사회는 계장을 포함한 이사로 구성하며, 계장이 이를 소집하고 그 의장이 된다.

③ 감사와 간사는 이사회에 출석하여 의견을 진술할 수 있다.

④ 이사회는 정기회와 임시회로 구분한다.

⑤ 계장은 회의개최일 3일전까지 회의사항을 서면으로 구성원에게 통지하여야 한다. 다만, 긴급을 요할 경우에는 그러하지 아니하다.

⑥ 계장은 이사 3분의 1이상 또는 감사가 회의목적 및 부의안건과 소집이유를 기재한 서면으로 회의소집을 요구하였을 때에는 지체 없이 회의를 소집하여야 한다.

⑦ 이사회는 구성원 과반수의 출석으로 개의하며, 출석구성원 과반수의 찬성으로 의결한다.

⑧ 이사회는 제30조의 규정에 의하여 의결된 사항에 대하여 계장의 업무 집행상황을 감독한다.

⑨ 이사회의 의사에 관하여는 의사의 진행상황 및 그 결과를 기재한 의사록을 작성하고 의장과 출석구성원이 기명날인한다.

⑩ 이사회의 운영에 관하여는 총회에 관한 규정을 준용한다.

제32조   (이사회의 의결사항) 이사회는 다음 각호의 사항을 의결한다.

　　　　1. 계원의 자격심사

　　　　2. 경비의 부과와 징수방법

　　　　3. 사업계획 및 수지예산 중 제25조 제7호의 규정에서 정한 사항외의 경미한 사항의 변경

　　　　4. 사업집행방침의 결정

　　　　5. 총회로부터 위임된 사항

　　　　6. 법령 또는 정관에 규정된 사하

　　　　7. 기타 계장 또는 이사 3분의 1이상이 필요하다고 인정하는 사항

　　　　8. 이사회에는 총회에 관한 규정을 준용한다.

제4장　　임원과 공원

제33조   (임원의 정수) 본 계는 다음의 임원을 둔다.

　　　　1. 계장 1인

　　　　2. 이사 8인

　　　　3. 감사 2인

제34조   (임원의 직무)

1. 계장은 본 계를 대표하고 업무를 총괄하며, 이사회가 의결하는 바에 따라 업무를 집행한다.
2. 이사는 계장이 이사회의 협의를 거쳐 미리 정하는 순서에 따라 계장이 궐위되거나 사고로 직무를 수행할 수 없을 때에 그 직무를 대행한다.
3. 감사는 계의 재산과 업무집행상황을 감사하고, 부정한 사실이 있는 것을 발견하였을 때에는 총회에 보고하여야 한다.

제35조   (감사의 대표권)

1. 본 계가 계장 또는 이사와 계약을 하는 때에는 감사가 조합을 대표한다.
2. 본 계와 계장 또는 이사간의 소송에 대하여도 제1항과 같다.

제36조   (임원의 선출)

1. 계장과 감사는 계원 중에서 계원이 총회에서 직접 선출한다.
2. 이사는 각 마을에서 계장 선출을 준용하여 선출한다.

제37조   (임원의 임기)

1. 임원의 임기는 2년으로 하되 계장은 중임할 수 있고 이외의 임원은 연임할 수 있다.
2. 보궐선거에 의하여 취임한 임원의 임기는 전임자의 잔임 기간으로 한다.
3. 임원의 임기개시와 종료
   - 선출된 날로부터 임기만료 되는 해 개회되는 정기총회일까지로 한다.

제38조   (임원의 결격사유)

1. 다음 각호에 해당하는 자는 임원이 될 수 없다.

1) 구역 내 거주하는 계원이 아닌 자

2) 미성년자

3) 금치산자, 파산자

4) 선거공고일 현재 계원신분을 2년 이상 계속 보유하고 있지 아니한 자

제39조 (임원의 해임) ① 계원이 계장 및 감사를 해임하고자 할 때에는 계원 5분이 1이상의 서면동의를 얻어 총회에 임원의 해임을 요구할 수 있다. 이 경우 총회는 3분의 2이상의 출석과 출석구성원 3분의 2이상의 찬성으로 의결한다.

② 제36조 제2항에 의거 마을에서 선출한 이사는 마을 계원 구성원 3분의 2이상의 출석과 출석구성원 3분의 2이상의 찬성으로 해임할 수 있다.

③ 해임의 의결을 하고자 하는 때에는 당해 임원에게 해임의 이유를 기재한 서면으로 해임의결일 7일전까지 통지하여 총회 또는 마을회의에서 의견을 진술할 기회를 주어야 한다.

제40조 (임원의 의무와 책임) ① 계의 임원은 법, 법에 의한 명령과 정관·규약·규정 또는 총회 및 이사회의 의결을 준수하고 계를 위하여 충실히 그 직무를 수행하여야 한다.

② 계의 임원이 그 직무를 수행함에 있어서 고의 또는 과실로 계에 끼친 손해에 대하여는 연대하여 손해배상의 책임을 진다.

③ 계의 임원이 그 직무를 수행함에 있어서 고의 또는 중대한 과실로 제3자에게 끼친 손해에 대하여는 연대하여 손해배상의 책임을 진다.

④ 제2항 및 제3항의 행위가 이사회의 의결에 의한 것인 때에는 그 의결에 찬성한 이사도 연대하여 손해배상의 책임을 진다. 이 경우 의결에 참여한 이사 중 이의를 제기한 사실이 의사록에 기재되어 있지 아니한 자는

그 의결에 찬성한 것으로 추정한다.

⑤ 임원이 허위의 결산보고·등기 또는 공고를 하여 계 또는 제3자에게 끼친 손해에 대하여도 제2항 및 제3항과 같다.

⑥ 제1항 내지 제5항의 손해배상청구권의 행사는 이사회 또는 계장을 포함한 이사에 대하여는 감사가, 임원전원에 대하여는 계원 5분의 1이상의 동의를 얻은 계원대표가 이를 행한다.

⑦ 계의 임원은 다음 서류를 주사무소에 비치하여야 한다.

1. 총회의사록

2. 계원명부

3. 재산목록 대장

4. 비품대장

5. 각종 통장 등 중요서류 일체를 비치 영구 보존한다.

6. 결산서와 예산서는 정기총회 일주일 전까지 작성하여 총회에 보고하고 확인을 받아 비치한다.

제41조 (임원의 보수 및 실비변상) ① 임원은 명예직으로 한다.
② 여비와 기타 실비에 대하여는 지급 받는다.

제42조 (공원의 임면) ① 계의 공원은 계장이 임면한다.
② 계에 간사 1인, 서기 1인과 산수호인 2인 이내를 둘 수 있다.

제43조 (공원의 직무)

1. 간사는 계장의 명을 받아 계 사무를 처리한다.

2. 서기는 간사를 보좌하고 서무를 맡으며 계 자금에 간사와 동일한 책임을 진다.

3. 산수호인은 방동, 가야를 구분하여 맡으며 순산과 임도관리 및 도벌, 도장 등 감시를 맡는다.

제44조 (공원의 급여) 공원의 급여는 이사회에서 결정한다.

제45조 (자문회의의 구성·운영) ① 본 계는 계의 건전한 발전을 도모하기 위하여 원로계원 3인과 외부전문가 2인으로 자문회의를 구성·운영할 수 있다.

② 자문위원은 계장이 인격과 덕망이 높은 인사를 추천하여 이사회에 동의를 얻어 임면한다.

제5장   재정 및 출자

제46조 본 계의 재정은 다음 각호의 수입으로 한다.

    1. 고정자산의 수입금

    2. 예금이자

    3. 회원회비 및 출연금

    4. 계원 경비 부담금

    5. 각종 잉여금

제47조 신입계원 출자는 2006년 병술년은 50만원으로 하고 차년도의 신입계원 출자금은 그 가입 시기 총회 결의에 의한다.

제6장   회계 및 사업의 집행

제48조 본 계의 회계연도는 매년 양1월1일부터 12월 31일까지로 한다.

제49조 (사업계획과 수지예산) ① 계장은 매 회계연도의 사업계획서 및 수지예산서를 작성하여 당해 회계연도 정기총회가 개시되기 전에 이사회의 심의를 거쳐 총회의 의결을 얻어야 한다.

② 사업계획과 수지예산을 변경하고자 하는 때에는 이사회의 의결을 얻어야 한다. 다만, 제25조 제7호의 규정에 의한 중요사항을 변경하고자 하는 때에는 총회의 의결을 얻어야 한다.

제50조 (결산승인 및 운영의 공개) ① 계장은 정기총회일 1주전까지 결산보고서(사업보고서, 대차대조표, 손익계산서, 잉여금처분안 또는 손실금처리안 등)를 감사에게 제출하고, 주된 사무소에 비치한다.
② 계장은 제1항의 규정에 의한 서류와 감사의 의견서를 정기총회에 제출하여 그 승인을 얻어야 한다.
③ 계장은 정관, 총회와 이사회의 의사록 및 조합원명부를 사무소에 비치한다.
④ 계원은 계원 100분의 5이상의 동의를 얻어 계의 회계장부 및 서류 등의 열람 또는 사본의 교부를 청구할 수 있으며, 계는 특별한 사유가 없는 한 이를 거부할 수 없다.
⑤ 계는 계의 업무집행에 관하여 부정행위 또는 규약에 위반한 중대한 사실이 있다고 의심이 되는 사유가 있는 때에는 계원 100분의 5이상의 동의를 얻어 계의 업무와 재산상태를 조사하게 하기 위하여 법원에 검사인의 선임을 청구할 수 있다.
⑥ 계장을 포함한 이사와 감사는 지체 없이 제5항의 규정에 의하여 선임된 검사인의 보고서의 정확여부를 조사하여 이를 총회에 보고한다.

제51조 (비계원의 사업이용) ① 본 계는 계원의 이용에 지장이 없는 범위 안에서 계원이 아닌 자에게 제5조의 규정에 의한 사업을 이용하게 할 수 있다.

제7장   상벌

제52조   본 계는 충성, 효행, 정열, 선행 등의 공로가 현저한 인사에 대하여 포상을 이사회에서 결정하여 총회에서 시행한다.

제53조   계원 중에서 불효, 불경, 패륜행위 또는 발전을 저해하는 자는 징계할 수 있다.

제54조   포상과 징계는 이사회 의결에 의하되 상벌대장을 비치 보존한다.

제55조   (규정) 다음 사항은 규약으로 정하는 것을 제외하고는 규정으로 정한다.
          1. 규정의 시행에 관하여 중요한 사항

제8장   해산

제56조   (해산) 본 계는 다음 각호의 1에 해당하는 경우에는 해산된다.
          1. 총회에서 해산 및 합병을 의결한 경우
          2. 파산한 경우
          3. 계원이 5인 미만이 된 후 1년 이내에 5인 이상이 되지 아니한 경우

제57조   (청산인) 본 계가 해산하는 경우에는 파산으로 인한 경우를 제외하고는 청산인은 대표이사가 된다. 다만, 총회에서 다른 사람을 청산인으로 정한 경우에는 그러하지 아니한다.

제58조   (청산인의 직무) ① 청산인은 취임 후 지체 없이 재산상황을 조

376

사하여 재산목록과 대차대조표를 작성하고 재산처분의 방법을 정하여 총
회의 승인을 얻어야 한다.

② 청산사무가 종결된 경우에는 청산인은 지체 없이 결산보고서를 작성
하여 총회의 승인을 얻어야 한다.

③ 청산인은 그 취임 후 3주일 이내에 해산의 사유 및 연월일과 청산인의
성명 및 주소를 등기하여야 한다.

제59조　(청산재산의 처리) 해산의 경우 계의 재산은 채무를 완제하고
잔여가 있는 경우에는 다음 각호의 방법에 의하여 계원에게 분배한다.

　　　1. 계의 재산은 인원비율에 따라 분배한다.

부 칙

제60조　계원이 사망 시 계원의 자격은 상실하나 모친과 미망인은 의무
를 충실히 수행할 때에는 세찬대를 지급한다.

제61조　본 계는 정치에 관여하는 행위는 할 수 없다.
　　　(단, 친목을 도모한 데는 적극 협력한다.)

제62조　본 규약에 명시되어 있지 않은 사항은 통상관례에 준한다.

제63조　본 계의 정관은 서기 2006년　월　일 임시총회의 의결을 거쳐
서기 2006년　월　일부터 시행한다.

〈부록 5〉 이리송계 회의 및 주요 안건

〈부록 표 5-1〉 이리송계 정기총회 및 주요 안건 (1984~2014년)

회계연도	정기총회			
	일시	장소	참석인원수	주요 안건
1984년도 (제182차)	1984.12.11.(음)	복내서(西) 국민학교	−총원 153명 중 84명 참석	−1984년도 사업 결산보고서 심의 및 승인의 건 −1985년도 사업계획서 심의 및 승인의 건 −송계답 임대료 책정 −총회 연 1회 개최 여부 −송계 재산 처분 여부 −계원자격에 관한 〈정관〉 개정 사항 −송계 주역인사 선정에 관한 사항 −임원 선출방식 논의 및 임원 선출
1985년도 (제183차)	1986.01.25. 오전11시	복내농협 예식장	−회의록에 참석 수는 명시되어 있지 않음. −정족수 미달	−정족수 미달로 정기총회 개최 여부를 참석 전원에게 문의 −1985년도 사업 결산보고서 심의 및 승인의 건 −1986년도 사업계획서 심의 및 승인의 건 −송계 감사직 수행과 송계답 경작이 동시에 가능한지 여부 −방골산(坊洞山) 산수호인(山守護人) 선정의 건 −산수호인 및 위반자 제재(벌금 및 고발) 사항
1986년도 (제184차)	1987.01.16. 오전11시	복내서 국민학교	−86명 참석	−1986년도 사업 결산보고서 심의 및 승인의 건 −송회당 매각 처분 여부 −신입 계원 출자금 책정 −송계답 경작의 건
1987년도 (제185차)	1988.02.02.	복내서 국민학교 강당	−총원 138명 중 70명 참석	−1987년도 사업 결산보고서 심의 및 승인의 건 −잔임 계장 선출의 건 −송계답 경작권 시한 설정의 건

378

1988년도 (제186차)	1989.01.21.	용동리 채씨 제각[3]		−1988년도 사업 결산보고서 심의 및 승인의 건 −송계답 경작자 선정 및 임대료 결정의 건 −계장 등 임원 선출의 건 −이사 4명에서 8명으로 증원 (정관 변경 의결함) (각 행정구역마다 이사 1명씩 선출)[4]
1989년도 (제187차)	1990.01.11.(음 1989.12.15.)	복내시장 우래식당	−회의록에 참석 수는 명시 되어 있지 않음.	−1989년도 사업 결산보고서 심의 및 승인의 건 −효행자 표창의 건 −송회당 보수의 건
1990년도 (제188차)	1991.01.30.	복내시장 우래식당	−회의록에 참석 수는 명시 되어 있지 않음.	−1990년도 사업 결산보고서 심의 및 승인의 건 −개기재 산길 및 비 건립의 건 −개기재에 묘장의 건 −송계답(용샘평) 임대료의 건 −송회당 판매 여부 및 판매방식의 건 −계장 등 임원 선출방식 및 임원 선출의 건
1991년도 (제189차)	1992.01.20.	복내시장 우래식당	−회의록에 참석 수는 명시 되어 있지 않음.	−1991년도 사업 결산보고서 심의 및 승인의 건 −송계답 임대료 조정 및 경작자 선정의 건 −산목림(山木林) 판매에 대한 지적사항
1992년도 (제190차)	1993.01.07.	복내시장 우래식당	−회의록에 참석 수는 명시 되어 있지 않음.	−1992년도 사업 결산보고서 심의 및 승인의 건 −계당산 임목 매도의 건 −계장 등 임원 선출방식 및 임원선출의 건 −간사(幹事) 수당 증액의 건 (연 10만원) −차자(次子)의 송계원 추입의 건 −양목평(楊木坪)답 매도 관련 임원회의로 위임 처리의 건
1993년도 (제191차)	1994.01.26. 오전10시	복내시장 우래식당	−회의록에 참석 수는 명시 되어	−1993년도 사업 결산보고서 심의 및 승인의 건 −보고사항: (1) 계당산 매도 건은

			있지 않음.	현재 유보 중, (2) 계당산 임목 판매 건은 진행 중, (3) 방동산 임도 개설 추진 중, (4) 방동산 보안림 해제 건은 진행 중임 -송계책에 제1권의 서문이 삽입되지 않았음에 대한 지적 -계당산 임목의 적정가에 판매 촉구 -계원자녀 육영사업의 제안 및 토의 -1인당 5천원 세찬대 지급에 대한 찬성 여부
1994년도 (제192차)	1995.01.16.	복내 신흥식당	-회의록에 참석 수는 명시 되어 있지 않음.	-1994년도 사업 결산보고서 심의 및 승인의 건 -임원 선출의 건 (임원 유임키로 결의) -계원명단에 계원 1명 누락의 건 -계원 자격 및 추입의 건
1995년도 (제193차)	1996.02.03. 오전10시	복내 신흥식당	-회의록에 참석 수는 명시 되어 있지 않음.	-1995년도 사업 결산보고서 심의 및 승인의 건 -1995년도 임도 개설사업 및 보고 -1996년도 임도사업 추진비용 부담 및 추진 여부의 건
1996년도 (제194차)	1997.01.23. 오전11시	복내 북부농협 2층 회의실	-회의록에 참석 수는 명시 되어 있지 않음.	-1996년도 사업 결산보고서 심의 및 승인의 건 -임원 선출방식 및 임원 선출의 건 -계당산 매도대금 처리의 건 -송계산 이용 및 이용료의 건 -1인당 2만원 세찬대 증액의 건
1997년도 (제195차)	1998.01.13. 오전11시	복내 북부농협 2층 회의실	-65명 참석	-1997년도 사업 결산보고서 심의 및 승인의 건 -간사 수당 증액의 건 (연 15만원) -계당산 매도대금 처리의 건
1998년도 (제196차)	1999.02.01.	복내 북부농협 2층 회의실	-회의록에 참석 수는 명시 되어 있지 않음.	-1998년도 사업 결산보고서 심의 및 승인의 건 -경리장부 개선의 건 (현금출납부가 아니라 한지로 된 책으로 보관) -재산관리대장 비치 요망

380

				−자금운영관리를 1개의 통장으로 통합(총회 시 복사, 첨부 요망) −임원 선출방식 및 임원 선출의 건 −정관 변경 논의: (1) 계원의 거주지 철폐, (2) 이사 4명 →7명 증원 −계원들에게 계당산 매도대금을 분배하는 방안 논의
1999년도 (제197차)	2000.01.21. 오전10시	복내 북부농협 2층 회의실	−통문 총112명 중 72명 참석	−1999년도 사업 결산보고서 심의 및 승인의 건 −2000년 예산 승인의 건 −새천년기념사업 승인의 건 −송계비 건립 승인 찬반투표의 건 −송계비 건립 소요예산 합의 (□□□원) −'송계비건립추진위원회' 구성 결의 −송계전답 임대료 결정의 건 −1인당 5만원 세찬대 증액의 건 −간사 수당 증액의 건 (연 20만원) −산수호인 수당의 건 (연 2명 × 3만원) −송계전답 경작자 결정의 건 (3년) −송계산 (방동산, 개기재) 수종 갱신의 건 −효자 효부 표창의 건
2000년도 (제198차)	2001.02.09. 오전10시	복내 북부농협 2층 회의실	−회의록에 총 117명에게 통문하였다고 했으나, 참석 계원 수에 대한 기록은 없음.	−2000년도 사업 결산보고서 심의 및 승인의 건 −감사 지적사항: (1) 계원 정비, (2) 회의록 서식 갖출 것, (3) 임도관리 철저, (4) 부동산 정비 −임원 선출방식 및 임원 선출의 건 −가야산 입목 벌채기간 연장의 건 −계안 수정의 건
2001년도 (제199차)	2002.01.28. 오전10시	복내 북부농협 2층 회의실	−87명 참석	−복내면장 격려사 −2001년도 사업 결산보고서 심의 및 승인의 건 −정관 변경은 소위원회를 구성·추진키로 결의함 −송계책 단행본 편찬을 결의함

				(한자 정서 및 번역) −2002년도 사업계획서 승인의 건 −2001년 동안 잦은 임원회의와 재정 낭비 지적, 2002년 동안 재발하지 않도록 당부
2002년도 (제200차)	2003.01.17. 오전10시20분	복내 북부농협 2층 회의실	−회의소집 통문 102명 중 82명 참석	−복내면장 감사패 증정 −2002년도 사업 결산보고서 심의 및 승인의 건 −2003년도 사업계획서 승인의 건 −정기총회 시 회비 징수의 건 (전원 부결) −세찬대 조정의 건 (전원 부결) −임원 선출방식 및 임원 선출의 건
2003년도 (제201차)	2004.01.06. 오전10시	복내 북부농협 2층 회의실	−회의소집 통문 100명 중 71명 참석	−복내면장 격려사 −2003년도 사업 결산보고서 심의 및 승인의 건 −송계책 단행본 편찬대금을 군청 문예기금으로 신청 및 보조금 수령 후 송계책 발행·배부하겠음을 보고함 −2004년도 군청 산림과와 의견 절충 후 5ha에 고로쇠나무 식수 확정을 보고함
2004년도 (제202차)	2005.01.24.	복내 북부농협 2층 회의실	−회의록에 참석 수는 명시되어 있지 않음.	−회의록이 작성되지 않음
2005년도 (제203차)	2006.01.14.	복내 북부농협 2층 회의실	−회의소집 통문 123명 중 72명 참석	−제202차 정기총회 회의록 누락에 대해 지적함 −송계산에 3기 이상 묘지 조성은 불가함을 결의함. −회의 진행방식에 대한 지적이 제기됨 −2005년도 사업 결산보고서 심의 및 승인의 건 −이리송계영농조합 법인 및 규약 승인의 건: (1) 신규 추입 여부 (추입 허용을 결의함), (2) 추입시 추입금, (3) 계원 자격

				−송계책 단행본 편찬 여부 논의 후 1권이 부재한 상태에서 단행본 발간 보류를 결정함
2006년도 (제204차)	2007.02.02.	복내 북부농협 2층 회의실	−회의소집 통문 114명 중 61명 참석	−2006년도 사업 결산보고서 심의 및 승인의 건 −영농조합법인 등기 완료 및 부동산 이전의 건 −송계책 단행본 편찬 비용 □□□원에 대해 논의함 −송계 규약 변경 승인의 건: (1) 임원 임기가 규약에는 2년, 법원 등기에는 3년으로 되어 있어 일치시킬 필요성 제기, (2) 송계 규약을 우선시하여야 한다는 일부 의견 제시됨 −임원 선출방식 및 임원 선출의 건 −송계책 1권을 찾기 위한 권한을 손○○ 씨에게 위임키로 결의함 −송계답 (진봉리 25번지, 52평) 매도의 건 −송계 재산 이전의 건 (특별조치법) −1인당 3만원 세찬대 조정의 건 (1인당 5만원 → 3만원) −송계산 내 남평문씨 세장비 건립의 건
2007년도 (제205차)	2008.01.22.	복내면 신흥식당	−회의소집 통문 114명 중 63명 참석	−2007년도 사업 결산보고서 심의 및 승인의 건 −1인당 10만원 세찬대 조정의 건 (3만원 → 10만원) −감사 1인 선임의 건 −신규 추입의 건: 송계 규약이나 법인 정관에서 '원계원의 차자, 차손의 추입시 계원의 자격은 당대에 한하는' 조항 −1인당 10만원 세찬대 지급의 건: (1) 정기총회 참석자에 한해서만 지급, (2) 단 위임장 제출 시 참석을 인정키로 함. −송계책 1권 분실 및 되찾기 노

				력에 대해 논의함
				−분실자가 총회에서 사과 말씀을 함
2008년도 (제206차)	2009.01.10.	복내 북부농협 2층 회의실	−회의소집 통문 106명 중 87명 참석	−2008년도 사업 결산보고서 심의 및 승인의 건 −지출비용의 영수증 처리 미흡이 지적됨 −임원 선출방식과 임원 선출의 건 −계원 승계 인정의 건 (복내1구 황○○ 씨) −신규 추입 절차 설명 −송계자금의 건전한 운영에 대한 논의 −결산보고서의 자세한 작성 및 재산목록 첨부 요망 −송계책 단행본 발간 내력 (미처리분)의 정확한 표기 요망
2009년도 (제207차)	2010.01.29.	복내 북부농협 2층 회의실	−총계원 107명 중 89명 참석	−2009년도 사업 결산보고서 심의 및 승인의 건 −신규 계원 가입 추인의 건: 신규 추입 신청자 심사를 위한 전형위원회 구성 합의 (각 마을마다 1인씩 총 8명 + 원로계원 4명 등으로 구성) −산수호인의 역할 및 기능 강화 필요성 제기됨 (감사 의견) −기타 안건: (1) 장학사업 혹은 복지사업 추진 필요성 제기, (2) 송계책 단행본에 대한 논의 필요
2010년도 (제208차)	2011.01.18.	복내 북부농협 2층 회의실	−108명 참석	−2010년도 사업 결산보고서 심의 및 승인의 건 −2010년 3월 14일 이사회와 전형위원회의 식사비 과다 사용에 대한 의견 제기됨 −세찬대 지급의 건: 현행대로 총회 참석자에게만 10만원 지급키로 의결함 −송계산 진입로 차단장치 설치 및 관리 감독의 강화를 의결함

				−송계답 경작권의 건: 1회에 한하여 3년 경작권 부여키로 결의함
2011년도 (제209차)	2012.01.08. 오전10시 (일요일)	복내면 북부농협 2층 회의실	−총계원 105명 중 88명 참석	−2011년도 사업 결산보고서 심의 및 승인의 건 −세찬대 지급의 건: 현행대로 일인당 10만원 지급키로 결정함 −송계 임대료(30만원 지출)에 대해 논의함 −송계답 경작자 변경의 건 −임원 선출방식 및 임원 선출의 건 −이리송계영농조합 법인대표 변경의 건
2012년도 (제210차)	2013.01.26. 오전11시 (토요일)	복내면 북부농협 2층 회의실	−총계원 108명 중 107명 참석	−2012년도 사업 결산보고서 심의 및 승인의 건 −세찬대 지급의 건: 현행대로 일인당 10만원 지급키로 의결함 −임영태 면장 공적비 주변 제초의 건 −송계답 경작자 변경의 건 −계원 자격 및 승계에 대해 논의함
2013년도 (제211차)	2014.01.15. 오전11시 (수요일)	복내면 북부농협 2층 회의실	−총계원 110명 중 109명 참석	−2013년도 사업 결산보고서 심의 및 승인의 건 −세찬대 지급의 건: 앞으로 2년간(2015년, 2016년) 일인당 10만원 지급키로 의결함 −계원 자격에 대한 논의: 외지에 있는 장손에 대한 계원 자격 부여는 법인 정관과 송계 규약에 따르기로 합의함 −임원에게 송계답 경작 우선권 및 지명권 부여의 건 (참석 전원 찬성) −송계 사력비 옆 계원명비 건립의 건 (타당성 검토 및 추후 논의 합의)
2014년도 (제212차)	2015.02.03. 오전11시 (화요일)	복내면 북부농협 2층	−총계원 108명 중 104명 참석	−2014년도 사업 결산보고서 심의 및 승인의 건 −세찬대 지급의 건: 2016년도까

		회의실		지는 일인당 10만원 지급키로 의결함
				−임원 선출방식 및 임원 선출의 건
				−총회 참석 권한 위임(위임장) 범위의 건: 위임은 직계 존비속과 친형제자매에게만 가능하도록 의결함
				−임도 보수 및 수종 갱신의 건

* 출처: 「이리송계회의록」(1985~2014년)을 토대로 저자 작성.

---

3 용동리 풍치 마을에 있는 평강 채씨의 재실인 영사재(永思齋)를 말하는 듯하다. 영사재에 대해서는 향토지편찬위(1995: 191- 192)를 참조하기 바란다.

4 하지만 복내 2구는 계원수가 많지 않아 자체적으로 이사를 선출하지 못하였다. 제204차 정기총회(2007.02.02.)에 비로소 복내 2구에서 이사 1명을 선출하면서 이사수가 7명에서 8명으로 증가하였다.

〈부록 5〉 이리송계 회의 및 주요 안건

〈부록 표 5-2〉 이리송계 임시총회 및 주요 안건 (1985~2014년)

회계연도	임시총회			
	일시	장소	참석인원수	주요 안건
1993년도	1993.02.19. 오전10시	복내면 북부농협 2층 회의실	-총계원 129명 중 69명 참석	-이사회의 결의에 따라 소집됨 -정관 변경의 건: (1) 사무소 위치, (2) 계원의 탈퇴, (3) 계원의 가입 -계당산 매도의 건: (1) 매도하기 로 결의함, (2) 매도대금의 활용 (재투자, 계원 간 완전분배, 일 부 투자 일부 분배(1/3, 2/3), (3) 분배계원 대상자 논의, (4) 협의 위원 결성, (5) 매도대금 상하한 선 결정
1996년도	1996.03.19. 오전10시	복내면 신흥식당	-50명 참석으로 정족수 미달	-계장의 발의와 이사회의 결의에 따라 소집됨 -정족수 미달이었으나 성원이 되 었음을 선언하고 회의 진행됨 -계당산 매도의 건: (1) 매도하기 로 결의함, (2) 매도 추진위원 4 인 선정, (3) 판매대금 상하한선 결정 및 세금 관련 논의
1999년도	1999.09.21. 오전10시	복내면 북부농협 2층 회의실	-통문 112명 중 57명 참석 -정족수 미달	-계장의 발의와 이사회의 결의에 따라 소집됨 -정관 변경의 경우, 계원 2/3 이 상 출석, 출석계원 2/3 이상의 찬동으로 의결되어야 하나 정족 수 미달로 폐회됨 -단, 보고사항으로 (1) 경지정리 (진봉리 25번지), (2) 송계산 임도 보수공사의 자체 비용 부담 사항
2001년도	2001.05.15.	복내면 북부농협 2층 회의실	-64명 참석으로 정족수 미달	-계장의 발의와 이사회의 결의에 따라 소집됨 -정족수 미달이나 참석계원의 가 부 투표로 성원이 되었음을 선 언하고 회의 진행됨 -정관 변경의 건: (1) 계장이 정관 수정안을 설명, (2) 이사회에서

				재차 점검 요구와 다음 정기총회에서 결의하기로 합의함 -송계책 단행본 편찬의 건 -감사 1인 선출

* 출처: 「이리송계회의록」(1985~2014년)을 토대로 저자 작성.

〈부록 5〉 이리송계 회의 및 주요 안건

〈부록 표 5-3〉 이리송계 임원회의 및 주요 안건 (1985~2014년)

회계연도	임원회의				주요 안건
	횟수	일시	장소	참석인원수	
1985년도	2	1985.03.25. 정오12시	복내리 점포(店鋪)	6명	-송계답 임대료 조정의 건 -송계 고문 3인 추대의 건 -산수호인 선정 및 수당의 건
		1986.01.11. (음 1985. 12.02)	蘇氏三綱門	7명	-1985년도 결산수지 보고의 건 -소작료 추심(推尋) -정기총회 준비(일시, 장소, 예 산 등)의 건
1986년도	1	1987.01.05.	반석리 송회당 옆 가게	7명	-1986년도 결산수지 보고의 건 -소작료 추심 -송회당 처분의 건 -정기총회 준비(일시, 장소, 예 산 등)의 건
1987년도	3	1987.05.01.	반석리 송회당 옆 가게	5명	-송회당 보수의 건 -방동산 잡목가꾸기 사업의 건
		1987.07.19.	우래식당	6명	-송회당 매도의 건
		1988.01.14.	우래식당	7명	-정기총회 준비(일시, 장소, 예 산 등)의 건 -모종부리답 농로의 건 -개기재 입목(立木)의 건 -신규 계원 가입의 건 -계장 보궐선거의 건
1988년도	1	1989.01.04.	담양식당	7명	-송계답 경작권 포기증 및 볏 짚 활용의 건 -정기총회 준비(일시, 장소, 예 산 등)의 건 -송계산 내 묏자리 값 결정의 건
1989년도	1	1990.01.05. (음 1989. 12.09.)	복내시장 우래식당	7명	-효열자 표창의 건 -정기총회 준비(일시, 장소, 예 산 등)의 건
1990년도	2	1990.03.29.	복내시장	8명	-송계답(楊木坪, 西校坪) 경작

			우래식당		자 선정 및 소작료 결정의 건 -송계산 내 묏자리 값 결정의 건
		1990.12.17.	복내시장 우래식당	7명	-송계답 경지정리에 따른 명 의 이전의 건 -양목평 송계답 흙 정리의 건
1991년도	5	1991.04.09.	복내시장 우래식당	12명	-송계답 경작자 선정 및 임대 료 조정의 건 -송회당 매도의 건
		1991.08.09.	복내시장 우래식당	6명	-송회당 매도의 건
		1991.10.29.	복내시장	7명	-개기재 쓰레기장 이용의 건
		1991.12.09.	복내시장	10명	-송계산(방동산, 개기재) 입목 매도의 건
		1991.12.20.	복내시장	9명	-방동산 임목 매도 변경의 건
1992년도	1	1992.08.06.	복내시장 우래식당	11명	-방동산 임목 매도의 건
1993년도	7	1993.01.07.	복내시장 우래식당	5명	-세찬대 지급의 건
		1993.01.29.	복내면 진봉리 손○○ 씨댁	7명	-송계畓, 田, 林 순시 -계당산 임목 및 매도의 건 -계당산 매도 관련 리별 여론 수렴의 건 -정관 수정 논의의 건
		1993.02.14. 오전10시	복내시장 우래식당	8명	-계당산 매도의 건 -계당산 매도 관련 각리별 여 론수렴 결과 논의의 건 -정관 개정사항 논의의 건 -고문 4인 추대의 건 -임시총회 소집의 건
		1993.02.24. 오전10시	복내식당	10명	-계당산 매도대금 결정의 건

		1993.04.09.
		오전10시
			복내
			우래식당
				10명	-송계답(용동리 118-1번지,
					  176평) 매도 및 매도대금 결정
					  의 건
					-송계답 매도 관련 협의위원
					  선출의 건

		1993.12.09. 오전11시	복내식당	8명	-송계산 임도 추진 현황보고 -계당산 매도의 건 -송계답(용동리 118-1번지,

				176평) 매도대금 관리의 건 －송계책 16권 편찬 원고의 건 －논 매수의 건 －방동산 도로 보상의 건
		1994.01.12.	복내시장 우래식당	－참석 수가 명시되어 있지 않음. －회의록에 발언자(계장 포함)의 수가 7명으로 참석자는 적어도 7명 이상으로 추정됨.	－송계책(제16권) 책대의 건 －세찬대 지급의 건 －내동전(內洞田) 경운기길의 건 －송계답(龍泉坪) 임대료 결정 의 건 －정기총회 준비(일시, 장소, 예 산 등)의 건 －계당산 임목 매도의 건
1994년도	2	1994.07.09. 오전11시	복내 이화식당	8명	－방동산 보안림 해제의 건 －방동산 임도 개설의 송계 자 체 부담금(10%)의 건
		1994.12.24. 정오12시	복내식당	6명	－방동산 임도공사 예정지 현 장 답사 －방동산 임도 개설의 송계 자 체 부담금 확보의 건 －임목 판매 및 판매 조건의 건 －임도 개설 측량 시 지출경비 보고의 건 －정기총회 준비(일시, 장소, 예 산 등)의 건
1995년도	2	1995.01.19.	복내리 신흥식당	8명	－방동산 임도공사 명예감독 선임의 건 －세찬대 지급의 건
		1995.07.20.	방동산 임도공사 현장	－회의록에 '전임원'으로 나와 있음. 아마도 10명.	－방동산 임도공사 현장 답사
1996년도	3	1996.03.02. 정오12시	복내리 신흥식당	7명	－계당산 매도 관련 경과 보고 의 건 －계당산 예상매도대금의 건 －임시총회 소집(일시, 장소 등)의 건

		1996.08.23. 오전10시	방동산 임도공사 현장	-송계임원 10명 -군청 산림과 7명 -산림조합 6명	-방동산 임도공사 현장 답사 -계당산 매도에 대한 경위 보 고의 건: (1) 매입자는 정부 (국유림관리소), (2) 매도대금 □□□원
		1996.09.19. 오전11시	복내리 신흥식당	10명	-계당산 매각 완료 경과 보고 의 건 -계당산 매도대금 운영의 건
1997년도	3	1997.02.04.	복내리 신흥식당	11명 (고문 2인 포함)	-정관 수정의 건: (1) 장자 · 장손의 계원 자격 승계 시기, (2) 조의금 금액(□□□원), (3) 송계구역을 벗어난 계원 의 자격 ('당대에 한한다'는 규정) -분실된 송계책 제1권, 제14권 을 찾기 위한 노력 촉구의 건 -보안림으로 묶여 있는 방동 산 입목 판매의 건 (판매 의결) -송계 고문 추대의 건 -송계원 대상 봄 관광의 건 -계당산 매도대금 관리의 건
		1997.03.09. 오전11시	복내면 유정리 우정가든	10명	-방동산 입목 판매의 건 (5년 기간에 □□□원으로 의결함)
		1997.05.07. 정오12시	신흥식당	7명	-방동산(산 50-1번지) 내에 24ha 규모 천연림 보육사업의 건
1998년도	3	1998.02.04.	복내리 신흥식당	13명 (고문 3인 포함)	-송계자금 예치를 위한 금융 기관 및 예금자 선정의 건
		1998.11.07.	복내면 진봉리 방동산	10명	-송계산 임도 답사 및 순산
		1999.01.17.	복내리 신흥식당	8명	-정기총회 준비(일시, 장소, 예 산 등)의 건 -회계연도 결산일을 매년 12 월 31일로 재조정 결의함 -회의록, 금전관계철 영구보 존 방안의 건 -송계답 임대료 조정의 건 -계원 사망 후 계원 자격 승

					계 시 서류 구비의 건 -계당산 매도대금 분배의 건
1999년도	5	1999.02.08.	회의장소가 기재되어 있지 않음.	11명	-송계자금을 한 금융기관에 통합 예치하기로 의결함 -송계 비품(상, 그릇) 폐기 결 정의 건 -정관 수정부분 발췌 후 다음 임원회의에서 논의키로 의결 함
		1999.07.25.	복내면 진봉리 방동산	14명	-방동산 임도 보수의 건 -경지 정리된 진봉리답 임대 료 결정의 건 -임시총회 개최의 건 -계원 정비 및 승계의 건 -세찬대 지급의 건 -임원회의 의결사항: (1) 계원 정비를 위해 지방지와 중앙 지에 공고키로 함, (2) 계원 승계 및 누락된 계원 정비는 다음 임원회의(정기총회 개 최 전)까지 서류 제출, 임원 회의에서 확정하기로 의결 함), (3) 세찬대는 추석과 정 기총회 2회에 걸쳐 지급함, (4) 정관을 개정키로 함, (5) 진봉리 경지 정리된 송계답은 채○○ 씨 경작으로 인정함, (6) 회의 시작 전 회의록 낭독 하기로 함
		1999.10.23.	복내면 용동리 장미가든	7명	-계당산 매도대금의 일부로 송계답 매수의 건
		1999.11.09.	복내면 용동리 장미가든	8명	-계당산 매도대금의 일부로 송계답 매수의 건 (內洞坪 논 을 매입키로 의결함)
		2000.01.15. 오전11시	용동리 장미가든	10명	-결산보고 및 수지예산서 심 의의 건 -계원 정비의 건: "단, 관내에 거주하고 있는 실질적으로

					계원 자격을 갖춘 자로서 송계책 16권 계원명부에 누락된 자는 입계시킬 것" －송계답·전 임대료 조정 및 경작자 선정의 건 －세찬대는 1년에 1회로, 5만 원으로 의결함 －산수호인 선정 및 인건비 책정의 건 (산수호인 2인, 일인당 3만원 지급키로 의결함) －송계비 건립 추진을 의결함 －송계답 추가 매수의 건 (용동리 863-8번지 논과 나머지 논 (197평)을 매입키로 의결함)
2000년도	12	2000.02.08. 오후4시	고향식육점	9명	－정기예금 만기에 따른 송계 자금 운영의 건 －송계비건립추진위원회 구성을 위한 추진위원 선정의 건
		2000.03.03. 오전10시	장미가든	20명	－송계비건립추진위원회 구성 및 회의 －방동산 2ha 조림사업 및 참나무 벌채지 맹아사업 시행 보고 －용동2구 송계전 농로사업 보고
		2000.05.21.	장미가든	6명	－송계비건립집행위원회 회의
		2000.0.01.	장미가든	6명	－송계비건립집행위원회 회의
		2000.07.15. 오전10시	복내리 신흥식당	18명	－송계비건립추진위원회 회의
		2000.07.29.	신흥식당	20명	－송계비건립추진위원회 회의
		2000.07.29.	신흥식당	7명	－가야산(개기재, 산 84-1번지) 임목 판매의 건: 맹막골과 깊은 골 10정에서 □□□원 임목을 판매키로 의결함
		2000.08.05. 정오12시	자라등 채○○ 씨댁	18명	－송계비건립추진위원회 회의
		2000.09.01.	자라등 채○○ 씨댁	9명	－송계비 제막식의 건

		2000.12.19.	복성원	9명	-결의사항: (1) 정기총회를 2001.02.09.로 연기함, (2) 매년 총회는 가급적이면 통장 회계일로 함, (3) 다음 이사회 날짜인 2001.01.09.에 세찬대를 지급키로 함 -기타 토의사항: (1) 2000.12.17.에 송계산 임도 측구정리 작업 실시, (2) 2001년에 고로쇠나무를 2정에 식재키로 확정, 2002년에 4정에 식재할 계획임
		2001.01.09.	복내리 신흥식당	7명	-정기총회 연기(2001.02.09.)로 세찬대만을 음력 2000년 12월 15일자로 지급함
		2001.02.07.	복내리 신흥식당	18명	-송계비건립추진위원회 회의
2001년도	4	2001.03.12.	복내리 신흥식당	7명	-방동산(산 50-1번지) 지존작업(地存作業) 및 조림사업 위임의 건: (1) 3ha에 큰나무(고로쇠나무) 식재 및 0.4ha에 경제수 지존작업, (2) 보성읍 보성리 정○○ 씨에게 위임키로 의결함
		2001.04.02. 오전10시	방동산 저수지뚝	10명	-방동산 임도(순환도로) 현지답사 -송계책(2권~13권) 한자 정서 및 한글 번역의 건: (1) 한문문장가 이백순 씨에게 의뢰키로 의결함, (2) 총 예상대금 □□□원(장당 □□□원).
		2001.04.29. 오전10시30분	용동리 장미가든	14명	-송계책(2권~13권) 한자 정서 및 한글 해석 책자 인쇄의 건 -책자 인쇄대금(권당 □□□원)의 송계계금 지원의 건 -임시총회 개최 일시(5월 15일) 및 장소의 건
		2002.01.17. 오전11시 ~ 오후2시	용동리 장미가든	11명	-송계답 개인명의자 종토세(2000~2001년도분) 지급의 건 -송계자금의 예금 시 개인실명대여자(10명) 보상의 건

					−송계자금의 예금 시 개인실명 대여자(1명) 피해보상의 건 −방동산 임도 개설 시 정부 보조 및 송계 자체 부담의 건 −송계산 묘지 설치 시 중장비 사용 금지 및 묘소 1기당 계원 5두(斗), 비계원 1석(石)으로 의결함 −송계책 정관 변경의 건 −송계책 단행본 편찬 관련 군청과 문예기금 협의의 건 −방동산 보활림 지정 및 고로쇠나무 식재 추진의 건
2002년도	2	2002.09.29. 오전11시	용동리 장미가든	−적어도 7명 (이사 7명 전원 참석)	−송계책 단행본 편찬 및 송계책 개정·수정에 관한 이사회 의결사항: (1) 송계책 단행본 출간 제반사항, (2) 송계책 개정 및 수정의 건 상기 안건을 추진함에 있어 다음 사항을 의결한다. 1. 각 마을 이사의 추천으로 약간 명의 운영위원을 둔다. 2. 원 송계책 번역 감수 편찬(간사)에 소○○ 씨, 채○○ 씨, 문○○ 씨 (3명). 3. 신 송계책 개정 및 수정 간사에 이○○ 씨, 채○○ 씨 (2명). 4. 계장이 임명한 서기는 간사가 유고 시 대행할 수 있게 한다. 5. 원 송계책 감수 편찬에 있어 인쇄소와 계약 체결 시 계약금 및 실비를 지출케 한다. 이사 손○○ 씨, 임○○ 씨, 채○○ 씨, 채○○ 씨, 박○○ 씨, 이○○ 씨, 소○○ 씨 (7명)
		2003.01.13. 오전10시 ~ 오후1시30분	용동리 장미가든	10명	−송계책 단행본 편찬 견본 회람, 오류 및 수정사항의 건 −정기총회(일시, 장소, 예산 등)

					준비의 건 −송계답 수로보수 공사비 지급 보고의 건: (1) 용동리답 865-7번지 □□□원 지급(굴삭기 5일 □□□원, 인건비 □□□원), (2) 진봉리답 1080-7번지 □□□원 지급 −정기예탁금 실명대여자(8명)에게 설날 선물대 지급의 건
2003년도	3	2003.03.02.	용동리 계장 자택	8명	−방동산 5ha에 고로쇠나무 식재에 따른 지존작업 보고의 건 −복구작업을 위한 예정지 정리작업, 조림사업, 조림 후 3년간 풀베기사업 실행, 정부 지원금 수령 등 계장에게 권한 위임의 건 −방동산 임도개설(100m)에 따른 철조망 교체비용의 건 −방동산 참나무 벌채작업 위임 및 판매대금(□□□원) 결정의 건
		2003.07.10. 오후3시	용동리 장미가든	9명	−송계장의 송계책 단행본 발간사 낭독 −책자 발행 관련 문예기금 신청 추진상황 설명의 건 −방동산 순환도로 개설에 따른 철조망 이설작업 현황 및 인건비 예산에 대한 설명의 건 −계원 징계·처분 안건을 정기총회 상정하기로 참석자 전원 동의함 −현판 보수제작비용 지급의 건
		2003.12.10.	용동리 장미가든	9명	−임도 및 개거사업 완공 후 현지 답사 −2004년 고로쇠나무 식수의 건 −고로쇠 식수를 위한 지존작업 비용의 군청 지원 확보 노력의 건
2004년도	1	2005.01.04.	용동리 장미가든	9명	−송계책 단행본 발행의 건(2005년 발행 목표로 정기총

					회에 안건 상정) −분실된 송계책 1권 되찾기 노력
2005년도	4	2005.03.08.	용동리 채○○ 씨댁	9명	−인수인계의 건 −정기예탁금 예치의 건: 이리 송계 명목으로 예치하기로 의결함 −송계책 단행본 발행의 건 −이리송계 법인 설립의 건 −송계산(진봉리 산 84-1번지) 임목 벌채의 건: (1) 상엽수 4ha, 참나무 2ha 벌채 확정, (2) 상엽수 1ha당 □□□원, 참나무 1ha당 □□□원, 총 □□□원으로 확정; (3) (벌 채인이) 벌채 후 식목까지 책 임지기로 함, (4) 벌채기간은 2005년부터 2006년까지 완료
		2005.04.06.	복내리 신흥식당	6명	−송계산 식재의 건: 고로쇠나 무 대신에 오디나무 식재로 사업변경 신청하기로 의결함
					−송계답 경작료 결정의 건: (1) 단지당 쌀 4석씩 결정함, (2) 용동리 872-1번지의 필지 는 3석 반으로 결정함, (3) 올 해 쌀 가격은 1석당 □□□ 원으로 결정함, (4) 단, 당해 연도로 한정하기로 의결함
		2005.11.14.	복내리 신흥식당	11명	−송계답 이전 보고의 건 −방골산 묘지 이장 보고의 건 −송계 재산 관리의 건 (법인 등기를 전원 의결함) −송계산 내 3기 초과하여 묏 자리 설치는 불가하다고 의 결함 −송계책 단행본 발행의 건 (송계책 1권이 부재한 상태 에서 발간을 무기한 보류하 며, 정기총회에 안건 상정 않 기로 의결함)

		2006.01.07.	진봉리 장미가든	7명	-영농조합법인 정관 수정의 건: (1) 장자는 신청서를 제 출하여야 승계됨, (2) 원계원 의 후손(차자)은 5만원을 지 불하고 총회의 인준을 거쳐 야 함, (3) 복내, 반석, 용동, 진봉리를 떠나 다른 구역으 로 이거 시에는 당대에 한해 계원자격을 부여함 -세찬대 지급의 건: (1) 1인당 5만원을 지급, (2) 지급 대상 인원은 123명으로 의결함
2006년도	3	2006.04.19.	복내리 신흥식당	8명	-'2리송계영농조합법인' 등기 에 관한 건: (1) 상호명, (2) 법 인등기 이사, (3) 사무소 주소, (4) 법인카드 비밀번호
		2006.09.30.	복내리 신흥식당	8명	-2리송계 법인 등기 완료 보 고의 건 -이리송계 임원 임기기한 연 장의 건 (현재 임원 임기는 2 년, 법인 정관에는 3년이므 로 총회에서 변경을 인준받 기로 의결함) -감사 선임의 건 (감사 1인의 유고로 결원 발생)
		2007.01.26.	복내리 신흥식당	10명	-신규 계원 추입의 건 (가입 신청자 1인에 대해 가입 불 가를 의결함) -송계 재산의 부동산특별조치 법 관계: (1) 일단 특별조치 법에 따른 공동명의로 이전 후 일반이전으로 전환하기로 의결함, (2) 작은 필지라도 모 두 이전하기로 의결함, (3) 정기총회 인준을 의결함 -1인당 3만원을 세찬대로 지 급키로 의결함 -송계책 1권을 찾기 위한 노 력 당부 -송계답(진봉리 25번지,

					172㎡, 52평)의 예상매도가 격을 평당 □□□원 ~ □□□원으로 의결함
2007년도	2	2007.02.11.	복내리 신흥식당	12명 + 1명(송계답 매입자)	- 송계답(진봉리 25번지, 172㎡, 52평) 매도 결정: (1) 매입자와 흥정 후 평당 □□□원 (총매도대금 □□□원) 으로 합의함, (2) 이전서류는 송계에서 맡기로 함 - 정기총회에서 선출된 감사 1 인의 임원 자격 미달에 관한 의견 (감사 1인의 사고 처리 는 총회에 보고하고, 나머지 감사 1인은 유지키로 의결함) - 송계책 1권 찾기 진행경과 보고 및 분실자 사과의 건: (1) 분실자가 분실 경위에 대 한 설명과 함께, 사과말씀을 함, (2) 총회에서 다시 공식 적으로 사과하기로 결정함 - 송계산 내 남평문씨 세장비 사용료는 □□□원으로 확정함
		2008.01.13.	복내리 신흥식당	9명	- 부동산특별조치법에 따른 송 계 재산 이전 보고의 건 (모 든 송계 재산을 계장 1인으 로 이전 완료를 보고함) - 세찬대 지급의 건: (1) 설날 과 추석 두차례 각 10만원씩 지급하자는 의견이 있었으 나, 1년 한차례 10만씩 지급 키로 의결함, (2) 단, 세찬대 지급명단을 총회에 공개하고, 총회의 의결을 원칙으로 함
2008년도	1	2009.01.04.	복내리 대성식당	11명	- 세찬대 지급의 건: (1) 참석 자에 한해서만 1인당 10만원 지급함, (2) 이사들이 명단 확인 후에 반드시 통지문으 로 통보해야함 - 송계답 경작료 결정의 건: 전 년도와 동일하게 1단지에 쌀

					4석으로 하며, □□□원(1석당 □□□원)을 받기로 의결함 -신규 계원 희망자 1명(황○○ 씨, 복내리 원봉)의 입계는 이사회를 거쳐 총회의 승인을 받기로 의결함 -'신규 가입 희망자는 직계비속으로 하며, 송계구역(복내, 용동, 반석, 진봉)에 거주하는 자로 이사회에 결의하고 총회 의결을 거치는 것'을 원칙으로 함을 의결함 -총회 때 식사장소는 임원이 결정하며 식권을 배부하기로 의결함
2009년도	2	2009.10.20.	복내면 진봉리 장미가든	11명	-송계 인수인계의 건 (인수인계는 아무 이의 없음을 보고함) -신규 추입 절차의 건 -법인 등기 대표자 교체 요망 -임원 임기를 법인 등기와 같이 3년으로 하는 안을 총회에서 승인을 받기로 의결함 -춘계 야유회를 가질 것을 제안함
		2010.01.16.	승주 크로바 식당	9명	-신규 계원 추입의 건: (1) "신규 계원의 추입은 2009년 정기총회를 기준으로 하되 한시적으로 추입 가능키로 하고 계원의 자격은 당대에 한한다. 2009년 정기총회 전까지 신규 추입 계원은 입회비 50만원을 부담하고 정기총회 세찬대는 2010년부터 지급키로 한다"고 의결함, (2) 신규 계원 추입자는 제적등본 및 족보사본 첨부 요망 -세찬대 지급의 건: (1) 전년도와 같이 총회 참석자에게만 1인당 10만원을 지급, (2) 계원 가족 중 위임장을 가지

					고 대리 참석 시 이를 인정하기로 의결함 −송계 재산목록은 정확히 기재하여 송계원에게 알릴 필요가 있음 −산수호인 2인에게 수당으로 각각 3만원을 지급키로 의결함
2010년도	2	2010.03.14.	승주 크로바 식당	15명	−회의록에는 "임시총회"라고 명시되어 있으나, '신규 가입 심사를 위한 전형위원들(12명)'과 송계 임원들이 회의 참석 대상으로 이들 중 15명이 참석하였음 (임시총회라기보다 임원회의) −신규 계원 추입의 건: '신규 계원 추입은 어떠한 경우라도 불가함'을 참석인원 15명 중에서 10명의 찬성으로 통과됨 −산수호인 보수문제는 총회에서 결정하기로 의결함 −영농조합법인 대표자 명의 변경을 추진할 것을 의결함
		2011.01.05.	승주 크로바 식당	10명	−세찬대 지급의 건 (참석자에게만 1인당 10만원을 지급키로 의결함) −송계답 경작료의 건 (전년도와 같이 900평을 한 단지로 □□□원을 거두기로 의결함) −기타 토의사항: (1) 송계답 경작자는 총회 때 의결을 거치며, 임대차 계약에 경작기간을 명시하기로 의결함, (2) 송계산 진입로 입산금지 장치를 설치하기로 의결함, (3) 정기총회 때 식권을 발행하기로 의결함, (4) 송계산 순시 겸 순찰은 연 2회 이상으로 하기로 의결함

402

2011년도	1	2011.12.26.	복내리 신흥식당	8명	−세찬대 지급의 건 (전년도와 같이 참석자에게만 1인당 10만원을 지급하기로 의결함) −송계답 경작자 지정 및 경작료 결정의 건 (경작료는 작년과 동일하기로 의결함) −계원 사망 조의금 지출내역 보고의 건: □□□원 (9인 × □□□원) −법인 대표자 정리의 건 (차기 임원진에게 넘기기로 의결함) −계원 정비 필요성에 대한 논의
2012년도	2	2012.04.28. 오전11시 ~오후12시.	용동리 우산각, 송계 재산 현지 답사, 복내식당	−회의록에 참석인원 숫자가 명시되어 있지 않음. −그러나 회의록 말미의 서명날인에 7명의 임원이 기재되어 있음.	−현장 답사의 건: (1) 방동산 임도 및 답사 후 진봉, 용동 소재 송계답 답사 진행됨, (2) 그 후 복내식당으로 이동 후 회의를 진행함 −(1) 송계전(용동리 254번지, 1788m²) 매각 후 논 매입문제를 논의함, (2) 차후 임원회의에서 재논의 후 총회에 상정하기로 의결함
		2013.01.19. 오전11시 ~오후12:46	복내리 신흥식당	−회의록에 참석인원 숫자가 명시되어 있지 않음. −그러나 회의록 말미의 서명날인에 11명의 임원이 기재되어 있음.	−세찬대 지급의 건: (1) 세찬대는 정기총회에서 의결키로 함, (2) 2013년도 세찬대 지급은 정기총회 당일(2013.01. 26.) 참석자로 한정함, (3) 불참자 중 위임장 제출자는 세찬대를 지급하나, 폐회시간 이후 참석자는 지급하지 않기로 의결함, (4) 정기총회 폐회 후 식권을 배부하기로 의결함 −송계답(용동리 872번지) 경작자 결정의 건 −송계답(용동리 863-8번지) 경계표시의 건

					−송계사력비 옆 임영태 前면장 공적비 제초의 건 (후손에게 연락이 될 때까지 임영태 공적비 제초를 송계에서 하기로 의결함) −복내면 이리에 주소 혹은 거소가 없는 원계원 장손이 정기총회 참석 시 세찬대 지급 여부를 총회에서 토의하기로 의결함 −다음 연도부터 수입 및 지출 내역뿐만 아니라 재산과 송계 전반에 대해 제출하고, 표제부(表題部)를 작성하도록 요청함
2013년도	1	2014.01.10. 오전11시 ~오후12:55	복내리 신흥식당	−회의록에 참석인원 숫자가 명시되어 있지 않음. −그러나 회의록 말미의 서명 날인에 11명의 임원이 기재되어 있음.	−세찬대 지급의 건: (1) 참석자 1인당 10만원 지급을 총회에 상정키로 의결함, (2) 2014년도 세찬대 지급은 정기총회 당일(2014.01.15.) 참석자로 한정함, (3) 불참자 중 위임장 제출자는 세찬대를 지급하나, 폐회시간 이후 참석자는 지급하지 않기로 함, (4) 정기총회 폐회 후 식권을 배부하기로 의결함 −임태영 前면장 공적비 제초의 건 (송계사력비와 함께 송계에서 제초하고 있음을 보고함) −송계답 경작권을 임원에게 우선 부여하기로 의결함 −계원 입계 및 헌성비 건립의 건: (1) 외지에 있는 원계원의 후손에게 계원의 자격, (2) 사력비 옆에 계원명비(헌성비)의 건립안에 대해 다음 회의에서 토의하기로 의결함
2014년도	2	2014.03.24. 오전9시	복내면 북부농협	−회의록에 참석인원	−오전10시에 방동산 답사 후 복내리 '만리장성' 중식당에

		~오후01:30	2층 회의실, 복내리 '만리장성' 중식당	숫자가 명시되어 있지 않음. −그러나 회의록 말미의 서명 날인에 8명의 임원이 기재되어 있음.	서 오후 12시 40분에 회의를 계속 진행함 −송계산 임목 벌채의 건 (벌채 후 소득이 높은 수종 갱신을 의결함)
		2015.01.30. 오전11시 ~오후12:15	복내리 신흥식당	−회의록에 참석인원 수가 명시되어 있지 않음.	−2014년도 결산보고의 승인안 상정 후 이의 없음을 의결함 −세찬대 지급의 건 −기타 토의사항: (1) 송계산 수종 갱신의 건, (2) 임도 보수의 건, (3) 신규 계원 충원의 건, (4) 송계 재산관리의 건

* 출처: 「이리송계회의록」(1985~2014년)을 토대로 저자 작성.

〈부록 6〉 이리송계 수입 및 지출 내역

〈부록 표 6-1〉 이리송계 수입 및 지출 내역 (1908~1934년)

연월일 (음력)	이월금	이자 수입	자체 수입		합계	지출		합계
		금액	금액	주요 출처		금액	주요 출처	
1908.06. 15.	241냥 4전 9푼	48냥 3전	56냥	-담배 판매 -풀잎재[草灰] 판매	345냥 7전 9푼	128냥 8전 4푼	-일본군 체류 리별 분담금 -순산 및 산림 감시 -강회(講會) -고지기 수당 -풀잎재 점검	216냥 9전 5푼
1908.12. 15.	216냥 9전 5푼	42냥 1전 9푼	253냥 9전	-소나무 판매 -가을 도조 수입	513냥 4푼	303냥 9전 4푼	-전답 목책 수리 -순산 감시 -강회 -계임 세찬 -추수 감평(監坪) -고지기 수당 -유사 종이값 -신양안(新量案) 조사원 비용 -전답 장부 비용	209냥 1전
1909.06. 15.	209냥 1전	41냥 8전 2푼	218냥	-풀잎재 판매 -소나무 판매 -송계답 매매	468냥 9전 2푼	273냥 9전 7푼	-풀잎재 점검 -학교 적십자 리별 분담금 -각종 리별 분담금 -송답 매매 회의 비용 -정문(旌門) 및 사사(社舍) 결사 모임	194냥 9전 5푼
1909.12. 15.	194냥 9전 5푼	38냥 9전 9푼	357냥 2전	-소나무 판매 -송계답 매매 -가을 도조 수입	591냥 1전 4푼	370냥 6전 4푼	-학교 리별 분담금 -강회 -정문 리별 분담금 -추수 감평 -고지기 수당 -유사 종이값 -각종 회의 (사사 및 학교 부지, 송계답 매매 등) -계임 세찬	220냥 5전
1910.06. 15.	220냥 5전	44냥 1전	278냥 1전	-풀잎재 판매 -송계답 매매	542냥 7전 5푼(	324냥 6전	-방동산 측량원 수당 및 기타 비용	218냥 1전 5푼

			5푼(161냥 + 117냥 1전 5푼)	(추정) -돌[石頭] 판매	425냥 6전 + 117냥 1전 5푼)		-자본치(自本峙) 및 가야치(可也峙) 임도 비용 -풀잎재 점검 -순산 및 산림 감시 -강회 -기타 회의 비용	
1910.12. 15.[5]	218냥 1전 5푼	43냥 6전 3푼	417냥 1전 5푼 (240냥 +177냥 8전)	-소나무 판매 -송계답 매매 -숯[炭木] 판매	679냥 5전 8푼 (501냥 7전 8푼 + 177냥 8전)	449냥 2전 8푼	-주재소(駐在所) 수리 비용 -추수 감평 -순산 및 산림 감시 -부의(賻儀) -강회 -가야산(可也山) 및 계당산(桂堂山) 측량 -고지기 수당 -유사 종이값 -계임 세찬	230냥 3전
1911.06. 15.	229냥 8전	45냥 9전 6푼	274냥 7전 3푼 (245냥 2전 5푼 + 29냥 4전 8푼)	-소나무 판매 -풀잎재 판매 -작년 가을 도조 수입	550냥 4전 9푼 (521냥 1푼 + 29냥 4전 8푼)	316냥 4전 2푼	-사무실 수리 비용 -소나무 판매 회의 -순산 및 산림 감시 -도조 수령 및 운송 -풀잎재 점검 -강회 -기타 회의 비용	234냥 7푼
1911.12. 15.	234냥 7푼	46냥 8전 1푼	112냥 8전 9푼 (18냥 + 94냥 8전 9푼)	-소나무 판매	393냥 7전 7푼 (298냥 8전 8푼 + 94냥 8전 9푼)	232냥 2전	-풀잎재 점검 -순산 및 산림 감시 -소나무 판매 회의 -추수 감평 -간수(看守) 연설 -도조 수령 및 운송 -강회 -계임 세찬 -고직 수당 -유사 종이값 -세찬 (60세 이상 노인 7인, 각 3냥 5전)	161냥 5전 7푼
1912.06. 15.	161냥 5전 7푼	32냥 3전 1푼	414냥 7전	-작년 가을 도조 수입 -풀잎재 판매	608냥 5전 8푼	468냥 1전 6푼	-도장급(道長及)[6] 연설 -방동산 임도 -풀잎재 점검 -순산 및 산림 감시	140냥 4전 2푼

							-간수 연설	
							-리별 경비 분담금	
							-강신(講信)	
							-각종 회의 비용	
1912.12. 15.	140냥 4전 2푼	28냥 8푼	121냥 8전 5푼 (58냥 + 63냥 8전 5푼)	-소나무 판매	290냥 3전 5푼 (226냥 5전 + 63냥 8전 5푼)	147냥 2전 6푼	-측량 비용 -방동산 소나무 판매 -순산 및 산림 감시 -추수 감평 -고지기 부급(賻給) -절초기(折草器) 조사 -도조 수령 및 수령 -연설 비용 -각종 회의 (학교, 경비 등 관련) -강신 -유사 종이값 -계임 세찬 -고지기 수당 -학교 설립 시 비용	143냥 9푼
1913.06. 15.	143냥 9푼	28냥 6전 2푼	519냥	-작년 가을 도조 수입 -풀잎재 판매 -가정산(柯亭山) 매도	690냥 7전 1푼	798냥 6전 5푼	-학교 관련 회의 -송계산, 도로 및 하천 수리 관련 회의 -송계산 경계 표시 -가정산 매매 관련 회의 (3차) -화전(花煎)놀이 비용 -송계산 조사 및 측량, 측량원 수당 등 -순산 및 산림 감시 -풀잎재 점검 -강신회(講信會) -학교 운영 경비 -교사 월사금(月謝金) -쌀값 -기타 회의 비용	*금액은 제시되 어 있지 않음.
1913.12. 15.	112냥 3전 7푼	22냥 4전 7푼	448냥 1전 2푼 (276냥 5전 + 171냥	-가을 도조 수입 -소나무 판매	583냥 2전 (411냥 5전 8푼 + 171냥	374냥 6전 1푼	-기우제(祈雨祭) 비용 -순산 및 산림 감시 -추수 감평 -강신 -계임 세찬	208냥 5전 9푼

408

							-고지기 수당 -유사 종이값	
			6전 2푼)		6전 2푼)			
1914.06.15.	208냥 6전	41냥 7전 2푼	30냥	-풀잎재 판매	280냥 3전 2푼	306냥 9전 9푼	-풀잎재 점검 -강신 -前계임 봉급	*금액은 제시되어 있지 않음.
1914.12.15.	243냥 5전 4푼	48냥 7전	338냥 5전	-가을 도조 수입 -숯 판매 -교량목(橋梁木) 판매	630냥 7전 4푼	444냥 4전 1푼	-추수 감평 -도조 수령 및 운반 -강신 -고지기 수당 -계임 세찬 -유사 종이값 -前계임 봉급	186냥 3전 3푼
1915.06.17.	331냥 1전 4푼[7]	66냥 2전 2푼	85냥	-풀잎재 판매 -숯 판매	482냥 3전 6푼	201냥 8전 4푼	-풀잎재 점검 -강신 -기타 비용	280냥 5전 2푼
1915.12.15.	413냥 6전 8푼[8]	82냥 7전 2푼	233냥 3전 6푼	-가을 도조 수입	729냥 7전 6푼	404냥 4전 7푼	-추수 감평 -부의금 -도조 수령 및 운반 -순산 및 산림 감시 -강신 -계임 세찬 -유사 종이값 -고지기 수당 -세찬 (70세 이상 노인)	325냥 2전 9푼
1916.06.15.[9]	325냥 2전 9푼	65냥 4푼	40냥	-풀잎재 판매 -숯 판매	430냥 3전 3푼	63냥 8전	-풀잎재 점검 -징과 북[金鼓] 구입 -강신	366냥 5전 3푼
1916.12.15.	366냥 5전 3푼	73냥 3전	300냥	-송계답 매도	739냥 8전 3푼	105냥 4전 2푼	-추수 감평 -도조 수령 및 운반 -강신 -계임 세찬 -유사 종이값 -고지기 봉급 -기타 비용	634냥 4전 1푼
1917.06.15.	634냥 4전 1푼	126냥 8전 8푼	417냥 5전	-작년 도조 수입 -풀잎재 판매 -소나무 판매	1,179냥 7전 9푼	470냥 3전 3푼	-조합말소비(組合抹消費) -풀잎재 점검 -송계답 매입 -기우제 (2차, 용천과 응봉)	709냥 4전 6푼

날짜				수입			지출	
							-강신 -기타 비용	
1917.12. 15.	709냥 4전 6푼	141냥 8전 9푼	5냥	-나무 판매	856냥 3전 5푼	57냥 1전 9푼	-추수 감평 -강회 -계임 세찬 -유사 종이값 -고지기 수당 -기타 비용	799냥 1전 6푼
1918.06. 15.	799냥 1전 6푼	159냥 8전 3푼	497냥 5전	-작년 도조 수입 -풀잎재 판매 -소나무 판매	1,456냥 4전 9푼	294냥 9전 5푼	-세찬대(70세 이상 노인) -풀잎재 점검 -산림조사 비용 -번송(翻松) 비용	1,161냥 5전 4푼
1918.12. 15.	1,161냥 5전 4푼	232냥 3전	96냥 2전 5푼	-도조 수입	1,490냥 9푼	286냥 8푼	-임야조사 비용 -추수 감평 -강회 -계임 세찬 -유사 종이값 -고지기 수당	1,204냥 1푼
1919.06. 15.	1,204냥 1푼	240냥 8전	1,444냥 8전 1푼	-소나무 판매 -풀잎재 판매 -도조 수입	2,486냥 3전 1푼	594냥 5전 8푼	-향교 수리용 목재 및 운반 비용 -임야조사 추가 비용 -강회 -기타 비용	1,891냥 7전 3푼
1919.12. 15.	1,891냥 7전 3푼	358냥 3전 4푼	530냥	-소나무 판매 -도조 수입	2,780냥 7푼	167냥 1전	-소나무 판매 시 점검 -벌채 허가비 -추수 감평 -효행 상찬 -강회 -계임 세찬 -유사 종이값 -고지기 수당 -부의금 -기타 비용	2,612냥 9전 7푼
1920.06. 15.	2,612냥 9전 7푼	497냥 7전 8푼	334냥	-소나무[家材 木] 판매 -도조 수입	3,444냥 7전 5푼	462냥 9전 5푼	-풀잎재 점검 -면비(面費) 리별 부담금 -순산 및 산림 감시 -강신 -추입(追入) 회의 -기타 비용	2,981냥 8전

날짜				지출 항목			내용	
1920.12. 15.	2,981냥 8전	596냥 3전 6푼	770냥 5전	-추입전(追入 錢) -소나무 판매(家材木 포함) -도조 수입	4,348냥 6전 6푼	352냥	-소나무 판매 시 점검 -계안 수정 -추수 감평 -순산 및 산림 감시 -도조 수령 및 운반 -강회 -계임 세찬(3명) -70세 이상 노인 세찬대 -향약답(鄉約畓) 추수 감평 -유사 종이값 -고지기 수당 -소씨삼강문(蘇氏三綱門) 중수 시 기부금 -기타 회의 비용 -기타 비용	3,996냥 6전 6푼
1922.06. 15.	3,646냥 1전 3푼	729냥 2전 2푼	882냥	-도조 수입 -풀잎재 판매 -소나무 판매 -추입전	5,257냥 3전 5푼	1,827냥 9전 3푼	-송계답 구입 -70세 이상 노인 세찬대 (1920년 12월 29일) -죽곡정사(竹谷精舍) 상읍강회 -계당산 풀 관련 쟁의 -기우제 -순산 및 산림 감시 -강신 -고지기 소금과 간장 비용 -일송정(一松亭) 복날 시모임[煮伏詩會] -기타 회의 -기타 비용	3,429냥 4전 2푼
1922.12. 16.	3,429냥 4전 2푼	685냥 8전 8푼	1,008냥	-어린 소나무 판매 -도조 수입 -송계답 매매	5,123냥 3전	1,466냥 9전 8푼	-송계답 구입 -금융조합 비용 -임야보호비(林野保護費) -풀잎재 점검 -임야사정(林野査定) 공시 열람 및 불복 신청 -도조 수령 및 운반 -순산 및 산림 감시 -계당산 다툼 -강신	3,656냥 3전 2푼

							-계임 세찬(3명) -유사 종이값 -고지기 소금과 간장 비용 -고지기 수당 -계안 수정 -기타 회의 비용 -기타 비용	
1923.06. 15.	3,656냥 3전 2푼	731냥 2전 6푼	73냥 5전	-큰 소나무 판매 -풀잎재 판매 -참나무 판매	4,461냥 8푼	138냥 7전	-순산 및 산림 감시 -풀잎재 점검 -부의금 -송정회(松亭會) 상읍례 -기타 비용	4,322냥 3전 8푼
1923.12. 20.	4,322냥 3전 8푼	864냥 4전 7푼	544냥	-어린 소나무, 작은 소나무, 큰 소나무 판매 -숯 판매 -풀잎재 판매	5,730냥 8전 5푼	584냥 7전 7푼	-임야보호비 -소나무 판매 시 점검 -순산 및 산림 감시 -담배밭[南草田] 조사 -추수 감평 -도조 수령 및 운반 -강신 -고지기 소금과 간장 -부의금 -계임 세찬(3명) -고지기 수당 -유사 종이값 -기타 비용	5,146냥 8푼
1924.06. 15.	5,146냥 8푼	1,029냥 2전 1푼	1,092냥	-도조 수입 -소나무 판매	7,267냥 2전 9푼	814냥 7전 5푼	-70세 이상 노인 세찬대(1923년 12월 28일) -공동묘지 조사 -순산 및 산림 감시 -임야보호비 -일송정(一松亭) 강회비 -송계답 조사 -기우제 -기타 비용	6,452냥 5전 4푼
1924.12. 23.	6,452냥 5전 4푼	1,201냥 4전 3푼	1,849냥 6전	-어린 소나무 판매 -도조 수입	9,503냥 5전 7푼	1,586냥 5전	-송계답 구입 -묘목 대금 -순산 및 산림 감시 -풀잎재 수령 및 점검 -소나무 판매 시 점검 -추수 감평	7,917냥 7푼

날짜				수입 항목			지출 항목	
							-도조 수령 및 운반 -강신 -고지기 수당 -유사 종이값 -계임 세찬(3명) -기타 비용	
1925.06. 25.	7,917냥 7푼	1,583냥 4전	150냥	-어린 소나무 등 판매 -담배[丙草] 수입	9,650냥 4전 7푼	1,347냥 9전 4푼	-송계 전답 구입 -일송정(一松亭) 강회비 -송계답 방축비(防築費) -소나무 판매 시 점검 -등기 수수료 -임야보호비 -묘목 대금 -강회	8,302냥 5전 3푼
1925.12. 29.	8,302냥 5전 3푼	1,660냥 5전	867냥 5전	-도조 수입 -어린 소나무 등 판매 -풀 판매 -담배 수입	10,830 냥 5전 3푼	384냥 3전	-순산 및 산림 감시 -임야보호비 -풀잎재 수령 및 점검 -금송인(禁松人) 일당 -추수 감평 -풀 수령 및 운반 -도조 수령 두량한(斗量漢) 일당 -도조 수령 및 운반 -보존등기료 -강신회 -고지기 소금과 간장 -고지기 수당 -유사 종이값 -계임 세찬(3명) -부의금 -기타 비용	10,446 냥 2전 3푼
1926년 06.21.	10,446 냥 2전 3푼	2,089냥 2전 4푼	709냥 7전 5푼	-작년 도조 수입 -담배 수입 -중간 소나무 판매	13,245 냥 2전 2푼	609냥 8전	-순산 및 산림 감시 -일송정(一松亭) 강회비 -풀잎재 수령 및 점검 -임야보호비 -강신회 -기타 비용	12,635 냥 4전 2푼
1926.12. 27.	12,635 냥 4전 2푼	2,527냥 8푼	244냥 5전	-도조 수입 -어린 소나무 판매	15,407 냥	15,133 냥 6전 7푼	-어린 소나무 판매 시 점검 -풀잎재 수령 및 점검	273냥 3전 3푼

				-벌금 수입 -풀잎재 판매			-추수 감평 -산감(山監) 회의 -풀 수령 및 운반 -도조 수령 및 운반 -농회비(農會費) 분할 -가옥 명도신청서 -강신회 -유사 종이값 -계임 세찬(3명) -18인 차용조(借用條) (14,949냥 9전 8푼)를 송회수납부(松會收納簿) 로 이록 -기타 비용	
1927.06. 27.	273냥 3전 3푼	0	1,308냥	-도조 수입 -추입금	1,581냥 3전 3푼	1,646냥 7전 7푼	-송계답 구입 -묘목 대금 -송계답 조사 -가야산(可也山) 국립양여원(國林讓與願) 제출 -삼림조합비 -순산 및 산림 감시 -풀잎재 수령 및 점검 -기타 비용	*금액은 제시되 어 있지 않음.
1927.12. 16.	0	0	274냥 8전	-어린 소나무 판매 -풀잎재 판매 -도조 수입(쌀) -팥[太] 수입	274냥 8전	290냥 6전	-송계답 취득세 -벌목 허가 접수 -소나무 판매 시 점검 -추수 감평 -풀 수령 및 운반 -개간답 면(面) 조사 -도조 수령 및 운반 -강신회 -계임 세찬(3명) -유사 종이값 -기타 회의 비용 -기타 비용	*금액은 제시되 어 있지 않음.
1928.06. 15.	0	0	2,183냥	-작년 도조 수입 -콩[右豆] 수입	2,183냥	2,311냥 3전	-묘목 대금 -개간 전답 조사 -묘목 식수 및 개간 전답 소작 승낙서 작성	*금액은 제시되 어 있지 않음.

414

				수입			지출	
				-돌[石頭] 수입 -풀잎재 판매 -개간답 수입 -중간 소나무, 큰 소나무 판매			-순산 및 산림 감시 -송계답 구입 -강신회 -산림조합비 -송계답 이전비 -기타 비용	
1928.12. 17.	0	0	462냥 7전 5푼	-도조 수입 -무단작벌[偸伐] 벌금 수입 -모송(毛松) 판매 -중간 소나무, 큰 소나무 판매	462냥 7전 5푼	538냥 2전 5푼	-순산 및 산림 감시 -취득세 -풀잎재 수령 및 점검 -추수 감평 -도조 수령 및 운반 -강신회 -계임 세찬(3명) -유사 종이값 -70세 이상 노인 세찬대(53명, 155냥 7전 5푼) -소나무 판매 -소나무 판매 해약 -기타 비용	*금액은 제시되어 있지 않음.
1929.06. 20.	18냥 60전	3냥 72전	207냥 88전	-작년 도조 수입 -큰 소나무 판매	230냥 20전	166냥 61전	-순산 및 산림 감시 -소나무 조사 및 판매 -소작료 책정 회의 -송계답 이전비 -거도인(鋸刀人) 조사 -기우제 -삼림조합비 -강신회 -기타 비용	64냥 67전[10]
1929.12. 21.	64냥 67전	12냥 91전	250냥 90전	-모송 판매 -중간 소나무 판매 -도조 수입(쌀, 보리 등) -개간답 수입	335냥 58전	232냥 91전	-소송 관련 비용(변호사 착수금, 소송위임장, 여비 등) -모송(毛松), 큰 소나무 판매 -추수 감평 -순산 및 산림 감시 -도조 수령 및 운반 -계임 세찬(3명) -유사 종이값	102냥 67전

							-강신회 -기타 비용	
1930.06. 20.	102냥 67전	20냥 52전	1냥 40전	-모송 판매 -중간 소나무 판매	124냥 59전	189냥 79전	-소송 관련 비용(여비, 회의, 변호사 등) -순산 및 산림 감시 -부의금(2명) -임야보호비 -산감(山監) 출장 -강신회 -기타 회의 비용 -기타 비용	*금액은 제시되 어 있지 않음.
1930.12. 20.	33냥 65전	6냥 72전	153냥 80전	-소나무 판매 -숯 판매 -도조 수입 (쌀, 보리 등) -콩과 팥[豆太] 수입	194냥 17전	223냥 61전	-묘목 대금 -채벌 관련 비용(회의, 계약, 산감 등) -삼림조합비 -순산 및 산림 감시 -추수 감평 -도조 수령 및 운반 -강신회 -계임 세찬(3명) -유사 종이값 -기타 비용	*금액은 제시되 어 있지 않음.
1931.06. 25.	194냥 10전	38냥 80전	142냥 15전	-송계답 매매 -풀 수입	375냥 5전	166냥 83전	-방동산 화재 -가야산 화재 -산지기 수당 -순산 및 산림 감시 -숯[炭木] 판매 -산림주사(山林主事) 방문 -임야조합비 -강신회 -기타 회의 비용 -기타 비용	*금액은 제시되 어 있지 않음.
1931.12. 15.	232냥 90전	46냥 57전	41냥 13전	-숯 판매 -소나무 판매 -도조 수입	320냥 60전	94냥 44전	-임야조합비 -추수 감평 -숯 판매 -순산 및 산림 감시 -화재 관련 상의 -도조 수령 및 운반 -계임 세찬(3명) -유사 종이값	*금액은 제시되 어 있지 않음.

						-강신회 -기타 비용	
1932.06. 15.	279냥 47전	55냥 89전	157냥 78전	-작년 도조 수입	493냥 14전	128냥 62전	-순산 및 산림 감시 -계당산 화재 -산감 비용 -임야조합비 -강신회 -기타 비용	29냥 16전
1932.12. 15.	364냥 52전	72냥 89전	3냥	-소나무 판매	440냥 41전	73냥 67전	-기우제 -임야조합비 -순산 및 산림 감시 -추수 감평 -도조 수령 및 운반 -강신회 -계임 세찬(3명) -유사 종이값 -강신회 -기타 회의 비용 -기타 비용	*금액은 제시되 어 있지 않음.
1933.06. 21.	402냥 42전	25냥 94전	358냥 55전	-작년 도조 수입 -송계답 매매	786냥 91전	388냥 1전	-방동산 화재(2차) -묘목 식재 -부의금 -송계답 매매 회의 -소송 관련 비용(상고, 여비, 회의, 소송 화해 등) -강신회 -기타 비용	*금액은 제시되 어 있지 않음.
1933.12. 15.	424냥 39전	84냥 87전	176냥 20전	-성조목(成造 木) 판매 -소나무 판매 -도조 수입	685냥 46전	137냥 12전	-여비 -소송 관련 비용 -채벌 시 산감 비용 -추수 감평 -도조 수령 및 운반 -임야세 -임야보호비 -순산 및 산림 감시 -산림 보호 관련 회의 -임정모(任正模) 효행상 -유사 종이값 -강신회 -기타 비용	548냥 34전

1934.06.15.	548냥 34전	76냥 38전	240냥	-송계답 매도	864냥 72전	897냥 72전	-송계답 매도금 수령 -연고임야 허가 관련 -방동산 화재 -채금(採金) 관련 회의 -연고임야 조사 -송계답 매매 관련 비용(회의, 이전비 등) -기우제 -송계답 토지세 -임야보호비 -강신회 -취득세 -기타 비용	*금액은 제시되어 있지 않음.
1934.12.15.	2냥	40전	253냥 60전	-모송 판매 -큰 소나무 판매	256냥	141냥 12전	-죽곡정사(竹谷精舍) 중건 재목 기부 -채씨제각(蔡氏祭閣) 재목 기부 -묘목 대금 -추수 감평 -방화 관련 산감 출장 -가야산 양여 허가장 수령 -도조 수령 및 운반 -임야세 -강신회 -계임 세찬(3명) -유사 종이값 -기타 비용	112냥 48전

* 출처: 「이리송계 회계장부」(1908~1934년) 토대로 저자 작성.

---

5 회계장부에 계산 착오로 약간의 금액 차이가 있다.
6 '도장급(道長及)'이 무슨 직책인지 정확히 알 수 없다.
7 1914년 음력 12월 15일 회계결산에 나타난 186냥 3전 3푼과는 차이가 있다.
8 1915년 음력 5월 17일 회계결산에 나타난 280냥 5전 2푼과는 차이가 있다.
9 1916년 봄 강회 날짜를 판독하기 어려우나 음력 6월 15일로 추정된다.
10 회계장부에 나타난 금액을 계산하면 63냥 59전으로 1냥 8전의 차이가 있다.

⟨부록 6⟩ 이리송계 수입 및 지출 내역

⟨부록 표 6-2⟩ 이리송계 수입 및 지출 내역 (1985~2014년)

회계연도	수입 내역		지출 내역		합계 (원)
	금액 (원)	주요 출처	금액 (원)	주요 출처	
1985년도 (1986.01.25.)	□□□	-전년도 이월금 -추입금/가입금 -책대 -전답 수입 -산림 수입(묘지값)	□□□	-재산세 -총회, 임원회의 등 회의 비용(중식대 포함) -산수호인 및 간사 수당	□□□
1986년도 (1987.01.16.)	□□□	-전년도 이월금 -추입금/가입금 -전답 수입 -산림 수입(개기재, 묘지값) -정기 예금 및 이자 수입	□□□	-재산세 -총회, 임원회의 등 회의 비용(중식대 포함) -산수호인 및 간사 수당 -송계답 보수	□□□
1987년도 (1988.02.02.)	□□□	-전년도 이월금 -추입금/가입금 -전답 수입 -산림 수입(개기재) -토지대금 -정기 예금 및 이자 수입	□□□	-재산세 -총회, 임원회의 등 회의 비용(중식대 포함) -산수호인 및 간사 수당 -송계책 14권 종이값 -송회당 보수	□□□
1988년도 (1989.01.21.)	□□□	-전년도 이월금 -전답 수입 -정기 예금	□□□	-재산세 -총회, 임원회의 등 회의 비용(중식대 포함) -산수호인 및 간사 수당	□□□
1989년도 (1990.01.11.)	□□□	-전년도 이월금 -추입금/가입금 -전답 수입 -정기 예금 및 이자 수입	□□□	-재산세 -총회, 임원회의 등 회의 비용(중식대 포함) -산수호인 및 간사 수당	□□□
1990년도 (1991.01.30.)	□□□	-전년도 이월금 -전답 수입 -산림 수입(묘지값) -정기 예금 및 이자 수입 -찬조금	□□□	-재산세 -총회, 임원회의 등 회의 비용(중식대 포함) -산수호인 및 간사 수당	□□□

1991년도 (1992.01.20.)	□□□	-전년도 이월금 -송회당 매도 -전답 수입 -산림 수입(개기재 임목 계약금) -정기 예금 및 이자 수입	□□□	-재산세 및 종합토지세 -총회, 임원회의 등 회의 비용(중식대 포함) -산수호인 및 간사 수당 -경지 정리 -임목 매도 계약	□□□
1992년도 (1993.01.07.)	□□□	-전년도 이월금 -전답 수입 -산림 수입(개기재 임목 판매대금) -정기 예금 및 이자 수입	□□□	-종합토지세 -총회, 임원회의 등 회의 비용(중식대 포함) -산수호인 및 간사 수당 -경지 정리 -서류 비용(임목 벌채 허가, 토지 보상 등)	□□□
1993년도 (1994.01.26.)	□□□	-전년도 이월금 -추입금/가입금 -토지 매도 -토지 보상 -전답 수입 -정기 예금 및 이자 수입	□□□	-종합토지세 -총회, 임원회의 등 회의 비용(중식대 포함) -세찬대 -산수호인 및 간사 수당 -송계책 교정 및 대금 -금고(책·서류 보관용) 구입	□□□
1994년도 (1995.01.16.)	□□□	-전년도 이월금 -토지 보상 -전답 수입 -산림 수입(계당산 임목 판매, 묘지값) -이자 수입	□□□	-종합토지세 -총회, 임원회의 등 회의 비용(중식대 포함) -세찬대 -산수호인 및 간사 수당 -경지 정리 -임도 측량 -서류 비용(임목 벌채 허가, 임목 판매 계약 등)	□□□
1995년도 (1996.02.03.)	□□□	-전년도 이월금 -전답 수입 -도로 보상금 -이자 수입	□□□	-종합토지세 -총회, 임원회의 등 회의 비용(중식대 포함) -세찬대 -산수호인 및 간사 수당 -방동산 임도 작업	□□□
1996년도 (1997.01.23.)	□□□	-전년도 이월금 -계당산 매도 -전답 수입 -이자 수입	□□□	-종합토지세 -총회, 임원회의 등 회의 비용(중식대 포함) -세찬대	□□□

				-산수호인 및 간사 수당 -계당산 매도 관련 비용(회의, 소유권 이전 등)	
1997년도 (1998.01.13.)	□□□	-전년도 이월금 -전답 수입 -산림 수입(방동산 임목 판매, 묘지값) -이자 수입	□□□	-종합토지세 -총회, 임원회의 등 회의 비용(중식대 포함) -세찬대 -산수호인 및 간사 수당 -송계답 수문 설치 -임목 벌채 허가 서류	□□□
1998년도 (1999.02.01.)	□□□	-전년도 이월금 -전답 수입 -이자 수입	□□□	-종합토지세 및 소득세/주민세 -총회, 임원회의 등 회의 비용(중식대 포함) -세찬대 -산수호인 및 간사 수당 -순산 및 임도 답사 -조의금	□□□
1999년도 (2000.01.21.)	□□□	-전년도 이월금 -전답 수입 -이자 수입	□□□	-종합토지세 -총회, 임원회의 등 회의 비용(중식대 포함) -세찬대 -산수호인 및 간사 수당 -송계답 매입 -임도 보수 -조의금 -공로패	□□□
2000년도 (2001.02.09.)	□□□	-전년도 이월금 -전답 수입 -산림 수입(가야산 임목 판매) -이자 수입 -환지 청산금 및 손실 보상금 -찬조금	□□□	-종합토지세 및 취득세 -총회, 임원회의 등 회의 비용(중식대 포함) -세찬대 -산수호인 및 간사 수당 -송계비 건립 -조의금 -대출금 이자	□□□
2001년도 (2002.01.28.)	□□□	-전년도 이월금 -전답 수입 -산림 수입(묘지값) -이자 수입	□□□	-종합토지세 -총회, 임원회의 등 회의 비용(중식대 포함) -세찬대	□□□

				-산수호인 및 간사 수당 -송계책 한자 정서 및 번역 -송계 정관 수정 -조의금 -방동산 관련 비용(통제구역 시설물 설치, 산불방지/입산금지 간판대 설치 등) -송계예금 개인 실명 대여 -송계답 보수 -송계비 제초	
2002년도 (2003.01.17.)	□□□	-전년도 이월금 -전답 수입 -이자 수입 -종합토지세 환급금	□□□	-종합토지세 -총회, 임원회의 등 회의 비용(중식대 포함) -세찬대 -산수호인 및 간사 수당 -송계답 보수 -송계책 편찬 계약금 -송계예금 개인 실명 대여	□□□
2003년도 (2004.01.06.)	□□□	-전년도 이월금 -전답 수입 -산림 수입(묘지값) -이자 수입	□□□	-종합토지세 -총회, 임원회의 등 회의 비용(중식대 포함) -세찬대 -산수호인 및 간사 수당 -송계 현판 액자 보수 및 도색 -방동산 핵골 도로 철조망 설치 -조의금 -감사패 -송계비 제초 -송계예금 개인 실명 대여	□□□
2004년도 (2005.01.24.)	□□□	-전년도 이월금 -전답 수입 -이자 수입	□□□	-종합토지세 및 취득세 -총회, 임원회의 등 회의 비용(중식대 포함) -세찬대 -산수호인 및 간사 수당 -고로쇠나무 식수 -소유권 이전 서류 및 등기 -조의금	□□□

422

			-송계비 제초 -중식대(송계책 수정)	
2005년도 (2006.01.14.)	□□□	-전년도 이월금 -전답 수입 -산림 수입(임목 판매, 묘지값) -이자 수입	□□□	-종합토지세 및 취득세 -총회, 임원회의 등 회의 비용(중식대 포함) -세찬대 -산수호인 및 간사 수당 -고로쇠나무 식수 -소유권 이전 비용 -조의금 -송계비 제초	□□□
2006년도 (2007.02.02.)	□□□	-전년도 이월금 -전답 수입 -산림 수입(묘지값) -이자 수입	□□□	-종합토지세 및 종합부동산세 -총회, 임원회의 등 회의 비용(중식대 포함) -산수호인 및 간사 수당 -고로쇠나무 식수 -법인 등기 비용 -조의금 -송계비 제초 -세찬대	□□□
2007년도 (2008.01.22.)	□□□	-전년도 이월금 -전답 수입 -이자 수입	□□□	-종합토지세 -총회, 임원회의 등 회의 비용(중식대 포함) -산수호인 및 간사 수당 -송계비 제초 -세찬대	□□□
2008년도 (2009.01.10.)	□□□	-전년도 이월금 -전답 수입 -이자 수입	□□□	-재산세, 취득세 및 법인 주민세 -총회, 임원회의 등 회의 비용(중식대 포함) -산수호인 및 간사 수당 -소유권 이전 비용 -조의금 -송계비 제초 -세찬대	□□□
2009년도 (2010.01.29.)	□□□	-전년도 이월금 -전답 수입 -이자 수입	□□□	-재산세 및 법인 주민세 -총회, 임원회의 등 회의 비용(중식대 포함) -산수호인 및 간사 수당	□□□

			-조의금 -송계비 제초 -적십자 회비 -세찬대	
2010년도 (2011.01.18.)	□□□	-전년도 이월금 -전답 수입 -산림 수입(묘지값) -이자 수입	□□□	-재산세 및 법인 주민세 -총회, 임원회의 등 회의 비용(중식대 포함) -간사 수당 -조의금 -송계비 제초 -적십자 회비 -세찬대	□□□
2011년도 (2012.01.08.)	□□□	-전년도 이월금 -전답 수입 -이자 수입	□□□	-재산세 및 법인 주민세 -총회, 임원회의 등 회의 비용(중식대 포함) -간사 수당 -임도 임대료 -임도 차단기 설치 및 경고문 제작 -조의금 -송계비 제초 -세찬대	□□□
2012년도 (2013.01.26.)	□□□	-전년도 이월금 -전답 수입 -이자 수입	□□□	-재산세 및 법인 주민세 -총회, 임원회의 등 회의 비용(중식대 포함) -간사 수당 -송계산 순산 및 답사 -송계비 제초 -대출금 상환 -세찬대	□□□
2013년도 (2014.01.15.)	□□□	-전년도 이월금 -전답 수입 -이자 수입	□□□	-재산세 및 법인 주민세 -총회, 임원회의 등 회의 비용(중식대 포함) -간사 수당 -임도 사용료 -송계비 제초 -세찬대	□□□
2014년도 (2015.02.03.)	□□□	-전년도 이월금 -전답 수입 -이자 수입	□□□	-재산세 및 법인 주민세 -총회, 임원회의 등 회의 비용(중식대 포함)	□□□

			-간사 수당	
			-임도 사용료	
			-조의금	
			-송계비 제초	
			-세찬대	

* 출처: 「이리송계회계장부」(1980~2007년)과 「이리송계결산보고관련서류철」
(1985~2014년)을 토대로 저자 작성.

〈부록 7〉 이리송계 사력비 비문

복내면제이리송계사력비(福內面第二里松契事歷碑)

예로부터 호남(湖南)의 보성(寶城)을 예향(禮鄕)이라고 칭(稱)했고 우리
복내면(福內面)은 또 보성(寶城)의 낙양(洛陽)이라고 일컬을 만큼 현유명
사(賢儒名士)가 세세(世世)로 배출(輩出)되고 미풍양속(美風良俗)이 이어
져왔다. 그것은 고인(古人)의 말대로 인걸(人傑)은 지령(地靈)이어서 산명
수려(山明水麗)한 기(氣)가 인재(人材)를 종생(鍾生)하고 그 인재(人材)가
향방(鄕坊)을 이끌어왔기 때문이다. 이조(李朝)의 중세(中世)에 이르러 본
면(本面)을 삼리(三里)로 나누었으니 제1리(第一里)는 동부(東部)의 시
천·봉천·일봉(詩川·鳳川·日鳳)의 삼개리(三個里)이고 제2리(第二里)
는 바로 이 곳 서부(西部)의 복내·반석·용동·진봉(福內·盤石·龍洞·
眞鳳)의 사개리(四個里)이며 제3리(第三里)는 남부(南部)의 용전·유정·
계산·장천(龍田·楡亭·桂山·獐川)의 사개리(四個里)이다. 삼리(三里)
에서 제일 먼저 송계(松契)가 생긴 리(里)가 제2리(第二里)인데 계(契)가
성립(成立)된 해는 조선(朝鮮) 제23대(第二十三代) 왕(王) 순조(純組)가 즉
위(卽位)한지 삼년(三年)째인 계해(癸亥)의 십월(十月)이었으니 금년경진
(今年庚辰)으로부터 일백구십칠년전(一百九十七年前)이요. 소채염손(蘇
蔡廉孫) 사성(四姓)이 창계(創契)를 했으며 이 비의 주력인물(主力人物)은
채경윤(蔡慶潤), 손석초(孫錫楚), 소성동(蘇聖東), 염상철(廉相哲) 등(等)
제공(諸公)이었으며 당시세대(當時世帶)는 삼백여호(三百餘戶)였다. 그
후(後) 수성(數姓)이 추입(追入)을 했고 설계(設契)의 취지(趣旨)는 첫째
당시(當時) 관(官)에서 이 지역(地域)에 부과(賦課)하는 잡공물(雜貢物)을
합력(合力)하여 해결납촌(解決納村)하였으며 민폐(民弊)를 막자는 것이고
다음으로 계원상호간(契員相互間)에 친선(親善)을 도모하여 흉경간(凶慶
間)에 상부상조(相扶相助)하고 전래(傳來)해온 선대(先代)의 미풍양속(美

風良俗)을 계승유지(繼承維持)하여 향중(鄕中)의 기강(紀綱)을 정립(定立)하고 동리(同里)의 방동산(防洞山)과 개기(開基)재 및 계당산(桂棠山)에 있는 리유(里有)의 산(山) 그리고 방중각처(坊中各處)에 있는 답(畓)과 전(田)을 관리운영(管理運營)하자는 것이었다. 그런데 세상(世上)은 자꾸만 변천(變遷)하여 이씨조(李氏朝)가 종막(終幕)을 내리고 일정삼십육년(日政三十六年)의 암흑기(暗黑期)가 지났으며 천운(天運)으로 광복(光復)은 되었으나 다시 국토분단(國土分斷)과 동족상잔(同族相殘)의 비극(悲劇)이 이어져 무수(無數)한 파란곡절(波瀾曲折)을 겪고 오늘에 이르렀다. 그러나 면면(綿綿)히 흘러내려온 풍향(豊鄕)의 정신(精神)과 애리(愛里)의 일념(一念)은 조금도 변(變)하지 않아 본계(本契)의 강수(講修)는 대(代)에서 대(代)로 이어져 계책(契冊)의 신결(新結)만도 십육차(十六次)에 이르렀고 해마다 수계(修契)를 폐궐(廢闕)하는 일이 없었다. 언제나 계일(契日)이면 전(全) 2리(二里)의 노소(老少)가 일당(一堂)에 회합(會合)하여 배노경장(拜老敬長)의 예(禮)를 수행(修行)하고 우빈간(友賓間)에도 배읍진퇴(拜揖進退)의 고의(古儀)를 행(行)하여 정(情)을 돈독(敦篤)히 하였으며 선행(善行)을 포상(褒賞)하고 과실(過失)을 규계(規戒)하며 선세(先世)의 미담(美談)이나 외방(外方)의 이문(異聞)도 나누어 진진(津津)한 담화(談話) 속에 화기(和氣)가 인다. 그리고 계재(契財)의 출납(出納)이 보고(報告)되고 앞으로의 운영(運營)이 토의(討議)되는데 이 때에 이르면 의례 나오는 것이 토속(土俗)의 미주(美酒)와 전천(前川)의 어별(魚鼈)이 가효(佳肴)로 나온다. 노소(老少)가 흥(興)이 나면 유학자(有學者)는 시(詩)를 읊고 무학자(無學者)는 노래를 불러 장장춘일(長長春日)이 서산(西山)에 기우는 줄을 모른다. 이윽고 동산(東山)에 신월(新月)이 오르고 시원한 임풍(林風)이 불면 소자(少者)들이 취(醉)한 노자(老者)들을 붙들고 각기(各己) 귀가(歸家)를 한다. 도도(陶陶)한 일장(一場)의 낙(樂)도 적지 않거니와 경로(敬老)의 향풍(鄕風)을 진기(振起)하는데도 소조(少助)가 아닌 것이다. 오호(嗚呼)라 이런 행사(行事)가 이조(李朝)의 종말(終末)이 가까워진 순조조

(純組朝)에 시작되어 국운(國運)이 기울어져 시사(時事)가 험악(險惡)해지
고 내우외환(內憂外患)이 그토록 소용돌이 치던 때에도 이 수계(修契)가
끊이지 않고 계속(繼續)되었으며 나라가 망(亡)하고 산하(山河)가 달라져
비류(匪類)의 폭정(暴政)이 생민(生民)을 전박(吮剝)함이 극(極)에 달(達)
했을 때에도 이 수계(修契)가 끊이지 않았고 이어 광복(光復)의 기쁨도 잠
시(暫時)였고 전란(戰亂)의 와중(渦中)에 휘말려 조불려석(朝不慮夕)의 포
난(包難)을 헤쳐 나오면서도 이 수계(修契)가 계속(繼續)되어왔으니 이 곳
이민(里民)들의 끈질긴 이념(理念)은 그야말로 대동(大冬)의 송백(松栢)만
큼 꿋꿋하여 높이 평가(評價)할만 하다. 아마도 이대로 한(限)없이 이어져
가리라. 당초(當初) 본계명(本契名)을 송계(松契)로 한 것은 본(本) 2리(二
里)가 공동(公同)으로 소유(所有)하고 있는 제산(諸山)에서 풍부(豊富)하
게 나오는 송목(松木)이 이 곳 주민(住民)들의 건축용(建築用), 가구용(家
具用), 관곽용(棺槨用) 및 연료용(燃料用) 등 막중(莫重)한 소요물(所要物)
이므로 이를 보다 잘 관리(管理)하고 수호(守護)하여 적절(適切)하게 채취
(採取)하고 균등(均等)하게 몽리(蒙利)케 하여 행여 남벌난작(濫伐亂斫)으
로 인(因)해 이 산(山)이 동탁(童濯)의 경(境)에 이르지 않게 하자는 뜻에
서 였다. 고인(古人)도 부근(斧斤)을 때를 맞추어 산림(山林)에 들어가게
하면 재목(材木)을 능히 다 쓸수가 없다고 했으니 이런 뜻이리라. 물(物)
을 아끼는 것은 양생(養生)과 송사(送死)에 유감이 없도록 하는 길이기도
하는 것이다. 본계(本契) 재(財)의 금(今) 경진년(庚辰年) 실황(實況)은 답
(畓)이 이천칠백삼십이평(二千七百三十二坪), 전(田)이 오백사십평(五百
四十坪), 대지(垈地)가 오십육평(五十六坪)이며, 산(山)은 원래 삼백삼십
육정육반이무(三百三十六町六反二畝)였는데 중간(中間)에 계당산(桂棠
山) 팔십육정오반칠무(八十六町五反七畝)를 처분(處分)하여 현재(現在)
이백오십정오무(二百五十町五畝)가 남았다고 한다. 경진년(庚辰年) 일월
(一月) 이십일일(二十一日) 제일백구십칠차(第一百九十七次) 정기(定期)
총회(總會)를 하면서 회석(會席)에서 본 송계(本 松契)의 내력(來歷)을 영

428

구(永久)히 기념(紀念)하기 위(爲)하여 사력비(事歷碑)를 수립(竪立)하자고 발의(發議)가 되어 중견(衆見)의 일치(一致)를 보고 곧 거민(巨珉)을 구득(購得)하여 마치(磨治)하고 계장(契長) 소석영(蘇石泳)이 채병기(蔡丙基)와 함께 여(余)를 찾아와 사실(事實)을 말하며 비문(碑文)을 청(請)하므로 내 동면세거인(同面世居人)으로 감(敢)히 고사(固辭)치 못하였다. 이리(二里)의 후승(後承)들이여! 선인(先人)들의 뜻을 떨구지 말고 영구(永久)히 이어갈지어다.

단기(檀紀) 사천삼백삼십삼년(四千三百三十三年) 서기(西紀) 이천년(二千年) 경진(庚辰) 팔월(八月) 십오일(十五日) 성주(星州) 이백순(李栢淳) 기(記). 진주(晋州) 소재영(蘇在永) 제서(題書).

건립추진위원회(建立推進委員會)

위원장(委員長) 소석영(蘇石泳)

위원(委員)　　소종삼(蘇鍾三), 주낙성(朱落城), 소병기(蘇丙基), 소희오(蘇熙午), 윤기순(尹琪淳), 소홍기(蘇弘基), 임학모(任學模), 채만기(蔡萬基), 손태영(孫泰榮), 채영기(蔡永基), 채효병(蔡孝秉), 채남기(蔡南基), 문승열(文承烈), 이혁(李爀), 소진덕(蘇鎭德), 소진근(蘇鎭根), 손두호(孫杜鎬), 송병도(宋炳道), 염태환(廉泰煥), 이두만(李斗萬), 이관혁(李官爀), 정찬영(鄭燦英), 소이영(蘇二永), 박정재(朴正在)

총무(總務) 소진육(蘇鎭六)

복내면 제이리 송계 위원 일동 근수(福內面 第二里 松契 契員 一同 謹竪)

색인